Michael Morris

ES IST KRIEG

Die Superreichen gegen den Rest der Welt!

Ihre Waffen sind Giftspritzen, Energieknappheit, Hyperinflation, Klimadiktatur und Blackout!

amadeus-verlag.com

Amadeus Verlag GmbH & Co. KG
Birkenweg 4
74579 Fichtenau
Fax: 07962-710263
www.amadeus-verlag.com
Email: amadeus@amadeus-verlag.com

Druck:
CPI – Ebner & Spiegel, Ulm
Satz und Layout:
Jan Udo Holey
Umschlaggestaltung:
Amadeus Holey

ISBN 978-3-938656-96-9

INHALTSVERZEICHNIS

Vorwort

Als ich mich Mitte Oktober 2021 daran machte, ein neues Buch zu schreiben, hatte ich nicht vor, das Corona-Thema nochmals zu behandeln, weil ich es bereits sehr ausführlich in meinen beiden Büchern „*LOCKDOWN*" und „*LOCKDOWN – Band 2*" abgehandelt hatte – zumindest dachte ich das. Eigentlich hatte ich vorgehabt, ein Buch eigens über die Themenbereiche „Klimawandel" und „Wettermanipulation" zu schreiben. Ich hatte diese Themenkomplexe bereits in mehreren Büchern behandelt, aber ich dachte, dass sie noch mehr Aufmerksamkeit verdienten, als ich ihnen bisher zugestanden hatte, da dies zwei der wichtigsten Themen unserer Zeit sind und sie gravierende Auswirkungen auf alles andere haben.

Doch letztlich gab es Ende des Jahres 2021 wieder einmal nur ein Thema, das alle anderen überschattete: die vermeintlichen „Corona-Impfungen" und der damit zusammenhängende Impfzwang, der über mehrere Länder verhängt wurde. Zudem kamen während dieser Tage die ersten verlässlichen Zahlen über die Nebenwirkungen dieser Giftspritzen, bis hin zum Tod von Hunderttausenden ahnungslosen Versuchskaninchen heraus, also konnte ich nicht umhin, mich dieses Themas anzunehmen, weil ich der Meinung bin, dass möglichst viele Menschen möglichst zeitnah unabhängige Informationen darüber erhalten sollten. Schließlich ging es mittlerweile um Leben oder Tod.

Deshalb habe ich mich mit dem Schreiben dieses Buches erneut sehr beeilt. Wollte ich mir ursprünglich den ganzen Winter über Zeit lassen und das neue Werk im Frühling 2022 präsentieren, so musste ich letztlich doch wieder Tag und Nacht arbeiten, weil sich das Ganze zu einem Wettlauf mit der Zeit entwickelte. Täglich starben mehr Menschen an den Folgen einer Gentherapie mit Notfallzulassung, wurden Ressourcen immer teurer, wurde Papier immer knapper, schlossen Druckereien und wurde die Zensur in einem zunehmend totalitären Umfeld mit atemberaubendem Tempo intensiviert. Gas- und Stromknappheit und ein sich anbahnender Blackout erinnerten mich daran, dass ich dieses Buch so rasch wie möglich fertigstellen musste, ohne dabei die Qualität und meinen gewohnten Schreibstil aufzugeben. Und natürlich habe ich genau diese Themen auch im Buch ganz aktuell beleuchtet und erklärt, wie man sich auf die kommenden Krisen vorbereiten kann.

Die beiden „*LOCKDOWN*"-Bände, die in den Jahren 2020 und 2021 erschienen, waren sehr erfolgreich gewesen und in mehrere Sprachen übersetzt worden, darunter auch Spanisch und Englisch. Mangels eines geeigneten Vertriebspartners in der angelsächsischen Welt veröffentlichten wir, also der *Amadeus Verlag* und ich, die englische Fassung des ersten Bandes via *Kindle Direct Publishing*. Das bedeutet, dass Amazon das Buch weltweit sowohl als eBook als auch als Taschenbuch vertrieb und Letzteres selbst „on demand" (also entsprechend der Nachfrage) druckte. So viel zur Theorie. Denn die Freude währte nur kurz. Am 10. April 2021 verbannte Amazon das Buch nämlich weltweit, in allen Sprachen und ohne Vorankündigung und Nennen von Gründen, aus seinem Sortiment. Das war jedoch nur *eine* Form der Zensur, mit der wir alle, die wir versuchten, die Wahrheit ans Licht zu bringen, konfrontiert waren.

Alles, worüber ich schrieb, jede Internetseite, jede Statistik, jeden Bericht, jedes Video, aus dem ich Informationen bezog, musste ich sichern, weil viele dieser alternativen Nachrichten und wertvollen Informationen, die man nur abseits des Mainstreams fand, oft bereits wenige Stunden oder Tage nach Veröffentlichung wieder gelöscht waren. Ich musste also nicht nur sehr schnell recherchieren und schreiben, sondern auch sehr akribisch alles so speichern und verwalten, dass ich es jederzeit möglichst rasch wiederfinden konnte. Und all jenen, die vielleicht meinen, sie müssten mich attackieren, weil bestimmte Quellen, die ich im Buch nenne, nicht mehr verfügbar sein mögen, sei ins Poesiealbum geschrieben, dass ich alle Quellen sehr gut gesichert habe und notfalls auch vorweisen kann.

Während ich diese Zeilen schreibe, sitzen sowohl mein Verleger, *Jan van Helsing*, als auch meine Lektorin, *Anya Stössel*, über dem Buch, um die Endkorrekturen vorzunehmen und das Buch für die Druckerei fertigzustellen, die dann hoffentlich genug Papier hat, um es auch zeitnah zu drucken und auszuliefern. Ich möchte beiden von ganzem Herzen für ihre hervorragende Arbeit und ihre Unterstützung danken, denn ohne sie hätte dieses Buch nie in so kurzer Zeit das Licht der Welt erblicken können. In drei verschiedenen Ländern, weit voneinander entfernt, haben wir parallel daran gearbeitet, möglichst vielen Menschen aktuell relevante Hilfestellung zu leisten, damit sie hoffentlich gesund und wohlbehalten durch diese schwierigen Zeiten kommen – und am Ende vielleicht sogar gestärkt daraus hervorgehen werden.

Ich bitte Sie, mir zu verzeihen, dass dieses Buch nicht den gewohnt perfekten Aufbau hat, sondern stellenweise ein wenig improvisiert wirken mag, aber das ist der Tatsache geschuldet, dass sich die Ereignisse, die uns alle dieser Tage bewegen, in den vergangenen Wochen permanent überschlugen, ich unentwegt neue Nachrichten und Informationen erhielt, und ich bis zur letzten Minute versuchte, zumindest den relevantesten Teil davon noch irgendwo mit einzubauen.

Ich bedanke mich bei allen Leserinnen und Lesern für ihren Mut. Wenn Sie dieses Buch lesen, dann gehören Sie zu jener Gruppe von Menschen, die hier angetreten sind, um diese Welt zu einem besseren Ort zu machen, als sie das in den letzten Jahren war. Ich hoffe inständig, dass uns das gelingen wird, auch wenn ich zwischendurch immer wieder meine Zweifel daran hatte. Alles, was wir tun können, ist unser Bestes zu geben, an jedem Tag dieser Inkarnation, und darauf zu vertrauen, dass unsere innere Führung uns verrät, was dieses „Beste" im jeweiligen Augenblick für jeden Einzelnen von uns ist. Wenn wir das hinbekommen, wenn wir unserer inneren Stimme vertrauen und ihrem Rat folgen, dann haben wir unsere Aufgabe bereits erfüllt, unabhängig vom Endergebnis. Dann haben wir alles getan, was in unserer Macht steht. Dafür sind wir hier. Dafür sind wir angetreten. Dafür stehen wir ein.

Ich wünsche uns allen und der gesamten Menschheit, dass das ausreichen wird. Darum: Halten Sie durch! Verlieren Sie nicht den Mut und vor allem: Haben Sie keine Angst! Denn Angst ist die mächtigste Waffe der dunklen Seite der Macht, und wenn wir uns diesem negativen

Energiefeld entziehen, dann kann sie uns nichts mehr anhaben. Die wahren Zahlen der Corona-Inszenierung deuten darauf hin, dass die Gruppe der Menschen, die sich gegen die Neue Weltordnung wehren und die bereit sind, für Frieden, Freiheit und freie Meinungsäußerung zu kämpfen, und die sich nicht gefallen lassen, einem Impfzwang und der damit einhergehenden Diktatur unterworfen zu werden, viel größer ist, als den finsteren Gesellen lieb ist. Sobald wir das verstanden haben, sobald wir begriffen haben, wie viel Macht wir in Wahrheit haben, wird sich das Blatt zu unseren Gunsten wenden, und ich denke, wir stehen kurz davor.

Herzlichst

Michael Morris, 30. Januar 2022

Einleitung

Heute ist Donnerstag, der 4. November 2021, und eine Woche vor Karnevalsbeginn ist die Feierlaune der meisten Menschen, mit denen ich spreche, nicht gerade überschwänglich. Die Sonne bahnt sich hartnäckig ihren Weg durch die künstlichen, wellenförmigen Wolkenbänder, die vorwiegend aus Wasserdampf, Aluminium, Barium und Strontium bestehen. Es ist recht kalt für diese Jahreszeit. In den vergangenen zwei Nächten sanken die Temperaturen bereits unter den Gefrierpunkt, und wenn ich die Zeitung aufschlagen oder das Radio anknipsen würde, dann würde man mir bestimmt zu erklären versuchen, dass das an der Erderwärmung liegt. Mittlerweile ist es nämlich so heiß, dass das dann manchmal abrupt ins Gegenteil umschlägt. Vermutlich ist das dann ein wissenschaftlicher Beleg dafür, dass alle sich darin einig sind, dass ich zu viel CO_2 ausstoße. Deswegen soll ich wohl auch immer eine Maske vor dem Mund tragen. Wegen der Rückatmung. Das ist nachhaltig. Das muss sein.

Da ich der Versuchung, mir meine tägliche Portion Lügen und Propaganda abzuholen, doch nicht widerstehen kann, überfliege ich die Schlagzeilen einiger Internetportale, die ich noch für halbwegs glaubwürdig halte – oder die wenigstens keinen Hehl aus ihrer ideologischen Ausrichtung machen. Das meiste hatte ich schon letzten Monat und letztes Jahr gehört, aber zumindest hat sich jemand die Mühe gemacht, die Worte ein wenig umzustellen. Man gibt sich mittlerweile ja schon mit recht wenig zufrieden. Doch dann springen mir gleich mehrere Artikel auf unterschiedlichen Seiten ins Auge, denn da wird sowohl für die USA als auch für Mitteleuropa ein früher Wintereinbruch als auch ein langer, kalter Winter vorhergesagt. Nun, das mit dem frühen Wintereinbruch hatte ich schon selbst gemerkt, aber ich muss schmunzeln, weil ich mich frage, ob denen eigentlich nicht auffällt, dass sie sich selbst unentwegt ad absurdum führen, oder ob es ihnen einfach nur egal ist.

Dann sehe ich all das schöne Holz, dass ich in den letzten Tagen fein säuberlich im Garten aufgeschichtet habe, genug für zwei lange und dunkle Winter. Und ich sehe mit großer Freude das bunte Laub der Bäume drum herum. Für einige Tage liefern sie uns frei Haus und kostenlos alle nur denkbar möglichen strahlenden Gelb- und Rottöne, um unser Herz zu erfreuen. Wenn ich nur diesen kleinen Ausschnitt der Wirklichkeit betrachte, dann ist alles wie immer, alles wie jedes Jahr um diese Zeit. Doch wir alle wissen, dass dies ein Trugschluss ist, denn das, was seit eineinhalb Jahren auf diesem Planeten abläuft, ist einzigartig in unserer Geschichte, und dabei war das erst der Anfang eines Umgestaltungsprozesses, der im Bewusstsein der meisten Menschen noch immer nicht angekommen ist.

Das erste Kapitel meines Buches „*LOCKDOWN – Band 2*" hieß „***Der ‚Dunkle Winter'***", benannt nach der „Operation Dark Winter" im Jahr 2001, die knapp zwanzig Jahre später schließlich vom Planungsszenario in die Wirklichkeit geholt worden war – erst als inszenierte Virus-Pandemie und demnächst dann auch in all ihren anderen Facetten, auf die ich im Lauf des Buches eingehen werde. Lassen Sie mich in dem Zusammenhang nochmals an den Ausspruch der sprechenden Handpuppe mit dem schütteren Haar im Oval Office erinnern: „*Wir brauchen mutige Maßnahmen, um diese Pandemie zu bekämpfen.* ***Wir stehen immer noch vor einem SEHR dunklen Winter!***"[(1)] An Mut hat es den Herr- und Damenschaften, die seine Drehbücher schreiben, bislang definitiv nicht gemangelt, und ich vertraue zutiefst darauf, dass das auch so bleiben wird.

Nach knapp einem Jahr Pause habe ich mich wieder hingesetzt, um ein neues Buch zu schreiben. Der Großteil der Menschheit scheint zwar hoffnungslos verloren zu sein, aber vielleicht kann ich dennoch den wenigen, die noch halbwegs klar denken können, einige Informationen und Inspirationen liefern, die ihnen hoffentlich nicht nur die Augen, sondern auch das Herz und den Verstand öffnen.

Die letzten Tage brachten leider genau das, was ich für diesen Herbst befürchtet hatte, denn wenn man die Denkweise der „dunklen

Seite der Macht“ erst einmal verstanden hat, dann sind die „dunklen Lords“ sehr leicht einzuschätzen. Ich bin nie davon ausgegangen, dass die meisten Politiker und ihre Hintermänner jemals wieder freiwillig auf ihre neu gewonnene Machtfülle verzichten würden – ganz im Gegenteil. Ich denke, das Bisherige war erst die Aufwärmrunde, das Sparring für den Hauptkampf, der sich wohl über die Jahre 2022 bis 2025 erstrecken dürfte. Zumindest hoffe ich, dass er nicht noch länger dauert, denn ich weiß nicht, wie lange ich die Lügen, die Einfalt, die Ignoranz, die Heuchelei und das Opfergehabe vieler meiner Mitmenschen noch ertrage.

Ich hatte in den letzten drei Jahren mit mehreren medial veranlagten Menschen gesprochen, unabhängig voneinander, und sie alle hatten dasselbe vorausgesagt, nämlich dass sich ab dem Jahr 2021 sehr viele Menschen von diesem Planeten verabschieden werden. Anders ausgedrückt haben sie alle schon vor der Pandemie (die es nie gab) einen Massenexodus vorhergesehen, und genau der hat in den letzten Wochen begonnen. Die kommenden Monate und Jahre werden also vermutlich für uns alle sehr herausfordernd werden. Umso wichtiger ist es, sich der Situation genau bewusst zu sein und die Fakten zu kennen, ohne emotional damit in Resonanz zu gehen. Denn nur wer eine Situation richtig einschätzen kann, kann zielgerichtet vorausplanen und somit das Bestmögliche aus einer Situation machen, wie ausweglos sie auch manchmal erscheinen mag. Es gibt immer einen Ausweg, die Frage ist nur, ob man ihn sehen kann!

Situationsbewusstsein

Das letzte Kapitel meines Buches „*LOCKDOWN – Band 2*“ trug die Überschrift „*Der Great Reset – Die große Umgestaltung*“. Darin geht es um die geplante absichtliche Zerstörung der Welt, wie wir sie bislang kannten, mit dem Ziel, eine neue, völlig veränderte Welt zu erschaffen, nach den Vorstellungen einer kleinen finanziellen Elite. Ich habe vorhergesagt, dass dieser kleine exklusive Zirkel geistig und emotional abnormer Multimilliardäre seine Pläne mit allem Nachdruck und ohne jegliche Kompromisse vorantreiben wird. Und auch wenn viele es noch nicht gemerkt haben, weil sie verängstigt und wie betäubt sind, so befinden wir uns bereits mittendrin in einem Krieg mit mehreren Fronten. Wie bei jedem Krieg geht es um Landgewinn und darum, den Gegner maximal zu dezimieren. Es handelt sich eindeutig um einen Angriffskrieg, den das oberste 1% in der Vermögenspyramide gegen die restlichen 99% vom Zaun gebrochen hat.

In jedem Krieg gibt es Gewinner und Verlierer, und zwar auf mehreren Ebenen. Es gibt sie auf der offiziellen Bühne, aber es gibt sie auch hinter den Kulissen, und dies sind die wahren Gewinner einer solchen Situation. Man kann aus dem Lager stammen, das offiziell verlor, und dennoch unversehrt und reich und gestärkt daraus hervorgehen. Die Gewinner sind immer die, die begreifen, worum es in Wahrheit geht. Sie erkennen, was sich hinter der Fassade abspielt, weil sie ein Bewusstsein für all das haben, was um sie herum vorgeht, und weil sie anders denken als die konditionierte Masse. Das, wovon ich hier spreche, hat etwas mit „Bewusstheit" und „Achtsamkeit" zu tun, Begriffe, die in vielen spirituellen Lehren verwendet werden. Vereinfacht ausgedrückt bedeutet dies, in seinem Körper und im Moment präsent zu sein und alles wahrzunehmen, was um einen herum passiert.

Nun mag der eine oder andere, der damit nicht vertraut ist, die Stirn runzeln und sagen: „*Ja, wo soll ich denn sonst sein als in meinem Körper?*" Die Wahrheit aber ist, dass die wenigsten Menschen präsent sind, also genau dort sind, wo ihr Körper ist, geschweige denn bemerken, dass sie mit ihrem Unbewusstsein und ihren Gedanken permanent zwischen verschiedenen Situationen in einer fiktiven Zukunft hin und her springen, während sie gleichzeitig essen oder trinken und dabei einen Beitrag in ihrem Smartphone lesen – und all das beim Autofahren.

Genau das ist auch der Hauptgrund, warum dieses abstruse Lügengebäude einer nicht existenten Pandemie so gut funktioniert. Die meisten Menschen sind es nicht mehr gewohnt, selbstständig zu denken und sich mit all ihren Sinnen und all ihrer Energie auf eine einzige Sache zu konzentrieren. Und dennoch gibt es in ihnen den dringenden Wunsch, genau das zu tun. Deshalb nehmen sie bewusstseinserweiternde Drogen, spielen stunden- oder tagelang komplexe Videospiele oder springen an Gummibändern von Brücken. Denn all dies hat eines gemeinsam: Es hilft ihnen, den Lärm und die Ablenkungen im Außen auszublenden und für kurze Zeit nur im Augenblick und völlig präsent zu sein. Dieser bewusste Zustand des Seins ist die Grundlage dessen, was man als „Erleuchtung" bezeichnet. Diesem Weg zu folgen, kann in einem sicheren Umfeld durchaus erstrebenswert sein. In Zeiten, in denen Leib und Leben bedroht sind, sollte man aber nicht nur den Aspekt des „Seins", sondern auch den Aspekt des „Handelns" mit einbeziehen. Was wir zum Überleben brauchen, ist, neben guten Reflexen, eine realistische Einschätzung der gegenwärtigen Lage und einen kühlen Kopf, um angemessen darauf reagieren zu können, um für uns das jeweils Bestmögliche daraus zu machen. Was wir ebenso dringend benötigen, sind Informationen, also realistische Zahlen, Fakten und Analysen. Und die versuche ich Ihnen zu liefern.

In den Bereichen Wirtschaft, Gesundheitswesen, Luftfahrt, Militär und Selbstverteidigung wird für die Lageanalyse oft der Begriff *„Situational Awareness"*, also **Situationsbewusstsein** oder **Lagebewusstsein** verwendet. Abgesehen von der Luftfahrt sind das auch genau die Themenbereiche, die unser Leben in der nahen Zukunft maßgeblich bestimmen werden.

Warum beginne ich das Buch mit diesem Thema? Weil ich in Zuschriften von Lesern, in persönlichen Gesprächen und selbst in kritischen Medien immer deutlicher erkenne, dass das Gros der Menschen den Ernst der Lage noch nicht einmal ansatzweise erkannt hat. Es findet auf fast allen Ebenen eine gravierende Fehleinschätzung statt. Während viele Menschen sich noch sehr emotional darüber echauffieren, dass der Umgangston in der Gesellschaft rauer geworden ist, haben sie noch nicht begriffen, dass Krieg ist, obwohl er offiziell erklärt wurde und ihnen die Kugeln längst um die Ohren fliegen.

Ich hatte diese „Pandemie“ bereits im Jahr 2011 in meinem ersten Buch *„Was Sie nicht wissen sollen!“* (Seite 246) vorhergesagt – deshalb kam sie für mich auch keineswegs überraschend. Bei den ersten Anzeichen Anfang 2020 war mir schnell klar, wohin die Reise geht, deshalb rief ich auch sofort meinen Verleger an und teilte ihm mit, dass ich umgehend ein Buch mit dem Titel *„Lockdown“* schreiben würde, um möglichst vielen Menschen jene Informationen an die Hand zu geben, die andere ihnen verschweigen. Daraus wurden dann im Jahr 2020 letztlich drei Bücher, weil ich den ersten Teil selbst noch einmal neu schrieb für den englischsprachigen Markt und dann kurz darauf *„LOCKDOWN – Band 2“* herausbrachte. Ich habe also für mich das Beste aus einer Situation gemacht, in der man dazu gedrängt wurde, zuhause zu bleiben und andere zu meiden. Ich ließ mich nicht einsperren oder isolieren, sondern ich bin ihnen zuvorgekommen und habe mich freiwillig zurückgezogen. Das ist der Unterschied zwischen Opfern und Machern.

Ich habe auch das Jahr 2021 äußerst positiv und produktiv genutzt, unser Haus umgebaut und viel Zeit in der Natur verbracht. Ich war so zurückgezogen, wie es möglich und nötig war, wodurch ich mich dem Diktat von außen so gut es ging entzogen habe. Ich schreibe das nicht, um zu prahlen, sondern um Sie darauf aufmerksam zu machen, dass es eine Frage der inneren Einstellung und der Bewusstheit ist, was man aus jeder Situation macht. Situations- oder Lagebewusstsein bedeutet, dass man sich immer dessen gewahr ist, was um einen herum geschieht. Man muss die Lage, also auch das Verhalten aller beteiligten Personen, ruhig und sachlich einschätzen, was nicht bedeutet, dass man kalt und humorlos sein muss. Man muss jedoch angstfrei sein, um nicht das Offensichtliche zu übersehen, nur weil es einem Unbehagen bereitet.

Dafür ist es wichtig, sich seiner eigenen Gedanken und Gefühle bewusst zu sein. Man kann und sollte trainieren, sie von denen anderer zu unterscheiden. Was im ersten Moment vielleicht seltsam klingt, ist eine der wichtigsten Voraussetzungen, um eine Situation, einen bestimmten Moment richtig einschätzen zu können. Die meisten Menschen denken unentwegt, ohne Unterlass, und die meisten dieser Gedanken sind nicht ihre eigenen. Bestimmt mehr als 95% dessen, was den nicht enden wollenden Strom an unentwegten, meist sinnlosen und sich ständig wiederholenden Gedankenfetzen ausmacht, wurde einem jeden von uns von außen eingepflanzt: von den Eltern, Verwandten, Lehrern, Politikern, Medien, Kirchen und dem restlichen sozialen Umfeld. Die meisten Menschen reagieren auf eine x-beliebige Situation immer gleich mit antrainierten Reflexen und meist auch noch emotional. Sie haben Vorurteile, festgelegte Meinungen sowie einstudierte Verhaltensweisen und Antworten. Sie identifizieren sich mit Ängsten, die nicht ihre eigenen sind und meist nicht auf Erfahrung beruhen, sondern auf Behauptung. Sie befinden sich in einer Endlosschleife und merken es nicht. Genau das macht es ihnen unmöglich, eine Situation richtig zu erfassen und die potentiellen Chancen und Gefahren darin zu erkennen. Sie sind vor Angst wie gelähmt und bekommen nichts mehr von dem mit, was um sie herum vorgeht, weil sie verbissen versuchen, körperliche und emotionale Schmerzen zu vermeiden.

Das ist der Grund, warum mehrere hundert Millionen Menschen in der westlichen Welt tatsächlich den kompletten Unsinn von einer Pandemie geglaubt haben und zum Teil immer noch glauben. Sie nehmen ihre Umgebung durch einen Filter wahr, den sie durch ihre Gedanken und ihr Bewusstsein über alles legen, was ihnen widerfährt. Sie bewerten alles, was ihnen passiert, auf Basis ihrer ungenauen Erinnerungen, die wiederum ein Spiegel ihrer Gedanken sind. Je ängstlicher ein Mensch ist, desto stärker ist der Filter, den er anwendet, um alles, was ihm noch mehr Angst bereiten könnte, zu vermeiden. Damit wird es ihm unmöglich, neue Situationen in ihrer Tragweite zu erfassen, weil es dafür keine wie auch immer beschriftete Schublade gibt. Sie bewerten alles aus ihrer persönlichen Sicht und gehen davon aus, dass alle anderen auch so handeln werden wie sie. Sie sehen nur das, was sie sehen wollen und was ihre Vorstellung von der Wirklichkeit bestätigt. Was dem widerspricht, wird vehement abgelehnt, weil es sie komplett überfordert. Damit nehmen sie sich die Chance zu wachsen und zu lernen. Stattdessen befinden sie sich in einer Endlosschleife aus Wiederholungen, egal ob diese für sie positiv oder negativ sind – Hauptsache, sie sind ihnen vertraut.

„Sobald Sie eine Schlussfolgerung über sich selbst gezogen haben, werden Sie sehr wahrscheinlich zwei Dinge tun: Sie werden nach Beweisen suchen, die Ihre Überzeugungen bestätigen, und alles zurückweisen, was Ihrer Überzeugung widerspricht.“(2)

Amy Morin, Mentaltrainerin

Ich werde immer wieder gefragt, wie es sein kann, dass ich manche Dinge schneller oder besser durchschaue als andere Menschen. Und ich selbst habe mir diese Frage auch schon oft gestellt. Ich denke, es ist eine Kombination aus mehreren Faktoren. Einer davon ist, dass ich bereits in jungen Jahren sehr intensiv mit Meditation und Ausdauersport begonnen habe. Beides lehrt einen, im Moment zu sein, hellwach und aufmerksam zu sein, und fördert so die Konzentrationsfähigkeit.

Ein weiterer Punkt ist, dass ich früh damit begann, mich meinen Ängsten und Dämonen zu stellen – nennen wir es den „spirituellen Weg“. Ich war stets bemüht darin zu unterscheiden, was MEINE eigenen Gefühle und Emotionen sind und was die der anderen. Die Tatsache, dass ich beruflich viel gereist bin und viele unterschiedliche Kulturen und Menschen kennenlernen durfte – auch manchmal in kritischen Situationen –, hat meinen Blick für Gefahren geschärft sowie mein Verständnis für kulturell unterschiedliche Verhaltensweisen. Ich bin mir also dessen bewusst, dass es immer viele unterschiedliche Möglichkeiten gibt, auf jede beliebige Situation zu reagieren. In Bezug auf den Inhalt meiner Bücher ist aber das Wichtigste, dass ich zuhören kann. Viele Informationen, die Sie von mir bekommen, sind frei verfügbar, man muss sie nur suchen und abrufen. Der Rest der Informationen wird mir deshalb zugetragen, weil ich offen bin und hinhöre, ohne gleich zu verurteilen. Wer nur hört, was er hören will, wird nichts hören. Es geht nicht nur darum, was jemand sagt, sondern auch darum, wie und in welchem Kontext er das tut.

Ein weiterer Punkt ist ebenfalls wichtig: Traue Deinem Instinkt und lerne, Deine Gefühle und Emotionen zu kontrollieren – die Unterscheidung der beiden ist nicht ganz einfach, aber möglich. Ich habe das alles bereits in meinem Buch *„Jetzt geht's los!“* ausgeführt und möchte mich hier nicht im Detail wiederholen, aber ich muss in dem Zusammenhang auf die Thematik hinweisen. Je mehr man auf den eigenen Instinkt, das eigene Bauchgefühl hört, desto besser kann man auch zwischen den Zeilen lesen. Je mehr man vertraut, je mehr man sich sensibilisiert, desto mehr kann man auch das Unsichtbare, die Schwingungen einer Person oder einer Situation wahrnehmen und daraus wertvolle Schlüsse ziehen.

> *„MILLIONEN MEHR werden sterben, bevor die Covid-19-Pandemie vorbei ist. Das ist die krasse Botschaft von* ***Bill Gates***... ***Die meisten dieser Todesfälle würden nicht durch die Krankheit selbst verursacht****, sondern durch die weitere Belastung der Gesundheitssysteme und Volkswirtschaften,* ***die bereits zu kämpfen hatten.****“*[3]
>
> *„The Economist“*, 18. August 2020

Jetzt mal ganz ehrlich: Für das meiste, was ich Ihnen hier präsentiere, müssen Sie weder Yogi noch Psychologe sein, dafür müssen Sie nicht bei der *New Earth Army* gewesen sein, und Sie müssen auch nicht Ziegen durch ihren bloßen Blick zum Umfallen bringen. Sie müssen lediglich dazu im Stande sein, das, was die „Tod-Esser“ von sich geben, auch genau so zu hören, ohne automatisch einen Filter darüberzulegen. Für alle Leser, die mein Buch (*„LOCKDOWN – Band 2“*) nicht gelesen haben, möchte ich den Begriff ***„Tod-Esser“*** erklären. Er stammt aus den Harry-Potter-Büchern. Tod-Esser sind seelenlose Wesen, die dem Bösen gehorchen. Auf dem linken Unterarm tragen sie ein Mal, mit welchem sie von ihren Herren (*„...der, dessen Name nicht gesagt werden darf!“*) gerufen werden, um dann Angst und Schrecken unter den Muggeln und Zauberern zu verbreiten. Sie tragen meistens einen schwarzen Umhang und **sind oft maskiert.**

> *„Gegenwärtig leben 6,8 Milliarden Menschen auf dieser Welt, bald könnten es 9 Milliarden sein. Nun, wenn wir* ***BEI DEN NEUEN IMPFSTOFFEN****, bei der Gesundheitsversorgung, der Fortpflanzungsmedizin ganze Arbeit leisten, dann* ***können wir diese Zahl vielleicht um 10 bis 15 Prozent verringern!****“*[4]
>
> Aus einem Vortrag von *Bill Gates* bei der TED-Konferenz am 18. Februar 2010 mit dem Titel *„Innovating to Zero!“*

Warum erzähle ich Ihnen all das? Weil all das wichtig ist, um die jetzige Situation richtig lesen, bewerten und einschätzen zu können. Ich hatte so viele Diskussionen über die Jahre wegen dieses einen Zitats von Bill Gates, weil die überwältigende Mehrheit aller Menschen, die damit konfrontiert werden, reflexartig antwortet: *„Ja, aber das hat er bestimmt nicht so gemeint!“*, und dann verbiegen sie sich wie eine Brezel, um irgendwelche Erklärungsversuche für diese Aussage zu finden, nur weil ihnen die simple und einfache Wahrheit zu schmerzlich erscheint. Die Aussage als das zu nehmen, was sie ist, bereitet ihnen unterbewusst und intuitiv so viel Angst, dass sie in Automatismen verfallen und jegliche Kontrolle über ihre Gedanken und ihre Gefühle verlieren. Aber vieles ist einfach „nur“ das, was es ist, ungeachtet dessen, ob wir es wahrhaben wollen oder nicht.

Hunderte Millionen Menschen auf diesem wunderschönen Planeten sind derzeit nicht dazu in der Lage, eins und eins zusammenzuzählen, weil sie vor Angst schlottern. Sie sind panisch wegen einer imaginären Bedrohung, mit der sie in der Realität nie konfrontiert waren, die sich einfach nur in ihren Köpfen abspielt. Doch wir wissen: Unsere Gedanken erschaffen unsere Realität!

> *„Hätten wir nicht von einem neuen Virus gewusst und Personen nicht mit PCR-Tests überprüft, wäre die Zahl der Todesfälle aufgrund einer ‚grippeähnlichen Erkrankung‘ in diesem Jahr nicht aufgefallen. Bestenfalls hätten wir beiläufig festgestellt, dass die Grippewelle in diesem Jahr etwas schlimmer als im Durchschnitt zu sein scheint.“*[5]
>
> *Dr. John Ioannidis*, Professor für Medizin und Gesundheitsforschung an der Stanford-University, am 17. März 2020

Angst ist DER Schlüssel, um Menschen zu kontrollieren. Wenn mich in einer Situation das Gefühl von Angst beschleicht, also die Interpretation eines Zustandes, muss ich mich immer fragen, ob dies wirklich „meine Angst“ ist oder ob sie mir von anderen übergestülpt wurde, ob ich sie also aus dem morphogenetischen Feld übernommen habe. Wenn ich persönlich Angst verspüre, versuche ich, sie sofort wieder abzugeben, entweder durch bewusste Atmung oder durch körperliche Betätigung. Es ist wichtig, aktiv und in Bewegung zu sein, denn Angst entsteht immer in Kombination mit Statik. Angst ist die Identifikation mit der Opferrolle. Furcht hingegen ist zielgerichtet und macht aktiv.

Furcht ist die gesunde Reaktion auf eine konkrete Bedrohung, etwa eines wilden Tieres, das sich rasant nähert. Sie ist für unseren Urinstinkt, die ***Kampf-oder-Flucht-Reaktion*** (*fight-or-flight response*), verantwortlich. Furcht schärft den Blick für eine ganz bestimmte Situation und zwingt uns zu handeln.

Angst hingegen ist meistens diffus, ein stumpfes, schwammiges Gefühl, das einen in einer gefährlichen Situation sogar noch verharren lässt, weil es nicht nur den Körper, sondern alle Sinne und den Geist lähmt. Es kann kaum ein besseres Beispiel dafür geben als die Angst vor dem Tod. Wenn ich Angst davor habe, durch ein Virus zu sterben, dann zwingt mich das in die Tatenlosigkeit und Hilflosigkeit, weil es überall lauern und jederzeit zuschlagen könnte. Es gibt nichts, was man konkret gegen einen unsichtbaren Feind unternehmen kann, um sich wieder sicher zu fühlen.

Als ich neulich bei uns in der nahegelegenen Stadt in einem großen Supermarkt einkaufte und gerade etwas aus einem Regal nahm, sah ich rechts von mir aus dem Augenwinkel heraus etwas, das ich im ersten Moment nicht glauben konnte. Da schob ein vermutlich menschliches Wesen, eingehüllt in einen Regenponcho mit Kapuze, mit einer Gasmaske vorm Gesicht seinen Einkaufswagen verängstigt und fahrig durch die Gänge, als wäre er ein Statist im Film *Zombieland 3*. Und genau das war er auch: ein Statist, der brav jene winzige und bedeutungslose Rolle spielte, die ihm Bill Gates zugewiesen hatte.

Ich wagte es nicht, die Gestalt anzusprechen, weil ich davon ausging, dass sie das noch mehr in Panik versetzen würde, aber ich fragte mich später, wie das Leben eines solchen Menschen wohl aussehen mag. Würde er die Gasmaske wohl im Auto wieder abnehmen? *Nein, zu gefährlich.* Würde er sie überhaupt jemals wieder abnehmen oder vielleicht auch damit duschen oder gar schlafen? Was für ein Leben ist das, ständig auf der Flucht vor einem unsichtbaren Feind zu sein, der nur in der Fantasie der Menschen existiert?

„Es gibt keine Grenzen. Nicht für die Gedanken, nicht für die Gefühle. Die Angst setzt die Grenzen."[(6)]

Ingmar Bergmann (Regisseur, 1918-2007)

Ich beendete mein voriges Buch mit der Aussicht auf das, was die dunkle Seite der Macht für uns geplant hatte, aber auch damit, dass wir es in der Hand haben, deren Pläne zu durchkreuzen, wenn wir nur endlich unsere eigene Macht erkennen und davon Besitz ergreifen. Wir müssen endlich unsere Lage realistisch einschätzen. Alles ist möglich, aber man muss wissen, wo genau man steht, um wählen zu können, wohin man will.

„Die erste Erfolgsregel ist, eine Vision zu haben. Sehen Sie, wenn Sie keine Vision davon haben, wohin Sie gehen, wenn Sie kein Ziel haben, das Sie anstreben, dann driften Sie herum, und Sie kommen nie irgendwo an... Wenn Du ein Ziel hast, wenn Du eine Vision hast, wird alles einfach! Im Alter von 20 Jahren ging ich nach London und gewann den Mr. Universum Titel als jüngster Mr. Universum überhaupt, und zwar, weil ich ein Ziel hatte. Also, lassen Sie mich Ihnen etwas sagen: Dein Ziel zu visualisieren und zu verfolgen macht Spaß! Du musst eine Bestimmung haben, egal was Du im Leben tust! Du brauchst eine Bestimmung!"[(7)]

Arnold Schwarzenegger bei den PowerDays in München im August 2020

Mein klares Ziel ist es heute, meine Lieben und mich möglichst heil und unbeschadet durch diese gefährliche Brandung zu steuern und zumindest lebend an der anderen Seite anzukommen. Falls möglich, werde ich versuchen, noch einigen anderen Menschen dabei behilflich zu sein, das rettende Ufer zu erreichen, aber wirklich nur denen, die es verdient haben, weil sie es wirklich wollen und bereit sind zu tun, was nötig ist.

Sind Sie dazu bereit? Was ist IHR Ziel? Haben Sie einen Plan, eine Vision, eine Bestimmung? Oder warten Sie einfach nur ab, was sich so ergibt und was die nächsten Anweisungen von oben sind? Das wäre das Erfüllen der klassischen Opferrolle.

Sehen Sie, das ist der größte Unterschied zwischen den größenwahnsinnigen US-Multimilliardären und deren Handlangern und dem Rest der Menschheit. Sie haben ein Ziel, eine Mission, sie sind entschlossen, sie wissen um ihre Macht, und sie lassen sich um nichts in der Welt von ihrer Vision einer neuen, völlig veränderten Welt abbringen. Sie sind wenige, aber sie sind uns geistig und taktisch überlegen, vor allem, weil sie an einem Strang ziehen. Ich weiß nicht, ob wir noch genug Zeit haben werden, um uns rechtzeitig zu einer kritischen Masse zu vereinigen, die in der Lage ist, sie in die Knie zu zwingen. Aber ich weiß, ich möchte, wenn möglich, mit meinen bescheidenen Mitteln dazu beitragen. Ich habe lange auf die Menschheit gehofft und lange auch an sie geglaubt. Ich dachte, dass es möglich ist, dass wir als Einheit einen Quantensprung in unserem Bewusstsein vollziehen, quasi die nächste Stufe der Evolution erreichen. Offenbar war das zu ambitioniert. Nun bin ich an dem Punkt, an dem ich mich mit dem Gedanken angefreundet habe, dass das Projekt Menschheit gescheitert ist. Es geht nicht mehr darum, als Ganzes aufzusteigen, sondern darum, sich selbst zu retten, in der Hoffnung, dass sich kleine Gruppen in Gemeinschaften zusammenfinden und in Anstand und Würde überleben werden.

Das gefällt Ihnen nicht? Ja, mir auch nicht, aber das ist meine ruhige und sachliche Einschätzung der gegenwärtigen Lage. Ich versuche, nicht das zu sehen, was ich gerne hätte, sondern das, was ist.

Immer wieder erhalte ich Zuschriften oder höre ich in Gesprächen mit angeblich spirituellen und bewussten Menschen, dass wir den Kampf gegen die dunkle Seite der Macht längst gewonnen haben, dass das Licht immer gegen die Dunkelheit gewinnt und dass bald einer kommen wird, der das alles für uns rausreißt. Ich antworte in der Regel nicht auf solche Aussagen, denn alles, was ich dazu sagen könnte, wäre: Träum weiter!

Der Krieg hat längst begonnen, und wie bei allen anderen großen Kriegen zuvor, ist kein Erlöser oder Heiland gekommen, um das Grauen zu verhindern, und das wird er auch nicht. Warum ich das weiß? Weil das nicht nur den Gesetzen der Natur und des Kosmos widersprechen würde, sondern auch mehreren tausend Jahren Menschheitsgeschichte. Wenn wir etwas Bestimmtes wollen, dann müssen wir das selbst in die Hand nehmen. Wir müssen handeln! Sollte uns das aus irgendeinem Grunde nicht gelingen, so sollten wir zumindest versuchen, so viel Würde und Anstand zu wahren, dass wir nicht wie die Tiere übereinander herfallen, einander verpfeifen oder denunzieren, nur weil andere nicht derselben Meinung sind wie wir oder schlichtweg nicht dieselben Ängste pflegen.

Und all jenen, die gerne ihre Stimme erheben würden, sich aber nicht trauen, weil sie sich schwach und unsicher fühlen und weil sie glauben, mit ihren Zweifeln und ihrer Kritik allein zu sein, kann ich nur sagen: Wenn zwei Drittel in Ihrem Land geimpft sind, dann ist ein Drittel es nicht, und das vermutlich aus Überzeugung. Haben Sie sich schon einmal ausgerechnet, wie viele potentielle Gleichgesinnte das sind? Die Frage kann also nur lauten: Wie finden all die versprengten schwarzen Schafe zueinander, um eine eigene neue Herde zu bilden? Was es dafür braucht, ist die Vision, das klare Ziel, die unbedingte Entschlossenheit. Dann kommt der Rest ganz von selbst.

Die Pandemie, die es nie gab

„Laut einer Berechnung des Statistischen Bundesamts (Destatis) gab es in Deutschland im Jahr 2020 eine Übersterblichkeit von knapp fünf Prozent. Diese ermittelten die Statistiker anhand der Anzahl der Todesfälle im Jahr 2020 (982.489), die über dem Mittel der vorherigen vier Jahre (934.389) lag. In Deutschland gab es demnach eine Übersterblichkeit von 48.100 Personen... Ein Team um Bernd Kowall vom Institut für Medizinische Informatik, Biometrie und Epidemiologie am Universitätsklinikum Essen widerspricht nun dieser Berechnungsmethode. ‚Es reicht nicht aus, sich allein auf die Nettozahlen der To-

desfälle zu stützen.', so Kowall. ‚Stattdessen müssen... auch Aspekte wie der demografische Wandel bei der Berechnung der Über- und Untersterblichkeit berücksichtigt werden... Im Jahr 2020 gab es mit 5,8 Millionen über 80-Jährigen eine Million mehr als im Jahre 2016. Und dann erwarten sie natürlich allein aufgrund dessen eine höhere Sterblichkeit, selbst wenn es keine Pandemie gegeben hätte. Und das müssen sie natürlich mit rausrechnen.', erklärte Kowall. Laut ihrer Publikation im Fachmagazin PLOS ONE ***gab es über das gesamte Jahr 2020 keine Übersterblichkeit.*** *Die Studie der Wissenschaftler vom Universitätsklinikum Essen bestätigt damit die Ergebnisse der Studie des ifo-Instituts und kommt sogar zu dem Ergebnis, dass es trotz 34.000 Personen, die an Covid-19 verstarben,* ***eine minimale Untersterblichkeit von 2,4 Prozent*** *gab.*"[8]

„*Forschung und Wissen*", 28. Oktober 2021

Die meisten Menschen sind nach wie vor davon überzeugt, dass es im Jahr 2020 eine Pandemie gab, obwohl ALLE offiziellen Zahlen das Gegenteil belegen. Selbst wenn man beim Beispiel Deutschland die Demografie außen vor ließe, so wäre eine Übersterblichkeit von rund 5% immer noch meilenweit von einer Pandemie entfernt. Die meisten Menschen aber sind so schlicht und unflexibel im Geiste, dass sie das, was sie einmal abgespeichert haben, nicht wieder revidieren wollen oder können. Sie hören von vornherein nicht richtig zu und sind obendrein zu faul, um später noch auf Informationen zu reagieren, die das abgespeicherte Halbwissen in Frage stellen könnten. Nirgendwo wurde das klarer und deutlicher als in der Pandemie-Frage.

Die meisten Mitbürger sind davon überzeugt, dass die Italiener im Jahr 2020 gestorben sind wie die Fliegen, dass ganz Norditalien so gut wie ausgestorben ist. Denn das sind die Bilder, die ihnen die Medien in ihre sonst leeren Schädel gepflanzt haben und an denen sie festhalten, weil sie unwillig sind, etwas Komplexeres als das zu verstehen oder zu verarbeiten. Ich hoffe, Sie sehen mir nach, wenn ich jetzt sehr deutlich werde, aber da gibt es nichts mehr schönzureden. Wir haben es mittlerweile zum größten Teil mit komplett Minderbemittelten zu tun, die sich aber selbst für sehr gebildet und gut informiert halten. Sie sind für Fakten nicht zugänglich, aber die sind das Einzige, woran wir uns orientieren können, um die Lage richtig einschätzen zu können.

Bereits im Frühjahr 2020, also in der angeblich heißen Anfangsphase dieser geplanten Pandemie, dieser „Plandemie", hatten die **offiziellen italienischen Stellen deutlich gemacht, dass es keine Pandemie gab!** Ein Bericht des italienischen Gesundheitsministeriums vom 17. März 2020[9] belegte, dass der Anteil derer, die bis dahin „an Corona" verstorben waren, bei unter einem Prozent gelegen hatte! Die übrigen 99% der Todesfälle waren mittels Drostens Testverfahren, das keines ist, zwar „Corona-positiv" getestet worden, aber keinesfalls daran verstorben. Das war die offizielle Aussage. Diesen Bericht konnte und kann sich jeder im Internet herunterladen.

Der italienische Gesundheitsminister hatte im März 2020 selbst zugegeben, dass über 99% von Italiens angeblichen „Corona-Virus-Opfern" an meist schweren Vorerkrankungen gelitten hatten. Das Durchschnittsalter dieser vermeintlichen „Corona-Toten" hatte bei 79,5 Jahren gelegen. Die meisten von ihnen wären ohnehin bald verstorben, und wenn etwas ihren Tod beschleunigt hatte, dann kein neuartiges Virus, sondern Angst und Hysterie, die zu geschwächten Immunsystemen, zu vielen Hospitalisierungen und, daraus resultierend, zu falschen Behandlungen geführt hatten. Hat die Presse daraus eine große Geschichte gemacht? Nein, das wurde mit keiner Silbe erwähnt, daher blieb bei der denkfaulen Masse die „Hölle von Bergamo" und ähnlicher Unsinn für immer in den Köpfen eingebrannt.

Da half es auch wenig, dass das *Italienische Nationale Gesundheitsinstitut* (Istituto Superiore di Sanità) im Juli 2021 nochmals **offiziell bestätigte, DASS ES NIE EINE CORONA-PANDEMIE GEGEBEN HATTE!** In dem Bericht wird klargestellt, dass **SARS-CoV-2 in den Jahren 2020 und 2021 weit weniger Menschen getötet hatte als jede gewöhnliche Grippewelle der Vorjahre!** Laut der Auswertung von Krankenakten, die das Institut gesammelt hatte, waren **nur 2,9%** der seit Ende Februar 2020 verzeichneten Todesfälle **auf Covid-19 zurück-**

zuführen. Von den 130.468 Todesfällen, die die offizielle Statistik zum Zeitpunkt der Erstellung des Berichts verzeichnete, waren nur 3.783 auf die „Potenz des Virus“ selbst zurückzuführen. Alle anderen Italiener, die in dem Zeitraum verstorben waren, hatten zwischen einer und fünf Krankheiten, die ihnen nach Angaben des *Italienischen Nationalen Gesundheitsinstituts* bereits wenig Hoffnung ließen.[(10)]

Teilen Sie das einmal einem eingefleischten Maskenträger mit. Dann wird Ihnen vermutlich eine Welle von Ablehnung oder Hass entgegenschlagen. Was man dann oft zu hören bekommt, sind Sätze wie: „*Wo hast Du denn den Blödsinn her? Du solltest aufhören, solchen Schwachsinn im Internet zu lesen!*“ Und wenn man dann anbietet, die Beweise für diese Behauptungen vorzulegen, dann kommt Folgendes: „*Ach, hör mir doch auf mit diesem Zeug! So was schau ich mir doch gar nicht erst an!*“ Man lebt mit anderen Wesen, die man zu kennen glaubte, rein oberflächlich betrachtet in derselben Welt und befindet sich dennoch in einem anderen Universum.

„*Zwei mal drei macht vier, widdewiddewitt und drei macht neune.*
Ich mach' mir die Welt widdewidde wie sie mir gefällt.
Hey, Pippi Langstrumpf, hollahi-hollaho-holla-hopsasa.
Hey, Pippi Langstrumpf, die macht, was ihr gefällt.“

Obwohl es bis heute keine Corona-Pandemie gab, sollen wir uns Mitte November 2021 in Teilen der USA und Europas angeblich am Anfang ihrer vierten Welle befinden. Man kommt aus dem Staunen nicht mehr heraus. Diese neue Inszenierung wurde von jenen, die in den traditionellen Medien sogenannte „Experten“ spielen, in den vergangenen Tagen immer wieder als „Pandemie der Ungeimpften“ bezeichnet. Europa erlebt eine Neuauflage der Flüchtlingskrise von 2015, und die USA brechen gerade komplett auseinander, aber alle zittern vor einer nicht existenten Bedrohung.

Nach eineinhalb sehr kalten Jahren und einem der kältesten Winter seit Jahrzehnten weltweit verkündeten die Sprachorgane der Geheimen Weltregierung in den vergangenen Monaten trotzdem wieder das wärmste Jahr aller Zeiten. Menschen sterben an der Impfung, werden aber als „Corona-Tote“ bezeichnet. Massenweise kippen Menschen einfach um und sind tot, vor allem junge Männer, aber das Gros der westlichen Jugend trägt weiter brav Masken und bleibt auf Abstand. Wer sich dem Diktat der Idiotie widersetzt, wird drangsaliert und denunziert. Es läuft also alles nach Plan, alles genau so, wie es nun die letzten zwanzig Jahre über vorbereitet worden war. Und einige Herrschaften sind völlig aus dem Häuschen, weil sie die Menschheit endlich da haben, wo sie sie immer hinhaben wollten.

Die Delta-Variante kam und ging, genau wie der Sommer. Und wie im Jahr zuvor wiederholt sich alles nahezu identisch, und die meisten merken es nicht, weil sie voller Angst sind. Wir haben viel gelernt in diesem letzten Jahr und vieles auch wieder vergessen – was in manchen Fällen auch nicht das Schlechteste war.

Es gab viel Unerwartetes, etwa die Erkenntnis, dass Viren offenbar Ländergrenzen anerkennen und sich auch an ihnen orientieren. Noch spannender finde ich, dass sie sogar dazu in der Lage sind, zwischen einzelnen Bundesstaaten oder Bundesländern zu unterscheiden – das bekommen manche Menschen noch nicht mal hin. So haben sich die neuartigen Corona-Viren, samt aller Wellen und Mutationen, zur Gänze aus Texas zurückgezogen, während sie in New York City und Kalifornien, nach Angaben „seriöser“ Wissenschaftler, nach einer kleinen Sommerpause erneut wüten sollen. Nach Schweden haben kürzlich erst Dänemark und Norwegen ein Ende der „Corona-Pandemie“ verkündet und alle dazugehörigen Einschränkungen wieder aufgehoben, in Deutschland und Österreich hingegen sollen die Infektionszahlen jedoch gerade wieder dramatisch ansteigen. Offenbar sind alle Viren, die man dort nicht mehr wollte, freiwillig in die beiden südlicher gelegenen Länder emigriert, da dort die Winter milder sind – allen wieder eingeführten Grenzkontrollen zum Trotz.

„*,**Ganz Deutschland ist ein einziger großer Ausbruch. Das ist eine nationale Notlage.** Wir müssen jetzt die Notbremse ziehen.‘ Der RKI-Chef verglich die Lage mit einem Tanker, der auf eine Hafenmauer zufährt. ,Wenn wir sofort mit aller Kraft gegensteuern, dann wird er* *noch eine Weile weiterfahren und die Hafenmauer vielleicht noch seitlich rammen. Er wird sie aber hoffentlich nicht mehr frontal einreißen. Wir alle müssen jetzt gegensteuern.' Die täglichen Fallzahlen dürfe man nicht mehr hinnehmen.*"[11]

Deutschlands oberster Seuchenbeauftragter, Tierarzt *Dr. Lothar Wieler* (Robert-Koch-Institut) am 19. November 2021

Und da wir schon bei Verrückten sind, möchte ich auch mal zur Abwechslung etwas ganz Verrücktes machen. Wir sprechen nun seit eineinhalb Jahren wie selbstverständlich über „das Virus" und diskutieren darüber, ob die Reaktionen darauf angemessen sind oder nicht. Nun möchte ich aber ganz dreist die Frage stellen, ob es dieses Virus überhaupt gibt. Nun bin ich kein Virologe, aber ich weiß, dass sich doch einige wenige kritische Menschen ebenso diese Frage gestellt haben, und das Ergebnis war anscheinend, dass sie darauf von offizieller Seite nie eine Antwort, also auch nie einen Beweis für das Virus bekommen haben. Doch warum würden die Behörden diesen Beweis nicht vorlegen, wenn er denn existierte?

Als ich mein Buch „*LOCKDOWN – Band 2*" Ende des Jahres 2020 fertigstellte, war ich mir dessen bewusst, dass der Beweis für ein solches neuartiges Virus bis dahin nicht gegeben war, ich fand es jedoch sehr wahrscheinlich, dass er alsbald erbracht werden würde, denn jeder Wissenschaftler, der ihn als erster erbringen konnte, würde in die Geschichtsbücher eingehen, vielleicht würde er für einen Nobelpreis ins Gespräch kommen, auf jeden Fall würde sein Name in der Wissenschaftswelt unsterblich werden. Also habe ich diesen Aspekt im Buch ausgespart. Ich habe jedoch deutlich darauf hingewiesen, dass der „PCR-Test", auch nach seinem zweifelhaften Erfinder als „Drosten-Test" bezeichnet, kein SARS-CoV-2 in einem menschlichen Körper nachweisen kann, weil Drosten ihn im Dezember 2019 – angeblich zwischen Weihnachten und Neujahr – aus alten SARS-Viren aus dem Jahr 2003 zusammengebastelt hatte. Wie dieses angebliche neue Virus genau aussieht, konnte er zu dem Zeitpunkt gar nicht wissen, weil es noch nicht eindeutig isoliert und nachgewiesen worden war. Wer sagt uns, dass es jemals nachgewiesen wurde?

Es war natürlich auch bekannt, dass der „PCR-Test“ gar kein Test und schon gar nicht dazu in der Lage ist, ein bestimmtes Virus quantitativ nachzuweisen, wie der Erfinder der PCR-Methode, ***Kary Mullis***, selbst immer wieder bestätigte. Keiner wusste das besser als Drosten, der seit vielen Jahren zu jeder nur theoretisch möglichen Pandemie Tests gebastelt hatte, die keinen Wert hatten.

Da es generell zu langwierig wäre, nach der gesamten sehr umfangreichen Gensequenz eines bestimmten Virus in einem Körper zu suchen, beschränkt man sich auf Teile davon. Wenn die gefunden werden, dann geht man davon aus, dass man das Virus gefunden hat. Drosten ging also davon aus, wenn er einige typische Genschnipsel eines alten SARS-Virus in einen „PCR-Test“ einbaut, dass es (falls vorhanden) ausreichend Übereinstimmungen mit allen neuen Varianten dieser Erkältungsviren haben müsse, um daraus schließen zu können: Der Getestete hat einige aktuell in Zirkulation befindliche SARS-Viren im Körper, also vermutlich SARS-CoV-2. Das ist wohlgemerkt nichts als eine Annahme, die zudem auch nichts darüber aussagt, ob diese Viren überhaupt lebendig sind, also eine Krankheit auslösen können. Das ist so, als wenn Sie in einem schlammigen Teich nach Anhaltspunkten suchen würden, die belegen, dass darin irgendwann einmal ein Auto versenkt wurde. Sie stochern so lange und ziehen Dinge heraus, die Ähnlichkeit mit einem Auto haben, bis Sie meinen, sagen zu können: *„Da drin liegt ein Auto!“* Sie suchen jedoch nicht nach einem kompletten Auto, sondern nur nach Schnipseln davon. Wann sind Sie sicher, dass es ein Auto ist? Wenn Sie eine Radkappe finden? Wenn Sie vier Räder haben? Vier Räder und einen Auspuff? Vier Räder, einen Auspuff und ein Lenkrad?

Wenn Sie also all die Teile haben, die für Sie ausreichend sind, um zu sagen, dass da drin ein Auto liegt, was machen Sie dann mit der Information? Sind tatsächlich alle Teile in dem Teich? Könnte man es wieder zusammensetzen? Ist es noch fahrbereit? Könnte es noch Unfälle verursachen? Sagen wir „Ja“ und sperren großräumig alle Teiche ab, in denen je etwas gefunden wurde, das von einem Auto stammen könnte?

„Experten“ gingen davon aus, dass die RNA-Genome der Corona-Viren aus 2003 und 2019 zu etwa 80% identisch sein würden. Das ist, worauf der PCR-Test beruht, den nun täglich Menschen erbringen müssen, um weiter ihr Leben leben zu dürfen. Wer meint, das sei eine große Übereinstimmung, dem sei gesagt, dass das menschliche Genom eine 98%ige Übereinstimmung mit dem des Schimpansen hat. Mickrige 2% können also bei Gensequenzen bereits einen gewaltigen Unterschied ausmachen, aber Herr Drosten schaffte es angeblich, ohne das neue Virus je gesehen zu haben, einen Test zu erstellen, mit dem man dieses neue Virus zweifelsfrei feststellen konnte. Im Ernst?

Der Biochemiker *Kary Mullis* hatte im Jahr 1993 den Nobelpreis für Chemie für seine Erfindung/Entdeckung der PCR-Methode bekommen, die dazu dient, Teile von DNA-Strängen zu reproduzieren, was beispielsweise beim Klonen hilfreich ist. Was die PCR-Methode (meinem Verständnis nach) tut, ist, einzelne Moleküle – die allein zu klein sind, um wahrgenommen, gemessen oder verwendet werden zu können – so lange zu vervielfältigen, bis sie ein größeres Ganzes ergeben, etwas, das man unter dem Mikroskop identifizieren und weiterbearbeiten kann.

Nun haben aber laut Mullis die meisten von uns so ziemlich alle Viren in ihrem Körper, die es auf diesem Planeten gibt – das meiste jedoch in winzig kleinen Mengen, die im Grunde bedeutungslos sind und keinen Schaden anrichten können. Es gibt allein zehntausende Retroviren, die noch nicht einmal Namen haben, von denen man in den meisten Menschen Spuren finden wird, was aber keinerlei Aussagekraft hat, weil die meisten davon ohnehin abgestorben sein dürften, da das Immunsystem sie zerstört hat – wenn nicht, wäre der Mensch bereits krank oder vermutlich sogar tot. Was für einen Sinn hat es also, bei gesunden Menschen nach Spuren irgendwelcher Viren zu suchen, die sie bislang nicht krank gemacht haben und daher auch weiterhin kaum krank machen dürften? Oder noch deutlicher: Welchen Sinn hat es, bei gesunden Menschen nach Spuren irgendwelcher Viren zu suchen, wenn man nicht einmal genau weiß, wonach man sucht, weil die genaue Gensequenz des Virus gar nicht bekannt ist?

Nun, ich denke, die Antwort kennen Sie mittlerweile bereits. Der Sinn bestand darin, eine Pandemie ausrufen und die totale Einschränkung und Überwachung der Bevölkerung rechtfertigen zu können, inklusive der Reduzierung der Bevölkerung mittels einer Impfung, die keine ist.

Zurück zu SARS-CoV-2 und den Autoteilen: Darauf angesprochen, ob die Verwendung der von ihm entwickelten PCR-Methode als Viren-Test in dem Sinne nicht ein „Missbrauch" seiner Methode wäre, antwortete *Kary Mullis* Folgendes:

> *„Ich glaube nicht, dass man PCR missbrauchen kann, aber das Ergebnis und die Interpretation dessen* (sehr wohl)*... wenn sie ein bestimmtes Virus in Dir finden wollen, warum auch immer... und mit PCR – wenn Du es richtig machst – kannst Du nahezu alles in jedem finden. Das bringt einen dazu, an die buddhistische Vorstellung zu glauben, dass alles in allem enthalten ist. Wenn Du also ein einziges Molekül vergrößerst, was mit PCR möglich ist, auf eine Größe, die wirklich messbar ist, und jeder von uns hat nahezu jedes Molekül in sich... vielleicht könnte es also als Missbrauch bezeichnet werden, wenn jemand behauptet, es* (dieser Fund) *hätte irgendeine Bedeutung..."*[12]

Je tiefer man in die Materie vordringt, desto komplizierter wird das Ganze, weil man rasch erkennt, dass es auch unter den verschiedenen „Experten" in diesem Bereich sehr unterschiedliche Bewertungen der Sachlage gibt, die teilweise auch spirituelle oder philosophische Aspekte beinhalten. Je tiefer man vordringt, desto klarer wird, dass eigentlich nichts klar und eindeutig, sondern alles im Grunde nur eine Frage der Betrachtung und Deutung ist. Je mehr man den Besten der Besten auf diesem Gebiet zuhört, desto klarer wird es, dass hier von Behörden und Wissenschaftlern mit Begriffen hantiert wird, die – oder deren letztliche Bedeutung – eigentlich kaum jemand versteht, zumindest ganz sicher nicht diejenigen, die sich in den letzten eineinhalb Jahren als Lockdown-Hardliner und Gesundheitsexperten hervorgetan haben. Und damit komme ich wieder zu meiner Aussage zurück, dass alles reine Behauptung und nichts bewiesen ist.

Es ist in den vergangenen Monaten viel über die Aussagen von Mullis gestritten worden. Unglücklicherweise verstarb er am 7. August 2019 im Alter von 74 Jahren an den Folgen einer Lungenentzündung, kurz vor dem angeblichen Ausbruch einer Pandemie, deren einziger angeblicher Beweis ein Test ist, der auf einer Methode beruht, die dieser sympathische Wissenschaftler und Surfer entwickelte, die aber nicht als Test geeignet ist. Ich bin mir sicher, dass Mullis zu dem Thema viel Spannendes hätte beitragen können. So müssen wir uns also auf die Aussagen anderer Koryphäen auf diesem Gebiet verlassen.

Prinzipiell mutieren alle Viren sehr schnell, da sie sich konstant reproduzieren, wenn sie einmal einen Körper gefunden haben, der sie gewähren lässt. Was „sehr schnell" bedeutet, ist nun auch sehr relativ, aber Experten gehen davon aus, dass sich Viren alle paar Tage bis Wochen reproduzieren und dann in etwa jede zehnte Mutation Veränderungen mit sich bringt, die das Potential hätten, gefährlich für den Menschen (oder ein Tier) zu sein, weil die Immunabwehr des Körpers sie nicht mehr erkennt und erst einmal kein Gegenmittel zur Abwehr bereit hat. Das sind dann die berühmten „neuen Mutationen" wie die ominöse kurzzeitig viel beschworene „Delta-Variante", die ebenso schnell wieder verschwand wie der letzte Sommer. Jetzt haben wir Omikron – dasselbe Szenario.

Das ist ein besonders spannender Aspekt in Bezug auf die Entwicklung von Impfstoffen, die in der Regel mehrere Jahre dauert. Wenn man nur diese wenigen unbestreitbaren Vorinformationen hat, dann kann man sich vielleicht selbst ausrechnen, wie wahrscheinlich es ist, dass ein Impfstoff vor einem Virus schützen kann, das seit seiner Entdeckung tausend- oder millionenfach mutierte und mittlerweile deutlich anders aussieht und funktioniert als bei seiner Entdeckung vor mehreren Jahren – oder im Fall von SARS-CoV-2 nach mehreren Monaten. Doch dazu später mehr.

Laut der wirklich erfahrenen Wissenschaftlerin *Dr. Judy Mikowits* wurde das Virus SARS-CoV-2 im Labor auf Affenzellen gezogen und auch immer nur dort nachgewiesen. Es gibt ihrer Aussage nach **kein SARS-CoV-2, das in einem Menschen isoliert wurde**, außerdem soll es auch nicht von Mensch zu Mensch übertragbar sein.(13) Im Gegensatz zu den meisten „Experten", die sich seit Anfang 2020 gerne zu dem Thema äußerten, ist die Biochemikerin und Molekularbiologin Dr. Mikovits eine der wenigen, die weiß, wovon sie spricht. Sie leitete nicht nur jahrelang die Forschungsabteilung einer privaten Forschungseinrichtung in Nevada, sondern arbeitete auch mit *Dr. Anthony Fauci* zusammen an militärischen Projekten in *Fort Detrick* in Maryland, bekannt für seine Forschung an Infektionskrankheiten und Biowaffen.

Wer bei Google nach Judy Mikowits sucht, wird allerdings zuerst erfahren, dass sie im Gefängnis war, da sie ihren früheren Arbeitgeber bestohlen haben soll. Wenn man sich aber nicht mit dem Erstbesten abspeisen lässt, dann kann man herausfinden, dass sie von ihrem Arbeitgeber fristlos gekündigt wurde, nachdem sie eine wissenschaftliche Arbeit mitgeschrieben hatte, die offenlegte, dass Impfungen regelmäßig zu Autismus führen. Als sie daraufhin gekündigt wurde, nahm sie ihre Unterlagen und ging. Ihr Arbeitgeber erstattete Anzeige wegen Diebstahls der Unterlagen, und Mikowits wurde bei Nacht und Nebel, ohne Anklage oder richterlichen Befehl, abgeholt und fünf Tage lang eingesperrt, ehe man sie wieder laufen ließ und nicht weiter belangte.

Diese Justizwillkür reichte aus, um in der Welt der „seriösen Wissenschaft" zur Persona non grata zu werden, was den großen Vorteil hat, dass Dr. Mikowits heute sagen kann, was sie will, weil sie nichts mehr zu verlieren hat. Und sie sagt, dass es keinen Beweis dafür gibt, dass dieses Virus Menschen befallen und dass es sie daher auch nicht krank machen kann. Ich kann diese Aussage weder be- noch widerlegen, ich kann sie nur so stehen lassen. Sie ist einfach ein weiterer Stein in einem scheinbar komplizierten Puzzle.

Für alle Skeptiker unter Ihnen versuche ich, den Umstand, dass es eigentlich keinen Beweis für dieses neue Virus gibt, nun noch deutlicher und offizieller zu machen. Dabei wird mir die kämpferische Irin, Filmemacherin und investigative Journalistin ***Gemma O'Doherty*** helfen, denn sie hatte monatelang von ihrer Regierung den Beweis für dieses neuartige Virus eingefordert, mit dem all die extremen Freiheitsbeschränkungen in Irland begründet worden waren. O'Doherty bombardierte die irische Regierung mit Studien und wissenschaftlichen Arbeiten, die in Frage stellen, dass dieses Virus existiert, und sie verlangte von der irischen Regierung, dies glaubhaft zu widerlegen, um die eigene Handlungsweise zu rechtfertigen. Sie verlangte nach dem „Freedom of Information Act" die Herausgabe der Beweise für die Existenz dieses Virus, die die zuständige Referentin nach monatelangem Schriftverkehr nicht liefern konnte, was sie mit ihrem Schreiben vom 23. Dezember 2020 routinemäßig wie folgt begründete:

„Ein Leiter, an den ein FOI (Freedom of Information)-Antrag gestellt wird, kann es ablehnen, dem Antrag stattzugeben, wenn (a) die betreffende Aufzeichnung nicht existiert oder nicht gefunden werden kann, obwohl alle angemessenen Schritte unternommen wurden, um ihren Verbleib festzustellen..."[(14)]

Darüber hinaus werden noch sechs weitere Gründe genannt, die es rechtfertigen könnten, das in Irland gesetzlich verbriefte Recht auf Auskunft zu verweigern.

Nun können Sie freilich sagen, keinen Beweis zu liefern, sei kein Beweis dafür, dass es keinen Beweis für das Virus gibt. Aber wenn es ihn denn gäbe und jemand so viel mediale Aufmerksamkeit in Irland bekam wie die investigative Journalistin *Gemma O'Doherty*, warum würde die Regierung diesen Beweis nicht mit Freuden öffentlich präsentieren, um alle Lockdown-Kritiker ein für alle Mal zum Verstummen zu bringen? Also gehe ich weiterhin davon aus, dass es bislang offenbar keinen Beweis, also kein Bild eines ISOLIERTEN, neuartigen, BESONDERS GEFÄHRLICHEN Corona-Virus gibt.

Jetzt könnten Sie natürlich fragen, wie all das mit meinen beiden LOCKDOWN-Büchern zusammenpasst, in denen ich detailliert ausgeführt habe, dass dieser ganze Schlamassel damit begann, dass im Jahr 2019 im Hochsicherheitslabor in Wuhan ein neues Corona-Virus künstlich geschaffen und danach dort freigesetzt worden war.

Also, ich finde, das passt sehr gut zusammen. Ich habe ja nicht die Existenz von Corona-Viren an sich in Frage gestellt. Die gibt es seit Jahrtausenden, und zwar in sehr großer Zahl. Ich erachte es auch weiterhin als erwiesen, dass ein künstlich geschaffenes, gentechnisch verändertes Corona-Virus in Wuhan hergestellt wurde, so wie in zahlreichen anderen Level-4-Laboren rund um den Globus auch, denn eine der Hauptaufgaben solcher Einrichtungen ist die Erschaffung biologischer Waffen. Fakt ist nur, dass das, was bislang an gentechnisch veränderten Corona-Viren im Umlauf ist, keinen Lockdown rechtfertigt, weil es nicht annähernd so gefährlich ist, wie von den Chinesen anfangs behauptet und von manchen gekauften westlichen Wissenschaftlern später bestätigt wurde. Bislang deutet vieles darauf hin, dass die Abriegelung Wuhans ein Bluff der Chinesen war, um den Westen in Angst und Schrecken zu versetzen und damit wirtschaftlich und mental zu schwächen. Laut Untersuchungen von US-Regierungsbehörden seit dem Jahr 2020, die in Bezug auf den Ursprung „des Virus" angestrengt worden waren, war dies nachweislich der Plan des KP-Regimes in Peking. Man fand geheime Aufzeichnungen der chinesischen Streitkräfte aus dem Jahr 2015, in denen es heißt, dass *„...im Labor veränderte Corona-Viren, gezielt als Biowaffen eingesetzt, das Potential hätten, beim militärischen Gegner den Zusammenbruch des Gesundheitssystems herbeizuführen."*[(15)] Ich gehe auch weiterhin davon aus, dass mehrere, bereits erwähnte zentrale Figuren aus den USA bei alldem mit der KP-Führung unter einer Decke stecken.

Es ist mittlerweile auch sehr gut nachvollziehbar, dass Dr. Anthony Fauci, der Berater der sprechenden Handpuppe im Oval Office, seit vielen Jahren in die Entwicklung solcher Biowaffen im Labor im chinesischen Wuhan(!) involviert ist und die Forschungen des *Institute of Virology* in Wuhan im Lauf der letzten Jahre mit mindestens 600.000 Dollar US-Steuergeld unterstützt hatte – scheinbar ohne das Wissen des US-Kongresses über die wahre Natur dieser Forschungsarbeit.

Es gibt mittlerweile eine wachsende Zahl von Menschen in den USA, die davon überzeugt sind, dass ***Dr. Anthony Fauci***, der Leiter des *Instituts für Allergie und infektiöse Krankheiten* (NIAID), der bislang jeden Präsidenten seit Ronald Reagan in Gesundheitsfragen beraten hatte, direkt für diese ganze Pseudo-Pandemie verantwortlich ist und dafür zur Rechenschaft gezogen werden muss. Aber bisher halten die Tod-Esser noch ihre schützenden Hände über ihn. Fauci ist berühmt dafür, jahrzehntelang an einem Impfstoff gegen HIV gearbeitet zu haben, den es letztlich nie gab. Die wenigen Menschen, die etwas von dem Thema verstehen, wie der verstorbene Kary Mullis, waren darüber nicht überrascht, weil es das HI-Virus nicht gibt und man daher auch schwer eine Impfung dagegen schaffen kann.

Fauci ist also nicht nur wegen seiner Zahlungen an das Labor in Wuhan in die Kritik geraten. Er wurde nachweislich seit vielen Jahren von Bill Gates mit enormen Summen in seinem ehrgeizigen wissenschaftlichen Streben unterstützt, und er scheint über all die Jahre das Bindeglied zwischen Gates und den Chinesen gewesen zu sein und Mitverantwortung für die Ereignisse der Jahre 2020 und 2021 zu tragen.[16] [17]

Eine Aussage Faucis vom 9. Oktober 2012 ist zuletzt wieder in den Fokus seiner Kritiker geraten. Andere Wissenschaftler hatten über Jahre hinweg Bedenken wegen der von ihm unterstützten Versuche mit hoch ansteckenden Grippe-Viren im Labor in Wuhan geäußert und vor den möglichen katastrophalen Folgen eines Unfalls mit solchen Bio-Waffen gewarnt. Fauci aber entgegnete ihnen[18] kalt, dass *„der mögliche Nutzen solcher Versuche und die daraus resultierenden Erkenntnisse die Risiken überwiegen.“*[19]

Außerdem möchte ich auch nochmals an Faucis hellseherische Fähigkeiten erinnern, als er seinen größten öffentlichen Kritiker, Donald Trump, zu dessen Amtsantritt in aller Öffentlichkeit warnte:

> *„...es steht außer Frage, dass es eine Herausforderung für die kommende Regierung im Bereich der Infektionskrankheiten geben wird, unter anderem bei chronischen Infektionskrankheiten im Sinne bereits bestehender Krankheiten – und da leiden wir ohnehin schon darunter –,* ***aber es wird darüber hinaus noch einen überraschenden Ausbruch geben...***“[20]
>
> *Dr. Anthony S. Fauci* bei einem Vortrag an der Georgetown University im Januar 2017

Woher er das wohl wusste? Im Moment würde ich eigentlich gerne so schnell wie möglich von der Vergangenheit in die Zukunft springen zu dem Thema, das derzeit nicht nur mich am meisten beschäftigt, nämlich das der „Impfung“ und ihrer Folgen. Doch da es auch Leser gibt, die meine früheren Bücher vielleicht nicht gelesen haben, und weil man ja auch das eine oder andere leicht vergisst, muss ich mich langsam vorarbeiten, weil wir ein solides Fundament an Wissen benötigen, um alles, was noch kommt, besser einordnen zu können.

Lassen Sie mich an dieser Stelle einfügen, dass die oberste US-Arzneimittelbehörde FDA Ende des Jahres 2021 eine weitere Notfallzulassung für Christian Drostens PCR-Test versagte, weshalb er in den USA ab 2022 nicht mehr verwendet werden darf. Die Behörde hatte festgehalten, dass die PCR-Methode nicht dazu in der Lage ist, ein bestimmtes Virus und eine daraus resultierende Krankheit festzustellen. Es wurde sogar festgehalten, dass Drostens Test nicht einmal zwischen Corona- und Influenza-Viren unterscheiden kann.(21) Kurz darauf wurde offenbar ein veränderter PCR-Test neuerlich temporär zugelassen, und es ist wahrscheinlich, dass dieses Spiel so lange weitergeht, bis den Betrügern das Handwerk gelegt wird.

Folge dem Geld

Da US-Präsident Donald Trump manchen zu langsam und zögerlich im Umgang mit der angeblichen Pandemie war, nahm eine Gruppe von Wissenschaftlern, Militärs und Multimilliardären, angeführt von Dr. Anthony Fauci, im März 2020 die Sache selbst in die Hand mit dem Ziel, die Pandemie zu managen und möglichst rasch allen Amerikanern einen Impfstoff gegen die angebliche neue Seuche zu verpassen. Diese Gruppe, die sich *„Scientists to Stop Covid-19“* nannte, bezeichnete ihr ehrgeiziges Projekt sehr passend (wie wir heute wissen) als ***„modernes Manhattan-Projekt in Zeiten des Lockdowns“***.(22) Ich hatte das damals zwar heftig kritisiert, habe aber mittlerweile begriffen, dass der Name leider gut gewählt und ehrlich war, denn was folgte, war die größte logistische Operation seit dem Zweiten Weltkrieg.

Zur Erinnerung: Das ***Manhattan-Projekt*** war eine der skrupellosesten und folgenschwersten Operationen in der Geschichte der Menschheit! Unter dem Decknamen „Manhattan-Projekt" wurden in den USA ab dem Jahr 1942 alle wissenschaftlichen und militärischen Ressourcen gebündelt, um in Rekordzeit die erste Atombombe zu bauen. Rund 150.000 Mann waren drei Jahre lang in *Los Alamos* (New Mexiko) an der Entwicklung der Atombombe beteiligt. Am 16. Juli 1945 wurde dann in der nahegelegenen Wüste, auf dem abgelegenen Militärgelände White Sands, die erste dieser neuen Massenvernichtungswaffen gezündet. Sie trug den Namen „Trinity", also „Dreifaltigkeit". Die Forscher hatten keine Ahnung, wie heftig die Detonation ausfallen würde, aber sie zündeten sie dennoch. Sie wussten auch nicht, welchen Schaden sie anrichten würde, aber das spielte keine Rolle. Im Namen der Wissenschaft ist alles erlaubt!

Im Geheimen wurden Vorkehrungen für eine Evakuierung des gesamten Südwestens von New Mexiko getroffen – für den Fall, dass die Sprengkraft der Bombe die Berechnungen der Wissenschaftler übertreffen würde. Nur hätte das dann nicht mehr viel gebracht. Im Namen einer vermeintlich guten Sache wurde bei diesem Experiment der Tod von Millionen Amerikanern billigend in Kauf genommen! Und wir alle wissen, dass die Geschichte dort nicht endete, weil drei Wochen später die beiden Bomben auf Hiroshima und Nagasaki geworfen wurden, die kurzfristig mehrere hunderttausend, langfristig mehrere Millionen Japaner töteten! Genau deshalb finde ich, dass dieser Tod-Esser-Club im Jahr 2020 beim ursprünglichen Namen *Manhattan-Projekt* hätte bleiben sollen, denn was sie taten, war, mit Hochdruck eine **Massenvernichtungswaffe** zu entwickeln, von der keiner wusste, wie zerstörerisch sie genau sein würde.

Weil man aber nicht so ohne Weiteres – zumindest nicht offen – gegen den Präsidenten der USA arbeiten konnte, versuchte man, das Weiße Haus einzubinden. Über Vize-Präsident *Mike Pence* gelang dieser Gruppe der Zugang ins Weiße Haus, und schließlich konnte man Donald Trump an Bord holen. Trump (oder sein Team) ließ das Ganze dann in ***Operation Warp Speed*** umbenennen und verkaufte es dann medienwirksam als seine eigene Initiative, was es jedoch nie war. Ich bin mir nicht sicher, ob er auch nur den Hauch einer Vorstellung hatte, was da im Hintergrund eigentlich ablief und was er da unterstützte. Ich sage das nicht, um mir seine geleisteten Unterschriften auf den entsprechenden Papieren schönzureden, denn ob er deren Bedeutung verstand oder nicht, macht keinen großen Unterschied mehr. Unwissenheit schützt vor Strafe nicht. Ich sage das nur in Anklang an die noch zu erörternde Frage, wie viel Politiker eigentlich im Detail wissen. Ich denke jedoch, dass es kaum einen US-Präsidenten in der Geschichte gab, der weniger in Geheimnisse eingeweiht war als Donald Trump, weil er von den Geheimdiensten geschnitten wurde, wo es nur ging, da er sich nicht an deren Spielregeln hielt.

Zurück zum *Manhattan-Projekt 2020* aka *Operation Warp Speed*: Es ist dahingehend auch bezeichnend, dass *Fauci* immer und immer wieder darauf bestand, dass das Ganze seine Initiative war, so wie hier im Interview am 29. März 2021, ein Jahr nach Beginn der Entwicklung einer modernen potentiellen Massenvernichtungswaffe: *„Die Entscheidung, alles zu tun und einen Impfstoff zu entwickeln, war vielleicht die beste Entscheidung, die ich je getroffen habe.“*[(23)]

Doch wer genau war diese Gruppe um Fauci, die mit einem Mal hunderte von Millionen von Dollar aus Steuermitteln erhielt, ohne dass jemals ein Parlament darüber abgestimmt hatte oder irgendjemand die Geldflüsse nachvollziehen konnte – dank eines angeblichen, durch Herrn Tedros von der WHO verkündeten Ausnahmezustandes?

Der größte Teil der (offiziellen) Geldmittel floss eindeutig an eine Firma, die eigentlich keine ist und die auf den ersten Blick für diesen Job komplett ungeeignet war, weil sie weder etwas mit dem Gesundheitswesen noch mit Impfungen zu tun hat. Es handelt sich hierbei um den „gemeinnützigen“ Verein **Analytic Services, Inc. (ANSER)**. Aufmerksame Leser meines Buches „*LOCKDOWN – Band 2*“ erinnern sich vielleicht daran, dass ich ANSER als einen der Organisatoren der „Operation Dark Winter“ im Jahr 2001 vorstellte. Es ist an der Zeit, dieser Firma ein wenig mehr Aufmerksamkeit zu schenken.

ANSER war in den 1950er-Jahren aus der ***RAND Corporation*** heraus gegründet worden. Beide sind dubiose Organisationen, die als Bindeglied zwischen dem Militär, den Geheimdiensten, der NASA, Forschungseinrichtungen und Luftfahrtunternehmen stehen und sich als gemeinnützige Vereine der Kontrolle aller Parlamente und staatlicher Organe entziehen. Wenn das Militär also einen Auftrag vergeben will, auf den kein Parlamentarier oder Untersuchungsausschuss Zugriff haben soll, dann kommen solche Organisationen ins Spiel. Ihr Hauptzweck ist also die Verschleierung von halbseidenen, möglicherweise illegalen Aktivitäten, mit denen keiner der Auftraggeber nach außen hin in Verbindung gebracht werden möchte.

ANSERs Spezialität ist es, für andere die Drecksarbeit zu erledigen und dafür zu sorgen, dass es all das nie gegeben hat – oder dafür zu sorgen, dass es wie ein Wohltätigkeitsbazar aussah. Denn ANSER verfügt über eine äußerst effiziente Propaganda-Abteilung, die Fachleute (aus den eigenen Reihen) gerne Fachartikel schreiben lässt, die dann in seriösen Outlets erscheinen und somit der Tätigkeit von ANSER einen sauberen und seriösen Touch geben. Und ANSER ist weltweit die größte und auch die mächtigste derartige Organisation, die zur Tarnung, Vertuschung und Verschleierung weitere Tochtervereine nutzt, um das Ganze noch undurchsichtiger zu machen. ANSER garantiert der Regierung, alle schmutzigen Geschäfte für sie so abzuwickeln, dass kein Politiker oder hochrangiger Militär sich jemals die Weste schmutzig macht, weil es keine offizielle Verbindung gibt und daher auch keine mögliche Kontrolle durch Parlamente oder Ausschüsse.

Im Falle des *Manhattan-Projekts 2020* nutzte ANSER dafür seine Tochter ***Advanced Technology International (ATI)*** mit Sitz in South Carolina. ATI erhielt vom US-Gesundheitsministerium im Jahr 2020 mindestens 6 Milliarden US-Dollar, um im Namen der USA – oder auch irgendwie wiederum nicht – Verträge zur Lieferung von Impfstoffen abzuschließen und dafür zu sorgen, dass sie an den Mann, die Frau und das Kind kommen.

Man könnte doch meinen, dass die Durchführung der größten Impfaktion in der Menschheitsgeschichte in den Händen von Personen liegen sollte, die etwas von Impfungen verstehen oder zumindest von Medizin oder vom menschlichen Körper und der menschlichen Psyche im weitesten Sinne. ATI hat nichts, aber auch gar nichts mit alldem zu tun. Der Verein fungierte bislang hauptsächlich als Vermittler zwischen Forschungseinrichtungen und dem US-Verteidigungsministerium in den Bereichen **Waffenherstellung**, Schiffsproduktion und **Technologie zur Bekämpfung von Massenvernichtungswaffen**. Für die US-Heimatschutzbehörde ***Homeland Security*** verwaltet ATI außerdem das *Border Security Technology Consortium*, das sich vor allem mit Überwachungstechnologien zur Grenzsicherung befasst.

Der größte Teil des US-Budgets für eine angebliche Impfung gegen ein angeblich gefährliches neues Virus ging an eine Schatten-Organisation, spezialisiert auf Waffenherstellung, Massenvernichtungswaffen und Überwachungstechnologie! Seit Jahrzehnten sitzen im Vorstand des Mutterkonzerns ANSER fast ausschließlich Geheimdienstmitarbeiter, allen voran CIA-Leute, hochrangige Militärs und namhafte Führungskräfte der Verteidigungsindustrie. Und keinem der überbezahlten, hoch angesehenen „Journalisten" in den Mainstreammedien ist das aufgefallen oder verdächtig vorgekommen?(24) (25)

Eine der Hauptaufgaben von ANSER bei diesem Manhattan-Projekt war es, die Verträge mit den Impfstoffherstellern abzuschließen, die dabei allesamt von jeglicher Haftung befreit wurden. Sollte es jemals in der Zukunft zu Klagewellen wegen Impfschäden kommen, dann sind sowohl alle Politiker als auch die Impfstoffhersteller fein raus, da der Auftraggeber und (zumindest theoretisch) Verantwortliche die ANSER-Tochter ATI war. Und sollte jemals der unwahrscheinliche Fall eintreten, dass diese „gemeinnützige Organisation" in Bedrängnis geraten sollte, dann ist sie als Verein ebenfalls von jeglicher Haftung befreit. Im Falle eines weltweiten Erwachens und daraus resultierender Klagewellen könnten also am Ende jene Ärzte den „Schwarzen Peter" bekommen, die diese biologischen Kampfstoffe verabreicht haben. Ob das den meisten Ärzten bewusst ist?

Doch wenn man eine so umfangreiche militärische Aktion, die manche als „Angriffskrieg" bezeichnet, dem gutgläubigen Volk als Wohltat verkaufen möchte, dann braucht man dafür kompetente Partner. Sie müssen dafür sorgen, dass möglichst alle freiwillig Schlange stehen, um sich die Giftspritze abzuholen. Und genau da kommt eine andere Firma ins Spiel, von der noch kaum jemand je zuvor gehört hat und die sich am besten selbst beschreiben soll:

> *„Bei der* ***Fors Marsh Group (FMG)*** *kombinieren wir die Kraft von Forschung und Strategie, um soziale, wirtschaftliche und gesundheitsbezogene Herausforderungen zu lösen. Wir arbeiten mit Organisationen und Institutionen zusammen, die* ***Märkte manipulieren, Verhalten beeinflussen*** *und* ***Veränderungen*** *auf nationaler oder globaler Ebene* ***herbeiführen****, um einen positiven Einfluss auf diese Welt zu haben.“*[25]

„Manipulation“ und „Beeinflussung“ mit dem Ziel, eine „bessere Welt zu schaffen“ – können Sie sich an irgendeinen Artikel erinnern, der sich mit dieser Firma und ihrem großherzigen philanthropischen Ansatz in der „Pandemie“ beschäftigt hätte? *Fors Marsh* ist das Unternehmen, das die „Marke“ Covid erschaffen hat, das zu Anfang für all die Berichte über die gefährliche Seuche zuständig war und zu Beginn der „Pandemie“ die Drehbücher für alle Spitzenpolitiker in der westlichen Welt verfasste, von Kanada bis nach Österreich.

War Ihnen jemals aufgefallen, dass alle Politiker im Frühjahr 2020 dieselben Worte und Phrasen verwendeten, um einen Lockdown zu rechtfertigen? Das lag daran, dass sie alle aus demselben Drehbuch vorlasen, nämlich dem, das die Leute von *Fors Marsh* geschrieben hatten. Und FMG schreibt weiterhin die Drehbücher für Meinungsmacher, Politiker und Journalisten.

Ist Ihnen auch schon aufgefallen, dass diese angeblichen „Covid-Wellen“ immer überall gleichzeitig stattfinden – vielleicht mit drei, vier Tagen Verzögerung? Wie können sich Virenstämme dermaßen gut über tausende Kilometer absprechen und überall gleichzeitig zuschlagen? Oder vielleicht sind es ja gar keine Viren, die da konzertiert für dramatische Berichte sorgen, sondern einfach nur das modernste und größte

Propaganda-Zentrum weltweit, das dafür sorgt, dass alle glauben, dass es eine neue Welle gibt.

> *„Die Fors Marsh Group (FMG) wird das US-Gesundheitsministerium weiterhin dabei unterstützen, ein Covid-19-Impfstoff-Bewusstsein zu propagieren, beruhend auf einem 150-Millionen-Dollar-Vertrag in Erweiterung eines früheren Auftrags über 250 Millionen Dollar, der vom Büro des stellvertretenden (US) Außenministers, zuständig für öffentliche Angelegenheiten... erteilt wurde. Die FMG und ihre Subunternehmer werden die COVID-19-Aufklärungskampagne des Gesundheitsministeriums unterstützen,* ***eine landesweite Marketingkampagne zur Verhaltensänderung****, die darauf abzielt, die Amerikaner zu ermutigen, sich besser gegen die Infektionskrankheit zu schützen und die Impfraten in den USA zu erhöhen.*"[27]

Manipulation, Beeinflussung, Verhaltensänderung – das klingt fast, als wäre die *Fors Marsh Group* das heimliche US-Propaganda-Ministerium zur Vorbereitung eines Dritten Weltkriegs. Und weil sich Propaganda-Experten am besten selbst beschreiben können, sollen sie das auch weiterhin tun:

> *„Das FMG-Team besteht aus einem globalen Marketingteam, einem Musik- und Unterhaltungsunternehmen, einer Agentur für Medienplanung, -einkauf und -analyse, einem Kommunikationsunternehmen, einem Produzenten und Syndikator von Gesundheitsprogrammen, einer multikulturellen Agentur, einer Agentur für öffentliche Gesundheitskampagnen und einer Agentur für Krisenkommunikation.*"[28]

Wow! Goebbels wäre bestimmt neidisch gewesen. Ein „Syndikator" ist, nur ganz nebenbei erwähnt, per Definition der Gründer einer Organisation, die für andere Investitionen in Gesellschaften mit beschränkter Haftung organisiert, also darauf spezialisiert ist, für Dritte Gelder so anzulegen, dass sie für ihre Beteiligungen nicht persönlich haftbar gemacht werden können.[29] Nicht nur der Begriff „Syndikat" erinnert in diesem Zusammenhang manch einen vielleicht an die Mafia und an Geldwäsche, wobei das bei FMG natürlich alles viel seriöser und hochwissenschaftlich abläuft:

> *„Um die Entscheidungen von Menschen beeinflussen zu können, muss man verstehen, was deren Entscheidungsprozess antreibt. Dieses Verständnis ist der nicht verhandelbare Ausgangspunkt von FMG und prägt die Art und Weise, wie wir Strategien, Kampagnen, Prozesse, Richtlinien und Produkte entwickeln, die* ***das Verhalten effektiv ändern oder modifizieren****... Unser Team aus Forschern und Kommunikationsexperten verfügt über jahrzehntelange Erfahrung und nutzt psychologische Theorien, Neuro- sowie Verhaltens- und Sozialwissenschaften, um* ***Programme zur Verhaltensänderung*** *zu konzipieren und durchzuführen."*[30]

Natürlich braucht man für einen modernen Angriffskrieg nicht nur Tarn- und Scheinfirmen sowie Propagandaspezialisten, man braucht heutzutage natürlich auch einen skrupellosen Big-Data-Spezialisten, also jemanden, der für die lückenlose Überwachung der Bevölkerung und Speicherung all ihrer Daten zuständig ist; jemand, der dafür sorgt, dass Sie, wann immer Sie eine Länder- oder Bundesgrenze überqueren und Ihr smartes Phone einschalten, als Erstes daran erinnert werden, dass auch an diesem Ort eine tödliche Seuche wütet und Sie sich umgehend über die aktuellen Bestimmungen der lokalen Seuchenschutzverordnung vor Ort erkundigen müssen. Und wer wäre dafür besser geeignet als der Deutsch-Amerikaner Peter Thiel oder genauer dessen Big-Data-Firma **Palantir Technologies, Inc.**, die für Polizeiapparate und Geheimdienste in Nordamerika und Europa arbeitet, spezialisiert auf die Analyse großer Datenmengen?

Sicher sagt Ihnen der Name Peter Thiel etwas, richtig? Gemeinsam mit *Elon Musk* gründete er den heute weltweit wichtigsten Bezahldienst *PayPal*. Seine Gewinne daraus steckte er in Firmen wie *Facebook*, *Airbnb* oder *Linkedin*, zu einem Zeitpunkt, als noch niemand von uns davon gehört hatte.

Klingt nach einem Mann mit einer guten Spürnase für Geschäfte und Zukunftstechnologien, oder? Absolut! Und sein Credo lautet: „*Wettbewerb ist etwas für Verlierer!*“ Er ist der Meinung, dass Firmengründer sich nie mit einem kleinen Stück vom Kuchen zufriedengeben sollten, sondern immer danach trachten sollten, auf einem Markt ein Monopol zu erreichen. Erinnert Sie das an etwas? Nein, nicht an die Mafia, ich meinte FMG: *Märkte manipulieren* – das ist ein zutiefst negativer, destruktiver Ansatz. Klingt das nach jemandem, dem Sie das Gesundheitswesen oder auch nur ein riesiges Impfprogramm anvertrauen würden? Nun, viele Länder taten es.

Thiel gründete ***Palantir*** im Jahr 2003 oder 2004, da variieren die Angaben. Das zeigt bereits, dass wir es hier mit einem Unternehmen zu tun haben, das lange das Licht der Öffentlichkeit scheute. Kein Wunder, waren seine wichtigsten Kunden doch Regierungsbehörden und Geheimdienste, darunter CIA, FBI, NSA und die Einwanderungsbehörde ICE. Aber auch Pharmaunternehmen, Airbus, BMW oder das Hessische Innenministerium sollen Thiels Firma die Daten ihrer Kunden anvertraut haben. Vereinfacht ausgedrückt ist *Palantir* spezialisiert auf Überwachungssoftware und die Analyse der Daten, etwa zum Aufspüren von potentiellen Terroristen. Genau das könnte in der nächsten Phase des neuen Manhattan-Projekts noch interessant werden, wenn es vielleicht darum gehen wird, Inlandsterroristen aufzuspüren, die sich dadurch strafbar machten, dass sie die Impfung verweigerten.

> *„Palantir schloss das vergangene Jahr (2019) mit roten Zahlen von rund 590 Millionen Dollar ab. 2018 war es ein Minus von fast 600 Millionen Dollar... Palantir ist spezialisiert auf Datenanalyse und arbeitet viel mit Sicherheitsbehörden und Geheimdiensten zusammen, vor allem in den USA. Auch deshalb hielt sich das Unternehmen stets sehr bedeckt, was sein Geschäft und seine Kunden angeht.“*[(31)]

Geleitet wird *Palantir* von Thiels exzentrischem Mitgründer ***Alexander Karp***, der bis zur „Plandemie“ zusätzlich noch in den Aufsichtsräten der *Axel Springer SE* und bei *BASF SE* saß, diese Ämter aber 2020 niederlegte, weil das Sammeln und Analysieren unser aller Daten wohl seine gesamte Aufmerksamkeit beanspruchte. Vielleicht war es aber auch der seltsame Börsengang eines hoch defizitären Unternehmens mitten in der größten Wirtschaftskrise der letzten siebzig Jahre, der ihn ganz beanspruchte. Also eigentlich war es ja kein richtiger Börsengang, sondern ein *Direct Listing* an der New Yorker Börse, also ein Vorgang, bei dem ein Unternehmen in ein gelistetes Aktienunternehmen umgewandelt wird, ohne neue Aktien in Umlauf zu bringen. Es wird also kein neues Geld eingesammelt, es werden lediglich die bereits von den Eigentümern und Investoren gehaltenen Anteile an der Firma öffentlich zum Kauf angeboten. Anders als bei einem echten Börsengang entfällt hierbei die sechsmonatige Sperrfrist für den Verkauf von Altaktien. Warum könnten Firmeninhaber so erpicht darauf sein, ihre Beteiligungen jederzeit sofort abstoßen zu können?

> *„Dass das kalifornische Datenunternehmen jetzt an die Börse gegangen ist, hat es zu einem guten Teil dem US-Geheimdienst CIA zu verdanken – genauer dessen Investmentarm* ***In-Q-Tel****, der staatliche Fonds investiert, seit 1999 pro Jahr geschätzte 120 Millionen Dollar in Form von Eigenkapital in jene High-Tech-Start-ups, deren Technologie den US-Geheimdiensten und Militärs künftig nützen könnte. Inzwischen hat er sich an mehr als 250 Gründungen beteiligt, den meisten in den USA. Seit Neuestem investiert er aber auch zunehmend in Deutschland.“*[(32)]
>
> *Thomas Stölzel* für *„Wirtschaftswoche“* am 1. Oktober 2020

Vielleicht erinnern Sie sich noch daran, dass ich Ihnen ***In-Q-Tel*** bereits in meinem Buch *„LOCKDOWN“* vorgestellt hatte, weil seine Vizepräsidentin, **Tara O'Toole**, das Planspiel „Operation Dark Winter“ geleitet hatte, als sie noch an der **Johns Hopkins Universität** am *„Zentrum für zivile Bio-Abwehr“* (Center for Civilian Biodefense Studies) tätig war. Die Risikokapitalgesellschaft der CIA ist Teilhaber bei Palantir, einer Firma, die seit der „Plandemie“ unter anderem in Europa mehrere Länder betreut, darunter nachweislich Großbritannien, Griechenland und die Niederlande. Was genau sie für diese Länder tut, ist bis jetzt allerdings ein Rätsel, was etwa in Griechenland im Frühjahr 2021

Abb. 1: Der ehemalige österreichische Bundeskanzler *Sebastian Kurz* zusammen mit Palantir-Chef *Alexander Karp* beim Weltwirtschaftsforum in Davos am 24. Januar 2020.

für einen handfesten Skandal gesorgt hatte, da die griechische Regierung nicht nur die Zusammenarbeit mit Palantir geheim halten wollte, sondern dem US-Konzern mit deutschem Einschlag anscheinend auch Millionen personenbezogener Daten seiner Bürger überlassen hatte, was scheinbar nicht so ganz gesetzeskonform war – um es vorsichtig auszudrücken. Erwähnenswert ist vielleicht auch noch, dass jenes Unternehmen, das in der Corona-Inszenierung viele wertvolle Daten über die meisten von uns sammeln durfte, einst auch die europäische Polizeibehörde *Europol* zu seinen Kunden zählen durfte. Da schien es aber größere Probleme gegeben zu haben, die wohl juristisch etwas ausarteten, aber letztlich, im Mai 2016, statt vor Gericht in einem Vergleich geendet haben sollen. Über dessen Inhalt soll nichts bekannt sein.(33)

Doch wie heißt es so schön: *„Im Krieg und in der Liebe ist alles erlaubt!"* Das „Q" in *In-Q-Tel* ist übrigens eine Anlehnung an die Figur in den Bond-Filmen, die immer die neuesten, oft tödlichen Spielereien für den Agenten entwickelt.(34) An durchgeknallten Bond-Bösewichten, die bereit sind, die Welt in Schutt und Asche zu legen, scheint es hier nicht zu mangeln. Nach allem, was ich Ihnen bislang in diesem Kapitel aufgezeigt habe – würden Sie sagen, dass Sie diesen drei wichtigen Akteuren im Falle einer großen gesundheitlichen Krise trauen würden und sie mit der Bewältigung dieser beauftragen würden? Sollten Sie unschlüssig sein, dann nenne ich Ihnen jetzt noch den vierten wichtigen Player in dieser Inszenierung. Vielleicht hilft Ihnen das dabei, eine Entscheidung zu treffen.

Publicis Sapient, ein Beratungsunternehmen für digitale Business-Transformation, hat unter anderem einen Exklusivvertrag zur Betreuung der IT-Plattform des US-Gesundheits- und Sozialministeriums (*US Department of Health and Human Services*). Das bedeutet, dass *Publicis Sapient* alle Daten dieser vermeintlichen Pandemie kontrolliert und weitergibt. Alle anderen offiziellen nationalen und internationalen Stellen oder Nachrichtenagenturen bekommen dann immer die aktuellen Corona-Zahlen mitgeteilt, die dieses Unternehmen vorher ermittelt und festgelegt hat. Die setzen sich aus einer Vielzahl von Daten zusammen, die der IT-Plattform, also den Computerprogrammen des Ministeriums, gemeldet werden. Das schließt wieder an das Prinzip der „*compartmentalization*" an, also die Abschottung der einzelnen Teilbereiche. Regionale Gesundheitsbehörden, Krankenhäuser usw. liefern ihre Zahlen alle an das Ministerium, und der Einzige, der sie alle kennt, ist *Publicis Sapient.* Alle anderen Beteiligten können nicht wissen, ob es im Land wirklich eine Pandemie gibt, weil sie nur ihre lokalen Zahlen kennen. Für das große, ganze Bild sind sie auf die Aussagen eines Unternehmens angewiesen, das zwar in der US-Stadt Boston sitzt, aber zur französischen *Publicis Groupe* gehört.

Publicis Groupe S.A. ist ein multinationaler Werbedienstleister und Medienkonzern mit Hauptsitz in Paris. Er gehört zu den drei größten Unternehmen dieser Art weltweit und hat Ableger in 109 Ländern. Zu diesem Konzern gehören zahlreiche Tochterunternehmen aus den Bereichen Werbung, Markenberatung und Kommunikation, die große Unternehmen, aber auch Regierungen oder einzelne Politiker darin beraten, wie sie dem Volk bestimmte Maßnahmen am besten verkaufen können.

In Deutschland etwa bilden die Mediaagenturen *Zenithmedia* und *Optimedia* die **ZenithOptimedia-Gruppe**, die zusammen mit *Starcom MediaVest* zu *Publicis/VivaKi* gehört, der viertgrößten Media-Holding in Deutschland – und sie alle gehören zur Publicis-Gruppe, ebenso wie die **MetaDesign GmbH** mit Sitz in Berlin, deren Spezialität Markenberatung ist, also „Branding". Auf der Startseite von *MetaDesign* springt einen der Spruch an: „*Creativity with the power to transform!*", also

„Kreativität mit der Macht zu verändern!“ Was, frage ich Sie, waren die Jahre 2020 und 2021 bisher anderes als eine Zeit, in der alles mit aller Macht verändert wurde?

Sie werden sich jetzt vielleicht fragen, warum ich Ihnen diese vier Großkonzerne so ausführlich beschrieben habe. *„Was hat das alles mit mir zu tun?“*

Nun, warum sind die federführenden Entscheidungsträger in einer angeblichen Gesundheitskrise Geheimdienste, Militärs und Propagandaunternehmen? Weil sie am besten für unsere Gesundheit sorgen können? Wohl kaum! Es ist Krieg, und dafür braucht man gute Organisation, geschickte Propaganda und einen Feind. Man muss sicherstellen, dass es keine kritische Opposition gibt, die für die Kriegsplaner störend sein könnte und die wahren Hintergründe offenlegt. Als konkreten Auslöser für den Kriegsbeginn oder Kriegseintritt braucht man eine spektakuläre Inszenierung, die das Volk emotional so aufwühlt, dass es bereit ist, in den Krieg zu ziehen und seine Männer – und mittlerweile auch Frauen und Kinder – auf dem Schlachtfeld zu opfern.

> *„Der Krieg ist ein Akt der Gewalt, und es gibt in der Anwendung derselben keine Grenzen.“*
>
> Der preußische Generalmajor *Carl von Clausewitz* (1780-1831), aus *„Vom Kriege“*

Nach allem, was ich bisher gesehen habe, ist die „Corona-Pandemie“ eine solche Inszenierung, eine „False Flag“, ein *Pearl Harbour*, nur grausamer. Der Kriegseintritt war der Beginn der Massenimpfungen, und aus der Geschichte wissen wir, wie sich ein Krieg entwickelt, der nicht so rasch gewonnen werden kann, wie erhofft: Er fordert mehr und mehr Tote und immer jüngere Opfer, und er führt zwangsläufig zu abstrusen Gräueltaten, weil irgendwann in diesem Prozess bei vielen alle Hemmungen fallen und alle Sicherungen durchbrennen. Und um den Krieg weiterführen zu können, muss aus der Bevölkerung das Letzte herausgeholt werden. Dafür braucht es noch mehr Lüge und Propaganda. Dafür muss der Feind noch plastischer dargestellt werden, damit der

Hass auf andere und die Bereitschaft, sie notfalls zu töten, nicht enden. Es gibt leider nur noch wenige Menschen, die über ausreichend Lebenserfahrung verfügen, um wirklich zu begreifen, was hier tatsächlich passiert. Und rein „zufällig" wurden diese wenigen verbliebenen Zeitzeugen der Gräuel der letzten neunzig Jahre dazu auserkoren, als Erste geimpft zu werden – zu ihrem eigenen Schutz natürlich.

Parallelen zu den 1930er-Jahren zu ziehen, liegt auf der Hand, ist aber aus vielerlei Hinsicht äußerst kritisch und sensibel, daher lasse ich es lieber. Aber vielleicht ist es ja jemandem gestattet, der sowohl das Grauen der Nazis als auch das der DDR miterlebte und daher recht gut in der Lage sein sollte, die gegenwärtige Situation und Stimmung mit jener vergangener Tage zu vergleichen.

„Ich, Marianne, bin die Seniorin der Familie, geb. 1930, 91 Jahre alt. Was ich derzeit erlebe, erinnert mich stark an die Zeiten, die ich bereits zweimal erlebt habe... Jetzt erlebe ich den Eintritt in die dritte Diktatur. Es begann mit dem Gesetz der epidemischen Notlage. Dieses Gesetz ähnelt dem Ermächtigungsgesetz der Hitlerzeit. Das Parlament wird ausgehebelt, und unter dem Aspekt der ‚epidemischen Notlage von nationaler Tragweite' wurde eine Art Notstands-Regime begonnen. Auch 1933 waren nicht gleich alle antijüdischen Maßnahmen verabschiedet worden. Die kamen erst nach und nach und wurden mit der Zeit immer schärfer. Deswegen hielten viele Juden das Ausreisen für unnötig, bis es zu spät war und sie ab 1941 fast alle ‚ins Gas' geschickt wurden. Jetzt fängt es genauso an wie in den Dreißiger Jahren. Es wird Maskenzwang ausgeübt, obwohl durch eine Vielzahl von Studien seit 1974, also lange vor der Corona-Zeit, nachgewiesen wurde, dass diese Masken, auch die OP-Masken, mehr schaden als nützen. Für Logik sind unsere Entscheidungseliten nicht zugänglich. Früher wurde ich als Vierteljüdin nicht bedient. Heute werde ich ohne Maske nicht mehr bedient oder darf das Geschäft erst gar nicht betreten. Dann wird die Impfung propagiert, sodass sich viele aufgrund des sozialen und beruflichen Drucks impfen lassen, obwohl sie es nicht gern und freiwillig tun. Sie erhoffen dadurch, dass sie am gesellschaftlichen Leben wieder teilnehmen können. Sie sind nicht überzeugt, sondern nur

zu schwach, um sich gegen den Impf-Druck zu wehren. Nach und nach werden 2G und 1G eingeführt. Ungeimpfte werden ausgegrenzt, und Grundrechte, die nicht umsonst Grundrechte heißen und die wir mit Geburt besitzen, werden von den Regierenden zu Privilegien für Geimpfte umgewandelt... Die Spaltung der Gesellschaft in Gute=Geimpfte und Böse=Ungeimpfte ist schon weit fortgeschritten. Es wird von der Elite Hass gesät über die, die sich nicht der Regierungsmeinung anschließen. Viele Bürger stimmen dem zu und fangen auch mit Hass-Sprüchen gegenüber den ‚Abweichlern' an. Die Denunzianten haben zugenommen, gefördert auch von der politischen Elite... Ich erlebe gerade das Gleiche, was ich schon zweimal, im Dritten Reich und in der DDR, erlebt habe. Die Gegner werden mundtot gemacht, evtl. ins Gefängnis (oder später in ein KZ) geschickt, die Braven und die Mitläufer werden belohnt, und der ganze Diktaturzirkus beginnt jetzt zum dritten Mal von vorn. Ich habe nie geglaubt, dass ich eine solche Entwicklung noch einmal erleben muss. Aber ein Großteil unserer Bevölkerung, besonders in den westlichen Bundesländern, hat aus der Geschichte vom Dritten Reich und der DDR sehr wenig gelernt. Es läuft z.Zt. fast alles so ab wie in den Katastrophenjahren. Ich hoffe, dass es nicht so schrecklich enden wird wie 1945. Noch bin ich eine lebende Zeitzeugin. Aber in wenigen Jahren werde ich gestorben und meine Geschichte vergessen sein."[35]

Marianne von Rosen, 16. November 2021

Damit sind wir also wieder beim *Situationsbewusstsein* und der Frage, ob wir dazu fähig sind, unsere gegenwärtige Lage richtig einzuschätzen und daraus die richtigen Schlüsse zu ziehen und Vorkehrungen zu treffen. Glauben Sie daran, dass sich das alles demnächst in Wohlgefallen auflösen wird?

„Man versprach uns, dass die Impfung unsere Freiheit wiederherstellen würde. Nichts davon war wahr. Die Impfung macht nicht immun. Das Einzige, was dieser Impfstoff mit Sicherheit bewirkt hat, ist, dass er Milliarden und Abermilliarden von Dollar in die Taschen der Pharmaunternehmen gespült hat. Fragen Sie immer: ‚Cui bono?' Wer

profitiert? Wann immer eine politische Elite eine Agenda so stark vorantreibt und zu Erpressung und Manipulation greift, um ihren Willen durchzusetzen, können Sie sich fast immer sicher sein, dass es definitiv nicht IHR Nutzen ist, den sie im Sinn haben."(36)

Christine Margarete Anderson, Mitglied des Europäischen Parlaments (AfD)

Ich sage Ihnen jetzt, was aus meiner Sicht die nächste Eskalationsstufe in diesem Krieg sein wird. Ich gehe davon aus, dass man den Druck auf all diejenigen, die sich nicht impfen lassen wollen, massiv erhöhen wird. Und was wäre logischer und konsequenter, als diese Personengruppe demnächst als „Inlandsterroristen" einzustufen? Dann würden sie jeglichen bisherigen (zumindest noch teilweise vorhandenen) Schutz des Staates verlieren. So etwas wäre in Deutschland und Österreich nicht möglich? Wachen Sie auf!

Erinnern Sie sich an die Geschichte von ***Murat Kurnaz***, jenem Deutsch-Türken, der von Januar 2002 bis August 2006 ohne Anklage unschuldig im US-Gefangenenlager Guantanamo wie ein Tier gehalten, verhört, gefoltert, misshandelt und gedemütigt wurde und letztlich sogar noch Glück hatte, weil er zu denen gehörte, die diesen Horror überlebten. Er war fünf Jahre ohne Anklage weggesperrt! Das kann in Zeiten wie diesen schnell gehen. Warum wurden in zahlreichen Ländern neue Großgefängnisse oder Internierungslager aus dem Boden gestampft? In den USA hat die FEMA, die Abteilung für Katastrophenhilfe bei der Heimatschutzbehörde, bereits vor mehr als zehn Jahren hunderte Konzentrationslager gebaut, die über das gesamte US-Bundesgebiet verteilt sind. Diese FEMA-Camps sind alle hochmodern ausgestattet, streng bewacht und gesichert und an neue Schienennetze angeschlossen, und sie stehen bislang alle leer. Doch die US-Geheimdienste und Militärs haben solche geheime Lager auch auf allen anderen Kontinenten, auch in mehreren europäischen Ländern.

Ich möchte Sie mit alldem nicht schockieren oder panisch machen – ganz im Gegenteil. Ich möchte, dass Sie sich des Ernstes der Lage bewusst werden, denn ich bin es offen gestanden leid, auch in meinem direkten Umfeld immer noch zu hören, wie überrascht viele Menschen doch über die jüngsten Entwicklungen sind. Ich habe bereits zu viele sinnlose Gespräche mit Menschen geführt, die zwar prinzipiell bereit sind, sich der Vorstellung einer großen globalen Verschwörung auf intellektueller und theoretischer Ebene zu öffnen, das alles aber am Ende des Tages doch nicht wirklich ernst nehmen, frei nach dem Motto: *„So schlimm wird's schon nicht kommen!"* Nun, viele, die das in den 1930er-Jahren gedacht hatten, waren dann kurz darauf tot.

Ich bin es ganz ehrlich auch leid, von Lesern oder Vertretern aus der spirituellen Community zu hören, dass wir den Kampf gegen das Böse auf der höheren Ebene bereits gewonnen haben und nichts weiter tun müssen, als alles in Liebe zuzulassen. Sollten Sie dazu in der Lage sein, in Liebe dabei zuzusehen, wie Menschen der Verstand mit Hilfe von Lügen und Propaganda vernebelt wird, wie Kinder drangsaliert und psychisch gebrochen, wie unschuldige Menschen gezielt getötet werden, dann gratuliere ich Ihnen ganz herzlich dazu, dass Sie es geschafft haben, sich selbst so zu täuschen, dass Sie Gleichgültigkeit und einen Mangel an Empathie mit Liebe verwechseln können. All jenen, die dazu in der Lage sind, wünsche ich von Herzen alles Gute, denn sie meinen es vermutlich nicht böse, sie sind einfach nur zu feige, sich gegen Unrecht aufzulehnen und zu handeln.

Ich bin es leid mit anzusehen, wie aus Ignoranz eine weltweite vermeintlich spirituelle Bewegung werden konnte, deren Kerninhalte Selbsttäuschung und Realitätsverweigerung sind, immer getarnt als „Alles ist gut!" und „Ich werte nicht!".

Glauben Sie mir, ich versuche auch immer wieder ganz ernsthaft, nicht zu werten, und an manchen Tagen gelingt es mir besser als an anderen. Aber am Ende des Tages muss man sagen, dass nicht zu werten letztlich nur zu Akzeptanz führt, und ich bin nicht bereit zu akzeptieren, dass das Dunkle und Böse weiterhin diese Welt regiert, so wie dies bereits seit Jahrhunderten der Fall ist. Und nachdem dieses Kapitel „Folge dem Geld" heißt, möchte ich zum Abschluss nochmals auf einen wichtigen Aspekt hinweisen, weil man das große Ganze bei all den durchaus wichtigen Details sonst schnell aus dem Auge verliert. Die zuvor von mir beschriebenen vier Großkonzerne sind nur ein kleiner Ausschnitt aus dem Pool der Profiteure der Pandemie-Industrie. Die

Nutznießer sind hunderte größere und kleinere private Organisationen, die alle zwei grundsätzliche Ziele verfolgen: möglichst viel Geld zu verdienen und möglichst noch mehr Macht über die Menschheit auszuüben. Für diese Organisationen arbeiten zehntausende Menschen in den unterschiedlichsten Berufen, die ihr tägliches Brot damit verdienen, anderen Menschen zu schaden. Sie sind Wissenschaftler, Soldaten, Werber, Sekretärinnen, Buchhalter oder Ärzte, um nur einige zu nennen. Sie alle arbeiten nicht nur gegen die Menschheit, sondern für eine kleine Elite, die im Rahmen der Pandemie-Industrie Milliarden verdient.

Ich habe in meinen beiden vorherigen Büchern bereits sehr viel über Bill Gates geschrieben, aber ich kann nicht umhin, immer wieder daran zu erinnern, dass er nicht nur die zentrale Figur in der Pandemie-Industrie ist, sondern das Gesundheits- oder Krankheitswesen der gesamten Welt leitet. Und damit ist er auch der mit Abstand größte Nutznießer. Bill Gates thront (neben dem Rockefeller-Clan) über allen anderen, die ich in diesem Buch beschreibe, denn seine Stiftung macht nichts anderes als das, was alle Stiftungen machen. Sie setzen eigenes Geld ein, um dadurch noch mehr Geld zu lukrieren. Sie spenden medienwirksam Geld für einen bestimmten Zweck, etwa für Impfstoffe, und zwingen Regierungen dann dazu, ebenfalls dafür zu spenden – immer getarnt als philanthropisches Projekt, als Geschenk an die Menschheit. Wenn Gates einen Dollar in ein Projekt steckt, dann bringt er Regierungen dazu, diese Summe zu verzehnfachen. Dieses Geld fließt dann zu Gates' Organisationen wie GAVI und CEPI, die ich in meinem Buch „*LOCKDOWN – Band 2*" beschrieben habe. Die wiederum investieren das Geld, das vornehmlich Steuergeld ist, in Firmen, die entweder Gates gehören oder an denen er beteiligt ist. Das sind beispielsweise Pharmaunternehmen oder die Hersteller von Covid-Tests. Gates finanziert nicht nur die meisten Medienverlage, sondern direkt oder indirekt auch tausende Wissenschaftler, die dann Bill Gates' Befehle an die einzelnen Regierungen weitergeben, immer getarnt als wichtige „Experten-Meinungen", auf die sich Politiker gerne verlassen, weil sie damit die Verantwortung von sich schieben können. Das sind Befehle, getarnt als wissenschaftliche Erkenntnisse.

Wenn man die Biografien und Hintergründe dieser Fachleute beleuchtet, landet man fast immer irgendwann bei Bill Gates. Als Beispiel habe ich bereits in „*LOCKDOWN – Band 2*" die französische Nobelpreisträgerin *Esther Duflo* genannt. Als weiteres Beispiel für fragwürdige Experten, die für Bill die Strippen ziehen, möchte ich hier noch kurz auf eine weitere illustre Dame eingehen, nämlich **Margaret Ann „Peggy" Hamburg**. Die 1955 geborene US-amerikanische Ärztin war in den USA unter der Obama-Regierung jahrelang in führender Position bei der Arzneimittel-Zulassungsbehörde FDA tätig, die auch für die Zulassung von Impfstoffen zuständig ist.

Peggy Hamburg hatte seit Jahrzehnten in den USA, aber auch weltweit im Bereich der Impfung und der „gekauften" Wissenschaft ihre Finger im Spiel. Sie war „Außenministerin" der US-NGO *National Academy of Medicine* und war Vorsitzende der *Amerikanischen Gesellschaft zur Förderung der Wissenschaft* (American Association for the Advancement of Science), eine weitere NGO, die sich offiziell unter anderem zum Ziel gesetzt hat, „*die wissenschaftliche Öffentlichkeitsarbeit zum Wohle der gesamten Menschheit zu fördern*". Mit über 120.000 Mitgliedern ist sie die weltweit größte allgemeine wissenschaftliche Gesellschaft und Herausgeberin der weltweit wichtigsten wissenschaftlichen Zeitschrift *Science*.

Nur wenige Wochen vor dem offiziellen Beginn der Covid-19-Inszenierung, am 29. Oktober 2019, war Hamburg, neben *Anthony Fauci*, Mitglied eines Treffens mit US-Regierungsvertretern mit dem Titel „*Universal Flu Vaccine*". Dabei ging es darum, das bisherige System der Impfzulassungen „*zu sprengen*", um **die behördliche Kontrolle für mRNA-Impfstoffe zu umgehen**. Dabei wurde auch die Notwendigkeit erörtert, eine **„Aura der Aufregung"** zu schaffen und die Grippe „sexy" zu machen, um die Finanzierung durch die Regierung wiederzubeleben und eine **Hyperproduktion der mRNA-Impfstoffe** zu erreichen.[37]

Frau Hamburg ist zudem Vorstandsmitglied der *Bipartisan Commission on Biodefense*, einer „überparteilichen" privaten Organisation (NGO) ehemaliger hochrangiger US-Regierungsbeamter, die sich der Abwehr von Bio-Waffen verschrieben haben.[(38)]

Was hat das mit der Gates- und der Rockefeller-Stiftung zu tun? Nun, sehr viel, denn Misses Hamburg ist, wie beispielsweise Joe Biden auch, Mitglied in dem von mir bereits oft erwähnten *Council on Foreign Relations* (CFR), das oft auch als „Rockefellers Ministerium für Auswärtige Angelegenheiten" bezeichnet wird. Davor war sie im Vorstand der Rockefeller-Stiftung und der Rockefeller Universität, und sie ist Vorstandsmitglied von Bill Gates' Impfallianz GAVI und ist Teil des wissenschaftlichen Beratergremiums für globale Gesundheit der Gates-Stiftung. Ach ja, und natürlich ist sie Beraterin für Impfstoffe und medikamentenresistente Infektionen beim britischen *Wellcome Trust*, einem weiteren wichtigen Akteur im internationalen Impf-Geschäft.

Während der Corona-Inszenierung war *Margaret Ann Hamburg* Dauergast im US-Fernsehen und gab immer wieder ihre hochgeschätzte Meinung zur Pandemie-Lage und zu Impfstoffen ab. Sie wurde Zeit ihres Lebens mit Titeln, Ämtern, Auszeichnungen und sehr viel Geld überhäuft, weil sie mit ihrem Lobbyismus die reichsten Menschen auf Erden noch reicher macht – alles immer unter dem Deckmantel der Philanthropie und der Wissenschaft.

Wir sollten nie vergessen, wer die Profiteure dieser Plandemie sind, denn sie sind gleichzeitig die Schuldigen. Folge dem Geld und Du wirst verstehen, worum es bei alldem geht.

Todesursachen / Völkermord oder Genozid?

*„Genozid, **Völkermord**, (ist) ‚eine der nachstehenden Handlungen, die **in der Absicht begangen** wird, eine nationale, ethnische, rassische oder religiöse **Gruppe** als solche ganz oder teilweise **zu vernichten**: a) **Tötung** von Mitgliedern der Gruppe, b) **Verursachung schweren körperlichen oder seelischen Schadens** bei Mitgliedern der Gruppe, c) **vorsätzliche Auferlegung von Lebensbedingungen für die Gruppe**,*

*die ihre physische Vernichtung ganz oder teilweise bewirken sollen, d) **Maßnahmen zur Verhinderung von Geburten** innerhalb der Gruppe, e) **zwangsweise Überführung von Kindern der Gruppe in eine andere Gruppe**' (UN-Resolution 96 (I) von 1946). Der Begriff ‚Genozid' wurde 1944 von R. Lemkin geschaffen, um die Kriegspraktiken des nationalsozialistischen Deutschlands zu definieren und aufgrund der Besonderheit der NS-Verbrechen, die über den in den Haager Konventionen festgelegten Begriff des Kriegsverbrechens hinausgehen, eine Revision des Völkerrechts zu fordern. Die weiter gefasste Definition der UN-Resolution bestimmt zwei wesentliche Merkmale für den Tatbestand des Völkermords: **die ausdrückliche Vorsätzlichkeit, eine Gruppe zu vernichten,** und **die Betroffenheit von Individuen als Mitglieder einer Gruppe**. Zudem grenzt sie den Genozid vom Verbrechen gegen die Menschheit ab, welches nicht notwendig die Verfolgung von Gruppen impliziert, dagegen aber politische Verfolgung einschließt. Der Wortlaut der Resolution ist u.a. wegen der unklaren Definition der vier genannten Gruppen, der Verwendung des Wortes ‚rassisch' und des Ausschlusses politischer, ökonomischer, kultureller, sozialer und sexueller Gruppen umstritten. Diese Debatte führte zu der erweiterten Definition von Drost (1959): ‚**Genozid ist die vorsätzliche Vernichtung einzelner Menschen wegen ihrer Zugehörigkeit zu irgendeiner menschlichen Gemeinschaft als solcher.**' Klassifizierungsversuche von Historikern richten sich nach den Motiven und den Auswirkungen des Verbrechens.*"[39]

Spektrum.de

Wer meine beiden Lockdown-Bücher gelesen hat, weiß, was ich von Bill Gates halte. Alles, was man aus meiner Sicht über den Mann wissen muss, ist, dass sein Reichtum auf einem Diebstahl aufgebaut ist, er schwer autistisch ist, er sich des Öfteren mit dem mehrfach verurteilten Kinderschänder Jeffrey Epstein getroffen hat, er besessen davon ist, die ganze Welt zu impfen und offen immer wieder davon sprach, die Weltbevölkerung drastisch reduzieren zu wollen.

Ich erachte es als außerordentlich wichtig, immer wieder daran zu erinnern, dass die dunkle Seite der Macht nie einen Hehl aus ihren Absichten gemacht hat. Man muss nur zuhören. Und Bill Gates ist jener Mann, der das Impfwesen weltweit kontrolliert, organisiert und finanziert – oft auch gegen den Willen oder ohne das Wissen der Geimpften. Gates ist aber noch recht moderat mit seinen Zahlen für die **Reduzierung der Weltbevölkerung**. Ich erinnere noch einmal an die Aussage seines guten Freundes ***Ted Turner***, dem Ex-Mann von Schauspielerin *Jane Fonda* und guten Freund des 2017 verstorbenen *David Rockefeller*:

> *„Eine **Bevölkerungszahl** von weltweit 250-300 Millionen Menschen, also **eine Reduktion um 95%** vom derzeitigen Stand, wäre ideal.“*[40]

Als Turner im Jahr 2012 von Journalisten auf diese Aussage angesprochen wurde, ließ er großzügig ein wenig nach und meinte, dass eine Weltbevölkerung von 2 Milliarden auch noch okay wäre.[41] Um auf diese Zahl zu kommen, müssten er und seine Spielkameraden aktuell also rund 5,8 Milliarden Menschen eliminieren. Das klingt nach einem ehrgeizigen Projekt!

Während ich diese Zeilen schreibe, läuft in weiten Teilen der westlichen Welt eine Hetzjagd auf all jene, die sich bislang standhaft gegen eine vermeintliche „Corona-Impfung“ gewehrt haben. In Berlin verhandeln gegenwärtig die Vertreter der drei Parteien SPD, FDP und die Grünen über eine mögliche Koalition, und der grüne „Ampel-Verhandler“ *Janosch Dahmen* forderte vor einigen Tagen in einem Interview *„eine bessere Datenlage mit Blick auf den Impffortschritt in verschiedenen Bevölkerungsgruppen“*, weil ihm das alles nicht schnell genug ging. Dann fuhr er fort: *„Wir müssen dringend dafür sorgen, dass wir identifizieren, **wer noch ungeimpft ist** und wo wir noch **gezielt mit der Impfkampagne Erstimmunisierung durchführen, um wirklich voranzukommen.**“*[42]

Womit sie da genau vorankommen wollen, wird auf den kommenden Seiten noch deutlich klarer werden. Ein kleiner Vorgeschmack vorab: Am 6. November 2021 twitterte *Mark Seibert*, der Leiter des Krisenstabs der Berliner Senatsverwaltung für Integration, Arbeit und Soziales:

„Für die Ungeimpften muss die Luft dünner werden. Damit meine ich nicht die Sache mit dem Schlauch im Hals...“

Dies stammt also von einem führenden Beamten im Berliner Senat! Der offen zur Schau getragene Hass auf Menschen mit anderen Meinungen und Ansichten hat bei vielen Linken mittlerweile besorgniserregende Formen angenommen. Scheinbar haben sie keinerlei Scheu mehr davor, ihre Gesinnung offen zur Schau zu stellen, da sie zu wissen glauben, dass das verängstigte Volk keinen Widerstand mehr leisten kann. Dass sie sich da mal nicht irren!

Zu meiner Freude gibt es dann doch immer wieder einzelne Menschen, die solchen gefährlichen Kreaturen etwas entgegensetzen – und wenn es auch nur Worte sind.[(43)] Der aus meiner Sicht beste Kommentar dazu lautete: *„In meiner Schulzeit konnte ich nicht verstehen, wie das Dritte Reich entstehen konnte. Nach Ihrem Tweet weiß ich es.“*

Damit ist also auch wieder der Bogen zum Genozid gespannt, und bevor ich Ihnen an dieser Stelle die wirklich schier unglaublichen Aussagen eines mutigen Briten vorstelle, möchte ich nochmals den zeitlichen Ablauf der Eckpfeiler dieser „Pandemie“ darstellen, um daran zu erinnern, dass all das offenbar von noch längerer Hand vorbereitet wurde, als wir bislang dachten. Von der ersten großen Pandemie-Übung mit dem Titel „Operation Dark Winter“ im Juni 2001 an hatten die Gates- und die Rockefeller-Stiftung eine weltweite Pandemie-Industrie aufgebaut, mit hunderttausenden Angestellten rund um den Globus. Sie wurden Jahr für Jahr weiter geschult und auf den großen Moment vorbereitet, den Bill Gates immer und immer wieder angekündigt hatte: eine große Pandemie, die viel Leid über die Menschheit bringen und viele Todesopfer fordern würde.

- Den Startschuss gab Gates' Organisation offiziell am **18. Oktober 2019** mit deren *EVENT 201*, bei dem internationale Teilnehmer einen möglichen Corona-Virus-Ausbruch medienwirksam durchspielten.

- Einen Monat später, am **17. November 2019**, soll offiziell ein neuartiges **Corona-Virus** an einem Patienten in Wuhan (China) diagnostiziert worden sein, und in den folgenden Tagen kamen angeblich täglich neue Fälle hinzu.
- Zwischen **Weihnachten und Silvester 2019** bastelte Christian Drosten nach eigener Aussage in Berlin seinen PCR-Test, der keiner ist, nachdem er von Kollegen in China über das neue Virus informiert worden war.
- Nach offizieller Darstellung der Ereignisse erfuhr die Welt von dem neuen Erreger erst am **30. Dezember 2019**, als der chinesische Augenarzt *Dr. Li Wenliang* erstmals in einer WeChat-Gruppe über das Auftreten eines aggressiven neuen Virus im örtlichen Krankenhaus in *Wuhan* schrieb und es als einen neuen SARS-ähnlichen Erreger bezeichnete!!!
- Am **31. Dezember 2019** sollen chinesische Behörden erstmals offiziell die sogenannte „Weltgesundheitsorganisation“ (WHO) darüber in Kenntnis gesetzt haben.
- Am **14. Januar 2020** wurde das Virus angeblich erstmals außerhalb Chinas nachgewiesen, bei einem Patienten in Thailand.
- Am **20. Januar 2020** hörten wir erstmals, dass das Virus direkt von Mensch zu Mensch übertragbar sei, was die lokale Epidemie plötzlich zu einer weltweiten Gefahr machte!
- Am **21. Januar 2020** bestätigte die US-Gesundheitsbehörde CDC, dass ein US-Bürger, der von einer Reise aus Zentralchina heimgekehrt war, positiv auf „SARS-CoV-2“ getestet wurde, wie man das neue Virus nun nannte.
- Am **29. Januar 2020** wurden in Großbritannien offiziell die ersten beiden Patienten positiv auf das neue Corona-Virus getestet!!!
- Am **2. Februar 2020** trat auf den Philippinen der erste Todesfall außerhalb Chinas auf.
- Am **9. Februar 2020** überstieg die Zahl der registrierten Todesfälle 800, und damit die Gesamtzahl der Todesfälle der vermeintlichen SARS-Pandemie der Jahre 2002/2003.

- Am **15. Februar 2020** meldete Frankreich den ersten angeblichen COVID-19-Todesfall außerhalb Asiens – eine aus China eingereiste Person.
- Am **23. Februar 2020** meldete Italien die ersten beiden Europäer, die angeblich an COVID-19 verstorben sein sollen – also jener „Krankheit", die angeblich durch das neuartige Virus ausgelöst wurde.
- **Der erste Brite starb** nach offiziellen Angaben **am 28. Februar 2020** an Bord des unter Quarantäne gestellten Kreuzfahrtschiffes Diamond Princess.
- Am **5. März 2020** starb eine Frau in ihren 70ern, mit multiplen Vorerkrankungen, in einem Krankenhaus in *Reading*, westlich von London, und gilt damit in den Annalen als **der erste** (angebliche) **Covid-19-Todesfall auf britischem Boden**.

Die Erinnerung an diesen zeitlichen Ablauf ist wichtig für das, was nun folgt. Im September 2021, als ich noch unsicher war, ob ich ein neues Buch schreiben sollte, sah ich ein Interview, das der australische Künstler und Aktivist *Max Igan* auf seiner Website *TheCrowHouse.com* veröffentlichte und das danach rasch über zahlreiche andere Kanäle Verbreitung fand. In dem knapp 40minütigen Clip erzählt ***John O'Looney***, ein Bestattungsunternehmer mit fünfzehn Jahren Berufserfahrung, aus der englischen Stadt *Milton Keynes*, nördlich von London, seinen persönlichen zeitlichen Ablauf der Ereignisse. *John O'Looney* arbeitete zehn Jahre lang als Angestellter des größten englischen Bestattungsunternehmens und war nun seit 5 Jahren auf dem Gebiet selbstständig (*Milton Keynes Family Funeral Services*). Das, was dieser mutige und unerschrockene Mann über die „Corona-Pandemie" aus seiner Sicht berichtet, ist so unglaublich, dass ich es unbedingt mit Ihnen teilen möchte, denn es bestätigt nicht nur alles, was ich bislang bereits wusste, sondern darüber hinaus auch meine schlimmsten Befürchtungen. Das Gespräch – auf englisch geführt – ist zu lang, um es wortwörtlich wiederzugeben, daher habe ich es für Sie zusammengefasst. Sind Sie bereit?

John erfuhr erstmals von einer bevorstehenden Pandemie als er **Ende November 2019**(!) für Kunden einen verstorbenen Verwandten aus *Northhampton*, rund 30 Autominuten nördlich von Milton Keynes, abholen sollte – demnach hätte er es (verglichen mit der offiziellen Version) bereits vor Christian Drosten und er WHO gewusst. Die verstörten Hinterbliebenen des Mannes, den er abholen sollte, hatten ihm erzählt, dass man ihnen verweigert hatte, den Verstorbenen nochmals zu sehen, was in England ungewöhnlich war. Auf seine Nachfrage für die Gründe dafür erfuhr John bei der Abholung vom Leichenschauhaus, dass eine Seuche auf dem Weg war und es Anweisungen gab, sich dementsprechend zu verhalten. Man zeigte ihm vor Ort eine aufblasbare Halle, die hinter dem Gebäude errichtet worden war, um für die zu erwartenden Leichenberge gerüstet zu sein. John war zu dem Zeitpunkt verwundert, aber dann kamen Weihnachten und Neujahr, und er war mit seinen Gedanken anderswo. Doch dann ging alles Schlag auf Schlag. Die Meldungen überschlugen sich, die Presse schürte Panik. Alle erwarteten die neue Pest. BBC machte im Februar ein Interview mit John und teilte ihm vorab nicht nur die Fragen mit, sondern schrieb ihm auch vor, was er antworten sollte.[44] Sie verlangten von ihm, für das Foto Schutzbrille und Gasmaske zu tragen, und er sagt heute, dass er sich dafür schämt, all das mitgespielt zu haben, aber er wurde überrumpelt, und zu dem Zeitpunkt glaubte er, wie die meisten anderen auch, tatsächlich noch das Narrativ von der herannahenden Pandemie. Das sollte sich jedoch rasch ändern.

Man muss wissen, dass Bestatter, laut Johns Aussage, beim Umgang mit Leichen üblicherweise zwar Schürze und Handschuhe tragen, aber keine Schutzbrillen oder Gasmasken. Eine einfache Maske trägt John nur in Ausnahmefällen, wenn er eine bereits verwesende Leiche abholen muss, damit er darauf etwas ätherisches Öl träufeln kann, um den Gestank abzumildern. Dann wurden, nach Johns Angaben, mit einem Mal alle Verstorbenen von den Behörden als „Corona-Tote“ ausgewiesen. Da gab es aber noch keinen Anstieg der Sterbezahlen. Da John weiterhin die Toten auf Wunsch deren Angehöriger – gegen den Rat der Behörden – wusch, anzog und aufbahrte, hatte er zu dem Zeitpunkt eigentlich mit seinem Leben abgeschlossen, weil er davon ausging, dass er auf Grund seines täglichen Kontaktes mit Covid-Toten garantiert daran erkranken würde. Aber nichts dergleichen geschah...

Im März und April 2020 gab es einen leichten Anstieg der Todeszahlen in England. Nun aber geschah Folgendes: Die britischen Gesundheitsbehörden verlautbarten, dass die Menschen in Alters- oder Pflegeheimen auf Grund ihrer meist schwachen Konstitution besonders gefährdet waren. Daher wurden sie isoliert und durften keinen Besuch mehr empfangen. Gleichzeitig wurden mit einem Schlag viele alte Menschen aus Spitälern in solche Alters- oder Pflegeheime verlegt (angeblich, um Platz für den erwarteten Ansturm an Corona-Patienten zu schaffen).

Was folgte, war eine dreiwöchige Phase, in der die Menschen ausschließlich in Alters- und Pflegeheimen starben. Normalerweise sterben 8 von 10 Leuten, die John abholt, im Krankenhaus, einer im Altersheim und einer zuhause oder im Hospiz. Nun aber musste er drei Wochen lang täglich Leichen ausschließlich aus Altersheimen holen, was seiner Aussage nach in etwa so wahrscheinlich ist, wie in der Lotterie zu gewinnen. Bei der Gelegenheit fiel ihm auf, dass auf den Nachttischen aller Toten, die er abholte, das Medikament ***Midazolam*** stand, ein starkes Sedativum oder Beruhigungsmittel, das auch von Anästhesisten oft für die Einleitung einer Narkose verwendet wird und in manchen US-Bundesstaaten Teil des Giftcocktails ist, der bei Hinrichtungen zum Einsatz kommt. John fragte daraufhin bei Apothekern nach und erfuhr, dass die Bestellungen von Midazolam-Präparaten in den vergangenen Wochen durch die Decke gegangen waren. Midazolam, das unter verschiedenen Markennamen verkauft wird, wird nicht nur in der Anästhesie eingesetzt, sondern manchmal auch gegen Schlafstörungen und bei schwerer Unruhe, also zur Beruhigung (oder zum Ruhigstellen) verschrieben. Zu den häufigsten Nebenwirkungen zählen Atemschwäche, niedriger Blutdruck und Müdigkeit.[(45)] [(46)]

John O'Looney ist sich sicher, dass auf diese Weise in England im Frühjahr 2020 gezielt tausende alte Menschen sediert, also getötet wurden. Vielleicht erinnern Sie sich ja in dem Zusammenhang auch an die Berichte über „Corona-Cluster“ in deutschen und österreichischen Alters- und Pflegeheimen im Frühjahr 2020. Von da an wurden restlos alle Todesfälle von den Behörden als „Covid-Tote“ klassifiziert, auch wenn gar kein Test vorhanden war. Selbst Verkehrstote, Selbstmörder oder Menschen, die mit Krebs im Endstadium im Hospiz starben, waren offiziell dem neuartigen Virus zum Opfer gefallen. Dann, im Sommer 2020, ebbte diese erste Welle ab, und es passierte lange nichts. An der Stelle fügt John ein, dass im angeblichen Pandemie-Jahr 2020 insgesamt weniger Menschen in England verstarben als im Jahr 2019 und die meisten davon alt und schwach waren.

Aber ich möchte persönlich einfügen, dass diese „Untersterblichkeit“, die in vielen Ländern im Jahr 2020 Fakt war, vermutlich damit zu tun hat, dass die meisten Operationen in Krankenhäusern abgesagt worden waren, wodurch keiner an den Folgen einer Operation oder an Krankenhauskeimen sterben konnte. Es gab auch deutlich weniger Verkehrstote, Freizeit- und Arbeitsunfälle. Diese Tendenz konnte auch nicht durch einen starken Anstieg an Selbstmorden ausgeglichen werden. Ich möchte auch anmerken, dass die offiziellen Zahlen zu dem Thema je nach Quelle sehr unterschiedlich sein können und manchmal auch nachträglich geändert werden – unter Umständen sogar signifikant, wie wir am Beispiel Italien bereits gesehen haben.

Am 6. Januar 2021 begann man dann in England, sehr offensiv und aggressiv damit, Menschen „gegen Corona“ zu impfen. Es gab unzählige feste und mobile Impfzentren, die Medien machten Druck, und zahlreiche Prominente und Politiker beschworen die Menschen, sich impfen zu lassen, sowohl zum eigenen Schutz als auch aus Liebe zu ihren Mitmenschen. Und viele arme Opfer konnten es gar nicht erwarten. Der Andrang war – zumindest zu Anfang – gewaltig, denn man befand sich ja jetzt im Winter mitten in der „zweiten Welle“.

Das, was wenige Wochen nach dem Start der Impfkampagne folgte, nannte man nun die „dritte Welle“. Sie begann offiziell Mitte Februar 2021, und sie war nun, laut John, die eigentliche Pandemie, eine Pandemie der Impfopfer. In den nächsten 12 Wochen starben die Menschen wie die Fliegen – und diesmal in allen Altersgruppen, darunter auch ungewöhnlich viele junge, gesunde Menschen, vor allem Männer. Sie starben an unterschiedlichen Orten, die meisten aber in Spitälern. Fast alle wurden als Corona-Opfer eingestuft, John geht aber davon aus, dass sie an den Folgen der Impfungen starben. Und da in Großbritannien rund 95% aller Toten eingeäschert und nur etwa 5% in Särgen beigesetzt werden, ist eine nachträgliche Klärung der wahren Todesursache nicht mehr möglich. Alle möglichen Beweise für ein mögliches Massentötungsdelikt wurden verbrannt.

Ende April 2021 war diese „dritte Welle" vorbei, und was folgte war die ruhigste Zeit, die er als Bestatter je erlebt hatte. Im Juni und Juli 2021 fuhren Bestattungsunternehmen wie das seine zum ersten Mal überhaupt Verluste ein, weil deutlich weniger Menschen verstarben als üblich. Seit August (so John im September 2021) stiegen die Zahlen wieder deutlich an, und die meisten der Verstorbenen waren „gegen Corona geimpft". Die häufigsten vier Todesursachen waren nun seiner Aussage nach Herzinfarkte, Blutgerinnsel, Schlaganfälle und multiples Organversagen.

Ich kann nicht hundertprozentig sicher belegen, dass *John O'Looneys* Aussagen völlig korrekt sind, aber ich habe mir nicht nur das hier zusammengefasste Interview mehrmals angesehen, sondern auch noch andere wie das vor dem deutschen Corona-Ausschuss oder Johns Radiointerview in der *Stew Peters Show*. Ich kann nur nach meinem Bauchgefühl gehen, und ich gehe davon aus, dass John echt ist und seine Angaben der Wahrheit entsprechen.

Um seine Geschichte abzurunden, möchte ich noch erwähnen, dass er bei *Stew Peters* davon sprach, dass er von verschiedenen Insidern erfahren hatte, dass (zumindest zu Beginn der Impfkampagne) 85% aller Impfdosen Placebos waren und nur 15% echte „Covid-Impfstoffe". Damit wollte man sicherstellen, dass am Anfang nicht allzu viele Menschen an den Impfungen starben, denn das wäre zu auffällig gewesen und hätte viele andere abgeschreckt. Auch das ergibt Sinn, und zumindest aus Indien ist belegt, dass im April und Mai 2021 in mindestens 12 Impfzentren den Patienten Kochsalzlösung statt eines Impfstoffs gespritzt wurde.[47]

Ende November 2021 wurde Johns Aussage von einer langgedienten Krankenschwester im slowenischen Ljubljana bestätigt, die bei einer Pressekonferenz aussagte, dass es drei verschiedene Chargennummern auf den Impffläschchen gibt, die Auskunft über den Inhalt geben.

> *„Während der Konferenz zeigte sie Codes auf den Flaschen, Nummer 1 ist das Placebo, Kochsalzlösung. Nummer 2 ist die mRNA.* ***Die Nummer 3 ist ein mRNA-Stick, der das Onco-Gen enthält,*** *das mit dem Adeno-Virus in Verbindung steht,* ***das zur Entstehung von Krebs beiträgt.*** *Sie sagte, dass diejenigen, die das Fläschchen mit der Nummer 3 erhalten, innerhalb von zwei Jahren nach der Impfung Weichteilkrebs entwickeln werden.“*[48]
>
> Die neuseeländische Ausgabe der britischen Tageszeitung „*The Daily Telegraph*“ am 24. November 2021

Das Video dieser Präsentation war offenbar zuerst über Facebook verbreitet worden, dessen Nutzung ich verweigere. Innerhalb weniger Stunden nach dieser Pressekonferenz in der wunderschönen slowenischen Hauptstadt waren bereits alle Videos im gesamten *WorldWideWeb* gelöscht. Mark Zuckerberg und seine Spießgesellen hatten diesem schlichten Video einer slowenischen Krankenschwester also offenbar sehr viel Bedeutung beigemessen, denn eine solch rasche mediale Säuberungsaktion war selbst für seine Verhältnisse ungewöhnlich. Dann habe ich das Video doch auf anderem Wege bekommen. Ich bin jedoch, mangels Slowenisch-Kenntnissen, auf die Aussagen der neuseeländischen Ausgabe der britischen Traditionszeitung *The Daily Telegraph* angewiesen. Ich weiß nicht, ob dieses Video und die Personen darin echt sind oder ob es sich dabei um eine Inszenierung handelt, deren Ziel es ist, Impfkritik und Impfskeptiker zu diskreditieren. Solche Versuche finden unentwegt statt, um kritische Personen zu verwirren oder abzulenken. Ich möchte aber dennoch auf den Inhalt dieser Aussage eingehen, weil sie wissenschaftlich fundiert und einfach so perfekt ins Gesamtbild passt, dass ich mir nicht vorstellen kann, dass dies ein Fake ist.

Die slowenische Krankenschwester behauptet, dass es nicht, wie bislang angenommen, nur zwei Arten von „Covid-Impfstoffen" gibt, also zum einen Placebos und zum anderen die zwei Nanopartikelbomben. Sie spricht von einem dritten Typ, der zusätzlich ein *Onko-Gen* enthalten und in Verbindung mit *Adeno-Viren* Krebs verursachen soll. Lassen Sie mich das genauer beleuchten.

Onko-Gene (*Krebs-Gene*) sind Teile des Erbgutes in unseren Zellen, das Krebs auslösen kann. Es ist also eine Art eingebauter Selbstzerstörungsmechanismus. In der Regel sind diese Onko-Gene inaktiv, also schlummernd. Erst wenn sie durch bestimmte Reize aktiviert werden, verleiten sie normale Zellen in unserem Körper dazu, sich in Tumorzellen zu verwandeln. Bei starker Stimulation können diese Krebs-Gene nachweislich sehr starkes und ungebremstes Tumorwachstum auslösen. Aktiviert werden sie entweder durch Mutationen oder Rekombinationen bestimmter Viren oder durch äußere Stimulation. Solche Stimuli können bestimmte Giftstoffe oder Strahlungen sein. Hier schließt sich vielleicht der Kreis zum aggressiven Ausbau des 5G-Handyfunknetzes, einer Technologie, die ursprünglich für militärische Zwecke entwickelt worden war. Außerdem werden **mRNA-Impfstoffe** laut Herstellerangaben bei der Injektion mittels Elektroimpuls von außen stimuliert und aktiviert. Wenn das möglich ist, was könnte dann mittels Stimulanz von außen noch alles möglich sein?

Doch sehen wir uns die Stimulation von innen genauer an. ***Adeno-Viren*** sind synthetische, gentechnisch modifizierte Erkältungsviren, die in der Forschung seit Jahrzehnten eingesetzt werden, etwa um an neuen Impfstoffen zu basteln – wobei das Wort „basteln" eigentlich zu verharmlosend ist, denn es handelt sich hier um ein Milliardengeschäft. *Adeno-Viren* sind die „Trägerraketen" für die Vektor-basierten „Corona-Impfstoffe" von AstraZeneca und Johnson & Johnson. Die Adeno-Viren sind der Vektor. Der Bauplan für die Spike-Proteine, die der Körper nach der Injektion bildet, ist in solche synthetische Viren eingehüllt. Diese synthetischen Viren sind nachweislich dazu in der Lage, die Onko-Gene im Körper anzusteuern und zu manipulieren. Und laut der oben zitierten Frau ist es genau das, was der dritte Impfstoff, also der bei der Drittimpfung, tut. Er stimuliert gezielt die Krebszellen und führt zu einer aggressiven Bildung von Tumorzellen, wie sie mittlerweile nach der Drittimpfung rund um den gesamten Erdball beobachtet wird.

Forscher rund um den Globus haben in den vergangenen 20 Jahren beispielsweise daran gearbeitet, mittels solcher modifizierter Adeno-Viren Krebsimpfstoffe herzustellen, die gezielt Onko-Gene in unserem Körper ansteuern und beeinflussen können.[(49)] Wenn man sich nun wissenschaftliche Arbeiten zu dem Thema ansieht, dann könnte man den Eindruck bekommen, dass es bei diesen Arbeiten nicht in erster Linie darum ging, solche Onko-Gene an der Bildung von Tumorzellen zu hindern, also Krebs zu heilen, sondern darum, möglichst raffinierte Verfahren zu entwickeln, die sich patentieren lassen. Und wie der Zufall so spielt, kommt da das Mainzer Unternehmen BioNTech ins Spiel. Es war erst vor wenigen Jahren von einem türkischstämmigen Ärzte-Paar, *Uğur Şahin* und *Özlem Türeci*, gegründet worden, um an mRNA-Impfstoffen zur Krebsbekämpfung zu forschen. Obwohl sie bislang nie einen Krebsimpfstoff auf den Markt gebracht hatten, stieg Bill Gates im Jahr 2020 in die Firma ein, sie schlossen einen Vertrag mit dem US-Pharmariesen Pfizer, und die beiden Wunderkinder wurden über Nacht zu Multimilliardären. Lassen Sie mich nochmals an die Firmenadresse von BioNTech erinnern: AN DER GOLDGRUBE 12, 55131 MAINZ.[(50)]

Es wäre also möglich, nein, nach allem, was wir bislang wissen, sogar wahrscheinlich, dass wohl beide Corona-Impfstoff-Typen dazu in der Lage sind, gezielt Onko-Gene anzusteuern und zu manipulieren, also Krebs auszulösen. Es wurde seit mehr als 20 Jahren an genau diesen Techniken geforscht, und es wäre ein Wunder, wenn sie nicht zum Einsatz kämen. Sollten also alle neuen Impfwellen neue Überraschungen enthalten und wir uns alle künftig zwangsweise alle sechs Monate impfen lassen, dann will ich gar nicht wissen, was da noch alles auf uns zukommen könnte. Denn alles, was ich bislang weiß, hat bereits die Grenzen meiner Vorstellungskraft verschoben.

Geht Ihnen das nun alles zu weit? Glauben Sie, das ist alles nicht möglich? Nun, erinnern Sie sich noch an diverse Meldungen über fehlerhafte Impfchargen im Jahr 2021? Die wurden seltsamerweise immer erst dann aus dem Verkehr gezogen, wenn die verursachten Impf-Todesfälle zu viel Aufmerksamkeit bekamen. Dann hatte es immer sogenannte „Qualitätsprobleme" gegeben, die aber natürlich immer nur ganz selten vorkamen.

> *„Nach dem Tod einer Krankenschwester des Landesklinikums Zwettl, der zuvor der Covid-19-Impfstoff von AstraZeneca verabreicht wurde, soll das Vakzin des Unternehmens in Niederösterreich weiter eingesetzt werden. Die betroffene Charge mit der Nummer ABV 5300 wurde allerdings vom Bundesamt für Sicherheit im Gesundheitswesen (BASG) aus dem Verkehr gezogen."*[51]
>
> „*Kleine Zeitung*" am 7. März 2021

Doch zurück zu *John O'Looney*: Wenn ich seine Aussagen zusammenfasse, dann müssen wir festhalten, dass manche englische Behörden schon von der Pandemie wussten, ehe sie noch überhaupt offiziell ausgebrochen war. Erst wurden im Jahr 2020 gezielt viele alte hilflose Menschen getötet, ehe im Jahr 2021 nach und nach, in Wellen, immer mehr Menschen aller Altersgruppen starben, die meisten nach einer „Corona-Impfung". All meine Recherchen stützen Johns Aussagen, und es sieht danach aus, als ob die düsteren Vorhersagen kritischer Experten zu dem Thema sich bewahrheiten dürften, nämlich dass ab dem Jahr 2022 sehr viele Menschen diesen Planeten verlassen werden. Die in den folgenden Kapiteln aufgeführten Durchimpfungsraten dürften uns dann wohl einen Anhaltspunkt dafür geben, wo sich demnächst die meisten Menschen verabschieden dürften und wo die Bevölkerungszahlen weniger stark einbrechen werden. Da drängt sich mir die Frage auf, was Bill Gates und seine Kumpanen sich dann wohl für die Länder einfallen lassen werden, die sich seiner Impfung weitgehend widersetzen.

Als die bekanntesten Völkermorde in der jüngeren Geschichte gelten das Massaker in Ruanda im Jahr 1994, bei dem die Hutu-Mehrheit geschätzte 800.000 Tutsis tötete, der Völkermord an den Armeniern (zwischen 300.000 und mehr als 1,5 Millionen Tote), der Völkermord in Bangladesch mit mehr als 3 Millionen Toten und der Holocaust mit etwa 6 Millionen Todesopfern. Wird diese Aufzählung bald um einen weiteren furchtbaren Genozid erweitert werden müssen?

Bill sagt die Wahrheit

Da viele namhafte Experten, die Bills Inszenierung glaubten (oder stützten), zu Beginn des Lockdowns verkündet hatten, dass man zum Erreichen einer Herdenimmunität entweder eine Durchseuchungs- oder eine Durchimpfungsrate von rund 70% bräuchte, schossen sich dann alle auf diese magische Zahl von 70% ein, wobei sie sehr variabel eingesetzt werden konnte.

Ich halte fest, dass all jene Länder, die unter direkter Kontrolle der Geheimen Weltregierung stehen – also vor allem USA, Kanada, Australien, Großbritannien und Deutschland – von vornherein kategorisch ausschlossen, eine Herdenimmunität durch natürliche Durchseuchung zuzulassen, wie es etwa der Ansatz in Schweden war. Stattdessen setzte man gezielt vom ersten Tag an darauf, die Menschen voneinander fernzuhalten, damit man die Ausbreitung des Virus so lange hinauszögern konnte, bis ein Impfstoff verfügbar oder zugelassen war. Es ging also nie um die Frage, wie man die Ausbreitung eines vermeintlichen Erregers verhindern konnte, sondern nur darum, Zeit zu gewinnen.

Während die meisten Experten in der ersten Jahreshälfte 2020 noch davon ausgingen, dass ein möglicher Covid-Impfstoff noch Jahre entfernt war, so wusste Bill Gates es sicher besser, denn er hatte seit mehr als zehn Jahren genau darauf hingearbeitet und alles präzise vorbereitet. Er wusste, dass ein Impfstoff schneller kommen würde, und er ging davon aus, dass sich die meisten Menschen weltweit impfen lassen würden, denn anscheinend lief alles nach Plan, und alle folgten den Vorgaben und Anweisungen seiner WHO. Also interpretierte er diese mittlerweile einzementierte Zahl von 70% so um, dass sie sich nicht auf die Durchimpfungsrate bezog, sondern auf die Effektivität des Impfstoffs.

> *„Die Wirksamkeit gibt an, wie gut der Impfstoff vor Krankheiten schützt. Obwohl ein Impfstoff idealerweise eine 100-prozentige Wirksamkeit haben sollte, ist das bei vielen nicht der Fall.* ***Der diesjährige Grippe-Impfstoff ist zum Beispiel nur zu 45 Prozent wirksam****... Für COVID-19... Bei der Wirksamkeit haben wir ein wenig mehr Spielraum. Ich vermute, dass ein Impfstoff mit einer Wirksamkeit von mindestens 70 Prozent ausreichen wird,* ***um den Ausbruch zu stoppen.***"[52]
>
> *Bill Gates* in „*Gates Notes*" am 30. April 2020

Diese Bekanntmachung Gates' gegen Ende des ersten weltweiten Lockdowns war eine seiner regelmäßigen Grußbotschaften an sein Volk, die er in seinem Blog „*Gates Notes*" veröffentlicht, und sie hatte es wirklich in sich.

Ich weise nochmals darauf hin, dass es wichtig ist, genau hinzuhören oder zu lesen. Wie will man einen angeblich bereits erfolgten Ausbruch ein oder zwei Jahre später noch stoppen? Mittels einer Zeitreise? Wenn ein Häftling aus einem Gefängnis ausbricht, kann ich diesen Ausbruch dann nach zwei Jahren noch stoppen? Nein, weil er längst am anderen Ende der Welt sein wird. Bestenfalls kann ich ihn wiederfinden und zurückbringen. Ein „Ausbruch" ist ein zeitlich begrenztes Ereignis, das man ohne Zeitreise nicht im Nachhinein ungeschehen machen kann. **Folglich dürfte es – ganz offiziell laut Bill Gates – also bis Ende April 2020 keinen Ausbruch gegeben haben!**

Noch bemerkenswerter aber finde ich an der Aussage seiner Gnaden, dass er sich nicht einmal die Mühe machte, die Lügen seiner globalen Impfpropaganda zu verstecken. War das Kalkül, Ignoranz, Hybris, Dummheit oder einfach nur Verachtung für seine Opfer? Während Bill über viele Jahre hinweg Milliarden an Dollar dafür ausgegeben hatte, um Impfkritiker mundtot zu machen und Impfungen generell als die Lösung für alle Probleme auf Erden darzustellen, ließ er ganz nebenbei in einem seiner geistigen Ergüsse einfließen, **DASS DER GRIPPE-IMPFSTOFF NUR EINE WIRKSAMKEIT VON 45% HAT!** Und das bei einem Vakzin, das seit Jahrzehnten existiert und Jahr für Jahr neu geschaffen wird! Wer lässt sich, nach dieser Aussage, noch freiwillig gegen Grippe impfen?

Im Klartext bedeutet das nämlich genau das, was ich immer gesagt und geschrieben habe: Wer sich gegen Grippe impfen lässt, erhöht damit deutlich das Risiko, an Grippe zu erkranken und zu versterben! Wenn der Wirkungsgrad unter 50% liegt, ist es kompletter Irrsinn, sich mit der Impfung all die Adjuvanzien verabreichen zu lassen, in die der Impfstoff eingebettet ist. Als **„Adjuvanzien"** werden die Zusatzstoffe in den Impfungen bezeichnet. Das sind neben Quecksilber, Aluminium und Formaldehyd oftmals auch Antibiotika und Proteine aus Hühnereiern – für Vegane also vielleicht nicht ganz so geeignet.[53] [54]

Wie die meisten von uns heute bereits wissen, wird Aluminium oft mit Krebs und Alzheimer in Verbindung gebracht. Was den meisten Patienten aber verschwiegen wird, ist, dass für die Herstellung der Impfungen auch noch ***fetale Zelllinien*** (menschliche Zellkulturen) verwendet werden, also die Zellen abgetriebener Kinder. Davon sind in den Impfstoffen meist Rückstände vorhanden. Abgesehen von ethischen oder religiösen Aspekten, möchte ich einfach mal in die Runde werfen, dass wir hier von Zellkulturen sprechen, die meist bereits mehrere Jahrzehnte in einem Labor immer weiter kultiviert werden. Im Lauf dieser Jahre sind diese Zellkulturen mit sehr vielen unterschiedlichen Viren in Kontakt gekommen und haben (zumindest Teile) deren RNA-Informationen übernommen, die nun mit jeder Impfdosis in die betreffenden Personen weitergegeben werden. Und wenn wir uns daran erinnern, dass der genetische Unterschied zwischen Schimpansen und Menschen nur 2% beträgt, dann muss man kein Genie sein, um sich auszumalen, dass dies auf jeden Menschen einen Einfluss hat. Und weil wir schon beim Affen sind, so gebe ich auch zu bedenken, dass diese neuen „Corona-Impfstoffe" auch auf Kulturen von Affenzellen gezogen wurden, die nun ebenfalls jedem Impfopfer mitverabreicht werden – und damit auch alle Erbinformationen über Affen-Corona-Viren.

Bill gibt also ganz offen zu, dass Millionen von Menschen sich regelmäßig einen **Grippe-Impfstoff** spritzen lassen, **der zu 55% NICHT wirkt**, dafür aber Zusatzstoffe enthält, die nachweislich krank machen. Und sein Ziel ist es, alle Menschen auf Erden regelmäßig zu impfen. Damit wären wir wieder beim zuvor angesprochenen Lagebewusstsein. Man muss genau lesen oder hinhören und daraus die richtigen Schlüsse ziehen.

Eigentlich hätte es an dieser Stelle bereits einen weltweiten Aufschrei geben müssen, aber im April 2020 konnte niemand mehr klar denken, und den meisten Menschen war die Grippe so etwas von egal, weil sie dachten, sie müssten in den nächsten Wochen ohnehin an einem wild gewordenen Erkältungsvirus sterben. Wen kümmert da noch, was Bill Gates zu sagen hat?

Es ist immer wieder beeindruckend mitzuerleben, dass die meisten Menschen nicht richtig zuhören. Da kann man sich den Mund fusselig reden oder die Hand wund schreiben, die allermeisten Menschen hören nur, was sie hören wollen. Tatsächlich hatten sich zahlreiche ausgewiesene Experten im Jahr 2020 den Mund fusselig geredet, aber mit wenig Erfolg. Denn der Sommer brachte ja Erleichterungen. Die Kinder durften wieder nach draußen zum Spielen, und Mama und Papa durften wieder zur Arbeit – solange alle ganz brav die Anweisungen des „großen Bruders“ befolgten.

Ein neuer Impfstoff?

Was zu diesem Zeitpunkt, Mitte des Jahres 2020, aber irgendwie unterging, war die Tatsache, dass dieser Impfstoff nicht neu war, sondern längst existierte. Bereits im Jahr 2003, bei der ersten „SARS-Pandemie“, die es ebenfalls nie gegeben hatte, waren Antikörper-**Impfstoffe** entwickelt worden, die letztlich bei den Tests **die Wahrscheinlichkeit einer Infektion** mit SARS-COV-1 **sogar noch erhöhten**.

Es gab seitdem zahlreiche Studien zum Thema „Corona-Impfstoffe“, und sie alle verwiesen auf die Tatsache, dass bei der Entwicklung der Corona-Impfstoffe ab dem Jahr 2003 die meisten Versuchstiere gestorben waren, weil es zu einer *Immunpathologie vom Th2-Typ* gekommen war. Das bedeutet nichts anderes, als dass der Impfstoff nicht die Immunität gegen eine neuerliche Infektion stärkt, sondern die Fähigkeit des Virus, in die Zellen des geimpften Tieres oder Menschen einzudringen und diese zu infizieren, was zu einer schwereren Erkrankung führt, als wenn man nicht geimpft worden wäre. Anders ausgedrückt: Diese Impfungen bieten einen gewissen Schutz gegen exakt das Virus, für das sie im Labor designed wurden. Kommt der Körper jedoch dann in der freien Wildbahn erneut in Berührung mit demselben Virus oder einem ähnlichen Sub-Typ, einer Mutation, dann passiert genau das Gegenteil. Dies nennt man *„Antibody-dependent enhancement"* (ADE). Dabei führen diese *„Infektionsverstärkenden Antikörper"* dazu, dass sich die Viren nun rascher vermehren können, als dies bei einer natürlichen Erstinfektion der Fall gewesen wäre.[55] Die Impfung schützt dann nicht vor einer Krankheit, sondern verstärkt sie sogar noch. Genau das war in den Testreihen über die Jahre bei fast allen Corona-Impfstoffen passiert.

Bei den meisten Viren ist es so, dass man als Mensch durch eine Infektion eine Immunabwehr gegen das betreffende Virus aufbaut. Die bleibt bestehen. Man ist also danach gegen dieses Virus immun und kann dadurch nicht mehr erkranken. Bei Corona-Viren ist das anders. Das liegt daran, dass Corona-Viren nicht wie üblich nur einen Antikörper-Typ produzieren, sondern zwei unterschiedliche Arten:

- **Neutralisierende Antikörper**, auch als *„Immunglobulin" G* bezeichnet, bekämpfen die Infektion.
- **Bindende Antikörper** (nicht-neutralisierende Antikörper) können eine abnorme Immunantwort auslösen, anstatt sie zu verhindern.

Es gibt bereits jahrzehntelange Erfahrung mit Corona-Impfstoffen, sowohl an Tieren als auch an Menschen, und bei allen klinischen Studien war es bei den Geimpften nach anfänglicher Immunabwehr beim neuerlichen Kontakt mit einer Mutation dieses Virus zu einem schwereren Ausbruch der Krankheit gekommen als bei Ungeimpften![56] Diese unerwünschte und gefährliche Immunabwehrreaktion des Körpers bei Geimpften wird auch als „Zytokinsturm" oder „Immuno-Superpriming" bezeichnet. Aus diesem Grunde hatten alle Studien stets davor gewarnt, solche Impfstoffe ohne ausreichende, jahrelange Testphasen auf die Menschheit loszulassen. Und genau deshalb war bis zum Jahr 2020 aus gutem Grund nie ein Impfstoff gegen Corona-Viren zugelassen worden!

> *„Wenn Menschen einige Monate nach der Impfung mit natürlichen Corona-Viren in Kontakt kommen, könnte ihr Immunsystem in vielen Fällen mit einem tödlichen Zytokinsturm reagieren. Das Immunsystem startet normalerweise* ***zwei Tage nach der Exposition*** *mit einem natürlichen Virus einen Großangriff gegen die eigenen Körperzellen. Als Folge davon erleiden die Geimpften einen* ***septischen Schock mit multiplem Organversagen****, was nach rund zehn Tagen in der Regel mit dem Tod endet. Eine andere, an Mitarbeitern des US-Verteidigungsministeriums durchgeführte Studie zeigte, dass* ***eine Influenza-Impfung das Risiko für andere Atemwegserkrankungen erhöhen kann.****"*[57]

Immunologin und Molekularbiologin *Prof. Dr. Dolores Cahill*
am University College Dublin am 5. Januar 2021

Normalerweise braucht die Entwicklung eines neuen Impfstoffes mit all der Forschung und den langwierigen Testreihen und Auswertungen zwischen 5 und 12 Jahren, wobei 8 bis 10 Jahre das normale Maß wäre. Es ist also absurd zu glauben, dass ein Impfstoff gegen SARS-CoV-2 in weniger als einem halben Jahr entwickelt wurde und man dazu in der Lage war, innerhalb kürzester Zeit Milliarden Dosen eines Impfstoffs zu produzieren, der sicherer ist als all die anderen Corona-Impfstoffe, die zuvor über Jahre hinweg in aller Ruhe entwickelt worden waren, aber nie eine Zulassung erhielten.

Ja, Sie hören ganz recht, **Corona-Impfstoffe gibt es schon seit mindestens 30 Jahren**, jedoch war es nicht erlaubt, sie auf Menschen loszulassen. Der US-Pharma-Riese *Pfizer* hatte das erste Patent für einen mRNA-basierten Corona-Impfstoff bereits im Jahr 1990 eingereicht und danach Jahr für Jahr neue Patente hinterhergeschoben, die sich alle auf Erkennung, Prophylaxe oder Therapie von Corona-Viren-Infektionen bezogen. Am 14. November 2000 hatte Pfizer bereits ein Patent auf das S1-Spike-Protein von Corona-Viren eingereicht, welches dem Konzern jedoch im April 2010 wieder entzogen wurde, wodurch es nicht mehr patentrechtlich geschützt war. Über dieses S1-Spike-Protein werde ich auf den kommenden Seiten noch berichten, weil es bei alldem eine entscheidende Rolle spielt.

Bereits im Jahr 1999 hatte der zwielichtige AIDS-Forscher und US-Präsidentenberater *Dr. Anthony Fauci* Forschungsarbeiten zur Schaffung eines *„infektiösen rekombinanten Corona-Virus mit Replikationsdefekt"* finanziert. Im Jahr 2002 hatten *Dr. Ralph Baric* und seine Kollegen von der *University of North Carolina, Chapel Hill*, ein **Patent** auf ein ***rekombinantes Corona-Virus*** angemeldet – und wenige Monate später war es zum weltweit ersten „SARS-Ausbruch" gekommen. Das war der erste Versuch im neuen Jahrtausend, eine Pandemie zu inszenieren. Sie war jedoch so schlecht orchestriert, dass niemand mitspielen wollte und das Ding mit offiziellen 774 SARS-Todesopfern weltweit eher ein Schuss in den Ofen war. Aber es war dennoch ein Meilenstein für das, was wir derzeit erleben müssen.

Doch zurück zum Kern der Sache: Dafür müssen wir kurz das Dingsda-Niveau der Regierungsberater verlassen. Was könnte also noch besser sein als eine schädliche Grippe-Impfung oder eine extrem schädliche Corona-Impfung? Exakt: eine kombinierte Impfung – multiples Organversagen kombiniert mit Atemwegserkrankungen. Das wär's doch, oder?

> *„Eine gleichzeitige Impfung gegen Corona und die Grippe ist laut Ständiger Impfkommission (Stiko) möglich. Zwar seien Impfreaktionen häufiger, dafür aber nur schwach ausgeprägt."*
>
> „*BR.24*", 15. November 2021[58]

Von Mutationen, Varianten und Rekombinanten

Seit Anfang 2020 nehmen Menschen tagtäglich wie selbstverständlich wissenschaftliche Begriffe in den Mund, ohne meist auch nur im Entferntesten zu verstehen, wovon sie da eigentlich sprechen – Journalisten, Politiker und selbst vermeintlich angesehene Wissenschaftler bilden da keine Ausnahme. Lassen Sie mich an dieser Stelle nochmals an eines der Highlights des Jahres 2020 erinnern. Die Pandemie-Beraterin der Deutschen Bundesregierung in der Corona-Krise, Virologin *Prof. Dr. Melanie Brinkmann*, hatte am 14. November 2020 bei einer gemeinsamen Pressekonferenz mit Gesundheitsminister *Jens Spahn* folgende wissenschaftliche Analyse der Lage kundgetan – also nur wenige Wochen vor Beginn der großen Impfoffensive in Deutschland:

> *„Ja, ich habe kein Skript vorbereitet. Ich dachte, ich rede einfach mal so frei heraus... ähm... dieses Virus macht uns allen das Leben schwer... allen... die, die infiziert werden, aber auch denen, die gar nicht infiziert werden... dadurch, dass wir Maßnahmen treffen müssen, die dieses Virus eindämmen und... ähm... das, das liegt einfach daran, an der Eigenschaft dieses Virus, ja... es macht eben nur ein paar Leute schwerkrank, aber es verbreitet sich sehr leicht, und dadurch, dass es viele Menschen nicht so stark erkranken lässt, bewegen die sich frei herum und nehmen sich natürlich auch nicht zurück – warum sollten sie auch?* ***Die merken ja gar nicht, dass sie infiziert sind. Und genau das macht es so schwer, dieses Virus einzudämmen. Es ist eigentlich viel gefährlicher als ein Virus, das Menschen richtig krank macht.*** *Denn die bleiben zuhause und stecken niemanden an.“*[(59)]

Das ist das Niveau, auf dessen Grundlage alle politischen Entscheidungen seit Anfang des Jahres 2020 getroffen wurden. Es erinnert mich an eine US-amerikanische TV-Sendung mit dem Titel *„child's play“*, die Mitte der 1980er-Jahre sehr erfolgreich war und die dann einige Jahre später auch im deutschen Fernsehen unter dem Titel „Dingsda“ lief. Erwachsene sollten etwas erraten, das Kinder beschrieben, ohne zu viel zu verraten oder den eigentlichen Begriff zu nennen. Im Grunde ist diese Welt seit zwei Jahren nichts anderes mehr als eine einzige nicht enden wollende Dingsda-Dauersendung. Es ist wirklich schwierig, sich mit dem auseinanderzusetzen, was gerade passiert, ohne entweder zu primitiv oder zu kompliziert zu werden. Um diesen Spagat zu schaffen, schlage ich an dieser Stelle vor, dass wir uns darauf einigen, davon auszugehen, dass es „DAS VIRUS" gibt, dass also SARS-CoV-2 tatsächlich in Menschen vorkommt und von Mensch zu Mensch weitergegeben wird, auch wenn es dafür keine Beweise gibt. Aber wenn ich auf diesem (eigentlich nicht unerheblichen) Punkt weiterhin herumreite, dann wird alles, was folgt, noch schwieriger und komplizierter.

Sagen wir also, es gibt „das Virus" und einen „Impfstoff" dagegen, und nähern wir uns dem an, was das aus Sicht der Einfältigen im weißen Laborkittel bedeuten würde. Ich weiß, dass das nun für den einen oder anderen sehr arrogant klingen mag, aber es ist nun einmal leider die simple Wahrheit. Wir bezahlen Idioten dafür, in unserem Namen Entscheidungen zu treffen, die auf der Expertise anderer Idioten beruhen, die wir ebenfalls bezahlen. Daraus könnte man schließen, dass wir die größten Idioten sind, weil wir als Einzige in diesem Dauer-Dingsda nicht bezahlt werden und für die Unfähigkeit aller anderen geradestehen oder dafür sogar mit unserem Leben bezahlen müssen.

Es gab von Anfang an sehr viele Ungereimtheiten beim Thema „Corona-Impfstoff", z.B. darüber, wann ein solcher zur Verfügung stehen würde oder wie es überhaupt möglich sein sollte, in kurzer Zeit einen neuen Impfstoff für Milliarden von Menschen zur Verfügung zu stellen. Viele naive Experten dachten scheinbar zu Beginn der „Plandemie" noch, dass es Jahre dauern würde, weil ein solcher Impfstoff vor einer Zulassung erst ausgiebig getestet werden müsste und man bis dahin vielleicht schon auf natürlichem Wege eine Herdenimmunität erreicht hätte. Den meisten Menschen war sowieso alles egal, sie wollten nur endlich wieder Spaß haben und etwas unternehmen dürfen. Da gingen warnende Stimmen komplett unter. Zum einen lag es natürlich daran, dass die Menschen mit alldem keine Erfahrung hatten und sich auch schwer damit taten zu erkennen, was da auf sie zukam. Zum anderen war es natürlich für Laien schwer zu entscheiden, welche der sich oft gravierend widersprechenden Expertenmeinungen die richtige sein könnte. Die meisten Menschen waren es letztlich, für die die Experten die einfachsten Worte wählten. So mussten sie nicht lange nachdenken, denn man war ja vom vielen Nichtstun im Lockdown bereits völlig ausgebrannt. In einer Zeit kollektiven Traumas verhallten die warnenden Stimmen engagierter Wissenschaftler daher wie ein Schuss im Wald, den niemand gehört hatte.

> *„Für DNA-Impfstoffe wird die DNA-Sequenz des gewünschten Antigens in ein bakterielles Plasmid eingefügt. Das Plasmid wird nach Injektion des Impfstoffs in der Zielzelle aufgenommen und abgelesen; dort soll das fremde Antigen hergestellt werden...* ***DNA-Impfstoffe benötigen in der Regel starke Adjuvanzien, damit sie eine wirksame Immunantwort auslösen können.*** *Bisher sind DNA-Impfstoffe nur in der Tiermedizin zugelassen. Als denkbare Nachteile gelten eine zufällige Integration von plasmidischer DNA in das Genom des Wirts: Die Integration könnte* ***eine verstärkte Tumorbildung...*** *induzieren oder* ***Autoimmunkrankheiten*** *(z.B. Lupus erythematodes) hervorrufen."*
>
> Dr. Vera Zylka-Menhorn, *Anästhesistin und Fachjournalistin, im* „Deutschen Ärzteblatt" *21/2020, erschienen am 22. Mai 2020*

Zugegeben, für die meisten Menschen war das Besorgniserregende an dieser Mitteilung weniger der Inhalt, als mehr die Tatsache, dass sie nicht einmal wussten, in welcher Sprache dieser Text verfasst war. Aber wenn es um die eigene Gesundheit oder das eigene Leben geht, dann sollte man sich vielleicht gelegentlich für einige Minuten anstrengen und genau zuhören.

Natürlich gab es auch etwas einfachere Erklärungen, aber selbst die waren den meisten noch zu kompliziert, und da die Mainstreammedien den Menschen noch einfachere Erklärungen anboten, wurden die auch dankbar angenommen: *impfen = gut; nicht impfen = schlecht*. Das konnten die meisten Zweibeiner verstehen und sogar für mehrere Stunden behalten.

„Die Menschen müssen verstehen, dass COVID-19 nicht nur zum Tod führen kann. Viele von denen, die es überleben, werden bleibende Schäden behalten und erhebliche Behinderungen erleiden.“[60]

Der damalige „SPD-Gesundheitsexperte“ und spätere deutsche Gesundheitsminister *Karl Lauterbach* im April 2020

Hätte Clown Karl gesagt, dass *„COVID-19-**IMPFSTOFFE** nicht nur zum Tod führen können...“*, wäre ich ausnahmsweise mal mit ihm einer Meinung gewesen. Eine durchaus verstörende Vorstellung. Aber verlassen wir die Dingsda-Ebene wieder, und kehren wir zurück zu den Besonderheiten von Corona-Viren. Sie verfügen nämlich über eine Geheimwaffe, die in ihrem Erbgut eingespeichert ist, jedoch nur gelegentlich zur Anwendung kommt – nämlich wenn man sie zum Äußersten treibt und dazu zwingt. Es gibt prinzipiell nicht „das eine Virus“, auch nicht „das eine SARS-CoV-2-Virus“, sondern selbst innerhalb der Virusfamilie (Coronaviridae) gibt es unterschiedliche Arten, wovon die meisten gar nicht im Menschen vorkommen, sondern nur bestimmte Tierarten befallen. Beim Menschen kommen nur entweder vier oder sieben Arten vor, je nachdem, wen man fragt. Sie alle verursachen in der Regel nur milde Erkältungssymptome, also Atemwegserkrankungen.

Die Unterteilung der Viren in den einzelnen Hierarchien ist recht kompliziert, wesentlich komplizierter als bei Tieren oder Pflanzen, und ich habe den Verdacht, dass verschiedene Wissenschaftler verschiedene Unterteilungen vornehmen und unterschiedliche Begriffe verwenden, nicht nur auf Grund unterschiedlicher Sprachen. Diese ***Arten*** (*Spezies* oder *Serotypen*) werden teilweise auch fälschlicherweise als „Unterfamilien“ bezeichnet, und sie unterteilen sich wiederum in ***Stämme*** (Unterarten), ***Gattungen*** (Genera) oder ***Varianten***, wieder abhängig davon, wem man zuhört. Das lässt bereits erahnen, dass wir es bei Viren mit recht komplizierten Lebensformen zu tun haben und kaum einer hier den Durchblick hat. Benutzen wir also von jetzt an den Begriff „Varianten“, weil er sich bei den meisten Menschen eingebrannt hat, da Politiker und Medien immer wieder das Wort „Delta-Variante“ wiederholten, obwohl – und da gehe ich jede Wette ein – nicht einer von ihnen weiß, was das überhaupt bedeutet. Jede dieser Varianten kann wieder anhand leichter Unterschiede unterteilt werden, was man dann „Mutationen“ nennt. Sie entstehen bei der Vermehrung des Virus in einem lebenden Organismus (Mensch oder Tier). Bei jedem Vermehrungsdurchlauf, der alle paar Stunden bis Tage stattfinden kann, passiert es, dass bei der Teilung und Vervielfältigung etwas von den mehreren zehntausend Informationen in der RNA des Virus verloren geht oder verändert wird. Solange das von den rund 30.000 Einzel-Informationen nur 3 sind, ist das, als würden einem Menschen ein paar Haare ausfallen. Niemand wird es bemerken. Wenn er aber plötzlich alle Haare auf einmal verliert und nun glatzköpfig dasteht, dann wird es klar zu erkennen sein. Das könnte man dann eine neue Variante nennen.

Wenn unser Körper einem bestimmten Virus, das er aus der Vergangenheit kennt, wiederbegegnet und es sich nur leicht verändert hat (Mutation), wird es wiedererkannt und von den vorhandenen Antikörpern erledigt. Das fordert unseren Körper kaum. Wenn es sich aber stark verändert hat, dann kann unser Immunsystem unter Umständen Probleme bei der Wiedererkennung haben. Dann kann es den Angreifer nicht sofort eliminieren. Es müssen erst neue Antikörper gebildet werden. Das führt zur „Krankheit“ – die nichts anderes ist als ein Abwehrmechanismus des Körpers, wie beispielsweise Fieber.

Bis zur Bildung einer neuen Variante vergehen selbst im Falle einer aggressiven Erkältungs- oder Grippewelle üblicherweise mehrere Wochen oder Monate. Die angedeutete Geheimwaffe der Corona-Viren aber ist die Fähigkeit zur sogenannten **„Rekombination“**. Das bedeutet, dass zwei nahe verwandte Arten oder Varianten des Corona-Virus sich in einem Reproduktionszyklus vereinen und ihre Genome (Erbinformationen) zu neuen Kombinationen zusammenfügen. Es würde also schlagartig eine neue Virus-Variante entstehen, die uns allen naturgemäß fremd wäre und unser Immunsystem stark herausfordern würde.

Ich erinnere nochmals daran, dass solche Prozesse nur in einem lebenden Wirt stattfinden können. Im Normalfall wird unser Körper immer wieder mit sehr ähnlichen Virenstämmen zu tun haben und bestenfalls alle paar Jahre auf ein völlig neues Virus treffen, das ihn wieder neu herausfordert und kurzzeitig krank macht. Wenn aber nun zwei unterschiedliche Corona-Stämme oder -Varianten, die unser Immunsystem normalerweise leicht erledigen könnte, auf einmal in unserem Körper ein neues, drittes bilden, das dann deutlicher abweicht, dann wird unser Immunsystem sehr stark gefordert sein, was also zu einer deutlichen Schwächung und schwerer Krankheit führen könnte.

Die natürliche „Rekombination“ ist also bereits gefährlich genug. Sie aber auch noch künstlich auszulösen, indem man gentechnisch veränderte und patentierte Viren freisetzt, die bevorzugt rekombinieren, ist aus meiner Sicht kriminell. Genau daran wurde nun aber nachweislich mindestens seit 1999 gearbeitet.

> *„Zwei Varianten des Corona-Virus, die erstmals in Großbritannien und in Kalifornien identifiziert wurden, scheinen sich zu einem stark mutierten Hybriden (Rekombination) zusammengeschlossen zu haben. Dies könnte eine neue Phase der Covid-19-Pandemie signalisieren, da weitere Hybridvarianten entstehen könnten.“*[61]
>
> „*New Scientist*“ am 17. Februar 2021

Seit 1999 wurden mehr als 4.000 Patente im Zusammenhang mit Corona-Viren angemeldet, darunter auch Patente, die die wichtigsten Merkmale des sogenannten „neuen“ SARS-CoV-2-Virus bereits beschreiben.[62] Dabei ging es nicht nur um die Viren selbst, sondern selbstverständlich auch um die Impfstoffe dagegen. Der eingeschüchterten Masse hingegen erzählte man im Jahr 2020, welch heroische wissenschaftliche Leistung es war, in so kurzer Zeit einen völlig neuartigen Impfstoff zu erzeugen und ihn dank schier übermenschlicher Anstrengungen Milliarden von Menschen selbstlos zur Verfügung zu stellen.

Das, was ich als die **„Pandemie-Industrie“** bezeichne, hatte bereits viele Jahre auf genau das hingearbeitet, was wir seit 2020 erleben. Ausgelöst durch die feuchten Träume der Familien Gates und Rockefeller, und finanziell unterstützt durch deren Stiftungen, hatte man die letzten 20 Jahre über ein neues eugenisches Programm entwickelt, das zahlreiche fanatische Wissenschaftler über alle Maßen begeisterte, weil es ihnen eine sichere und behütete Spielwiese bot, in der die Grenzen nur durch die eigene Vorstellungskraft oder durch selten auftauchende Skrupel gesetzt wurden. Darüber hinaus war dies ein Betätigungsfeld, in dem tausende Menschen sehr viel Geld verdienen konnten.

Tausende Menschen arbeiteten wie besessen an einer „Endlösung“ für ein Problem, das nie bestanden hatte, außer in Bill Gates' und David Rockefellers Fantasien. Aber wenn man ein Ziel hat, entschlossen ist und sich mit aller Macht auf seine Mission konzentriert, dann kann man die sprichwörtlichen Berge versetzen. Nichts an dieser „Pandemie“ war unvorhergesehen oder überraschend.

> „*(Peter) Daszak wies erneut darauf hin, dass eine Infektionskrankheits-Krise, solange sie nicht sehr real, gegenwärtig und an einer Notfallschwelle ist, oft weitgehend ignoriert wird. Um die Finanzierungsbasis aber auch über die Krise hinaus aufrechtzuerhalten, so Daszak,* ***müssen wir das öffentliche Verständnis für die Notwendigkeit medizinischer Gegenmaßnahmen wie einem Pan-Influenza- oder Pan-Corona-Virus-Impfstoff erhöhen. Ein wichtiger Faktor sind die Medien, und die Wirtschaft folgt dem Hype. Wir müssen diesen Hype zu unserem Vorteil nutzen, <u>um zu den wirklichen Problemen zu gelangen</u>.*** *Die Investoren werden darauf reagieren, wenn sie am Ende des Prozesses Gewinne sehen, so Daszak.*“[63]
>
> „*National Academies Press*“ am 16. Februar 2016

Das, meine Damen und Herren, ist die moderne Wissenschaft. *Dr. Peter Daszak*, der Mann, der hier von der Monatszeitschrift der *Akademien der Wissenschaft* in den USA zitiert wird, ist ein weiterer Superstar auf dem Gebiet der Infektionsepidemiologie, der seit Jahren alles in seiner Macht Stehende tut, um eine Pandemie heraufzubeschwören. Daszak hatte sich immer wieder in seinen „wissenschaftlichen“ Arbeiten darüber beklagt, dass man seine

Abb. 2: *Dr. Peter Daszak* und *Dr. Anthony Fauci*

Warnungen vor einer bevorstehenden Influenza- oder Corona-Pandemie zu wenig ernst nahm, und es ging ihm seit Jahren fast nur noch darum, einen Weg zu finden, um einen „Hype" zu erzeugen, der zu unlimitierten Geldflüssen, Reichtum und Berühmtheit führen würde. Daszak ist Präsident der *EcoHealth Alliance*, einer in den USA ansässigen Organisation, die sich der Weltgesundheit, dem Umweltschutz und der internationalen Entwicklung verschrieben hat – also allem, womit man möglichst breitflächig viel Geld einsammeln kann. Vermutlich überrascht es Sie wenig, wenn ich Ihnen verrate, dass EcoHealth Alliance, was übersetzt „Allianz für ökologische Gesundheit" bedeutet, von den üblichen Verdächtigen finanziert wird, allen voran von der *MacArthur*- und der *Bill & Melinda Gates Foundation*. Aber im Jahr 2008 bekam dieser entzückende Verein sogar knapp 42 Millionen Dollar vom *Pentagon*, dem US-Verteidigungsministerium. Wofür? Raten Sie!

EcoHealth forschte über mehrere Jahre hinweg für das Pentagon im Level-4-Labor im chinesischen Wuhan. Dabei ging es um die Frage der „Gefährlichkeit von Fledermaus-Corona-Viren für den Menschen" und ob sie als Biowaffen taugen würden. Und weil es nicht ausreicht, dass das US-Militär zusammen mit einem angeblichen Erzrivalen China gemeinsam an Biowaffen forscht, die dann auch noch zufällig aus diesem Labor entkommen, wurde *Dr. Peter Daszak* von der WHO im Jahr 2020 als Mitglied jener Kommission eingesetzt, die aufklären soll, ob SARS-CoV-2 aus dem Labor in Wuhan entkommen war oder ob es auf einem Tiermarkt einige hundert Meter entfernt von ganz allein entstanden war, um dann aus eigener Kraft und Motivation seine beschwerliche Reise um die Welt anzutreten.[(64)] Das ist, als ob man den Fuchs zum Aufpasser im Hühnerstall machen würde. Oder lassen Sie es mich an dieser Stelle einfach noch deutlicher ausdrücken: Es ist ungeheuerlich, wie sehr all die Schafe in Menschenkostümen sich von dieser Bande an der Nase herumführen lassen![(65)]

Die Impfung gegen das Wuhan-Virus bestand schon länger als das aktuelle Virus SARS-CoV-2 selbst, es war also kein Wunder, dass der Impfstoff in so kurzer Zeit in so großen Mengen hergestellt werden konnte. Es ist auch kein Wunder, dass alle Angestellten der Pandemie-

Industrie ein reges Interesse daran hatten, eine neue Massenvernichtungswaffe loszulassen, weil diese „Pandemie" ihnen noch lange ein fürstliches Einkommen sichert. Wenn sie also dafür sorgten, dass alle Menschen immer und immer wieder mit einer genetisch manipulierten Waffe geimpft würden, dann würden sie weiterhin vierzehn Mal jährlich satte Gehaltsschecks erhalten, ihre Kinder auf gute Privatschulen schicken und zweimal im Jahr schick in den Urlaub fahren können. Diese Kälte, Ignoranz und Skrupellosigkeit kann man ja sogar noch irgendwie nachvollziehen, denn schließlich ist sich jeder selbst der Nächste, oder?

Doch wo waren die Regulierungsbehörden, mögen Sie sich jetzt vielleicht fragen. Wo waren die, die das Wohl des Volkes im Auge behalten sollten? Ja, man würde doch meinen, dass in der EU, wo sogar festgelegt ist, welchen Krümmungswinkel eine Gurke haben darf, ein neuer Impfstoff, der allen Menschen verabreicht werden soll, einer ganz genauen Überprüfung unterzogen würde, oder? Aber das ist ein Trugschluss, weil die Tod-Esser mittlerweile alle Schlüsselpositionen in allen Bereichen besetzen.

Sollte die oberste Zulassungsbehörde für Medikamente in Europa unabhängig sein? Nein, wo denken Sie hin, wieso denn das? Nachdem vermutlich zahlreiche Wesen in politischen Spitzenpositionen käuflich sind, wird man doch in dem Bereich keine Ausnahme machen!

> *„Die Europäische Arzneimittel-Agentur (EMA) ist zuständig für die Erhaltung und Förderung der öffentlichen Gesundheit in der Europäischen Union... (Sie) spielt eine zentrale Rolle in der Arzneimittelzulassung in der Europäischen Union und den EWR-Staaten.* ***Auf der Basis ihrer wissenschaftlichen Beurteilung erteilt die Europäische Kommission einen zustimmenden oder abschlägigen Bescheid auf die von Arzneimittelherstellern*** *im zentralisierten Verfahren gestellten Zulassungsanträge."*[(66)]

Leiterin der *Europäischen Arzneimittel-Agentur (EMA)* ist seit dem 16. November 2020 die irische Pharmazeutin ***Emer Cooke***, die bis dahin **Abteilungsdirektorin bei Bill Gates' WHO in Genf** war. Kaum hatte sie ihren neuen Schreibtisch in Amsterdam bezogen, schon ging es

Schlag auf Schlag. Nur fünf Wochen später, am 21. Dezember 2020, erteilte die Europäische Kommission eine **Notfall-Zulassung** (conditional marketing authorization; CMA) für den COVID-19-Impfstoff der Unternehmen *BioNTech* und *Pfizer*. In den Wochen darauf folgten weitere solcher Zulassungen auf Grund der „Wissenschaftlichen Expertise" dieser flinken Irin. Wenn man die richtigen Leute in den richtigen Positionen hat und die einzelnen Rädchen im Getriebe immer gut geschmiert werden, dann kann so etwas völlig reibungslos laufen, dann kann man doch auch einfach mal ganz spontan und unbürokratisch agieren. Es ging doch nur um die Gesundheit und das Leben von 500 Millionen Europäern.

Cookes Aufgabe bei der WHO war auch die Koordination der Zusammenarbeit der EU-Mitgliedsstaaten mit den Impfstoffherstellern, die auch den größten Teil jenes Budgets beisteuerten, das sie verwaltete – Gelder in Höhe mehrerer hundert Millionen Euro. **Emer Cooke ist die bedeutendste Lobbyistin im Pharmabereich in Europa**, denn sie war seit 1985 in diversen Positionen in der Pharmaindustrie tätig. Von 1991 bis 1998 war sie beispielsweise im Vorstand des europäischen *Pharmaverbands EFPIA*, einer **Lobbying-Organisation der größten europäischen Pharmakonzerne**. Dort betrieb sie acht Jahre lang Überzeugungsarbeit für die größten Pharmakonzerne im europäischen Raum wie *Pfizer*, *AstraZeneca*, *Novartis* und *Johnson & Johnson*.[67]

Und natürlich weiß sie als Expertin auf dem Gebiet genau um die Wirkungsweise dieser angeblichen „Impfungen", die in Wahrheit überhaupt keine sind. Doch was soll's, richtig? Das ist doch alles freiwillig, und wer sich aus freien Stücken dazu entscheidet, seinen Körper der Wissenschaft zur Verfügung zu stellen, dem sollte man doch auch die Möglichkeit dazu geben, oder etwa nicht? Wir sind doch eine aufgeklärte, offene und tolerante Gesellschaft, richtig?

> ***„In dieser Pandemie wird es keine Impfpflicht geben!"***
>
> Bundesgesundheitsminister *Jens Spahn* am 13. Januar 2021

Der weitaus größte Teil der Menschheit bezog auch im vermeintlichen Angesicht des Todes weiterhin seine tägliche Dosis Corona-

Propaganda aus den Boulevardmedien und den Öffentlich-Rechtlichen, die sich ohnehin kaum noch unterschieden. Mehrere Studien zeigten das erschreckende Ausmaß der daraus resultierenden kompletten Fehleinschätzung der Realität in der Bevölkerung. So wurden beispielsweise in sechs Ländern regelmäßig jeweils 1.000 repräsentativ ausgewählte Einwohner zum Thema „Covid“ befragt, von den wirtschaftlichen Auswirkungen über ihre Einschätzung für die Zukunft bis hin dazu, wie zufrieden sie mit dem Krisenmanagement ihrer Regierungen waren. Besonders aufschlussreich fand ich die Antworten der Teilnehmer in Bezug auf die angeblichen Corona-Infektions- und Todeszahlen in ihrem jeweiligen Land. Nehmen wir als Beispiel den *Covid-19 Opinion Tracker, Edition 4*, her, der am 15. Juli 2020 veröffentlicht wurde.[68]

Bedenken wir, dass zu diesem Zeitpunkt der erste Lockdown bereits vorbei war und eine umfassende Menge an Informationen und kritischen Stimmen zu dem Thema für jedermann und jede Frau frei verfügbar war. Bedenken wir auch, dass die meisten von ihnen nun wochenlang zuhause rumgesessen und nichts zu tun gehabt hatten. Hunderte, ja tausende Mediziner und Virologen hatten sich bereits kritisch zu Wort gemeldet, aber die Masse der Couchpotatoes folgte stattdessen stieren Blickes der täglichen Verlautbarung der aktuellen Infektions- und Sterbezahlen wie eine Horde 90-Jähriger in einem Pflegeheim in Florida beim Verlesen der Bingo-Zahlen. Die Daten, Zahlen, Fakten waren für jedermann zugänglich und rund um die Uhr verfügbar. Der Netzausbau des Internets war dafür in Europa sogar in ländlichen Gebieten bereits ausreichend fortgeschritten. Alle Menschen konnten diese Zahlen jederzeit auf ihren Smartphones einsehen, die die meisten von ihnen sowieso nie aus der Hand legten. Und trotzdem waren sie nicht dazu in der Lage, die Situation, in der sie sich befanden, auch nur halbwegs realistisch einzuschätzen.

Danach befragt, wie viele ihrer Landsleute ihrer Einschätzung nach bereits an SARS-CoV-2 infiziert waren, tippten etwa die Engländer auf 22%, was das Vierfache des realen (offiziellen!) Wertes war. Bei der Frage, wie viele ihrer Landsleute wohl bereits an der Seuche verstorben waren, schätzten die Engländer 7% der Gesamtbevölkerung, was in et-

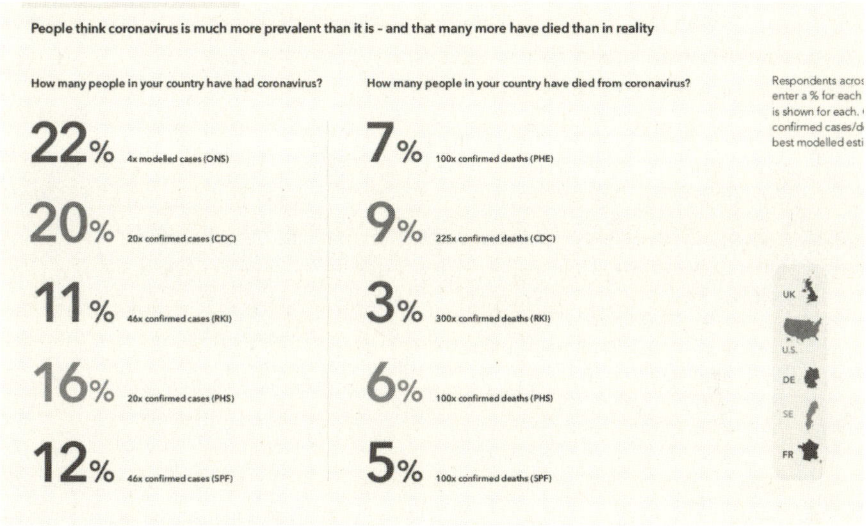

People think coronavirus is much more prevalent than it is - and that many more have died than in reality

How many people in your country have had coronavirus?		How many people in your country have died from coronavirus?		
22%	4x modelled cases (ONS)	7%	100x confirmed deaths (PHE)	UK
20%	20x confirmed cases (CDC)	9%	225x confirmed deaths (CDC)	U.S.
11%	46x confirmed cases (RKI)	3%	300x confirmed deaths (RKI)	DE
16%	20x confirmed cases (PHS)	6%	100x confirmed deaths (PHS)	SE
12%	46x confirmed cases (SPF)	5%	100x confirmed deaths (SPF)	FR

Respondents acros
enter a % for each
is shown for each.
confirmed cases/d
best modelled esti

Abb. 3: Covid-19 Opinion Tracker, Edition 4, 10.-15. Juli 2020

wa **das Hundertfache der offiziellen Zahlen war!** Die Amerikaner waren noch aufgeheizter und schätzten die Todesrate auf 9%, was das 225-fache der offiziellen Daten darstellte, aber den Vogel schossen eindeutig **die Deutschen** ab. Sie **schätzten, dass im Juli 2020 bereits 3% aller Deutschen am Killervirus verstorben waren**, was sage und schreibe **dem 300-fachen der offiziellen Zahlen entsprach** – und wir sprechen hier nicht von den realen, wahren Zahlen, sondern von den offiziellen und bereits massiv nach oben manipulierten Zahlen des RKI.

Ebenso interessant finde ich in diesem Zusammenhang, dass selbst die Schweden, die immer einen Sonderweg gegangen waren und keinen Lockdown erlebt hatten, die Infektions- und Todeszahlen in ihrem Land maßlos überschätzten. Dennoch lebten sie weitgehend angstfrei weiter wie zuvor. Das beweist uns, welch großen Einfluss Regierungen und staatliche Stellen nicht nur auf das Verhalten, sondern auch auf das Wohlbefinden der Bevölkerung haben. Dieselbe Situation wird völlig anders empfunden, wenn sie mit Angst und Panik in Verbindung gebracht, also emotional aufgeladen wird – zweimal die gleiche Situation, sogar dieselbe übertriebene Einschätzung der Gefahr in der Bevölkerung, aber dennoch ein komplett anderer Umgang damit.

> „*Wir haben immer gewusst: Der Herbst und der Winter werden schwer. Und der Winter ist am 31. Dezember nicht vorbei. Der zieht sich noch einige Monate. Richtung Sommer* ***wird es dann aufgrund*** *der wärmeren Temperaturen und der mehr und mehr durchgeführten Impfungen immer besser werden... Ich glaube, dass Tests in den kommenden Monaten eine absolute Normalität werden wie das tägliche Zähneputzen, und ich glaube, die Masse der Menschen wird froh darüber sein, wenn uns die Tests helfen, Ansteckungen zu reduzieren. Und zum Zweiten: Die Tests können uns dabei helfen, dass wir wieder mehr Freiheiten haben können und wir den Kulturbereich, Sportveranstaltungen, Gastronomie und den Tourismus wieder hochfahren können.*“[69]
>
> Österreichs Bundeskanzler *Sebastian Kurz* am 26. Dezember 2020

Wissenschaftler und Medien waren für die Einschüchterung und Irreführung des Volkes zuständig, während der Politik zu Anfang noch die Aufgabe zukam, den Verwirrten Hoffnung zu geben, ihnen den Weg in eine bessere Zukunft zu weisen. Dieser Hoffnungsschimmer in der dunklen Ferne entpuppte sich jedoch nach und nach als die sprichwörtliche Karotte, die man dem Esel vorhielt. Trotz aller Anstrengungen blieb sie immer unerreichbar. Etwas nüchterner betrachtet, wurden die Menschen Tag für Tag angelogen und für dumm verkauft, und die meisten waren es offenbar auch.

> „*Eine Impfpflicht wird es bei der Corona-Schutzimpfung nicht geben.*“
>
> Die deutsche Bundesjustizministerin *Christine Lambrecht* zu Corona-Schutzimpfungen am 12. November 2020[70]

Die Spaltung im Volk, die man bereits seit Jahren durch zunehmende Polarisierung aktiv vorangetrieben hatte, war mittlerweile unüberwindbar groß geworden. Es gab im Grunde nur noch zwei Lager: diejenigen, die alle Lügen glaubten, die ihnen Medien und Politik Tag für Tag auftischten, und diejenigen, die mittlerweile gar nichts mehr von dem glaubten, was von Seiten des politisch-medialen Komplexes kam, noch nicht einmal den Wetterbericht – das auch aus gutem Grund, wie wir später noch sehen werden.

Ein Nachtrag zu den Schweden: Sie sind ein freundliches und friedliches Volk voller Gleichmut und Gehorsam. Wer einmal mit dem Auto durch Schweden fuhr, wird bemerkt haben, dass alle, aber auch wirklich alle Verkehrsteilnehmer auf der Autobahn 130 fuhren. Die zweite Spur brauchte man nur wegen der LKW, ansonsten hätte eine Spur völlig ausgereicht. Der Tempomat muss in Schweden erfunden worden sein. Die Schweden waren weltweit die Ersten, die in einigen Provinzen das Bargeld gänzlich abgeschafft hatten, und sie waren seit langem Vorreiter beim Implantieren von Mikrochips unter die menschliche Haut. Nun ist es der neueste Schrei, sich das Covid-Impfzertifikat als Mikrochip unter die Haut spritzen zu lassen.

Ich hatte genau das vor elf Jahren (2011) bereits vorhergesagt, und es läuft alles nach Plan für die Geheime Weltregierung:

- *„Wer leben darf, aber nicht der Elite angehört, dient ihr als Sklave. Er erhält einen Chip unter die Haut implantiert, mittels dem er jederzeit lokalisiert werden kann. Der Chip enthält alle nötigen Informationen über den Sklaven und dient ihm zur Zahlung und Inanspruchnahme von Leistungen."*
- *„Wer nicht gehorcht, kann ganz leicht dadurch „ermahnt" werden, dass sein Guthaben auf dem Chip auf null gesetzt wird. Oder er kann durch bestimmte Impulse krank gemacht oder gefoltert werden. Wenn das nicht reicht, kann er einfach ab- und somit ausgeschaltet werden."*

„Was Sie nicht wissen sollen!" (Amadeus Verlag 2011, Seite 215)

Fragen Sie Ihren Arzt oder Apotheker

Wir alle haben schon vom ***Eid des Hippokrates*** gehört, den der griechische Arzt *Hippokrates von Kos* im 4. Jahrhundert vor Christus niedergeschrieben haben soll. Ursprünglich in griechischer Sprache verfasst, war er ein Gelöbnis, das Ärzte in weiten Teilen der Welt bis in die 1960er-Jahre hinein leisten mussten, ehe sie offiziell praktizieren durften. Dieser Eid war weit mehr als nur ein Initiationsritus für Absolventen der medizinischen Fakultäten, weil Verstöße gegen den Eid über den symbolischen Charakter hinaus auch strafrechtlich oder anderweitig verfolgt werden konnten – und vielfach wurden. Er war ein ethischer Kompass für jene Personen, denen andere ihr Wohlergehen und oftmals auch ihr Leben anvertrauten.

In den USA ist dieser Eid an manchen medizinischen Fakultäten – abgeändert – noch immer vorgeschrieben, in Europa hingegen wurde er bereits im Jahr 1948 durch die ***Genfer Deklaration*** (*Genfer Gelöbnis*) ersetzt und seitdem weitere sechs Male umformuliert, zuletzt im Jahr 2017. Doch der Reihe nach: In den USA schworen Ärzte bis zum Jahr 1964 noch unter anderem in Absatz 3 des hippokratischen Eides, dass sie (wörtlich übersetzt) „*...diätetische Maßnahmen anwenden, zum Wohle des Kranken, nach bestem Wissen und Urteilsvermögen.* ***Ich werde sie vor Schaden und Ungerechtigkeit bewahren.***“[71] Das bedeutet im Klartext, dass sie ihren Patienten **Ernährungsberatung** angedeihen ließen, um sie zuallererst auf diesem Wege zu heilen. Das gefiel jedoch weder der Pharmaindustrie noch der Nahrungsmittelbranche, also sorgten Lobbyisten dafür, dass sowohl diese als auch die nächste Passage wegfiel. Es ist nicht einfach, die Originalformulierungen elegant ins Deutsche zu übersetzen, aber im Absatz 4 hieß es noch: ***„Ich werde weder jemandem, der darum gebeten hat, eine tödliche Droge geben, noch werde ich einen Vorschlag in dieser Richtung machen.“***

Was hier an das „fünfte Gebot“ erinnert („*Du sollst nicht töten!*“), wurde mit der Argumentation gestrichen, dass es Ärzten Abtreibungen verbieten würde. Das hätte man jedoch anders formulieren können. Aber besonderes Augenmerk möchte ich auf den Aspekt der Heilung durch richtige und gesunde Ernährung lenken, denn – *Achtung!* – der Mann, der für die Abänderung dieser beiden Passagen im Eid im Jahr 1964 verantwortlich war, hieß ***Dr. Louis Lasagna***. Nein, er war nicht der Erfinder der Lasagne. Er war Dekan der *Tufts University School of Medicine*, einer der renommiertesten medizinischen Fakultäten weltweit. Er war zu seiner Zeit ein akademischer Superstar und Medienliebling, der für das Militär ebenso wie für Arzneimittelzulassungsbehörden (FDA) arbeitete und in den Annalen meist als Pionier der modernen Medizin und als guter und aufrechter Arzt und Mensch dargestellt wird. In seiner fortan gültigen Version fehlt nicht nur die Erwähnung von Ernährungsberatung, sondern er ersetzte das Verbot, tödliche Drogen einzusetzen, durch den Satz: „*Wenn es mir gegeben ist, ein Leben zu retten, dann danke ich. Aber* ***es kann auch in meiner Macht liegen, ein Leben zu nehmen.***"[72] [73]

Wow! Wussten Sie, dass Ihr Arzt das Recht hat, Ihr Leben zu nehmen, wenn er es für gerechtfertigt hält? Ich denke, darüber könnte man jetzt geteilter Meinung sein. Aber dieser einstmals ethische Kompass für Ärzte wurde fortan immer und immer wieder neu formuliert.

> „*Der Weltärztebund (WMA) hat den hippokratischen Eid für Ärzte modernisiert... ‚Die Neufassung* ***hebt nun stärker als zuvor auf die Autonomie des Patienten ab.****', sagte Prof. Dr. Frank Ulrich Montgomery, stellvertretender Vorsitzender des WMA. In der aktualisierten Fassung verpflichtet das Gelöbnis die Ärzte,* ***medizinisches Wissen*** *zum Wohl der Patienten und zur Förderung der Gesundheitsversorgung* ***mit ihren Kollegen zu teilen****... Darüber hinaus fassten die Delegierten eine Reihe weiterer Beschlüsse... In einer weiteren Stellungnahme* ***gibt der WMA der Weltgesundheitsorganisation (WHO!) und den Staatsregierungen Empfehlungen zur effektiveren Bekämpfung von Pandemien und Epidemien.*** *Die Ärzteschaft wird dazu aufgerufen, auf nationaler Ebene ihr Fachwissen mit in die* ***Krisenreaktionsprogramme*** *einzubringen. Die (deutsche) Bundesärztekammer hatte die Stellungnahme gemeinsam mit dem britischen und dem amerikanischen Ärzteverband ausgearbeitet.*"[74]
>
> Die deutsche Bundesärztekammer am 20.10.2017

Abb. 4: *Dr. Anthony Fauci, Prof. Neil Ferguson* und *Dr. Christian Drosten*

Großbritannien, Deutschland und die die USA und , Großbritannien und Deutschland sind die drei federführenden Nationen beim Erfüllen des Willens der Geheimen Weltregierung, und sie waren „zufällig“ auch die drei federführenden Nationen bei der Umsetzung einer Scheinpandemie im Jahr 2020. **Die drei wichtigsten Protagonisten**, die diese „Plandemie“ maßgeblich ermöglichten und gestalteten, kamen aus diesen drei Ländern, namentlich ***Dr. Anthony Fauci***, ***Prof. Neil Ferguson*** und ***Dr. Christian Drosten***. Sollte es jemals zu einem Gerichtsprozess gegen die Drahtzieher dieser „Plandemie“ kommen, dann müsste dieses infernale Trio zusammen mit Bill Gates zu den Hauptangeklagten zählen.

Die Ärztevertreter dieser drei Länder haben im Jahr 2017 nicht nur maßgeblich darauf eingewirkt, im Ehrenkodex von Ärzten weltweit die Abschaffung der ärztlichen Schweigepflicht festzuschreiben, sondern sie haben sich selbst auch als oberste Instanz im Pandemiefall eingesetzt, indem sie der WHO und den Regierungen Empfehlungen mit dem Umgang kommender Seuchen geben. Ich denke, das muss ich jetzt nicht weiter kommentieren, weder die hellseherischen Fähigkeiten einer herannahenden Pandemie noch die Hybris einiger Bürokraten mit Doktortitel. Lassen Sie mich kurz daran erinnern, was Herr *Prof. Dr. Frank Ulrich Montgomery*, der ehemalige Vorstand der deutschen Ärztegewerkschaft Marburger Bund und heutige Präsident des Weltärztebundes, Anfang April 2020 mit großem Selbstvertrauen, Inbrunst und Überzeugung vor mehreren Journalisten sagte:

„*Wissenschaftlich erwiesen* ***nutzen die Masken nichts***... *Wenn eine Maske sinnlos ist, dann ist es egal, ob sie aus der Apotheke, von Aldi oder aus einem Schal ist. Es gilt: For show ist for show und bleibt for show und hilft nichts...*“[75]

Prof. Dr. Montgomery ist zudem Aufsichtsratsvorsitzender der Deutschen Apotheker- und Ärztebank und Präsident des „Ständigen Ausschusses der europäischen Ärzte“ (CPME) in Brüssel, der die europäischen Ärztevereinigungen gegenüber den europäischen Institutionen in Brüssel und Straßburg vertritt. Ich weiß nicht, ob der selbstverliebte Hamburger frei nach dem Motto „*Was geht mich mein Geschwätz von gestern an?*“ lebt oder ob man ihm in Berlin und Brüssel nach dieser Aussage eins auf die Mütze gab, aber wenige Wochen später sagte er gegenüber dem Deutschlandfunk Folgendes:

„*Ich habe hier auch einen Irrtum selber, einen wissenschaftlichen Irrtum in der Vergangenheit begangen, indem ich gesagt habe, Masken sind Unsinn.* ***Wir wissen heute wissenschaftlich****, dass Masken, jeder Form von einfachem Schutz hilft,* ***zwar nicht zu 100 Prozent, aber doch eine ganze Menge hilft****. Deswegen, wenn wir wirklich weiter steigende Corona-Zahlen haben und wenn es weiter Menschen gibt, die so unvernünftig sind, oft ja auch gezielt und bewusst ohne Maske und dann auch noch teilweise sich über die lustig machen, die eine Maske tragen, wenn Leute das bewusst machen,* ***dann muss man ihnen auch mit den Mitteln unseres Staates ein bisschen besseres Benehmen beibringen. Da finde ich 150 Euro Bußgeld durchaus für angebracht nach der heutigen Wissenslage.***“[76]

Ich lasse das jetzt einfach so stehen... Doch nicht nur der hippokratische Eid oder die wissenschaftlichen Erkenntnisse werden permanent still und heimlich den neuesten Gegebenheiten angepasst, nein, selbst Definitionen von etwas, das eigentlich nicht veränderbar sein sollte. Wir alle haben im vergangenen Jahr unentwegt über die „Impfung“ gesprochen, doch wer hat eigentlich jemals die Frage gestellt, was eine „Impfung“ denn per Definition eigentlich ist? Nun, Sie werden staunen!

Das, was allgemein als **„Corona-Impfung"** bezeichnet wird, ist **KEINE Impfung** im klassischen Sinne, **weil sie keine Immunität schafft** – anders als uns von zahlreichen Regierenden und Gesundheitsbehörden vorgelogen wurde. Präziser gesagt war sie keine bis zum Jahr 2020, dann nämlich wurde angesichts dieses kleinen aber feinen Problems einfach weltweit die Definition von „Impfung" verändert. Nehmen wir als Beispiel die US-Seuchenschutzbehörde CDC her. Sie hatte „Impfung" über all die Jahre hinweg immer definiert als: „*...der Vorgang, bei dem ein Impfstoff in den Körper eingebracht wird,* ***UM EINE IMMUNITÄT gegen eine bestimmte Krankheit zu erzeugen.***"

Seit dem 1. September 2021 heißt es aber in Unterlagen auf einmal:

„*Impfung: der Vorgang, bei dem ein Impfstoff in den Körper eingebracht wird,* ***um Schutz vor*** *einer bestimmten Krankheit zu bieten.*"[(77)]

Das Wort „Immunität" wurde also durch das Wort „Schutz" ersetzt – ein kleiner Schritt auf dem Papier, aber ein großer Schritt für die Menschheit. Und wenige Tage später war das kleine Wort „Immunität" im Zusammenhang mit der Covid-Impfung auch überall aus Wörterbüchern und Enzyklopädien verschwunden. In Deutschland war die Definition des Begriffs „Impfung" bereits im Juli 2000 im Infektionsschutzgesetz geändert worden. Dort heißt es jetzt im „Gesetz zur Neuordnung seuchenrechtlicher Vorschriften": „*Schutzimpfung: die Gabe eines Impfstoffes* ***mit dem Ziel,*** *vor einer übertragbaren Krankheit* ***zu schützen.***"

Im Zuge der angeblichen Pandemie, die keine war, wurde still und heimlich hinter unserem Rücken so ziemlich alles verändert, was zuvor über Jahrzehnte oder noch länger gegolten hatte. Alles, aber auch wirklich alles, was uns die sogenannten „Autoritäten" in Ländern wie Deutschland, Österreich, den USA oder Großbritannien über ein neues Virus, eine Pandemie, Masken, Abstandsregeln, Sterbezahlen oder Impfungen erzählten, ist von A bis Z gelogen – oder vielleicht freundlicher formuliert „den Notwendigkeiten angepasst worden".

„Die einheitliche Ausrichtung der Meinung ist eine bedrohliche Erscheinung und gehört zu den Kennzeichen unseres modernen Massenzeitalters. Sie zerstört das gesellschaftliche wie das persönliche Leben, das auf der Tatsache beruht, dass wir von Natur aus und von unseren Überzeugungen her verschieden sind. Denn dass wir unterschiedliche Ansichten vertreten und uns bewusst sind, dass andere Leute über dieselbe Sache anders denken als wir, bewahrt uns vor jener gottähnlichen Gewissheit, welche allen Auseinandersetzungen ein Ende bereitet und die gesellschaftlichen Verhältnisse auf die eines Ameisenhaufens reduziert. ***Wo es eine einhellige öffentliche Meinung gibt, besteht die Tendenz, Andersdenkende physisch zu beseitigen, DENN MASSENHAFTE ÜBEREINSTIMMUNG IST NICHT DAS ERGEBNIS EINER ÜBEREINKUNFT, SONDERN EIN AUSDRUCK VON FANATISMUS UND HYSTERIE.*** *Im Gegensatz zur Übereinkunft bleibt die vereinheitlichte Meinung nicht bei irgendwelchen genau definierten Zielen stehen, sondern* ***breitet sich wie eine Infektion auf alle benachbarten Angelegenheiten aus.****“[78]

Die deutsch-amerikanische Publizistin und Philosophin *Hannah Arendt* (1906-1975) im Aufsatz *„Es ist noch nicht zu spät“* im Mai 1948

Als ich während der Weihnachtsfeiertage 2021 über den Korrekturen an diesem Buch saß, erreichte mich folgende Nachricht, die mich mit Freude und Hoffnung erfüllte. Am 6. Dezember 2021 haben Ex-Pfizer-Entwicklungschef *Dr. Michael Yeadon* und Bestattungsunternehmer *John O'Looney* zusammen mit einer englischen Anwältin und vier weiteren Personen **Klage beim Internationalen Gerichtshof in Den Haag nach dem Römischen Statut** eingereicht:

„Auf der Grundlage der umfangreichen Behauptungen und der beigefügten Dokumentation klagen wir die Verantwortlichen an für zahlreiche Verstöße gegen den Nürnberger Kodex, Verbrechen gegen die Menschlichkeit, Kriegsverbrechen und Verbrechen der Aggression im Vereinigten Königreich, jedoch nicht beschränkt auf Personen in diesen Ländern.“[79]

Die Klage erfolgt gegen zahlreiche führende Akteure in dieser „Pandemie", darunter den britischen Regierungschef *Boris Johnson*, *Bill Gates*, *Melinda Gates*, WHO-Chef *Tedros*, Pfizer-Chef *Albert Bourla*, *Anthony Fauci* und *Peter Daszak.*

> *„Auf der Grundlage der verfügbaren Informationen besteht Grund zu der Annahme, dass Verstöße gegen den Nürnberger Kodex, Völkermord, Verbrechen gegen die Menschlichkeit und Kriegsverbrechen begangen wurden... Die mutmaßlichen Verbrechen wurden in großem Umfang begangen, und Berichte legen nahe, dass die Morde institutionell praktiziert wurden... Es ist von äußerster Dringlichkeit, dass der Internationale Strafgerichtshof unter Berücksichtigung all dessen sofortige Maßnahmen ergreift, um die Weiterführung von Covid-Impfungen, die Einführung von Impfpässen und allen anderen hier erwähnten Arten der illegalen Kriegsführung, die derzeit gegen die Bevölkerung des Vereinigten Königreichs geführt werden, durch eine sofortige gerichtliche Verfügung zu stoppen."*[(80)]

Die Klage wurde am 30. Dezember 2021 veröffentlicht, was zumindest bedeutet, dass sie nicht von vornherein abgelehnt wurde. Es bleibt aber abzuwarten, ob es tatsächlich zu einer Anklage kommt. Da der **Nürnberger Kodex** Teil dieser Anklageschrift ist, bildet er zugleich den perfekten Abschluss für dieses Kapitel, denn er ist ebenfalls eine moralische und juristische Richtlinie für Ärzte, ähnlich dem *Genfer Gelöbnis.*

> *„Der sogenannte* ***Nürnberger Kodex*** *ist eine zentrale, aktuell heute angewandte ethische Richtlinie zur Vorbereitung und Durchführung medizinischer, psychologischer und anderer Experimente am Menschen... Er besagt,* ***dass bei medizinischen Versuchen an Menschen ‚die freiwillige Zustimmung der Versuchsperson unbedingt erforderlich' (ist).*** *Das heißt, dass die betreffende Person im juristischen Sinne fähig sein muss, ihre Einwilligung zu geben; dass sie in der Lage sein muss, unbeeinflusst durch Gewalt, Betrug, List, Druck, Vortäuschung oder irgendeine andere Form der Überredung oder des Zwanges, von ihrem Urteilsvermögen Gebrauch zu machen; dass sie das betreffende Gebiet*

in seinen Einzelheiten hinreichend kennen und verstehen muss, um eine verständige und informierte Entscheidung treffen zu können."[81]

Der *Nürnberger Kodex* war im Jahr 1947 anlässlich der „verbrecherischen medizinischen Experimente" der Nationalsozialisten an wehrlosen Menschen eingeführt worden und sollte fortan die Vorbereitung und Durchführung medizinischer, psychologischer und anderer Experimente an Menschen verhindern. Am 1. Dezember 2021 sprach sich die nicht gewählte EU-Kommissionspräsidentin *Ursula von der Leyen* in einer Pressekonferenz für eine Aussetzung des Nürnberger Kodex aus. Ich denke, das bedarf keines weiteren Kommentars.[82]

Die Impfung ist „Covid-19"

Ich möchte an dieser Stelle betonen, dass ich kein Experte (welcher Art auch immer) für dieses Thema bin. Es ist jedoch so, dass die „Covid-Impfung" derzeit die meisten Menschen weltweit beschäftigt und künftig sogar noch mehr beschäftigen wird, da deren Folgen jeden von uns betreffen werden, egal ob geimpft oder nicht. Daher konnte ich in einem Buch, das sich der dringendsten Fragen unserer Zeit annimmt, nicht an diesem Thema vorbeigehen – auch wenn ich es am liebsten getan hätte. Warum? Weil die Informationen dazu so kontrovers und gegensätzlich sind, wie das nur überhaupt möglich ist.

Ich habe mich dennoch letztlich über Monate hinweg intensiv mit dem Thema der sogenannten „Corona-Impfung" und ihren „Nebenwirkungen" auseinandergesetzt. Den Kern der Sache wirklich zu erfassen, ist aus mehreren Gründen nicht ganz einfach. Erinnern wir uns daran, dass es für die meisten Wissenschaftler schon schwierig ist, sich auf eine genaue Einteilung von Viren zu einigen. Hier haben wir es zudem noch mit etwas völlig Neuem zu tun, etwas, das aus dem Labor stammt und das bislang nur einige wenige ausgewiesene Spezialisten zu Gesicht bekommen hatten, die allesamt Verschwiegenheits-Verträge unterschreiben mussten, entweder bei staatlich-militärischen oder bei privaten Forschungseinrichtungen. Es war zwar gelegentlich über diese synthetischen Impfstoffe mit genetisch modifizierten Spike-Proteinen geschrieben worden, aber das, was da herauskam, war stets nur die Spitze des Eisbergs. Sobald jemand – wie beispielsweise *Dr. Judy A. Mikowits* – sich kritisch in dem Bereich äußerte, war die akademische Karriere – oder manchmal sogar das Leben – jäh zu Ende. Es hatten sich also bis zum Jahr 2019 nur verhältnismäßig wenige Menschen eingehender mit diesem Thema befasst, denn für die meisten war es belanglos, da es in ihrem Berufsalltag keine Bedeutung hatte. Das galt auch für viele Mediziner, zahlreiche Virologen, Immunologen und Epidemiologen. Selbst die Experten unter ihnen brauchten einige Zeit, bis sie sich im Jahr 2020 in die Materie eingelesen und umfänglich informiert hatten. Nach und nach kamen dann mehr Menschen aus diesen Bereichen aus der Deckung, da ihnen langsam dämmerte, dass da etwas vor sich ging, was äußerst beunruhigend war.

Ich habe viele Stunden Videomaterial mit Experten wie *Dr. Judy A. Mikovits*, *Dr. Stephanie Seneff*, *Dr. Lee Merritt*, *Dr. Joseph Mercola*, *Dr. Michael Yeadon*, *Dr. Dolores Cahill* und anderen gesichtet, nach Patenten geforscht, mich durch wissenschaftliche Berichte und Studien gequält, und die meisten davon deuteten in dieselbe Richtung, nämlich dahin, dass diese Covid-Impfung – die keine ist – sehr großen Schaden an vielen einzelnen Menschen, aber auch an der Menschheit insgesamt auslösen wird.

Es gibt zu dem Thema aber nicht nur die sehr detaillierten Ausführungen der oben genannten Experten, sondern auch wesentlich leichter verständliche Erklärungen zahlreicher Mediziner, auch aus Deutschland und Österreich, wie die der mittlerweile am besten bekannten Experten *Dr. Sucharit Bhakdi* und *Dr. Wolfgang Wodarg*, um nur zwei zu nennen, die sehr viel wichtige Aufklärungsarbeit geleistet haben. Jeder, der die Wahrheit hören wollte, konnte sie also auch hören. Wer sie nicht hörte, wollte sie nicht hören! Das war und ist eine Entscheidung, egal ob sie bewusst oder unbewusst gefällt wurde. Wer im Jahr 2021 noch das Narrativ eines natürlich entstandenen Virus glaubte, das bereits Millionen Menschenleben gefordert hatte und nur durch eine Impfung zu stoppen war, der hatte sich für ein Leben in *Dingsda* entschieden. Egal ob diese

Entscheidung aus Angst oder mangelndem Selbstwertgefühl getroffen wurde, etwas nicht zu hinterfragen und stattdessen anderen die Macht über das eigene Leben zu übertragen, ist eine Entscheidung für die Opferrolle. Wer diese Rolle gewählt hat, der hat jedes Recht verwirkt, sich später zu beschweren, wenn ihm oder ihr die Konsequenzen dieser Haltung nicht gefallen werden – und glauben Sie mir: Diejenigen, die es überleben, werden ihre Entscheidung bereuen. Doch dafür ist es dann zu spät.

Für all jene, die ihr Leben in ihre eigenen Hände genommen haben, werde ich nun versuchen, all das, was teilweise wirklich kompliziert erklärt wird (weil es das leider auch ist), so einfach und verständlich wie möglich zusammenzufassen – denn ich halte es für enorm wichtig, die Wirkweise dieser Massenvernichtungswaffe genau zu verstehen!

> *„Wir haben einen großen Fehler gemacht und haben das bis jetzt nicht erkannt, wir wussten nicht, dass das* ***Spike-Protein selbst ein Toxin*** *ist und ein pathogenes Protein darstellt.* ***Wir impfen die Menschen*** *ungewollt* ***mit einem Giftstoff****.*[83]
>
> *Dr. Byram Bridle*, kanadischer Impfstoff-Forscher und Assistenzprofessor an der University of Guelph, am 28. Mai 2021

Es mag tatsächlich eine Reihe von Menschen geben, die in dieses Projekt auf irgendeine Weise involviert sind, Mitarbeiter des Militärs, des Gesundheitswesens und von Forschungseinrichtungen, denen nicht klar war und ist, welchen Schaden diese „Vakzine" anrichten können. Sie mögen im guten Glauben gehandelt haben, etwas „Gutes" für die Menschheit zu tun. Aber können einen Unwissenheit, Naivität oder Ignoranz davor beschützen, moralische und juristische Verantwortung für die Beteiligung an einem Genozid tragen zu müssen? Unwissenheit schützt vor Strafe nicht! Alle im Bereich der Forschung und des Gesundheitswesens hätten die verdammte Pflicht gehabt, sich selbstständig zu informieren und zu recherchieren, bevor sie solch weitreichende Entscheidungen treffen, nicht nur für ihr eigenes Leben, sondern auch für das Leben anderer Menschen.

Vielleicht waren im Jahr 2021 tatsächlich mehrere Wissenschaftler und Ärzte überrascht, als sie, wie Dr. Bridle, erkannten, dass diese „Corona-Impfung“ das Zeug dazu hat, großen Schaden anzurichten. Vielleicht waren sie erstaunt, als sie erkannten, dass dies nicht das war, was man ihnen zuvor angekündigt hatte. Dann hätten sie aber allesamt zumindest die verdammte Pflicht gehabt, so wie Dr. Bridle aufzustehen und alles in ihrer Macht Stehende zu tun, um noch mehr Schaden von ihren Mitmenschen abzuwenden. *Danke, Dr. Bridle, dass Sie nicht so feige und rückgratlos sind wie viele Ihrer Kollegen!*

Also gehen wir dem Ganzen auf den Grund. Es geht hier nicht um ein Virus oder eine Impfung dagegen. Dies alles ist eine moderne Version des ***„Manhattan-Projekts“***, wie seine Architekten es selbst genannt hatten, also die Produktion einer Massenvernichtungswaffe. Wenn wir also von der „Corona-„ oder „Covid-Impfung“ sprechen, dann sprechen wir von einer biologischen Waffe, von etwas, das dazu erdacht und designed wurde, um unseren Körper und unser Immunsystem zu überlisten und dauerhaft zu verändern.

Es ist völlig egal, um welchen der beiden Impfstofftypen mit Notzulassung es sich handelt, also Vektor- oder mRNA-Injektion, denn im Kern machen sie beide dasselbe und führen zum selben Ergebnis: Sie zerstören gezielt und absichtlich das Immunsystem des Geimpften und machen ihn anfällig für alle möglichen Krankheiten, hauptsächlich individuell abhängig von der jeweiligen Schwachstelle des Menschen. Deutlicher gesagt: Diese Bio-Waffe schädigt jeden Betroffenen auf ganz individuelle Weise.

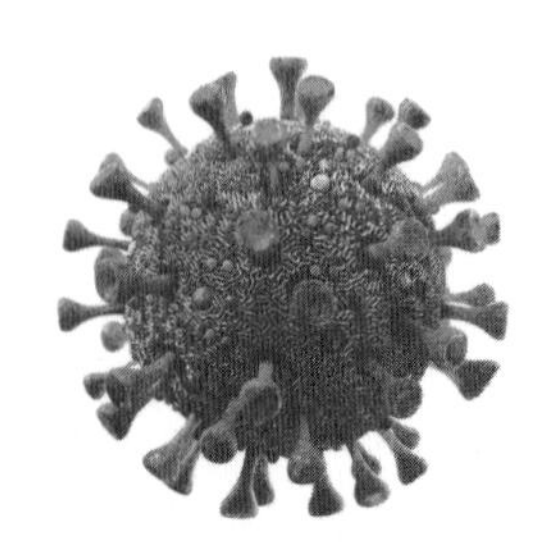

Abb. 5: Spike-Protein

Anders als herkömmliche, echte Impfstoffe (Lebend- oder Totimpfstoffe) enthalten Corona-Impfstoffe kein Virus und auch keine Antikörper, sondern nur den genetischen **Bauplan für ein Spike-Protein**. Der Bauplan des Spike-Proteins wird dem Geimpften mittels Injektion von Nanopartikeln verabreicht. Dieses Spike-Protein sollte dann in der Theorie dem Körper des Geimpften helfen, Antikörper gegen das Virus (in unserem Fall also angeblich SARS-CoV-2) herzustellen, um ihn vor einer möglichen Infektion in der Zukunft zu schützen. So viel zur Theorie.

Das ***Spike-Protein*** ist eigentlich Rückgrat und Struktur des Virus, und ihm haften pilzartige Fäden an, die manchmal auch an Korallen erinnern, was wir alle von den bunten Symbolbildern der zahlreichen Medienberichte zu dem Thema kennen. (siehe Abb. 5) Dieses Spike-Protein ist bei jedem Virus-Typ etwas anders ausgebildet und ist so etwas wie die Visitenkarte eines jeden Virus. Wenn ein Virus in den menschlichen Körper eindringt, dann scannt zuerst das **angeborene Immunsystem** den „Spike", also die Visitenkarte, und wenn es das Virus erkennt, dann hat es früher schon einmal damit zu tun gehabt und dagegen Antikörper gebildet. Die holt es jetzt wieder hervor und vermehrt sie, damit sie das Virus neutralisieren. Danach werden die getöteten Viren über die Blutbahn, das Lymphsystem, Urin und Schweiß aus dem Körper ausgeschieden. Der weitaus größte Teil aller Angriffe auf unseren Körper wird bereits in der ersten Instanz vom angeborenen Immunsystem abgewehrt.

Erst wenn das angeborene Immunsystem einen Angreifer nicht erkennt, und somit auch nicht sofort erledigen kann, kommt unser **adaptives (angelerntes) Immunsystem** ins Spiel. Dann werden die richtig schweren Geschütze aufgefahren, inklusive Fieber, so wie wir es beispielsweise von gelegentlichen starken grippalen Infekten kennen. So war das bislang, die letzten tausende von Jahre über, also während unserer gesamten Menschheitsgeschichte. Doch nun haben sich bestimmte Wesen etwas Neues einfallen lassen, weil sie gerne Gott spielen und die Natur des Menschen verändern wollen.

Die **„Corona-Impfstoffe"** sind im Grunde **Nanopartikel**, die so etwas wie die Trägerraketen für den Bauplan eines Spike-Proteins sind. Nanopartikel sind so klein, dass sie in menschliche Zellen eindringen können. Dort stellen sie dann, gemäß des Bauplans, Kopien des angeblichen SARS-CoV-2-Spike-Proteins her. Dieser Bauplan des künstlichen Spike-Proteins weicht aber sehr stark von jedem natürlichen Spike-Protein ab, was auch der Grund ist, warum das Ganze ungehindert an unserem angeborenen Immunsystem vorbeikommt – es versteht schlicht und einfach nicht, womit es da konfrontiert wird, und lässt die Nanopartikel daher völlig verwirrt durch. Genau das, also **die Deaktivierung** unseres so wichtigen **angeborenen Immunsystems, ist das erklärte erste Ziel dieser biologischen Kampfstoffe**.

Dieses „Vakzin“ wird also in den Oberarm gespritzt, und die Nanopartikel beginnen damit, dort sofort in Zellen einzudringen und Spike-Proteine zu bilden, die dann außen an diesen befallenen menschlichen Zellen anhaften. Unser adaptives Immunsystem glaubt nun, wegen des Spike-Proteins, ein Virus zu erkennen, aber es gibt keines, sondern nur die umprogrammierte, künstliche, leere Viren-Hülle. Das ist eine wunderbare Analogie zu den Architekten dieser Spike-Proteine: Sie sehen äußerlich wie Menschen aus, aber in Wahrheit ist keiner drin, sie sind leer. Ihnen fehlt alles, was einen Zweibeiner zum Menschen macht.

Nun ist der Bauplan für dieses Spike-Protein so brutal designed worden, dass er in etwa 1.000mal schneller Spike-Proteine bildet, als das jedes natürliche Virus könnte. Die Folge ist, dass unser adaptives Immunsystem komplett durchdreht, weil es auf einen so aggressiven Angriff nicht vorbereitet war – denn so etwas hatte es zuvor noch nie erlebt. Unser gesamter Körper gerät in Panik. Alle Immunzellen werden zu der Einstichstelle im Oberarm geschickt, und in manchen seltenen Fällen kann das bereits zu einem ***Anaphylaktischen Schock***, einer Überreaktion, und zum sofortigen Tod führen. Wer hingegen die ersten Minuten nach dem Einstich überlebt, bekommt oft geschwollene Lymphknoten unter der Achsel neben der Einstichstelle, weil nun alle Immunzellen versuchen, die Spike-Proteine zu binden und über die Lymphbahnen abzutransportieren, was eine große Herausforderung für das lymphatische System darstellt, das ebenfalls eine entscheidende Rolle für das Funktionieren unseres Immunsystems spielt.

Während dieser seltsame unbekannte Angreifer also über die Lymphbahnen in Richtung Milz abtransportiert wird, werden unentwegt weitere Spike-Proteine gebildet, die sich schließlich nicht nur in der Milz und in der Leber finden, sondern bald auch in allen Blutbahnen, in der Lunge und im Herzen. Der Körper befindet sich jetzt im totalen Ausnahmezustand und produziert mit aller Kraft Antikörper gegen ein Virus, das gar nicht da ist. Da das Spike-Protein von unseren körpereigenen Zellen gebildet wird, attackieren nun unsere Killerzellen und die neu gebildeten Antikörper (mangels eines Virus) diese körpereigenen Zellen. Das Immunsystem richtet sich also gegen den eigenen Körper.[84]

Welche gesundheitlichen Folgen das innerhalb der ersten Tage nach der Impfung hat, scheint sehr stark vom individuellen Immunsystem und dem Gesamtzustand des Körpers abzuhängen. Wer ohnehin bereits geschwächt ist – und wer ist das nach 18 Monaten Scheinpandemie nicht? –, wird krank werden, jeweils entsprechend der individuellen Schwachstelle im Körper. Häufige frühe, leichte Anzeichen von Impfschäden sind beispielsweise starke Kopfschmerzen, Herpes-Ausbrüche und Fieberschübe.

Bereits fünf Monate nach Beginn der weltweiten Massenimpfung kam es in vielen Ländern zu einem massiven Anstieg schwerer Erkrankungen und Hospitalisierungen, und wer wollte, konnte in tausenden Internetforen darüber lesen, wie hier in einem Beispiel aus den USA:

> *„Rascher Anstieg der Fälle von Anaphylaktischem Schock, Gesichtslähmung und Guillain-Barré bei Geimpften! Es gibt weit über eine Drittelmillion (jetzt 358.379) Berichte über unerwünschte Nebenwirkungen nach COVID-Impfungen aus allen Altersgruppen, darunter 5.993 Todesfälle und 29.871 schwere Schäden zwischen dem 14. Dezember 2020 und dem 11. Juni 2021. Von den 5.993 gemeldeten Todesfällen traten 23% innerhalb von 48 Stunden nach der Impfung auf, 16% traten innerhalb von 24 Stunden auf, 38% traten bei Personen auf, die innerhalb von 48 Stunden nach der Impfung krank wurden. Das Center for Disease Control and Prevention (CDC) veröffentlicht jeden Freitag Informationen über die Zahl der Nebenwirkungen und Todesfälle, die dem Vaccine Adverse Event Reporting System (VAERS) gemeldet werden. Die Daten bestätigen nun, dass eine wachsende Zahl von Berichten über Blutgerinnsel und andere damit zusammenhängende Blutstörungen im Zusammenhang mit allen drei*

in den USA für die Notfallaufnahme zugelassenen Impfstoffen vorliegt... Über 500 schwangere Frauen meldeten Zwischenfälle im Zusammenhang mit COVID-Impfstoffen, darunter 194 Berichte über Fehl- oder Frühgeburten. Von den über 800 gemeldeten Fällen von Gesichtslähmung wurden 59% der Fälle nach Impfungen mit Pfizer-BioNTech gemeldet, 38% nach Impfungen mit dem Moderna-Impfstoff... Es gab 107 Berichte über das Guillain-Barré-Syndrom, wobei 55% der Fälle auf Pfizer, 40% auf Moderna und 10% auf J&J zurückgeführt wurden..."[85]

Der Reiseblog „*Clever Journeys*" am 25. Juni 2021

Lassen Sie mich das genauer erklären: Diese *Spike-Proteine*, die nun in den Tagen und Wochen nach der Impfung weiterhin in den Körpern der Geimpften gebildet werden, sind vom Typ S1, und sie setzen sich dann an den ***ACE-2-Rezeptoren*** fest, die in allen wichtigen Organen vorkommen und eine entscheidende Rolle für die Durchblutung, den Blutdruck und die Gesundheit als Ganzes spielen.

Das Spike-Protein blockiert nun die ACE-2-Rezeptoren, was in der Folge die ***mitochondriale Funktion*** hemmt. Die ***Mitochondrien*** werden auch als „Kraftwerke der Zellen" bezeichnet. Kurz gesagt kann plötzlich ein großer Teil dieser wichtigen ACE-2-Rezeptoren nicht mehr arbeiten, und unser Körper kommt völlig aus dem Gleichgewicht. Die „Impfung" führt also zu einer extremen Immunantwort unseres Körpers, was zu einem Energieverlust im Körper führt, was wiederum das Immunsystem noch mehr schwächt. Das hat erst einmal kurzfristige Auswirkungen, weil bislang unterdrückte oder schwelende Krankheiten, die der Körper bislang gut im Griff hatte, auf einmal zu riesigen gesundheitlichen Baustellen werden.

Der ACE-2-Rezeptor ist ein Protein, das auf der Oberfläche vieler verschiedener Zelltypen im menschlichen Körper zu finden ist. Seine Hauptfunktion besteht darin, ein wichtiges Enzym (Angiotensin II) zu spalten und damit dessen Aktivität zu regulieren. Dieses Enzym steuert die Blutzirkulation und den Blutdruck im menschlichen Körper und ist für die Abwehr von Krankheiten mitverantwortlich, vor allem von Herz- und Lungenkrankheiten. Wenn also unser Immunsystem unentwegt einen nicht existenten Feind (künstliches Spike-Protein ohne Virus) bekämpft und unser Blutdruck verrückt spielt, dann **brechen bei jedem unterschiedliche Krankheiten aus, abhängig von der individuellen Schwachstelle.** Das kann ein Herzinfarkt oder ein Schlaganfall sein oder Krebs, der sich plötzlich explosionsartig vermehrt. Bis zum nachweisbaren Ausbruch einer Krankheit wirken viele Geimpfte daher blass, fahl und wie weggetreten. Man kann sie an den leeren Augen und der grauen Gesichtsfarbe erkennen. Manche haben auch gelbliche Gesichter, was ein Anzeichen für starke Leber- und Gallenprobleme ist.

Das Blockieren der ACE-2-Rezeptoren kann in der Folge nicht nur zu Durchblutungsstörungen führen, sondern auch zu Erkrankungen der Atemwege und der Lunge, wenn die ACE-2-Rezeptoren dort blockiert werden. Das löst dann oft Erkältungs- oder Grippe-Symptome aus, die dann als „Covid-19" bezeichnet werden. Man nennt das dann **„Impfdurchbrüche"**, weil bereits Geimpfte vermeintlich erneut vom SARS-Virus befallen werden und daran erkranken. In Wahrheit aber ist bei alldem kein Virus im Spiel. **Covid-19 ist keine „Krankheit"**, sondern eine Zusammenstellung von Symptomen, die im weitesten Sinne Grippe- oder Erkältungssymptome sind. Aber eine Krankheit „Covid-19" gibt es nicht. Daher kann eine Impfung auch nicht gegen „Covid-19" schützen. Die Erkältungssymptome sind nichts anderes als die Folge der Impfung.[86]

> *„Es ist wohl so, dass durch die Impfung Abwehrmechanismen gegen bestimmte Viren und Bakterien gebremst werden. Das heißt, ich impfe gegen SARS-CoV-2 und es gibt eine Aktivierung der Antwort auf das neue Virus. Parallel aber wird die Antwort auf andere Viren gebremst. Gegen diese anderen Viren ist man dann weniger gut immun."*[87]
>
> Der Virologe *Alexander S. Kekulé* am 22. Juni 2021 im *„SWR-Faktencheck"*

Falls Sie nun zu Recht fragen, wie es denn dann sein kann, dass Covid-19 schon ein Jahr vor dem Impfstoff auftrat, dann erinnere ich hier nochmals an die Aussage des Nationalen Italienischen Gesundheitsinstituts vom Juli 2021, das offiziell bestätigte, dass SARS-CoV-2 in den Jahren 2020 und 2021 weit weniger Menschen getötet hatte als jede gewöhnliche Grippewelle der Vorjahre! Laut der Auswertung von Krankenakten, die das Institut gesammelt hatte, waren nur 2,9% der seit Ende Februar 2020 verzeichneten Todesfälle auf Covid-19 zurückzuführen – und dieses „Covid-19" sind Grippe- und Erkältungssymptome. Die WENIGEN angeblichen Corona-Todesopfer sind vermutlich an der Grippe gestorben. Passt es denn nicht hervorragend zusammen, dass die sonst jährlich auftretende Erkältungs- und Grippewelle ausgerechnet im Jahr 2020 ausgeblieben sein soll? Will denn niemand eins und eins zusammenzählen?

Von den einschlägigen tendenziösen Experten wurde immer wieder behauptet, dass SARS-CoV-2 zu einer Atemwegserkrankung führt, aber eine Studie des ***SALK Institute for Biological Studies*** in *La Jolla*, Kalifornien, belegt ganz klar, was zuvor bereits Experten wie Dr. Stephanie Seneff gesagt hatten: SARS-CoV-2 löst nachweislich keine Atemwegserkrankungen aus, sondern **vaskuläre Erkrankungen**, also Herz-Kreislauf-Erkrankungen infolge geschädigter Blutgefäße.(88) Anders ausgedrückt: Die Atemwegserkrankungen stammen nicht vom Virus SARS-CoV-2, egal um welche Mutation es sich tagesaktuell angeblich gerade handeln soll. Es gab im Jahr 2020 keine Übersterblichkeit und keine Pandemie. Das, was wir seit dem Jahr 2021 erleben, könnte man aber als Pandemie bezeichnen, und zwar als **„Pandemie der Geimpften"!**

> *„Nach Angaben des Central Bureau of Statistics kam es im Januar und Februar 2021, auf dem Höhepunkt der israelischen Massenimpfkampagne, zu einem Anstieg der Gesamtsterblichkeit in Israel um 22 Prozent im Vergleich zum Vorjahr. Tatsächlich waren der Januar und Februar 2021 die tödlichsten Monate des letzten Jahrzehnts mit der höchsten Gesamtsterblichkeitsrate im Vergleich zu den entsprechenden Monaten der vergangenen zehn Jahre."*(89)
>
> Israeli People's Committee (IPC) im April 2021

Das Immunsystem attackiert jene körpereigenen Zellen, die (statt eines Virus) nun unentwegt weiter das Spike-Protein bilden. Diese befinden sich auch in den Wänden der Blutbahnen. Daher zerstört das

Immunsystem diese Zellen, was zu inneren Blutungen führen kann. Das gentechnisch veränderte Spike-Protein selbst scheint aber ebenfalls dazu in der Lage zu sein, die Innenseite von Blutgefäßen anzukratzen und zu beschädigen. Deshalb erleben viele Frauen plötzlich unregelmäßige und **heftige Blutungen**, die deutlich von ihren sonstigen Menstruationsblutungen abweichen. Es gibt aber auch Impfopfer beider Geschlechter, die in den Tagen und Wochen nach einer Impfung **plötzlich innere Blutungen** haben, Thrombosen bilden und auch daran sterben.

Ich möchte hier nochmals erwähnen, dass vieles, was hier offenbar passiert, noch recht unklar ist und unterschiedliche Experten diese Mechanismen unterschiedlich erklären und begründen. Ich kann daher wirklich nur nach bestem Wissen und Gewissen zusammenfassen, was meiner Recherche nach bis Anfang Januar 2022 als halbwegs gesichert galt.

> „*Unsere Analyse ergab eine relativ hohe Rate an herzbezogenen Verletzungen, 26 Prozent aller kardialen Ereignisse traten bei jungen Menschen bis zum Alter von 40 Jahren auf, wobei die häufigste Diagnose in diesen Fällen Myositis oder Perikarditis war. Außerdem wurde eine hohe Rate an massiven vaginalen Blutungen, neurologischen Schäden und Schäden am Skelett- und Hautsystem beobachtet.*“[(90)]
>
> Israeli People's Committee (IPC) im April 2021

Perikarditis ist eine Herzbeutelentzündung, und ***Myositis*** ist eine Entzündung der Muskulatur, die oftmals zu Kraftverlust in Armen und Beinen führt. Bei beiden spielen Autoimmunvorgänge, die unter anderem durch das künstliche Spike-Protein ausgelöst werden können, eine wesentliche Rolle.

Das gentechnisch manipulierte Spike-Protein ist das Pathogen, das Gift, und nicht irgendein Virus! Es gibt bis zu diesem Zeitpunkt, Anfang Januar 2022, noch keine Langzeiterfahrung mit dem Killer-Spike, aber Dr. Stephanie Seneff geht davon aus, dass es deshalb so schädlich ist, weil es sich dabei um ein ***Prion-Protein*** handelt, ein spezielles Protein, das noch sehr wenig erforscht ist. Man weiß aber, dass es mittelfristig zu Gehirnschäden führen kann. Das liegt vermutlich daran, dass es die ***Blut-Hirn-Schranke*** überwindet, also die Barriere zwischen unserem Blutkreislauf und dem *zentralen Nervensystem*, die dafür sorgt, dass nichts in unser Gehirn gelangt, was da nicht hingehört. Das künstliche Spike-Protein scheint jedoch als Prion-Protein dazu in der Lage zu sein, diese Barriere zu überwinden.

Ein solches ***Prion-Protein*** verursacht beispielsweise bei Kühen den sogenannten „Rinderwahnsinn", beim Menschen die ***Creutzfeld-Jakob-Krankheit*** und andere Autoimmunerkrankungen wie ***Lupus*** (Schmetterlingsflechte) oder die Schilddrüsenerkrankung ***Hashimoto***. Es spielt auch definitiv eine noch nicht genau erforschte Rolle bei der ***Alzheimer-*** und der ***Parkinson-Erkrankung***. Da die Schädigungen am Gehirn auf Grund dieser Prion-(Spike-)Proteine aus der Impfung erst nach Monaten, manchmal Jahren deutlich sichtbar werden, dürften wohl die meisten Menschen keine Verbindung zu dem „Impfstoff" herstellen. Stattdessen wird man ihnen bei einer Welle von Gehirnerkrankungen ab dem Jahr 2022 irgendwelche anderen fadenscheinigen Erklärungen anbieten, die wahrscheinlich von vielen Schafen da draußen mit Kusshand angenommen werden. Das kann vermutlich von CO_2 über wildgewordene Mutationen bis hin zu den Ungeimpften reichen – vielleicht schaffen es manche gut bezahlte Pseudo-Wissenschaftler sogar, das alles miteinander zu verbinden.

Wenn man sich nochmals vor Augen führt, dass dieses Spike-Protein die ACE-2-Rezeptoren am stärksten dort blockiert, wo jeder seine individuelle Schwachstelle hat, dann wäre es natürlich auch möglich, dass wir bei all jenen, die hier Prädispositionen haben (also bereits vorerkrankt sind), schon im Jahr 2022 eine deutliche Zunahme an Autoimmunerkrankungen, Alzheimer und Parkinson sehen werden. Für alle Menschen mit chronischen Vorerkrankungen, die nur mittels eines intakten Immunsystems in Schach gehalten worden waren, war die Verabreichung des synthetischen Kampfstoffs als würde man Öl in ein Feuer gießen. Bei den über 60-Jährigen ist die Sterberate innerhalb von 14 Tagen nach der Impfung 15mal höher als bei den Ungeimpften! **Wenn Sie über 60 sind, ist Ihre Wahrscheinlichkeit zu überleben also um 1.500% höher, wenn Sie sich NICHT impfen lassen!**

Dieser „Impfstoff", der in Wahrheit keiner ist, ist ein biologischer, gentechnisch scharf gemachter Nano-Kampfstoff, eine genetische Waffe, die auch als solche in Hochsicherheitslaboren der höchsten Sicherheitsstufe 4 über Jahrzehnte hinweg erforscht und entwickelt wurde. Das Vakzin wurde nicht wegen der Pandemie entwickelt, sondern die Pandemie wurde inszeniert, um diesen biologischen Kampfstoff einsetzen zu können.

Am 3. Dezember 2020, wenige Tage vor Beginn der weltweiten Impfaktion, sagte der Vorstandsvorsitzende von Pfizer, *Albert Bourla*, dass man **nicht sicher sei, ob der Impfstoff eine Übertragung des Corona-Virus verhindern könne**: *„Ich denke, das ist etwas, das untersucht werden muss. Mit dem, was wir derzeit wissen, sind wir uns da nicht sicher."*[91] Das heißt im Klartext, dass die Impfung die Pandemie nicht verhindern kann – eine Pandemie, die laut Bill Gates ja gar nie ausgebrochen war. Aber es wird noch viel extremer, denn in den USA wird sogar offiziell zugegeben, **dass die Impfung die Krankheit ist**: *„Das Vakzin ist Covid-19."* Das wird auf einer Seite im Internetauftritt der Meldestelle für Impfschäden in den USA, *VAERS* (Vaccine Adverse Event Reporting System), ganz offiziell so bestätigt. Dort steht ganz glasklar und deutlich: ***„894.145 Fälle gefunden, bei denen der Impfstoff COVID-19 ist."*** (siehe Abb. 6)

Nun wird es Skeptiker oder vielmehr Systemerhalter geben, die argumentieren, dass man dies in der englischen Sprache auch anders verstehen könnte, frei nach dem Motto: *„Ja, aber so ist das nicht gemeint!"* Sie könnten argumentieren, dies sei einfach nur flapsig ausgedrückt oder verkürzt worden. Nun, die Gedanken sind (noch) frei, aber wenn man sich die Abbildung ansieht, wird man eindeutig feststellen, dass da mehr als genug Platz in der Zeile gewesen wäre, um beispielsweise noch das kurze Wort „against", also „gegen" einzufügen, wenn man das gewollt hätte – was offenbar nicht der Fall war. Lassen Sie mich an dieser Stelle noch zwei Dinge nachreichen. Erstens fand ich während der Korrekturen an diesem Buch noch eine Studie aus Schweden[92], die am 13. Oktober 2021 veröffentlicht wurde und belegt, dass das synthetische

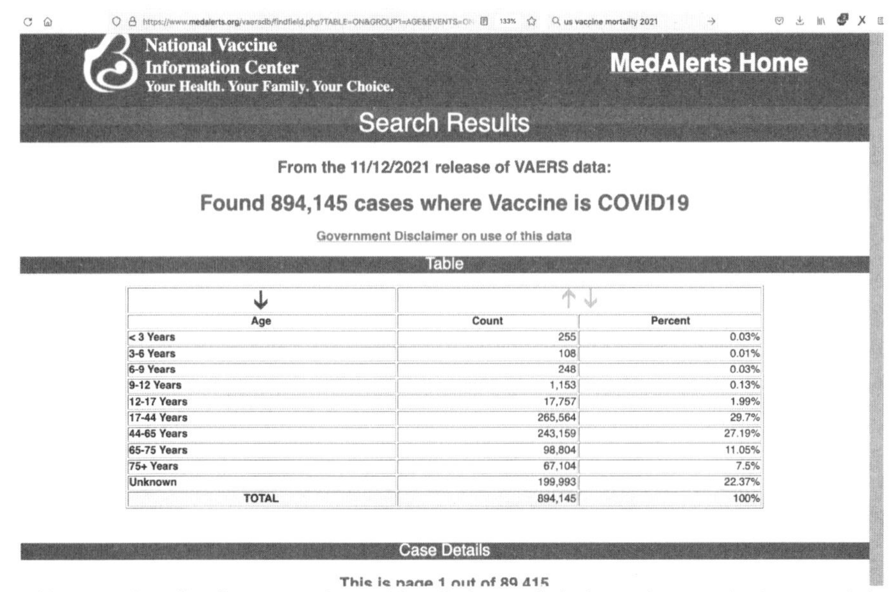
National Vaccine Information Center
Your Health. Your Family. Your Choice.

MedAlerts Home

Search Results

From the 11/12/2021 release of VAERS data:

Found 894,145 cases where Vaccine is COVID19

Government Disclaimer on use of this data

Table

Age	Count	Percent
< 3 Years	255	0.03%
3-6 Years	108	0.01%
6-9 Years	248	0.03%
9-12 Years	1,153	0.13%
12-17 Years	17,757	1.99%
17-44 Years	265,564	29.7%
44-65 Years	243,159	27.19%
65-75 Years	98,804	11.05%
75+ Years	67,104	7.5%
Unknown	199,993	22.37%
TOTAL	894,145	100%

Case Details

Abb. 6: Bei der offiziellen Nationalen Meldestelle für Impfschäden in den USA heißt es wörtlich: *„…Impfstoff ist Covid-19“*

Spike-Protein nicht nur das menschliche Immunsystem ausschaltet, sondern auch die Fähigkeit der menschlichen Zellen hemmt, sich selbst zu reparieren. Es mangelte also im Jahr 2021 nicht mehr an fundierten wissenschaftlichen Belegen. Wer es nicht sah, wollte es nicht sehen.

> *„Durch die Verwendung einer In-vitro-Zelllinie berichten wir, dass das SARS-CoV-2-Spike-Protein die DNA-Schadensreparatur, die für eine wirksame V(D)J-Rekombination in der adaptiven Immunität erforderlich ist, erheblich hemmt. Mechanistisch gesehen haben wir herausgefunden, dass das Spike-Protein im Zellkern lokalisiert ist und die DNA-Schadensreparatur hemmt, indem es die Rekrutierung der wichtigen DNA-Reparaturproteine BRCA1 und 53BP1 an der Schadensstelle behindert. Unsere Ergebnisse zeigen einen potenziellen molekularen Mechanismus auf, durch den das Spike-Protein die adaptive Immunität behindern könnte, und unterstreichen die potenziellen Nebenwirkungen von Impfstoffen auf Spike-Basis in voller Länge.“*[93]

Am 20. Dezember 2021 wurde von der EU, auf Empfehlung der Europäischen Arzneimittelbehörde EMA, ein fünfter „Covid-Impfstoff" zugelassen, nämlich jener der US-Pharmafirma **„Novavax"**. Auch an diesem Unternehmen ist die *Bill & Melinda Gates Foundation* selbstverständlich beteiligt. Dieser Impfstoff war von einigen Impfskeptikern sehnsüchtig erwartet worden, weil er in den Medien oftmals als klassischer „Totimpfstoff" bezeichnet worden war. Doch dieses in der EU unter der Bezeichnung ***„Nuvaxovid"*** vertriebene Vakzin IST KEIN TOTIMPFSTOFF!

Das Zeug von Novavax ist ein gentechnisch hergestellter „rekombinanter Proteinimpfstoff", für den das vermeintliche Spike-Protein von SARS-CoV-2 verwendet und massenhaft in Insektenzellen reproduziert wurde. Das Ergebnis wird dann in Nanopartikelform, zusammen mit Adjuvanzien wie dem Saponin QS-21, verabreicht, was – wie bei den anderen „Covid-Impfstoffen" – zu einer Immunantwort des Körpers und zur Bildung von Antikörpern gegen SARS-CoV-2 führen soll. Selbst der Chef des *Paul-Ehrlich-Instituts*, *Klaus Cichutek* (zuständig für die Impfstoffzulassung in Deutschland), bestätigt, dass es zwi-

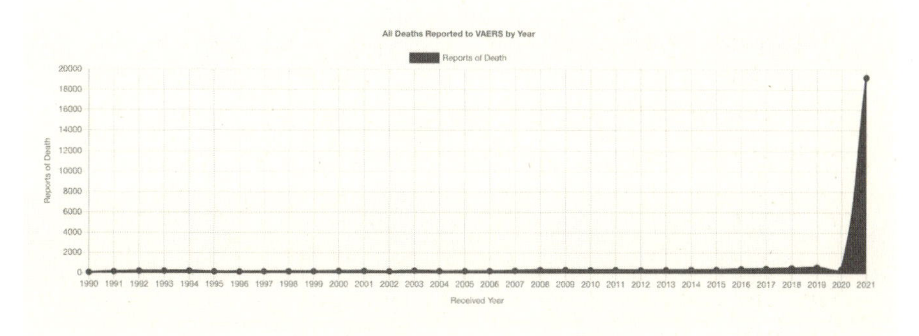

Abb. 7: Der Chart der offiziellen US-Meldestelle für Impfstoff-Nebenwirkungen (VAERS) zeigt die Anzahl aller Todesfälle infolge einer Impfung in den USA seit 1990. Seit beginn der Covid-Impfung Ende 2020 explodiert die Zahl der Impf-Toten regelrecht.

schen den bisherigen vier Covid-Impfstoffen und dem nun als fünften hinzugekommenen keine nennenswerten Unterschiede gibt.[94] Bei Totimpfstoffen werden einem Menschen tote Krankheitserreger, also Viren gespritzt, um eine Immunantwort auszulösen. Der Novavax-Impfstoff ist jedoch kein Tot-Impfstoff, weil er keine Viren enthält und auch nie mit echten Viren in Berührung war. Er ist, wie die anderen beiden Impfstofftypen, rein synthetisch, und daher ist es äußerst fraglich, ob er für Skeptiker von Covid-Impfungen tatsächlich eine Alternative darstellt.

> *„Die Britische Arzneimittelbehörde bestätigt: Es gab bislang* ***viermal mehr Todesfälle aufgrund der Covid-19-Impfstoffe*** *in nur 8 Monaten* ***als Todesfälle aufgrund aller anderen Impfstoffe in 20 Jahren zusammengenommen.***“[95] [96]
>
> „*The Exposé*“ am 25. September 2021

Während der letzten Korrekturen zu diesem Buch muss ich an dieser Stelle noch etwas einfügen, dem ich bislang nur wenig Aufmerksamkeit geschenkt hatte, nämlich dem sogenannten **„Pfizer-Gate-Skandal“**. Ich hatte den angeblichen Ungereimtheiten beim Zulassungsprozess des BioNTech-Pfizer-Impfstoffs *Comirnaty* deshalb wenig Bedeutung beigemessen, weil es zu dem Thema so viele Meldungen gab, dass man damit Almanache hätte füllen können. Daher musste ich mich auf das konzentrieren, was ich für wesentlich und erwiesen hielt. Doch Mitte Januar 2022 wurde diese Geschichte auf einmal sehr bedeutend, weil sie wesentlich größere Kreise zog, als ich es je zu hoffen gewagt hätte. *Brook Jackson*, der ehemalige Regionaldirektor von *Ventavia*, dem Unternehmen, das für BioNTech-Pfizer die für die Zulassung ihres „Impfstoffs“ nötigen klinischen Studien durchführte, hatte am 2. November 2021 in der renommierten britischen medizinischen Fachzeitschrift *British Medical Journal* einen Artikel veröffentlicht, in dem er behauptete, dass die Hersteller der Covid-Spritze die Daten gefälscht hatten, auch im Hinblick auf die Nebenwirkungen.[97] Für einige Wochen hatte diese Behauptung keine gravierenden Folgen, außer vielleicht dem Umstand, dass Herr Jackson daraufhin von seinem Arbeitgeber gekündigt wurde. Mitte Januar 2022 mehrten sich jedoch die Hinweise darauf, dass das Ganze doch so hohe Wellen geschlagen hatte, dass es zum Thema an den Aktien- und Finanzmärkten wurde und mit einem Mal namhafte Analysten davon sprachen, dass Pfizer erledigt sein könnte.

Impfschäden

Es ist zum gegenwärtigen Zeitpunkt nicht ganz einfach, verlässliche weltweite Zahlen und Daten über die Nebenwirkungen der Covid-Impfstoffe zu finden. Ich musste sie mir daher aus einzelnen Ländern zusammensammeln. Zudem habe ich mit mehreren kritischen Ärzten gesprochen, und sie erzählten mir, was sie tagtäglich erlebten. Die häufigsten Nebenwirkungen sogenannter „Corona-Impfungen“, die bis Ende Dezember 2021 bekannt waren, sind folgende:

- Schmerzen an der Einstichstelle
- extrem starke Kopf- und Gliederschmerzen
- Schwindel, Benommenheit, Halluzinationen, Schüttelfrost
- Beschleunigter Herzschlag, Erschöpfung
- Müdigkeit, Abgeschlagenheit und Leistungseinbrüche durch unzureichende Sauerstoffversorgung
- Geschwollene Lymphknoten
- Taubheits- und Lähmungserscheinungen
- abgestorbene Gliedmaßen und dadurch verursachte Amputationen
- Anaphylaktischer Schock[98]
- Gesichtslähmung, Gürtelrosen, Gelenkschmerzen
- Hirnblutungen
- Herzinfarkt und Herzmuskel- sowie Herzbeutelentzündungen (Myokarditis) bei jungen Männern
- Thrombocytopenie (Zerstörung der Blutplättchen)
- Muskelschwäche in Armen und Beinen (Muskelentzündung/ Myositis)
- Lungenentzündung (Pneumonitis)[99]
- Innere Blutungen, Multiples Organversagen

- Früh- und Fehlgeburten
- Ungewöhnliche Blutungen bei Frauen (teilweise schwer und lange, teilweise löst sich die ganze Innenwand der Gebärmutter)
- Zeugungsunfähigkeit bei jungen Männern (offenbar vor allem nach der Drittimpfung)
- Thrombosen (Blutgerinnsel), vor allem bei AstraZeneca und Johnson & Johnson/Janssen[100]
- Entzündung des Rückenmarks (Transverse Myelitis) bei AstraZeneca und Johnson & Johnson[101]
- Krebs

Dies ist nur ein kleiner Überblick dessen, was durch diese „Impfungen“ verursacht wird und was nach den ersten Monaten der weltweiten Impfkampagne amtlich verbrieft ist.

> *„Eine Studie hat gezeigt, dass durch die gentechnischen Impfungen das angeborene Immunsystem verändert wird... Diese Veränderungen haben natürlich Einfluss auf andere Erkrankungen, die durch T-Zellen im Zaum gehalten werden. Eine der häufigsten Todesursachen ist Krebs. Die Berichte mehren sich nun, dass* ***Krebserkrankungen, die unter Kontrolle waren, nach der Impfung vermehrt wieder aufflammen****.“*[102]

Seit Beginn der Massenimpfungen Anfang des Jahres 2021 berichten immer mehr Ärzte davon, dass bei Patienten mit überwundener Krebserkrankung plötzlich nach der Impfung die alte Krankheit wieder ausbricht und die Tumorzellen sich so rasch vermehren, wie sie das noch nie zuvor gesehen haben. Wie gesagt, diese Bio-Waffe findet bei jedem automatisch die Schwachstelle.

> *„Laut (den Epidemiologen) Dr. Thornley und Dr. Brock beträgt die* ***Häufigkeit von Spontanaborten unter werdenden Müttern****, die im ersten Trimester geimpft wurden, 81,9 bis* ***91,2 Prozent****. Ihre Ergebnisse veröffentlichten die Forscher aus Neuseeland Anfang November 2021 in ‚Science, Public Health Policy, and the Law‘.“*[103]
>
> *Tim Sumpf* für *„Epoch Times“*, 21. November 2021

Neun von zehn Schwangeren, die im Jahr 2021 während der ersten drei Monate ihrer Schwangerschaft geimpft wurden, haben also ihr Kind verloren. Diese Impfung ist ein perfekt vorbereitetes Programm zur Bevölkerungsreduktion. Und alles, was wir im Jahr 2021 erlebt haben, war erst der Anfang. Ich weiß aus meinem Bekanntenkreis von einem jungen Mann, der sein Studium vorwiegend mittels Samenspenden finanzierte, die offenbar sehr gut bezahlt werden. Als er nach seiner dritten Impfung, die zynischerweise „Booster" genannt wird, Anfang 2022 seine nächste Samenspende einschickte, wurde ihm kurz darauf schriftlich mitgeteilt, dass er fortan nicht mehr als Spender in Frage käme, da er nun zeugungsunfähig sei.

Daraus kann man folgern, dass die Auswirkungen dieser Bio-Waffe so umfassend sind, dass es vermutlich noch Jahre dauern wird, bis wir das wahre Ausmaß dieses Angriffskrieges wirklich begriffen haben. In zahlreichen westlichen Ländern war Mitte November 2021 nicht nur ein Großteil der Erwachsenen geimpft, mittlerweile wurde auch massenhaft Jugendlichen ab 12 Jahren das Gift verabreicht, und weil das nicht genug war, begannen die USA und Israel bereits als Erste mit der Impfung von Kindern ab 5 Jahren. Am 25. November gab auch die irische Pharmalobbyistin an der Spitze der EU-Arzneimittelbehörde EMA, Emer Cooke, „grünes Licht" für das Verspritzen der Bio-Waffe von *BioNTech/Pfizer* an Kinder im Alter von 5 bis 11 Jahren. Ich möchte gar nicht erst anfangen, darüber zu schreiben, wie abartig und krankhaft ich das finde, denn solange gutgläubige, ignorante erwachsene Menschen nur ihre eigene Gesundheit riskieren, ist das eine Sache, wenn sie aber ihre Kinder dazu zwingen, die Giftspritze zu nehmen, dann will ich nicht wissen, wie lange sie dieses Karma werden abtragen müssen. Außerdem wundere ich mich darüber, dass sich heute anscheinend niemand mehr daran erinnern kann, dass alle „Experten" sich im Jahr 2020 noch darüber einig waren, dass Kinder so gut wie gar nicht an Covid-19 erkranken können. Warum sollten sie dann nun, Ende 2021, auf einmal alle geimpft werden, wenn doch angeblich ohnehin bereits fast alle Erwachsenen geimpft wurden. Es gibt Länder wie Israel, die wurden komplett durchgeimpft, und Österreich ist, dank des ausgesprochenen Impfzwangs, auf dem Weg dahin. Wozu also die Kinder impfen? Vielleicht hatten die Experten ja die Lage völlig falsch eingeschätzt und sich auch in diesem Punkt geirrt – wie in jedem anderen Punkt. Oder war es von vornherein geplant gewesen, mit dem Genozid erst bei den Alten zu beginnen und sich dann langsam zu den Kleinkindern und den Ungeborenen vorzuarbeiten?

An dieser Stelle muss ich noch auf etwas anderes eingehen, weil es ebenfalls zum Thema der Impf-Nebenwirkungen gehört, nämlich die sogenannten „Impfdurchbrüche".

> *„Die Zahl der Patienten, die wegen eines Impfdurchbruchs auf der Intensivstation landen, steigt weiter an. Das sagt Uwe Janssens... Intensivmediziner, Chefarzt und Generalsekretär der Deutschen Gesellschaft für Internistische Intensivmedizin und Notfallmedizin: ‚Aktuell haben nahezu 44 Prozent der über 60-Jährigen einen Impfdurchbruch. Das hat deutlich und sprunghaft zugenommen.' Die Zahl der Betroffenen in dieser Patientengruppe werde auch weiterhin zunehmen. Nach Angaben des Robert-Koch-Instituts gibt es deutschlandweit bereits 150.000 dokumentierte Impfdurchbrüche."*[(104)]
>
> *„Berliner Zeitung"*, 11. November 2021

Impfdurchbrüche – also eine angebliche Covid-19-Erkrankung „trotz" Impfung – sind das Gegenteil dessen, was von den fragwürdigen Regierungs-Wissenschaftlern und den Medien behauptet wird. Sie bezeichnen es als „Impfdurchbruch", wenn eine Person, die „gegen Corona" geimpft wurde, an „Corona" erkrankt, also „Covid-19"-Symptome aufweist und mittels eines PCR-Tests als „Corona-positiv" getestet wird. Schuld daran sollen dann vor allem aggressive Mutationen sein, weil der starke Körper des braven Geimpften angeblich die mittlerweile leicht mutierten Viren nicht erkennen kann und daher daran erkrankt. Unglaublich!

Alles, aber auch wirklich alles an diesen Aussagen ist blanker Unsinn. Zum einen kann die PCR-Methode kein Virus eindeutig nachweisen, zum anderen waren Geimpfte nie gegen ein Virus immunisiert, weil sie nie mit einem Virus konfrontiert waren, sondern nur mit künstlichen leeren Hüllen. Die „Impfung“ hat das Immunsystem der meisten Menschen so geschwächt und krank gemacht, dass alle Angriffe durch irgendwelche Viren oder Bakterien sie jetzt umwerfen können. Bereits ab April 2021 häuften sich die „Impfdurchbrüche“ – etwas mehr als 40 Prozent der Infektionsfälle traten bei Menschen ab dem Alter von 60 Jahren auf, 65 Prozent waren weiblich.

Welche Überraschung also, dass gerade mit Beginn der Grippe-Saison im November 2021 die Zahl der „Impfdurchbrüche“ förmlich explodierte. Kommt ein Geimpfter gar mit Corona-Viren in Kontakt, deren Spike-Proteine denen des künstlichen Angreifers ähneln, der ihm gespritzt worden war, dann dreht das Immunsystem erneut komplett durch, da es völlig traumatisiert wurde. Und wir wissen, dass unser Immunsystem so etwas wie ein „Gedächtnis“ hat. Damit wären wir wieder bei der bereits zuvor beschriebenen Immunüberreaktion, die als „Zytokinsturm“ bezeichnet wird.

Bei Obduktionen sollen in den Körpern von verstorbenen Geimpften bis zu zwölf unterschiedliche SARS-CoV-2-Mutationen gefunden worden sein. Kommen dann in der Grippe-Saison noch ein paar Influenza-Viren dazu, dann ist die Katastrophe bei den Geimpften perfekt.

> *„Jeden Tag ein neuer Rekord bei den Corona-Infektionszahlen, steigende Todeszahlen, überfüllte Intensivstationen:* ***Die Pandemie in Deutschland spitzt sich weiter zu. Und das, obwohl fast 70 Prozent der Deutschen vollständig geimpft sind...*** *Denn Corona-Impfstoffe vermindern zwar die Infektionen erheblich – doch sie verhindern sie nicht. Auch Geimpfte können an Corona erkranken und das Virus übertragen. Laut Robert-Koch-Institut liege inzwischen bei fast jedem dritten Corona-Patienten im Krankenhaus ein Impfdurchbruch vor.“*[105]
>
> „*Wirtschaftswoche*“, 25. November 2021

Es ist enorm, wie viele Lügen man in nur wenigen Zeilen unterbringen kann! Alles, aber auch wirklich alles ist gelogen! Es gab zu diesem

Zeitpunkt keine überfüllten Intensivstationen, sondern nur zu wenig Personal – doch dazu später mehr. Wie kann man eine Infektion „vermindern"? Was soll dieser Schwachsinn? Eine Infektion ist eine Ansteckung – entweder wird man angesteckt oder nicht. Das ist wie bei einer Schwangerschaft: Entweder ist man schwanger oder man ist es nicht – auch eine Schwangerschaft kann man nicht „vermindern". Und falls man damit meinte, dass die Ausbreitung des Virus verlangsamt würde, dann sollte man das sagen. Doch selbst wenn dem so wäre, wie kann es denn in Deutschland bei einer angeblichen 70%igen Durchimpfungsrate überfüllte Spitäler geben, wenn die Impfung doch wirkt? Und falls Sie nun finden, ich wäre kleinlich, weil ich alle Worte auf die Goldwaage lege, dann muss ich Ihnen erneut entgegnen, dass es extrem wichtig ist, genau hinzuhören, um diese ahnungslosen Dummschwätzer als genau das zu entlarven. Mit diesen unentwegten Lügen verwirren und verschüchtern sie die Massen so lange, bis diese darum betteln, getötet zu werden. Sprache ist wichtig! Sprache ist Suggestion! Sprache hat Macht!

Der vermeintliche „Impfdurchbruch" ist eine Neuerkrankung des Geimpften auf Grund eines infolge der „Impfung" geschwächten Immunsystems. Das Heimtückische an dieser als Impfung getarnten Biowaffe ist, dass sie nicht bei allen dasselbe Bild hinterlässt, sondern individuell abgestimmt zu Krankheit oder Tod führt. Aber spätestens im November 2021 müsste eigentlich jedem Krankenhausmitarbeiter in der westlichen Welt klar gewesen sein, was da wirklich vor sich geht.

Wir befanden uns damals in der Situation, dass in den reichen Ländern Europas angeblich rund 2/3 bis 3/4 der erwachsenen Bevölkerung geimpft waren, aber der Druck auf den verbliebenen Teil von Woche zu Woche erhöht wurde. Abgesehen davon, dass man uns versprochen hatte, dass es ausreichen würde, wenn sich 70% impfen lassen und es nie eine Impfpflicht geben werde, musste man sich fragen, warum sie so verbissen alle Erwachsenen impfen wollten, da das Pathogen nachweislich ohnehin von den Geimpften auf die Ungeimpften übertragen wird! Sie bekamen sowieso alle zu fassen, warum also diese Besessenheit?

Shedding

Angesichts der nicht enden wollenden Dauerstress-Situation, in der wir uns alle seit Anfang 2020 befinden, werden nur sehr wenige Menschen so stark sein, dass das künstliche Spike-Protein in ihrem Körper keinen Schaden anrichten wird. Doch selbst jene, die unter großen Mühen gegen direkten oder indirekten Impfzwang ankämpfen, sind nicht vor der Impfung sicher, denn die Geimpften können das Pathogen (den Impfstoff) auf die Ungeimpften übertragen. Das, was man *„Shedding"* nennt, ist seit langer Zeit schon von früheren Impfungen bekannt, wo sowohl die Erreger als auch Antikörper von Geimpften auf nicht geimpfte Personen überspringen konnten. Auf deutsch könnte man *Shedding* am ehesten als „vergießen" bezeichnen, so als ob man eine Träne vergießt. Diese Übertragung eines Impfstoffs von Geimpften auf Ungeimpfte war bislang aber keine große Sache und hatte auch nie wirklich Beachtung gefunden. Es war nicht viel dabei gewesen, wenn man über Aerosole von Geimpften ein paar tote Viren oder die Antikörper dagegen abbekam. Im Grunde war man nun selbst gegen eine Infektion besser geschützt.

Im Falle der neuen biologischen Massenvernichtungswaffe ist das jedoch anders. „*Shedding*" ist leider ein viel zu poetischer Begriff für diese hinterhältige Art der Zwangsimpfung, aber da der Begriff nun weltweit eingeführt ist, werde ich ihn hier auch verwenden.

Shedding bedeutet, dass Geimpfte nicht nur beim Austausch von Körperflüssigkeiten, sondern bei jeder Form von Berührung oder auch durch Aerosole die künstlichen SARS-Spike-Proteine weiterverbreiten können und somit auch unwissentlich **andere – gegen deren Willen – „impfen"**, was dem *Nürnberger Kodex* widerspricht, auf den wir später noch zu sprechen kommen werden.[(106)] Das ist alles nicht neu, denn bereits im Jahr 2018 beschrieb die *Bloomberg School of Public Health*, die zur *Johns Hopkins Universität* gehört, Folgendes:

> *„**Selbst ausbreitende Impfstoffe**, auch bekannt als übertragbare oder selbst vermehrende Impfstoffe, sind gentechnisch verändert [und] so konstruiert, dass sie sich wie übertragbare Krankheiten durch Popula-*

tionen bewegen, aber anstatt eine Krankheit zu verursachen, verleihen sie Schutz. Die Vision ist, dass ***eine kleine Anzahl von Personen in der Zielbevölkerung geimpft werden*** *könnte und der Impfstamm dann in der Bevölkerung zirkulieren würde, ähnlich wie ein pathogenes Virus.*"[107]

Es gab bis zum Januar 2022 nicht allzu viel seriöse Literatur zu diesem Thema. Die wenigen Experten, die es wagten, offen über das Thema zu sprechen, waren sich alle darin einig, dass das künstliche Spike-Protein, das die Geimpften produzieren, sowohl über die Ausatmung als auch über Berührung auf Ungeimpfte übertragen wird. Das gaben sowohl die US-Arzneimittel-Zulassungsbehörde FDA als auch manche Impfhersteller selbst zu.[108] Das bestätigte auch *Luigi Warren*, der Erfinder der mRNA-Technologie. Spannend wird es aber bei der Frage, was genau das für diejenigen bedeutet, die nun mittels Shedding „zwangsbeglückt" werden. Sind ein paar übertragene Spike-Proteine denn wirklich schlimm?

Nun, einig ist man sich darin, dass der experimentelle Kampfstoff im Körper eines Geimpften **viele Billionen (tausende Milliarden) von Spike-Proteinen produziert**. Die Geimpften können also weit mehr als nur „ein paar" Spikes übertragen. Bei längerem Kontakt ist da definitiv genug vorhanden, um gleich mehrere Menschen in der Umgebung mit genügend Spike-Proteinen zu versorgen, um sie alle krank zu machen. Das sind die „Shedding-Effekte", die zahlreiche sensible Ungeimpfte nach einem Kontakt mit manchen (aber nicht allen) Geimpften verspüren. Typisch dafür sind klassische Erkältungssymptome, Kopfschmerzen, Gliederschmerzen, ein stechendes Brennen in der Nase, Halsschmerzen, Entzündungserscheinungen im Mundraum, Fieber, plötzliche Müdigkeit, Appetitlosigkeit, Übelkeit und Schwindelgefühle, es kann aber auch zu einem temporären Verlust von Geruchs- und Geschmackssinn und bei Frauen zu sehr starken und außerplanmäßigen Regelblutungen kommen. Da diese Shedding-Symptome jedoch in der Regel (vor allem nach Behandlung – siehe nächstes Kapitel) wieder recht schnell abklingen, gehen mehrere Experten davon aus, dass das gesunde Immunsystem eines Menschen, der gegen seinen Willen mit den künstlichen Spikes kontaminiert wurde, diesen Angriff innerhalb weniger Stunden neutralisiert.

Meinem Verständnis nach können sich die Spikes also nicht selbst in einem anderen Körper weitervermehren, ohne dass ihnen der Bauplan zur Verfügung steht, der in den injizierten Nanopartikeln gespeichert ist. So, und da wird es nun schwierig, weil bis Januar 2022 niemand die Frage beantworten konnte, ob beim Shedding zusätzlich zu den Spikes vielleicht auch einige solcher essentieller Nanopartikel mit übertragen werden können. Alles, was ich dazu finden konnte, war eine Aussage von *Dr. Wolfgang Wodarg* vom 11. November 2021:

> *„Nanopartikel dringen durch die Zellwände ein und enthalten mRNA. Davon sind Milliarden in einer Spritze. Wenn sie auf die Schleimhäute gelangen, könnten sie dort weitergegeben werden. Darüber wissen wir nichts.“*(109)

Das bedeutet im Klartext, dass es nicht ausgeschlossen ist, dass beim Shedding auch die Nanopartikel und der Bauplan für die Spikes übertragen werden, was einer vollständigen Covid-Impfung entspräche. Doch die kann man anscheinend ohnehin auf vielfältige Weise verabreicht bekommen. So hatte die Johns Hopkins Universität bereits im Februar 2021 bekannt gegeben, dass sie einen **PCR-Test** entwickelt hatte, mit dem man **ohne Wissen des Getesteten den neuen „Corona-Impfstoff“ übertragen** kann. Inspiriert von einem parasitären Wurm, der seine scharfen Zähne in den Darm seines Wirts gräbt, haben Johns-Hopkins-Forscher winzige, sternförmige Mikrogeräte entwickelt, die sich an der Darmschleimhaut festsetzen und das Pathogen in den Körper abgeben können. Diese metallischen Miniroboter mit dem

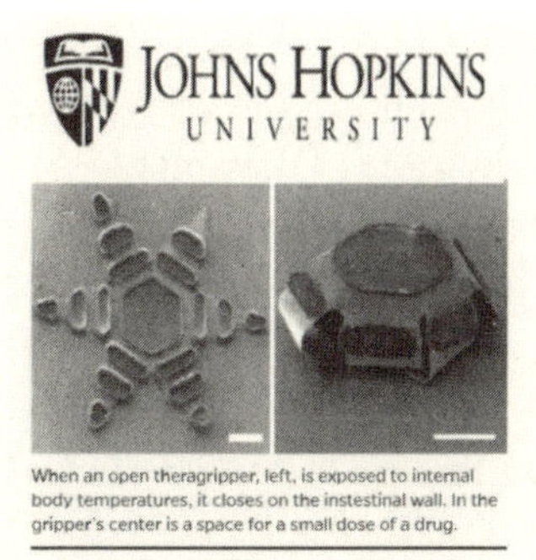

JOHNS HOPKINS
UNIVERSITY
When an open theragripper, left, is exposed to internal body temperatures, it closes on the instestinal wall. In the gripper's center is a space for a small dose of a drug.

Abb. 8: Der *Theragripper* der Johns Hopkins Universität ist ein Mikrogerät, mit dessen Hilfe Menschen auch ohne deren Wissen geimpft werden können.

Namen „*Theragripper*" sind winzig klein und mit wärmeempfindlichem Paraffinwachs beschichtet. Durch die Körperwärme öffnen sie sich langsam und geben den Impfstoff frei.[110] Erinnern Sie sich noch an Berichte aus dem Jahr 2020 über metallisch verunreinigte Teststäbchen?

Macht Sie all das irgendwie wütend? Gut! Das hoffe ich! Denn Sie sollten sehr, sehr wütend über das alles sein. Denn nein, weder Zwangsimpfungen irgendeiner Form noch *Shedding* sind krude Theorien, sie sind auch nicht unwahrscheinlich. Warum sonst hätte die Deutsche Bundesregierung diesbezüglich extra im April 2021 die entsprechenden Gesetze geändert?

> „*Bei einer auf Grund dieses Gesetzes angeordneten oder einer von der obersten Landesgesundheitsbehörde* ***öffentlich empfohlenen Schutzimpfung*** *[...]* ***dürfen Impfstoffe verwendet werden, die Mikroorganismen enthalten, welche von den Geimpften ausgeschieden und von anderen Personen aufgenommen werden können. DAS GRUNDRECHT DER KÖRPERLICHEN UNVERSEHRTHEIT*** *(Artikel 2 Abs. 2 Satz 1 Grundgesetz)* ***WIRD INSOWEIT EINGESCHRÄNKT.***"

Ich finde, an dieser Stelle sollte jeder wütend sein, egal ob geimpft oder nicht – egal ob wissentlich oder nicht. Wir sollten wütend sein über das immense Ausmaß der Verschwörung, der Brutalität und der Kälte derer, die diesen Krieg gegen die Weltbevölkerung angezettelt und organisiert haben.

Doch selbst Nebenwirkungen und Shedding sind noch nicht das Ende der Fahnenstange bei diesem Manhattan-Projekt, denn Geimpfte geben das Gift nicht nur an die Umwelt ab, sie **vererben es auch ihren Nachkommen.** Die auf vielfache Weise umgeschriebene Viren-RNA des Nanopartikel-Botenstoffes, der im Körper des Geimpften das Spike-Protein erzeugt, wird letztlich in seinem Körper, falls sie neutralisiert werden konnte, in menschliche DNA umgewandelt! Anders ausgedrückt: Wenn jemand den Nanopartikel-Angriff überlebt, so ist es damit nicht getan, denn unser Körper vergisst nichts. Das bedeutet, dass **Geimpfte die Erbinformationen dieses Geister-Virus in sich mit aufnehmen** und in ihrem Genom, ihren Erbinformationen, abspeichern. Im Grunde ist jeder, der diese Impfung überlebt, kein richtiger Mensch im ursprünglichen Sinne mehr, sondern ein Cyborg, ein Mischwesen, das sowohl natürliche als auch künstliche, synthetische Erbinformationen in sich trägt. Beim Geschlechtsverkehr übertragen die Spermien die neue künstliche DNA des Mannes in den weiblichen Körper, wo sie schließlich in das Ei gelangt. Der neue kleine Cyborg, der daraus entsteht, wird mit künstlicher DNA geboren und bildet automatisch die zuvor beschriebenen Spike-Proteine, weil er sie für körpereigenes Protein hält. Anders als bei Designer-Babys, die durch künstliche Befruchtung entstehen, hat aber niemand die Kontrolle darüber, auf welche Weise das Genom des Kindes verändert wird.

Der Körper eines Kindes, das die umgewandelte Viren-RNA von Geburt an in sich trägt, kann diese Informationen nicht als fremd erkennen. Er hält sie für einen Teil von sich selbst. Wenn das Kind dann auf normalem Wege mit einem SARS-Virus infiziert wird, dann bildet es keine Antikörper dagegen, weil es dieses Virus nicht als Feind begreift. Und an dieser Stelle wissen wir nicht, was weiter passieren wird. Das werden uns die kommenden Jahre zeigen. Es ist aber nicht unwahrscheinlich, dass die Kinder an den Folgen der Virusinfektionen sterben werden, weil ihr Immunsystem nicht darauf reagiert. Bis dahin aber sind sie eine Gefahr für ihre Umgebung, weil sie die Viren ungehemmt vermehren und an andere verteilen.

Es gab in den letzten Jahren ähnliche Situationen bei Kühen, wo manche neugeborene Kälber auf Grund von manipulierter DNA Viruserkrankungen nicht erkannten und an die gesamte Herde weitergaben, die daran zu Grunde ging. Man musste also alle Kälber testen und die gefährlichen töten, um den Rest der Herde zu schützen. Wenn dasselbe beim Menschen passieren sollte, was nicht unwahrscheinlich ist, dann wären künftig Neugeborene, bei denen beide Elternteile oder zumindest der Vater „gegen Corona“ geimpft sind, potentielle Superspreader (Superverteiler) und eine Gefahr für ihr Umfeld, da sie sowohl die Spike-Proteine als auch die eigentlichen Viren an ihre Umgebung abgeben.

Es sind also nicht die Ungeimpften, die eine Gefahr für die Geimpften darstellen. **Die Ungeimpften müssen die Geimpften fürchten!**

Das Problem mit den infizierten Kindern könnte sich jedoch auch ganz von selbst erledigen. Bislang deutet nämlich vieles darauf hin, dass Männer durch mehrmalige Impfung zeugungsunfähig werden und die wenigen Frauen, die noch schwanger werden können, das Kind ohnehin nicht bis zu Ende austragen können.

An dieser Stelle möchte ich noch auf eine andere Gesetzesänderung in Deutschland hinweisen, die zum einen ebenfalls belegt, dass man sich des Sheddings bei den „Corona-Impfungen“ bewusst ist, zum anderen aber auch regelt, dass all jene, die im Jahr 2024 noch leben, enteignet werden können, um den Impfgeschädigten Schadenersatz zu zahlen! Das klingt absurd? Angela Merkel war Anfang September 2019 – kurz vor Ausbruch der großen Seuche! – auf Staatsbesuch in China gewesen und besuchte dabei auch eine Krankenstation in der medizinischen Universität in Wuhan, die wenige Monate später tausende angebliche Corona-Patienten pflegte.[(111)] Drei Monate später, am 12. Dezember 2019, wurde das „Gesetz zur Regelung des Sozialen Entschädigungsrechts“, auch **„Lastenausgleichsgesetz“** genannt, dahingehend geändert, dass ab dem 1. Januar 2024 die Vermögenswerte von jedem Deutschen beschlagnahmt werden können, um all die arbeitsunfähigen Impfopfer, die noch am Leben sind, zu finanzieren:

> „***Wer durch eine Schutzimpfung*** *nach § 2 Nummer 9 des Infektionsschutzgesetzes oder durch eine andere Maßnahme der spezifischen Prophylaxe nach § 2 Nummer 10 des Infektionsschutzgesetzes...* ***eine gesundheitliche Schädigung erlitten hat****, die über das übliche Ausmaß einer Reaktion auf eine Schutzimpfung oder andere Maßnahme der spezifischen Prophylaxe hinausgeht, erhält bei Vorliegen der Voraussetzungen nach § 4 Absatz 1 Leistungen der Sozialen* ***Entschädigung. Dies gilt auch, wenn die Schutzimpfung mit vermehrungsfähigen Erregern durchgeführt und eine andere als die geimpfte Person geschädigt wurde.***“[(112)]

Ab 2024 werden die verbliebenen Deutschen also zur Kasse gebeten, was auch die Möglichkeit von Zwangshypotheken auf Immobilien oder die Beschlagnahmung von Eigentum einschließen kann.

Überleben ist möglich!

Wir wissen aus der **Psycho-Neuroimmunologie**, dass eine Wechselwirkung zwischen der Psyche, dem Nervensystem und dem Immunsystem besteht. Wir wissen, dass unser Immunsystem sowohl durch unsere eigenen als auch durch fremde Emotionen beeinflusst wird und so etwas wie ein Gedächtnis hat. Einschneidende Erlebnisse – wie etwa ein langer Lockdown – können sich für sehr lange Zeit auf unser Immunsystem auswirken. So wurde bewiesen, dass Angst zu einer Verringerung der Lymphozyten-Produktion führt. Die Lymphozyten sind ein Teil der weißen Blutkörperchen. Sie sind zuständig für die Erkennung von Fremdstoffen im Körper, wie zum Beispiel Bakterien und Viren. Es ist ihre Aufgabe, sie aufzuspüren und sie zu neutralisieren, indem sie Antikörper erzeugen. **Angst schädigt nachweislich unser Immunsystem** und macht uns anfällig für virale Infekte. Das bedeutet im Klartext: Wer Angst vor einer Infektion hat, erhöht dadurch die Chance einer Erkrankung. Wir haben also unser „Schicksal" zumindest zu einem gewissen Teil selbst in der Hand, indem wir uns aus der Angst-Maschinerie ausklinken. Meiden Sie daher den Lärm der Propaganda, deren Hauptziel darin besteht, dass wir unsere eigene innere Stimme nicht mehr hören können. Meiden Sie die Horrornachrichten, atmen Sie bewusst ruhig und regelmäßig, bleiben Sie bei sich und stärken Sie Ihr Immunsystem. Bewusstheit, Meditation und Sport sind förderlich für ein starkes Immunsystem – ebenso wie gute soziale Kontakte.

Bewegung auf allen Ebenen ist lebenswichtig. Bewegung ist Leben! Stagnation ist der schleichende Tod. Stagnation und Tatenlosigkeit schwächen das Immunsystem. Lassen Sie sich daher nicht Ihre Lebensenergie stehlen. Lassen Sie sich nicht durch Lockdowns oder andere schädliche Maßnahmen ausbremsen. Selbst im Hausarrest gibt es keinen Grund, innerlich abzustumpfen und aufzugeben. Haben Sie ein

Ziel, und tun Sie alles, um es zu erreichen, wie unbedeutend es auch sein mag! Alles ist besser, als nichts zu tun! Bewegung ist Leben. Schnellere und ausdauerndere Bewegung bedeutet mehr Leben, mehr Gesundheit. Körperliche Betätigung fördert die Beweglichkeit im Kopf.

Ebenso wichtig wie Bewegung und ein gutes seelisches Wohlbefinden sind die richtigen Vitamine in der richtigen Konzentration. Vor allem die Vitamine C und D sind hier von herausragender Bedeutung. Daher wiederhole ich nochmals, was ich bereits in meinem Buch „*LOCKDOWN – Band 2*" über die wichtigen Vitamine geschrieben habe. Zusätzlich ergänze ich dies am Ende des Kapitels noch um einige sehr wichtige Informationen.

Jeder weiß, dass **Vitamin C** im Winter wichtig ist. Bei Schnupfen oder einer Erkältung hat der Arzt immer dazu geraten, Flüssigkeit und Vitamin C zu sich zu nehmen. Das kann Tee mit Zitrone ebenso sein wie „heiße Zitrone" mit Honig. Aber der Vitamin-C-Spiegel, der eine gesunde Immunabwehr ermöglicht, ist durch den Verzehr von Obst allein nur schwer zu erreichen. Vitamin C, chemisch als „Ascorbinsäure" bezeichnet, ist ein Nährstoff, den unser Körper braucht, um Blutgefäße, Knorpel, Muskel und Kollagen in den Knochen zu bilden. Vitamin C ist wichtig für das angeborene Immunsystem, das die meisten Arten von infektiösen Keimen bekämpft, und für den Heilungsprozess des Körpers. Da unser Körper dieses Vitamin nicht selbst bilden kann, müssen wir es über unsere Ernährung zuführen. Das kann mittels Obst und Gemüse erfolgen. Bekannt sind natürlich alle Zitrusfrüchte, aber auch viele Beeren, Tomaten, Paprika, Brokkoli, Sauerkraut und Spinat enthalten Vitamin C, wobei man beim Erhitzen vorsichtig sein sollte, weil das Vitamin dadurch zumindest teilweise abgebaut werden kann.[113]

Die meisten Experten empfehlen im Normalfall eine Aufnahme von 90 mg für erwachsene Männer und 75 mg für erwachsene Frauen pro Tag, was angeblich etwa ein bis zwei Orangen pro Tag entspricht. In der Grippe-Saison ist der Bedarf jedoch unter Umständen auch deutlich höher und sollte durch Supplementierung unterstützt werden. Eine

Überdosierung scheint schwierig zu sein, da der Körper nur eine bestimmte Menge an Vitamin C aufnehmen kann und den Rest über den Urin ausscheidet. Die rascheste und effektivste Form der Vitamin-C-Supplementierung ist die intravenöse Vitamin-C-Therapie, die manche Ärzte und Gesundheitszentren anbieten. Dabei kann man wesentlich höhere Dosen verabreichen, weil es direkt ins Blut gelangt und nicht verstoffwechselt werden muss.

Da ich das selbst schon öfters gemacht habe, kann ich bestätigen, dass ich danach immer das Gefühl hatte, ich könnte Bäume ausreißen. Ich weise jedoch ausdrücklich darauf hin, dass all dies nur meine persönliche Meinung ist und Sie in jedem Fall einen Spezialisten dazu konsultieren sollten – sollten Sie also unsicher sein, fragen Sie im Zweifelsfall einen Arzt oder Apotheker, der Nahrungsergänzungsmitteln nicht gänzlich feindlich gegenübersteht.[114] [115]

Mindestens genauso wichtig ist das **Vitamin D**, das eigentlich genaugenommen kein Vitamin ist, sondern die Vorstufe eines Hormons, was jedoch für uns keine Rolle spielt. Der Körper kann Vitamin D bei UV-Bestrahlung der Haut selbst produzieren, also wenn wir unsere Haut dem Sonnenlicht aussetzen. Das allein reicht aber meist nicht aus, um einen gesunden Vitamin-D-Spiegel zu haben. Mehr als 50% aller Menschen weltweit sollen einen deutlich zu niedrigen Vitamin-D-Spiegel aufweisen, und es scheint so zu sein, dass alle Arten von Immunschwäche-Erkrankungen, zu denen manche Mediziner auch Krebs zählen, mit einem sehr niedrigen Vitamin-D-Spiegel in Verbindung stehen. Daher raten viele Experten dazu, Vitamin D zusätzlich gezielt über die Nahrung oder Nahrungsergänzungsmittel zuzuführen. Nahrungsmittel, die viel Vitamin D enthalten, sind vor allem Fettfische wie Makrele, Thunfisch und Lachs, aber auch in geringerem Maße Avocados, Champignons und Getreide, Rinderleber, manche Käse und Eigelb. Gerade in den USA sind mit Vitamin D angereicherte Produkte wie Milch oder Orangensaft beliebt, es gibt jedoch berechtigte Zweifel über die Sinnhaftigkeit solcher Produkte, da sowohl die Menge als auch die Qualität und die Verfügbarkeit des Vitamins fraglich sind.

Auch Fisch ist heute mit Vorsicht zu genießen, nicht nur, weil Zuchtfische oft stark mit Medikamenten wie Antibiotika belastet sind, sondern weil selbst bei Wildfang immer wieder hohe Konzentrationen von Schwermetallen und Chemikalien nachgewiesen wurden. Eine Einnahme von Vitamin-D-Tropfen, die man in jeder Apotheke bekommt, ist daher zur Ergänzung vielleicht ratsam.

Man kann seine Vitamin-Spiegel beim nächsten Blutbild beim Arzt mittesten lassen, um eine Ahnung davon zu haben, wie gut man mit den Vitaminen C und D versorgt ist. Die meisten Ärzte empfehlen heute zur Immunstärkung und Krebsvorsorge ein Vitamin-D-Niveau von 60-80 ng/ml. Anders als beim Vitamin C wird Vitamin D nicht über den Urin ausgeschieden, daher sollte man darauf achten, dass es zu keiner Überdosierung (jenseits von 150 ng/ml) kommt, aber davon sind die meisten Menschen ohnehin meilenweit entfernt.[(116)(117)] Auch ***Selen*** und ***Zink*** sind für das Immunsystem entscheidend. Ich rate Ihnen, sich bei Bedarf von einschlägigen Experten beraten zu lassen.

Gesunde Ernährung, möglichst kein Übergewicht, regelmäßige Bewegung, idealerweise Ausdauersport, sind ebenso bedeutend für das Immunsystem wie ein gesunder Geist, da unsere Immunabwehr ein komplexes Zusammenspiel aus Körper, Geist und Seele ist. Soziale Isolierung und permanenter Psychoterror durch die Politik und die Medien sind ein gezielter Anschlag auf unser Immunsystem, dem wir am besten durch viel Aufenthalt in der Natur und/oder Meditation entgegenwirken. Dabei kann Meditation nicht nur bewegungslos im Lotussitz stattfinden, für manche kann das auch Kochen sein. Hauptsache, Sie finden einen Weg, wie Sie effektiv aus dem Hamsterrad der Angst-Maschinerie entkommen können und bei sich bleiben, um Ihre eigenen Gefühle und Wahrheiten empfinden zu können.

Quercetin ist ein natürlicher gelber Farbstoff, der in vielen Pflanzen vorkommt und bei der Vorbeugung oder Bekämpfung von „Covid-19" eine wichtige Rolle spielen kann. Von zahlreichen selbstständig denkenden und handelnden Ärzten, von den USA bis Indien, wird *Quercetin* seit 2020 millionenfach gemeinsam mit *Ivermectin* vorbeugend oder zur akuten Behandlung von „Covid-19"-Symptomen eingesetzt. Kurz gesagt: Beide verhindern, dass sich Corona-Viren im Körper stark vermehren und ausbreiten können. Eine neue Studie[118] belegt, dass ***Quercetin*** die Vermehrung von Corona-Viren im menschlichen Körper verhindern oder zumindest stark verringern kann (virale Hauptprotease/Protease $3CL^{pro}$).[119]

Um eine wirklich komplizierte Geschichte, die zudem als wenig erforscht gilt, einfacher zu machen: Es geht dabei um sogenannte „Mastzellen". ***Mastzellen*** sind ein Teil unserer körpereigenen Immunabwehr. Wenn ihre Aktivität außer Kontrolle gerät, kann dies zu immunologischen Erkrankungen führen, auch als „Autoimmunerkrankungen" bekannt. Das bedeutet vereinfacht, dass unser Immunsystem gegen den eigenen Körper arbeitet, anstatt ihn zu beschützen. Nun wurde mittlerweile in mehreren Studien bewiesen, dass der natürliche Stoff *Quercetin* ein natürlicher Mastzellstabilisator ist. Der gezielte Konsum von Lebensmitteln mit hohem Quercetin-Anteil, wie Zwiebeln, Äpfel, Brokkoli oder grüne Bohnen, kann nachweislich förderlich für das Immunsystem sein und nicht nur vorbeugend wirken, sondern auch therapeutisch. Auch im Zusammenhang mit einer Corona-Infektion oder den unerwünschten Nebenwirkungen der „Corona-Impfung" scheint Quercetin Symptome zu lindern und Heilung zu fördern.[120][121][122]

Eine klinische Studie aus dem Jahr 2021 belegt, dass Covid-19-Patienten, die zusätzlich zur Standardtherapie mit Quercetin (2 x 200 mg pro Tag als Quercetin-Phospholipid) behandelt wurden, im Vergleich zur Gruppe mit ausschließlich konventioneller Behandlung um 68% weniger Krankenhausaufenthalte hatten. Die wenigen Hospitalisierungen waren um 77% kürzer, und es war keine Intensivbehandlung nötig. Zudem gab es unter den Covid-Erkrankten, die mit Quercetin behandelt wurden, KEINE Todesfälle. In der Vergleichsgruppe **OHNE Quercetin**-Zusatztherapie mussten von 76 Patienten 8 auf die Intensivstation, wovon **drei verstarben.**[123]

Andere Studien belegen zudem, dass Quercetin bei infektiösen Erkrankungen *Müdigkeit*, *Fatigue* oder *Appetitlosigkeit* deutlich verringert. Außerdem kann **Zink mit Hilfe von Quercetin** besser und rascher in die Zellen eindringen. Erst dort kann es seine Wirkung entfalten. Zink ist wichtig für das Immunsystem, bei der Blutgerinnung, der Zellteilung, für die Schilddrüse, für Geruchs- und Tastsinn, für das Sehvermögen und die Wundheilung. Eine kombinierte Einnahme von Zink und Quercetin scheint daher effektiver zu sein.[124]

> *„Quercetin, ein Bioflavonoid-Polyphenol, wirkt nachweislich als Zink-Ionophor, indem es den Eintritt von Zink in die Zellen verbessert und so die intrazelluläre Replikation von Viren hemmt. Es wird auch angenommen, dass es Viren daran hindert, überhaupt in die Zellen einzudringen."*[125]
>
> Aus einer wissenschaftlichen Studie, *Leon Margolin* et.al, vom 6. Juli 2021

Ich bin weder Arzt noch Apotheker, also kann und darf ich dazu keine Ratschläge erteilen. Ich stelle Ihnen hier lediglich die Aussagen und Meinungen hunderter Experten auf diesem Gebiet vor. Ich denke, diese Zahlen und Studien sprechen für sich. Ich rate dringend dazu, sich weiter darüber zu informieren, wenn möglich bei einem aufgeschlossenen Arzt oder Heilpraktiker. Recherchen bei den *öffentlich-rechtlichen Medien*, *Wikipedia* oder ähnlichen Propaganda-Plattformen, die, wie beispielsweise *Der Spiegel*, von der *Bill & Melinda Gates Foundation* finanziert werden, halte ich persönlich in dem Zusammenhang für Zeitverschwendung.

> *„Die zwei – Gates und die WHO – haben Hand in Hand auf eine weltweite Impfkampagne gedrängt, und Gates hat viel Geld in diese Impfstoffe investiert. Wir haben auch außergewöhnliche Bemühungen gesehen, natürliche Alternativen und kostengünstige, leicht verfügbare und eindeutig wirksame Medikamente wie Hydroxychloroquin und Ivermectin zu zensieren, und es scheint, dass der Grund dafür wahrscheinlich darin liegt, dass sie mit dem Impfstoff konkurrieren."*[126]

Diese Aussage stammt von **Vandana Shiva**, der vermutlich weltweit berühmtesten Inderin nach Indira Gandhi. Shiva ist Wissenschaftlerin und erhielt im Jahr 1993 nach zahlreichen anderen Ehrungen den *Alternativen Nobelpreis*. Ich bringe dieses Zitat zum einen, weil wir nie vergessen dürfen, wer hinter alldem steht, aber auch, um zu zeigen, dass es unzählige Menschen rund um den Globus gibt, die an der Aufdeckung dieser Verschwörung arbeiten – ebenso wie an der strafrechtlichen Verfolgung der Hauptschuldigen. Das Zitat ist aber auch eine gute Überleitung zu dem zweiten Stoff, der ab dem Jahr 2021 weltweit eine bedeutsame Rolle spielte, nicht nur bei der Bekämpfung von „Covid-19", sondern vor allem gegen das *Shedding* durch die Geimpften. Ich spreche von *„Ivermectin"*.

> *„**Dank Ivermectin**, so (Bestseller-Autor Michael) Capuzzo, gibt es ‚hunderttausende, ja **Millionen von Menschen** auf der ganzen Welt, von Uttar Pradesh in Indien bis Peru und Brasilien, die **leben** und nicht sterben'. Dennoch haben die Medien alles getan, um die Vorstellung zu ‚entkräften', dass Ivermectin eine wirksame, leicht zugängliche und erschwingliche Behandlung für Covid-19 sein könnte. Sie haben die Argumente von Gesundheitsbehörden auf der ganzen Welt nachgeplappert, dass es einfach nicht genug Beweise gibt, um seine Verwendung zu rechtfertigen."*[127]

Nick Corbishley für das Online-Magazin
„Naked Capitalism" am 25. Mai 2021

Nicht genügend Beweise? ***Ivermectin*** ist ein bekanntes, von der US-Arzneimittelbehörde *FDA* zugelassenes Medikament, das seit mehr als vier Jahrzehnten erfolgreich zur Behandlung von diversen parasitären Krankheiten beim Menschen eingesetzt wird. Darüber hinaus wirkt *Ivermectin* antiviral gegen eine ganze Reihe weiterer RNA-Viren, wie zum Beispiel *Zika* und *Gelbfieber*. Zudem wird eifrig seine potentielle Wirksamkeit bei Dengue-Virusinfektionen und gegen *Malaria* erforscht. Bereits Ende der 1980er-Jahre entwickelt, wurden *William C. Campbell* und *Satoshi Ōmura „für ihre Entdeckung des Antiwurmparasiten-Wirkstoffs Avermectin und die Weiterentwicklung zum deutlich potenteren Ivermectin"* im Jahr 2015 mit dem Nobelpreis für Medizin ausgezeichnet.[128] Ivermectin ist **eines der sichersten bekannten Therapeutika weltweit. Es steht auf der WHO-Liste der unentbehrlichen Arzneimittel und wurde weltweit mehr als 3,7 Milliarden Mal verab-**

reicht. Ich erwähne all das nicht, weil ich Ihnen das Mittel verkaufen möchte, sondern um der Verleumdung entgegenzuwirken, die dieses grandiose Medikament im Jahr 2021 in zahlreichen westlichen Medien erfahren musste – und das nur aus einem einzigen Grund: Es hat millionenfach bewiesen, dass „Covid-19" – richtig behandelt – nicht besonders gefährlich ist und man dagegen keine Impfung benötigt.

Uttar Pradesh ist der viertgrößte und mit mehr als 200 Millionen Einwohnern der bevölkerungsreichste indische Bundesstaat, der im August 2020 die Behandlung von „Covid-19" mit Ivermectin-Tabletten (12 mg) propagierte:

> *„Die Ärzte raten zur Einnahme von Ivermectin 12 mg, um die Auswirkungen der Pandemie einzudämmen. Dieses Medikament ist sehr wirksam beim Schutz vor Covid-19. Deshalb appellieren wir an jeden einzelnen Bürger, diese Tablette einzunehmen."*[(129)]

Wenige Monate später verkündeten die Behörden, Uttar Pradesh sei offiziell „Covid-frei". Diesen Status behielt das Land fast ein Jahr lang, bis mehr und mehr Einwohner in den „gebildeten Schichten" ihre zweite „Corona-Impfung" erhalten hatten. Von da an veränderte sich das Bild komplett.

Aus vielerlei Gründen möchte ich nun nicht weiter in das Thema eintauchen, aber man sollte vielleicht wissen, dass *Ivermectin* generell entzündungshemmend und anti-viral wirkt, also Viren bekämpft. Es scheint aber darüber hinaus auch zu verhindern, dass sich synthetische Spike-Proteine im Körper ausbreiten können, weil es angeblich die zuvor bereits beschriebenen ACE-2-Rezeptoren besetzt und so verhindert, dass das Spike-Protein sich dort festsetzen und weiter vermehren kann. Die Auswertung von 46 Studien zu dem Thema ergab daher, dass *Ivermectin* hervorragend zur Vorbeugung einer *„Erkrankung im Zusammenhang mit Covid"* geeignet ist.[(130)] Es gibt Ivermectin als Tabletten und als Salbe, die man am besten auf die Innenseite des Unterarms aufträgt.[(131)] Beide scheinen gegen die Absonderungen Geimpfter wirksam zu sein, wobei die Salbe offenbar weniger Zusatzstoffe enthält und daher von manchen Menschen bevorzugt wird. Vielleicht wollen Sie in dem Zusammenhang ja selbst weiterrecherchieren und sich eine eigene Meinung darüber bilden, ob Ivermectin eine sinnvolle Sache sein könnte, etwa über:

- das in mehreren Studien als erfolgreich beschriebene Behandlungsprotokoll nach ***Dr. Vladimir Zelenko***, einem russisch-amerikanischen Arzt, der nur wenige Freunde in der Pharmaindustrie zu haben scheint;[132][133][134]
- das ***Prophylaxe-Protokoll*** der *„Front Line COVID-19 Critical Care Alliance (FLCCC)"*, eine US-amerikanische Organisation, die im April 2020 von Ärzten und Journalisten gegründet wurde, um auf alternative Behandlungsmethoden von „Covid-19" aufmerksam zu machen;[135]
- das Behandlungsprotokoll von ***Swiss Policy Research***.[136]

Ich weise zur Sicherheit nochmals darauf hin, dass ich Ihnen keine Ratschläge zur Einnahme von Medikamenten gebe. Ich zeige Ihnen nur Wege auf, sich selbst zu informieren und sich dadurch selbst zu ermächtigen, eigenständige Entscheidungen zu treffen, die auf Fakten und auf Abwägung verschiedener Standpunkte und Meinungen beruhen. NOCH ist es möglich und erlaubt, einige Entscheidungen selbst zu treffen. Wir sollten dringend davon Gebrauch machen, weil wir sonst Gefahr laufen, uns wieder um mehrere hundert Jahre zurück zu entwickeln, hin zu Leibeigenen ohne Rechte. Denken macht frei. Bewegung ist Leben – körperlich wie geistig. Und egal, was auch immer weiterhin passiert: Haben Sie keine Angst! Wissen Sie um Ihre Schöpferkraft und um Ihre Macht! Vergessen Sie nie zu atmen!

Möge die Macht mit uns sein!

Durchimpfungsraten – Falsche Zahlen überall

Die „Durchimpfungsrate" gibt an, wie hoch der Prozentsatz der Geimpften in Relation zur Gesamtbevölkerung eines Landes ist. Singapur galt im Jahr 2021 neben Israel als das Land mit der höchsten Durchimpfungsrate. 85% der Bevölkerung waren Mitte November 2021 mindestens zweimal geimpft, das waren 100% aller Erwachsenen. Und dennoch hat sich die Zahl der Todesfälle innerhalb der letzten zwei Monate versechsfacht. Dafür musste dann in den Medien die Delta-Variante herhalten, die so aggressiv war, dass der Impfstoff dagegen nicht half. Trotzdem standen die Leute in dem Stadtstaat Schlange, um sich die dritte Impfung, den „Booster", abzuholen. Ich frage mich, warum man ihnen nicht einfach gleich in den Kopf geschossen hat. Wollten die Tod-Esser sie lieber alle leiden sehen?[(137)] Wundern würde es mich nicht.

Mit Stand 8. November 2021 sollen laut Statista 75,2% der *Briten* einmal, 68,6% zweimal und bereits 12,6% dreimal geimpft gewesen sein. Ich weiß nicht, ob da all die Ärzte, Politiker, Sportler und Prominenten mit ihren falschen Impfpässen inkludiert waren, aber auf jeden Fall lagen die Insulaner damit klar über dem EU-Durchschnitt (69,9%, 67,3%, 3,2%). Der wiederum spiegelte fast exakt die Zahlen in Deutschland wider, während Österreich bei den Erst- und Zweitimpfungen etwas dahinter lag (67,2%, 63,9%). All das sind offizielle Zahlen, und ich habe keine Ahnung, ob sie auch nur ansatzweise stimmen, aber sie können vermutlich als Orientierungshilfe dienen, wenn man wissen möchte, wo in den kommenden Monaten die meisten Menschen sterben werden.

Auch wenn die Österreicher bei den Zweitimpfungen rund 3,5% hinter dem EU-Durchschnitt lagen, so führten sie ganz eindeutig mit 4,7% bei den Drittimpfungen. Die Schweiz konnte insgesamt 1,2% mehr Zweitgeimpfte vorweisen als Österreich, dafür aber noch keine Drittimpfungen, wahlweise zynisch als „Auffrischung" oder „Booster" bezeichnet – das sollte wohl verjüngend und vitalisierend klingen. In Österreich nannte man es weniger einladend den „dritten Stich"[(138)], was eher an eine Messerstecherei mit fatalem Ausgang erinnerte.

Ja, natürlich waren all die Versprechen des Vorjahres, dass man mit zwei Impfdosen vollständige Immunität haben würde – beim Johnson-&-Johnson-Präparat sollte sogar eine reichen –, wie alles andere auch gelogen. In den USA half man sich, indem man die Definition von „vollständig geimpft" änderte. Was machte das noch, nachdem in der letzten Zeit ohnehin alle ständig machten, was sie wollten?

In den Ländern, die von der Geheimen Weltregierung am besten kontrolliert wurden, war auch die Durchimpfungsrate am höchsten, zumindest offiziell. Die höchste Impfbereitschaft in der EU (8. November 2021) hatten demnach die Portugiesen (87,8% einmal geimpft, 86,5% zweimal geimpft), die Spanier (81,9%, 80,4%, 3,3%) und die Franzosen (79,2%, 77,4%), die geringste die Slowakei (46,1%, 42,7%) und Bulgarien (23,7%, 22,5%). Die meisten Länder Afrikas, Mittel- und Südamerikas hatten bislang ebenfalls sehr geringe Impfquoten, die sich meist im einstelligen Bereich abspielten.

Die USA lagen mit 58,4% Zweitimpfungen klar hinter dem EU-Schnitt zurück, dafür waren sie mit 7,2% Drittimpfungen vorn. Auch wies der Wert zwischen der Erst- und Zweitimpfung (67,4%, 58,4%) in den USA einen gewaltigen Unterschied von 9% auf, was vermuten lässt, dass es sich mittlerweile bei vielen Menschen herumgesprochen hatte, dass diese Impfung nicht zu ihrem Schutz erfunden worden war. Es lief also nicht alles nach Plan, denn wenn man die Weltbevölkerung drastisch reduzieren will, dann wird man um Afrika und Südamerika nicht herumkommen. Man wird den Druck erhöhen müssen, wenn man mehrere Milliarden Menschen weghaben möchte. Aber in den westlichen Staaten lief es aus Sicht der Plandemiker bislang ganz gut.

„Die Notaufnahmen in ganz Amerika sind überfüllt, und niemand kann sich erklären, warum das so ist. Im Moment ist die Zahl der neuen COVID-Fälle in den Vereinigten Staaten jeden Tag weniger als halb so hoch wie noch vor ein paar Monaten... Wenn sich weniger Menschen mit dem Virus anstecken, sollte man meinen, dass sich die Notaufnahmen leeren sollten, aber das Gegenteil ist der Fall. Im ganzen Land... sehen wir, dass schwerkranke Patienten auf den Fluren

versorgt werden, weil alle Notaufnahmen bereits voll sind... am häufigsten müssen ‚Unterleibsschmerzen', ‚Atemwegsprobleme', ‚Blutgerinnsel' und ‚Herzprobleme' behandelt werden."[139]

Michael Snyder, 4. November 2021

Wem Ende des Jahres 2021 noch nicht aufgefallen war, dass es einen direkten Zusammenhang zwischen den Nebenwirkungen der Impfung und der hohen Zahl an Kranken und Toten gab, der war Herdentier aus Überzeugung, mit all seiner oder ihrer möglichen Hingabe. Denn mittlerweile berichteten sogar Mainstreammedien wie der FOCUS darüber, dass die „*... Übersterblichkeit in Deutschland viel höher war als sie aktuell sein sollte!*"[140] „Übersterblichkeit" beschreibt den Umstand, dass in einem bestimmten Land oder Gebiet innerhalb eines bestimmten Zeitraums (Monat oder Jahr) mehr Menschen sterben als sonst im selben Vergleichszeitraum. [141]

„*...die Übersterblichkeit* (nimmt) *in den letzten Monaten deutlich zu – und sie ist immer weniger auf Covid zurückzuführen... Seit Herbst ist der Wert der Übersterblichkeit gegenüber den mittleren Werten der Vorjahre massiv erhöht. Nachdem dieser im September bei 10 Prozent und im Oktober bei 9 Prozent gelegen hatte, zogen die Zahlen im November so richtig an: In den ersten beiden Novemberwochen... lagen die **Sterbefallzahlen** zu 16 bzw. 17 Prozent, in der dritten und vierten Novemberwoche sogar zu 23 Prozent und **25 Prozent über den gemittelten Vorjahreswerten.***" [142]

Das Online-Magazin „*Ansage.org*" am 9. Dezember 2021

Ich muss Ihnen gestehen, dass das, was ich hier für Sie niederschreibe, auch für mich an manchen Tagen sehr verstörend und bewegend ist. Ich hatte zuletzt bereits mit dem Schlimmsten gerechnet, aber ich wusste nicht, dass das Schlimmste noch viel dramatischer ausfallen könnte, als ich dies befürchtet hatte. Es ist teilweise nicht einfach, mich zu entscheiden, welche Zahlen und Daten ich in dieses Buch aufnehme, weil ich jeden Tag neue Informationen erhalte, wovon viele wichtig sind, gleichzeitig möchte ich Sie aber auch nicht mit zu vielen Zahlen und Statistiken überfordern oder langweilen. Außerdem ist es oft wirklich schwierig zu entscheiden, wie glaubhaft Zahlen, Statistiken oder Aussagen sind, egal von welcher Seite sie stammen. Es wurde bereits so viel gelogen und verdreht, dass selbst die Manipulatoren offenbar jeden Überblick über die eigenen Zahlenspiele verloren haben und sich unentwegt selbst widersprechen. Ich versuche wirklich mein Bestes, halbwegs objektiv und fair zu bleiben, und stellenweise dürfte es mir auch gelungen sein.

> *„Es wird keinen Impfzwang geben, und* ***es wird keine Impfpflicht geben!*** *“*(143)
>
> Der österreichische Bundeskanzler *Sebastian Kurz* am 23. Dezember 2020

Und wenn es zu Beginn immer geheißen hatte, dass es wichtig war, die magische Grenze von 70% Geimpften zu erreichen, um Herdenimmunität herbeizuführen, so dauerte es doch fast ein Jahr, bis dieser Wert erreicht war, da offenbar viele Menschen zögerlich waren und nicht die ersten sein wollten, die einen nicht ausreichend getesteten Impfstoff verpasst bekamen. Viele Impftermine wurden kurzfristig abgesagt oder nicht eingehalten, viele Impfdosen verdarben und mussten entsorgt werden, und nach und nach wurden zahlreiche Politiker und „Experten“ ein wenig ungehalten.

> *„In Israel ist es in weniger als vier Monaten gelungen, den Großteil der Bevölkerung vollständig zu impfen. 70 Prozent der Einwohner ab 16 Jahren sind mit zwei Dosen Tozinameran – dem Impfstoff von BioNTech/Pfizer – geimpft worden. In den Medien wird das Land für seine hohe Impfquote gelobt... Doch die positiven Nachrichten über die Impfkampagne in Israel werden durch einen Befund eines Gremiums aus führenden israelischen Gesundheitsexperten getrübt. Das Komitee beklagt die demnach unterschätzten Nebenwirkungen der Impfungen.* ***Es hat noch nie einen Impfstoff gegeben, der so viele Menschen geschädigt hat.*** *In dem Report des Israeli People's Committee (IPC), der Ende April erschienen ist und über die Nebenwirkungen des Impfstoffs aufklärt, heißt es unter anderem: ‚Wir erhielten 288 Todesmel-*

dungen in zeitlicher Nähe zur Impfung (90 Prozent bis zu zehn Tage nach der Impfung), 64 Prozent davon waren Männer.' Das israelische Gesundheitsministerium hingegen sprach von nur 45 impfstoffbedingten Todesfällen."[144]

„*Epoch Times*", 11. Mai 2021

Besonders die Feststellung, dass 90% aller Impf-Todesfolgen bereits innerhalb der ersten zehn Tage nach der Impfung eintraten, ist sehr interessant, weil man erst 14 Tage nach einer (zweiten) Impfung als vollständig geimpft gilt. Deshalb führt die Meldestelle für Impfschäden in den USA, ***VAERS*** (Vaccine Adverse Event Reporting System), in den Statistiken nur jene Menschen als Tote durch Impfung, die mindestens 14 Tage nach einer Impfung nachweislich an deren Folgen verstorben sind. Das bedeutet im Klartext, dass von vornherein 90% aller Impf-Toten nie bei den offiziellen Zahlen auftauchen werden. Wenn man dann noch bedenkt, dass viele Impfschäden entweder nicht erkannt oder absichtlich nicht gemeldet werden, dann dürfte die wahre Zahl der Impfschäden und der Impf-Toten wohl um das Fünfzig- bis Hundertfache höher sein.

Und tatsächlich: Wenn man genau hinsieht, dann gibt VAERS sogar selbst zu, dass **vermutlich nur 1% aller Fälle von Impf-Nebenwirkungen bei ihnen gemeldet werden!**[145] Bis zum 12. November 2021 meldete VAERS offiziell „*18.853 Todesfälle auf Grund der Covid-Impfung*" in den USA. Multipliziert man dies mal hundert, so erhält man **1,88 Millionen Tote infolge der Impfung** in den ersten zehn Monaten, nur in den USA![146] Drei Wochen später, am 3. Dezember 2021, waren es bereits 19.532 gelistete Todesfälle, was 1,95 Millionen Impf-Tote ergibt. Wenn es in dem Tempo weiterginge (und sich die Zahlen nicht exponentiell erhöhen würden), dann würden innerhalb der nächsten 52 Wochen weitere 1,2 Millionen Menschen in direkter Folge der Impfung sterben.

Bis Ende Oktober 2021 führte VAERS auch noch 28.112 dauerhafte Behinderungen auf Grund des „Piks" sowie 610 Geburtsfehler, also Kinder, die behindert zur Welt kamen, weil ihre Mütter geimpft worden waren.[147] [148] Multipliziere ich das mal hundert, weil VAERS offiziell zugibt, dass vermutlich nur 1% der Fälle gemeldet werden, dann ergibt das **2,8 Millionen dauerhafte Behinderungen bei Erwachsenen und 61.000 behindert geborene Kinder auf Grund der Corona-Impfung innerhalb von zehn Monaten alleine in den USA.** Da kann sich jeder selbst überlegen, was das für die Zukunft des Gesundheitswesens und der Gesellschaft bedeutet.

Man gab sich in den USA also wenig Mühe, das wahre Ausmaß dieses Genozids zu verschleiern. Sicher, man hing es nicht an die große Glocke und ließ diese alarmierenden Zahlen nicht über die Mainstreammedien verbreiten, aber wer genau hinsah, erhielt recht präzise Zahlen und die Anleitung, wie sie zu deuten waren. In Europa war das anders. Da wiesen die offiziellen Organe und ihre Propaganda-Arme die längste Zeit zurück, dass es überhaupt Todesopfer infolge der Impfungen gegeben hatte, so wie etwa die österreichische Propaganda-Seite *Vienna.at* am 23. Juli 2021:

> *„Laut aktuellstem Bericht des Bundesamts für Sicherheit im Gesundheitswesen (BASG) wurden in Österreich bisher aber überhaupt* ***erst 146 Todesfälle in zeitlicher Nähe zu einer Covid-Impfung dokumentiert. Nur bei einem einzigen Fall konnte bisher auch ein kausaler Zusammenhang zur Impfung nachgewiesen werden.*** *Dass in der VAERS-Datenbank so viele Todesfälle wie noch nie gemeldet werden, wie auch die virale Grafik eindrucksvoll darstellt, ist wohl vor allem mit dem hohen öffentlichen Interesse an der Corona-Pandemie zu begründen. Durch die Relevanz der Impfungen wird wohl ein höheres Augenmerk auf die Beobachtung und Dokumentation von möglichen Nebenwirkungen gelegt.“*[149]

Das dürfte weder Naivität, Unwissenheit, Dummheit noch Dreistigkeit sein. Das ist Heimtücke, arglistige Täuschung der Bürger aus niedrigen Beweggründen. Die angesprochene Grafik der VAERS-Datenbank finden Sie in der Abbildung 7 (Seite 111). Mehr Impf-Tote innerhalb weniger Monate als in allen Jahren zuvor mit dem *„öffentlichen Interesse“* zu begründen und als unbewiesen abzutun, ist so, als würde man auf ihre Leichen spucken. Ich denke, es hat gute Gründe, warum niemand in der Redaktion von *Vienna.at* den Mut hatte, seinen Namen unter diesen Artikel zu setzen. Es ist eine Sache, Teil eines Komplotts oder einer kriminellen Handlung zu sein, aber eine ganz andere, die Opfer dieses Genozids auch noch zu verhöhnen.

Anders als in den USA war im Jahr 2021 weder aus Österreich noch aus Deutschland eine verlässliche Auskunft darüber zu bekommen, wie viele Menschen in „*zeitlicher Nähe zu einer Covid-Impfung*" verstorben sind. Da hier also extrem vertuscht, gemauert und gelogen wird, kann man davon ausgehen, dass es sich mit der Dunkelziffer ähnlich verhalten dürfte wie in den USA. Laut Paul-Ehrlich-Institut dürften bis Mitte November 2021 so etwa 1.800 Menschen in Deutschland der Impfung erlegen sein. Mal hundert gerechnet wären das 180.000 Tote durch Impfung allein in Deutschland. Das entspricht grob 0,25% der Gesamtbevölkerung, ein Wert, den man in Zahlen noch ganz gut kaschieren und uminterpretieren konnte. Das dürfte dann nach der dritten Impfwelle allerdings etwas schwieriger werden.

In einer vorläufigen Sonderauswertung der Sterbefallzahlen für das Jahr 2021 teilte das Statistische Bundesamt in Deutschland am 12. Januar 2022 mit, dass es im November 2021 zu einer Übersterblichkeit von rund 20% und im Dezember 2021 von 22% gekommen war.[(150)] Wenn es also bei einer monatlichen zweiprozentigen Wachstumsrate bei den Sterbezahlen bliebe, dann wäre man bis Ende des Jahres 2022 schon bei fast 50%. Wem oder was wird man die dann wohl in die Schuhe schieben wollen?

Und weil wir beim Thema sind, noch ein paar Worte zu den gefälschten Zahlen in Bezug auf die Hospitalisierungen von Ungeimpften. Ende Oktober 2021 war selbst in der Mainstreampresse Österreichs zu lesen, dass beispielsweise ***„...mehr als die Hälfte der Covid-Patienten in Spitälern in Oberösterreich geimpft sind."***[(151)] Und selbst diese Zahlen, die bereits ein Eingeständnis kompletten Versagens der „Impfung" waren, schienen völlig verfälscht zu sein. Eine Krankenschwester in einem österreichischen Spital berichtete mir Mitte November, dass immer wieder von Ärzten der Buchstabe „G“ für „geimpft“ aus den Krankenakten gestrichen wurde, um die Statistiken zu frisieren. Auf ihre Nachfrage sagte man ihr, sie solle den Mund halten, das ginge sie nichts an. Sie sagte übrigens auch, dass die meisten Ärzte sich selbst oder gegenseitig die Impfzertifikate ausgestellt hatten, weil sie dieses Zeug selbst nicht nehmen wollten. Diese Aussage deckt sich mit den Aussagen von zwei weiteren Krankenhausmitarbeitern aus Deutschland, die mir dasselbe berichteten. Es kann also später einmal niemand aus dem medizinischen Bereich behaupten, er hätte *„es nicht gewusst“*.

Dr. Hervé Seligmann arbeitet an der *Emerging Infectious and Tropical Diseases Research Unit* der Universität Aix-Marseille. Zusammen mit dem israelischen Ingenieur *Haim Yativ* wertete er die ersten Wochen der Impfkampagne aus, die in Israel bereits Mitte Dezember 2020 begonnen hatte. Die beiden veröffentlichten ihren Bericht im Mai 2021:

> *„Wir kommen zu dem Schluss, dass die Pfizer-Impfstoffe für ältere Menschen während des fünfwöchigen Impfzeitraums* ***etwa 40 Mal mehr Menschen töteten, als die Krankheit selbst*** *getötet hätte und* ***etwa 260 Mal mehr Menschen als die Krankheit in der jüngeren Altersgruppe****. Wir betonen, dass dies geschieht, um einen grünen Pass zu erzwingen, der höchstens 6 Monate gültig ist, und um die Verkäufe von Pfizer zu fördern. Diese geschätzten Zahlen der durch den Impfstoff verursachten Todesfälle sind wahrscheinlich viel niedriger als die tatsächlichen Zahlen, da sie nur die als COVID-19 definierten Todesfälle für diesen kurzen Zeitraum berücksichtigen... die ihrerseits nur die Spitze des Eisbergs darstellen.“*[(152)]

Dieser Artikel von Dr. Hervé Seligmann wurde in zahlreichen Ländern und in zahlreichen Sprachen veröffentlicht, darunter Englisch, Französisch, Hebräisch, Deutsch und Griechisch. Ich erwähne das, weil all diese Informationen für jedermann verfügbar waren. Nein, nicht in den Mainstreammedien, aber abseits davon waren sie in rauen Mengen verfügbar.

Man musste also wirklich ungeheuer ignorant und verblendet sein, wenn man die mahnenden und aufklärenden Stimmen all der tausenden von Ärzten, Pflegern, Krankenschwestern, Virologen, Bestattern, Rechtsanwälten und vielen mehr, die über all das sprachen, was da wirklich ablief, nicht hörte. Ich kann auch den Ausspruch vieler Mitmenschen „*Das ist mir egal, mir hängt das Thema Corona zum Halse raus.*" nicht mehr hören. Wer keinen Respekt vor sich selbst und dem eigenen Leben hat, der hat auch keinen Respekt von mir verdient.

Aber glücklicherweise gab es noch reichlich vernünftige Menschen, die sich weigerten, sich impfen zu lassen, wenngleich es auch absolut unmöglich war zu sagen, wie viele es waren, denn wie wir bislang gesehen haben, waren die offiziellen Zahlen und Daten nicht sehr vertrauenswürdig. Es schien jedoch so zu sein, dass die Tod-Esser mit den bisherigen Impferfolgen nicht ganz zufrieden waren:

> „*Es hat sich als sehr viel schwieriger erwiesen, die Menschen gegen COVID-19 zu impfen als gegen Masern. Im September 2021 war nur etwas mehr als die Hälfte der US-Bevölkerung vollständig gegen COVID-19 geimpft – und das, obwohl wir wissen, dass die von der FDA zugelassenen Impfstoffe äußerst sicher sind* ***und selbst gegen neue Varianten wie die Delta-Variante hochwirksam bleiben.***"
>
> Johns Hopkins Bloomberg School of Health („*Rethinking Herd Immunity and the Covid-19 Response End Game*"), 13. September 2021[(153)]

Äußerst spannend! Nur wenige Wochen später wirkten die Impfstoffe auf einmal nicht mehr gegen die *Delta-Variante* und schon gar nicht gegen die neue ***Omikron-Variante***, die von der WHO am 25. November 2021 vorgestellt wurde wie der neueste Ferrari auf einer Automesse. Und natürlich überschlugen sich die Mainstreammedien wieder vor Freude über die neue Sau, die man durchs Dorf treiben konnte. Sie versuchten, sich gegenseitig an Schwachsinn zu überbieten, als gäbe es kein Morgen mehr. So soll diese neue Variante B.1.1.529 zuerst in Botswana entdeckt worden sein und sich von dort aus rasend schnell nach Südafrika ausgebreitet haben, danach nach Ägypten, von wo aus sie nach Belgien eingeschleppt worden war und so weiter.

„Das südafrikanische Gesundheitsministerium hat erklärt, dass es alle Quarantänemaßnahmen für asymptomatische COVID-19-Fälle mit sofortiger Wirkung eingestellt habe, wie der Nachrichtensender SABC News berichtete. Das gelte sowohl für Ungeimpfte als auch für geimpfte Personen. Zudem werde die Kontaktverfolgung eingestellt – außer in Fällen von sogenannten Cluster-Ausbrüchen.“[(154)]

„*RussiaToday*“ am 25. Dezember 2021

Also abgesehen davon, dass Südafrika auf Grund der neuen „noch aggressiveren Variante“ die meisten Covid-Maßnahmen abschuf, bin ich vom Reiseverhalten dieses flinken, kleinen Kerls beeindruckt. Ebenso beeindruckt bin ich von der Fähigkeit der WHO, überall, selbst in den entlegensten Gebieten der Welt, jederzeit und überall Tests bereit zu haben, selbst für Varianten, die sie eben erst gefunden und benannt hatten. Oder konnte man das alles immer noch mit dem alten *Drosten-Test* feststellen, der auf dem Virus von 2003 aufgebaut war? Wenn es nicht so ernst wäre, dann müsste man den ganzen Tag nur noch schallend lachen.

Bemerkenswert ist auch, dass man die ersten vier angeblichen Varianten von SARS-CoV-2 fortlaufend nach den ersten vier Buchstaben im griechischen Alphabet als Alpha-, Beta-, Gamma- und Delta-Variante bezeichnete. Nun aber zauberte man plötzlich eine neue Variante hervor, die gleich nach dem fünfzehnten Buchstaben des griechischen Alphabets, *Omikron*, benannt wurde – vermutlich weil das Virus mittlerweile so schnell mutierte, dass man mit dem Verkünden der Zwischenschritte nicht hinterhergekommen war. Das Problem war nun aber, dass das griechische Alphabet nur 24 Buchstaben kennt, und wenn das Virus weiterhin so Gas gab, dann war man innerhalb von Tagen mit allem durch. Aber vielleicht hatte ja auch nur ein Praktikant bei der WHO einen Fehler gemacht oder sich einen Scherz erlaubt, und Tedros war es nicht aufgefallen, weil er in Erinnerungen an die gute alte Zeit schwelgte, an seinen ersten Genozid, bei dem niemand Fragen gestellt hatte. Egal, wir werden die Hintergründe dieser Namensgebungen wohl nie erfahren.

Nicht zu Scherzen aufgelegt war jedenfalls Kroatiens Präsident *Zoran Milanović*, als er am 18. September 2021 in einem Interview erklärte, dass es in seinem Land keine weiteren Impfungen mehr geben werde, weil er genug von dem „Impfbetrug" hatte. In Kroatien war die erwachsene Bevölkerung zu diesem Zeitpunkt zu rund 50% geimpft, und nach dem Willen ihres Präsidenten war das mehr als genug, denn er wollte nicht, dass noch mehr Kroaten *„Opfer der Big-Pharma-Maschinerie"* würden. In dem Moment wünschten sich manche Deutsche und Österreicher, in Kroatien zu leben.[155]

Es ist Krieg!

Ende November 2021 befand sich Österreich erneut im totalen Lockdown. Alles, was Spaß machen oder die Gesundheit fördern konnte, wurde erneut verboten. Das Land, das gerade drei Bundeskanzler in nur zwei Monaten verschlissen hatte, ließ erneut alle Restaurants, Bars, Veranstaltungsorte, Fitnesscenter und Friseure schließen, nachdem die Demonstrationen gegen die „Corona-Maßnahmen" von Woche zu Woche zugenommen hatten. Es galt zu verhindern, dass Massen von Menschen zusammenkommen und sich gegen die Regierenden verabreden können. Wenn das Volk nicht spurt, dann muss hart durchgegriffen werden, so lange, bis endlich alle sich ihrem geplanten Schicksal ergeben haben und willenlos im Gleichschritt marschieren.

> *„Es sind deshalb eine Reihe von Maßnahmen getroffen worden, die dieser neuen Optik des Krieges Rechnung tragen. Wir haben beispielsweise die Schließung der Bars und Nachtlokale angeordnet. Ich kann mir nicht vorstellen, dass es heute noch Menschen gibt, die ihre Kriegspflichten voll erfüllen und gleichzeitig bis tief in die Nacht in Amüsierlokalen herumsitzen. Ich muss daraus nur folgern, dass sie es mit ihren Kriegspflichten nicht allzu genau nehmen. Wir haben diese Amüsierlokale geschlossen, weil sie anfingen, uns lästig zu fallen, und das Bild des Krieges trübten. Wir verfolgen damit durchaus keine muckerischen Ziele. Nach dem Kriege wollen wir gern wieder nach dem Grundsatz*

verfahren: Leben und leben lassen. Während des Krieges aber gilt der Grundsatz: Kämpfen und kämpfen lassen!“[156]

Reichspropagandaminister *Joseph Goebbels* in der Rede im Berliner Sportpalast am 18. Februar 1943

Das Wort „muckerisch“, hier von Reichspropagandaminister Joseph Goebbels benutzt, um seine ehrlichen und aufrechten Beweggründe zu unterstreichen, bedeutet so viel wie „hinterhältig“, „doppelzüngig“ oder „heuchlerisch“. Manche Dinge sind einfach zeitlos. Sie passen zu jedem Krieg, denn die Mechanismen sind immer dieselben. Natürlich muss man so etwas heute ein wenig anders formulieren, weniger pathetisch, etwas zeitgemäßer. Nicht, dass ich aktuelle, lebende Politiker in irgendeiner Weise mit jenen vor 80 Jahren vergleichen möchte – nichts läge mir ferner –, mir sind lediglich leichte Parallelen in ihrer Argumentation und Wortwahl aufgefallen, die ich gerne verdeutlichen möchte.

„Wir sind in einer nationalen Notlage... Es ist zehn nach zwölf. Allein mit Impfen, mit Boostern werden wir das Brechen der Welle, das wir kurzfristig brauchen, nicht mehr erreichen. Wir brauchen jetzt einen ***‚Lockdown für Ungeimpfte‘*** *und deutliche Kontaktbeschränkungen.“*[157]

Der frühere Pharmalobbyist und spätere deutsche Gesundheitsminister *Jens Spahn* am 19. November 2021

Die (westliche) Welt wird von einigen wenigen mächtigen Männern und Familienclans aus dem Hintergrund heraus regiert. Ich nenne diesen losen Zusammenschluss der reichsten und mächtigsten Männer die „Geheime Weltregierung“. Ich teile sie in zwei Gruppen ein:

- die alte Garde, also die alten, großen Bankiersfamilien und Teile des europäischen Hochadels, die ich ausführlich im Buch „*Was Sie nicht wissen sollen!*“ beschrieben habe. Dazu zähle ich auch deren inneren Zirkel, einige tausend Leute wie *George Soros*, *Henry Kissinger*, *Klaus Schwab*, *Peter Thiel*, *Paul Achleitner*, *Tom Enders*, um nur einige zu nennen, von denen man auch im deutschen Sprachraum vielleicht schon mal gehört hat.

- die Neureichen von der US-Westküste, also die IT-Milliardäre aus dem Silicon Valley, wie *Mark Zuckerberg*, *Peter Thiel* und *Jack Dorsey* sowie die zwei reichsten und einflussreichsten Selfmade-Milliardäre *Bill Gates* und *Jeff Bezos*, die beide von Seattle aus regieren.

Diese zwei Gruppen mischen sich nicht besonders gut, aber sie ziehen doch mehr oder weniger an einem Strang, weil sie weitgehend ähnliche Interessen haben. Das sind vor allem die totale Kontrolle über die Menschheit, deren genetische Umgestaltung und deren Dezimierung.

Ein wichtiger Teil des Apparates, den sie zum Erhalt ihrer Macht nutzen, ist der **„militärisch-industrielle Komplex"**. Wer mit dieser Einführung in das Kapitel ein Problem hat, sollte das Buch spätestens jetzt weglegen, um den eigenen Blutdruck zu schonen und sein Immunsystem nicht noch weiter zu belasten.

Der „militärisch-industrielle Komplex" ist ein gefräßiges Monster, das seit mehr als einhundert Jahren wütet, bereits hunderte Millionen Menschen in zahlreichen Kriegen tötete und scheinbar nicht mehr zu stoppen ist. Der Ausdruck wurde von US-Präsident *Dwight D. Eisenhower* geprägt, als er in seiner Abschiedsrede am 17. Januar 1961 das amerikanische Volk davor warnte, dass diese unsichtbare Macht, bestehend aus Militärs, Geheimdiensten, Rüstungsindustrie, Politik und privaten Lobbyorganisationen (Think-Tanks) dabei war, alles unter ihre Kontrolle zu bringen. Und er hatte Recht behalten. Der militärisch-industrielle Komplex, die Banken und die Digitalisierung sind die Säulen, auf denen die Macht der Geheimen Weltregierung ruht.

Es ist Krieg, unentwegt, auch wenn die meisten Menschen da draußen es gerne ausblenden. Seit 9/11 führen die USA weltweit einen „Krieg gegen den Terror" und einen „Krieg gegen die Drogen". Zudem führen sie einen Propaganda-Krieg und einen Währungs-Krieg gegen Russland und China. Ein möglicher Dritter Weltkrieg stand seit Jahren im Raum, und es wurde viel darüber geschrieben, von wo aus er beginnen und wie er aussehen würde. Und über all das Spekulieren haben die meisten das Wichtigste übersehen, nämlich dass wir uns längst mittendrin befinden. Meine Damen und Herren, es ist Krieg! Und wir sollten uns endlich dementsprechend verhalten.

Auch wenn Wesen wie *Bill Gates* oder *George Soros* meiner bescheidenen Meinung nach geistig und emotional abnorm sind, so hat ihr Wort dennoch sehr viel Einfluss auf unser Leben. Je nach Grad unserer Bewusstheit, formen sie nicht nur unsere Gedanken und Gewohnheiten, sie haben sogar die Macht, uns zuhause einsperren zu lassen. Diese Individuen haben mehr direkten Einfluss auf unser aller Leben, als wir uns vorstellen können. Sie haben sogar zunehmend mehr Einfluss auf unser Leben als wir selbst. Deswegen hatte ich zuvor schon hervorgehoben, dass es wichtig ist, diesen Personen genau zuzuhören, denn sie sprechen meistens Klartext. Man muss nur hinhören!

Am 3. Januar 2015 hatte George Soros, ein Mann, der sich selbst des Öfteren mit Gott verglichen hat[158], in seinem eigenen Propaganda-Outlet *Live Mint* Folgendes geschrieben: ***„Die EU-Mitglieder befinden sich im Krieg – und sie müssen sich endlich dementsprechend verhalten.“***[159]

Es war nur eine kleine Gruppe von Personen weltweit, die diese Worte vernommen und verstanden hatten und sich dementsprechend positionierten. Die breite Masse aber lebte weiterhin stoisch vor sich hin, in der naiven Hoffnung, dass die Party ewig andauern würde und es kein Limit für Konsum, Drogen, Schulden, Aktienrallys, Immobilien-

Abb. 9 und 10: Nach 83 Jahren war es in Deutschland wieder so weit: links das Schild (*„Juden unerwünscht“*) im Jahr 1938 und rechts (*„Ungeimpfte unerwünscht“*) im Jahr 2021.

preise und Verschwendungssucht geben würde. Dabei tobte seit 2009 ein offener Währungskrieg, seit China eine neue Weltwährung vorgeschlagen hatte, die den US-Dollar ablösen sollte.

Das alte System war längst am Ende, aber (fast) alle Erdlinge sträubten sich dagegen, den Tatsachen ins Auge zu sehen. Es war klar, dass unsere alte Währungs- und Wirtschaftsordnung bereits zusammenbrach. Und all die kranken Maßnahmen in den 2010er-Jahren, die Schuldenorgien und die Abschaffung der Zinsen, hatten nur den Zweck, noch ein wenig Zeit zu gewinnen – entweder weil die alte Garde ihre Vorbereitungen für das neue System noch nicht abgeschlossen hatte oder weil es noch zu viele Reibereien mit den neureichen Milliardären gab. Doch 2019 hatte man sich dann endlich auf eine gemeinsame Linie geeinigt und George Soros legte wieder nach:

> ***„Die EU befindet sich mitten in einem einmaligen Krieg*** *gegen ein Virus, das nicht nur das Leben der Menschen bedroht, sondern auch* ***das schiere Überleben*** *der Union.“*[160]
>
> *George Soros* am 20. April 2020

Ein System, das auf unendlichem Wachstum aufgebaut ist, muss auf einem endlichen Planeten in regelmäßigen Abständen zusammenbrechen, um danach wieder von vorne neu aufgebaut werden zu können. Diesen Punkt hatten wir bereits um die Jahrtausendwende erreicht und – mehr oder weniger erfolgreich – noch einige Jahre hinausgezögert. Aber die Elite wusste, dass ein „Großer Reset“ nötig und ein neues Wirtschafts- und Währungssystem überfällig war, ein System, das von einer einzigen globalen Regierung geleitet werden sollte, die nicht demokratisch gewählt wurde, sondern sich selbst dazu auserkoren hatte. In diesem neuen System war nicht Platz für alle.

Um nicht die Kontrolle zu verlieren, musste die Geheime Weltregierung sich etwas einfallen lassen, um einen geordneten Zusammenbruch zu organisieren – natürlich ohne dabei nach außen hin in Erscheinung zu treten. Wer wollte schon – außer Bill Gates – für das daraus resultierende Leid verantwortlich gemacht werden? Also schob man Politiker und tendenziöse Pseudowissenschaftler vor, die Entscheidungsträger spielten – manche weniger überzeugend als andere.

Die einzige Lösung, die diesen Herrschaften dafür seit Jahrhunderten immer wieder einfällt, ist Krieg. Dieser aktuelle Krieg, der lautloser tötet als jeder andere zuvor, war absolut vorhersehbar. In meinem ersten Buch „*Was Sie nicht wissen sollen!*", das im Jahr 2011 erschien, hatte ich bereits auf Seite 246 Folgendes geschrieben:

> *„Beide, Gates und Rockefeller, investieren über ihre Stiftungen seit vielen Jahren in die Sterilisationsforschung. Sie geben immer wieder offen zu Protokoll, dass ein Teil der Bevölkerung weg muss! Doch wie sollte man Menschen dazu bringen, sich freiwillig mit schädlichen Stoffen impfen zu lassen? Ganz einfach: Man sagt ihnen nicht, dass die Impfung sie unfruchtbar macht oder sie sogar tötet. Man erklärt den Menschen, die Impfungen wären zu ihrem Schutz!*
> *Alles, was es dafür bräuchte, wäre eine potentielle Gefahr, etwas, das allen, die nicht eingeweiht sind, Angst macht, sie so sehr ängstigt, dass sie alle freiwillig zum Arzt laufen und um die Impfung betteln. Dann würden sie auch noch selbst dafür zahlen, dass sie eliminiert werden. Aber was könnte eine solche Gefahr sein? Ist so etwas überhaupt möglich?"*

Mittlerweile wissen wir nicht nur, dass es möglich ist, sondern auch wie. Im Grunde beginnen alle Kriege gleich, nämlich mit einer Lüge – entweder wurde man angeblich von einem Feind bedroht oder angegriffen. Das kann eine andere Armee sein oder neuerdings auch ein Virus, ein unsichtbarer Feind, der natürlich noch gefährlicher und heimtückischer ist als alle sichtbaren Feinde.

> *„Der französische Präsident Emmanuel Macron lässt ab Dienstag um 12 Uhr die Landesgrenzen schließen und hat der Bevölkerung* ***befohlen****, zu Hause zu bleiben. Er sagte,* ***das Land befinde sich im Krieg mit einem unsichtbaren, schwer fassbaren Feind****, und die Maßnahmen seien beispiellos, aber die Umstände verlangten sie."*[161]
>
> „*BBC News*" am 16. März 2020

Wenn ein glaubhafter Feind auserkoren wurde und die Menschen die Lüge glauben, dann muss man dem Feind den Krieg erklären. Und dann müssen alle Ressourcen gebündelt werden, um die Kriegs-Logistik bewältigen zu können. Es braucht Waffen, viele Waffen und viel Munition.

> *„Die britische Regierung bereitet die Verteilung des Corona-Virus-Impfstoffs in noch nie dagewesenem Umfang vor und stellt Soldaten ab, um Impfzentren in Stadien, Sporthallen und Einkaufszentren zu errichten. Es wurde als ‚der größte logistische Aufwand seit dem Zweiten Weltkrieg' beschrieben."*(162)
>
> *Steve Watson, „Summit News"*, 12. November 2020

Man kann jeden Krieg nur mittels Lügen und Propaganda gewinnen, denn die meisten Menschen sind nicht besonders scharf darauf, sich abschlachten zu lassen, also muss man ihnen zu Beginn versprechen, dass der Krieg nur an einer fernen Front geführt und rasch gewonnen sein wird. Man muss ihnen versprechen, dass sie ihr Leben weiterleben können und es keine allgemeine Wehrpflicht geben wird, und dass nur die an die Front müssen, die sich freiwillig melden.

Natürlich kann man es auch so modern und kreativ machen wie die österreichischen Marionetten. Wozu flossen denn Millionen in PR-Agenturen und Unternehmensberatungen? Da konnte man doch wohl ein wenig Raffinesse erwarten, oder nicht?

Abb. 11: Die große österreichische Impf-Lotterie im Jahr 2021

Oh ja, die österreichischen Werbefachleute, Medien und Politiker hatten es drauf. Da man – trotz offiziell toller Durchimpfungsrate – nicht genügend Stoff an den Mann und die Frau brachte, versuchte man es mittels „Incentives" (Anreize) wie der Impfung im Puff mit anschließender Belohnung oder bei einer von mehreren **„Impf-Lotterien"** verschiedener Zeitungen oder des Österreichischen Rundfunks (ORF), bei denen alle, die sich neu impfen ließen, iPhones, Schiffsreisen, Autos oder sogar Häuser gewinnen konnten. (Abb. 11) Im Krieg darf es keine Hemmungen und keine Grenzen geben. Wer sagt, dass Kriegsverbrechen nicht auch Spaß machen können?

Natürlich war keiner der Weltkriege schnell zu Ende. Sie forderten mehr und mehr von den Menschen ab, denn der militärisch-industrielle Komplex ist ein gefräßiges Monster.

> *„Als ich in meiner Rede vom 30. Januar von dieser Stelle aus den totalen Krieg proklamierte, schwollen mir aus den um mich versammelten Menschenmassen Orkane der Zustimmung zu. Ich kann also feststellen, dass die Führung sich in ihren Maßnahmen* ***in vollkommener Übereinstimmung mit dem ganzen deutschen Volk*** *in der Heimat und an der Front befindet. Das Volk will alle, auch die schwersten Belastungen auf sich nehmen und ist bereit, jedes Opfer zu bringen, wenn damit dem großen Ziel des Sieges gedient wird."*[(164)]
>
> Reichspropagandaminister *Joseph Goebbels* in der Rede im Berliner Sportpalast am 18. Februar 1943

Propaganda (PR) ist für den Ausgang eines Krieges entscheidend. Man muss den Eindruck erwecken, das Volk stünde wie „ein Mann" hinter einem gemeinsamen Ziel. Auf *Youtube*, *Twitter* und Co. fand eine atemberaubende Zensur statt. Wer zweifelt, muss den Eindruck bekommen, er wäre in der Minderheit, ein krasser Außenseiter. Dafür wurden Statistiken verfälscht, und es wurde Bildmaterial in falschen Zusammenhang gesetzt. Das war vor 80 Jahren so, und das hat sich seitdem nicht geändert, denn nur wenige Menschen haben den Mut und die Kraft, gegen den Strom zu schwimmen.

> *„Österreich... plant... im Kampf gegen die Pandemie von Februar an eine allgemeine Impfpflicht. Eine Maßnahme, über die auch in Deutschland immer lauter debattiert wird. Eine aktuelle SPIEGEL-Umfrage zeigt:* ***Eine große Mehrheit der Menschen würde die Impfpflicht hierzulande unterstützen****. Nach der Erhebung des Meinungs-*

instituts Civey sprechen sich mehr als 70 Prozent dafür aus, dass die Coronaimpfungen verpflichtend werden.“(165)

„*Der Spiegel*“, 22. November 2021

Da waren sie wieder, diese „70%“! Das ist offenbar eine psychologisch wirksame und einprägsame Marke. Natürlich kann niemand solche Behauptungen überprüfen, doch geht es im Krieg nie um Wahrheit. Es geht darum, die Menschen anzustacheln, zu motivieren, sie heiß zu machen. Und weil der Einzelne schnell vergisst, muss er ständig an die Gefahr durch den Feind und an das gemeinsame Ziel erinnert werden.

„*In den letzten Wochen habe ich immer wieder betont: Unser gemeinsames Ziel muss es sein, die Ungeimpften zur Impfung zu bringen, anstatt die Geimpften einzuschränken. Trotz monatelanger Überzeugungsarbeit, trotz intensiver, auch medialer Kampagnen ist es uns nicht gelungen, genug Menschen zu überzeugen, sich impfen zu lassen... Es gibt leider zu viele politische Kräfte, die massiv und öffentlich gegen die getroffenen Maßnahmen ankämpfen... das ist verantwortungslos,* ***das ist ein Attentat auf unser Gesundheitssystem****... Die Konsequenz daraus sind überfüllte Intensivstationen und enormes menschliches Leid. Das kann niemand von uns wollen.* ***Wir haben uns daher gestern zu dem sehr schwierigen Beschluss durchgerungen, sehr rasch eine bundesweite Impfpflicht in die Wege zu leiten****. Diese soll bereits ab 1. Februar nächsten Jahres gelten.*“(166)

Österreichs Bundeskanzler *Alexander Schallenberg* am 19. November 2021

Ein „*Attentat*“ kann ein Volk bis ins Mark erschüttern, wie wir nicht erst seit 9/11 wissen. Ein Attentat auf das eigene Land, die gemeinsamen Werte und die allgemeine Gesundheit kann ein Volk sich nicht bieten lassen, darf es sich nicht bieten lassen. Da muss mit aller Härte durchgegriffen werden. Worte haben Macht, und sie können kriegsentscheidend sein. Wer einen Krieg gewinnen möchte, muss seine Worte mit Bedacht wählen, um die maximale Wirkung zu erzielen. Man muss die Menschen auf der emotionalen Ebene erreichen. Man muss maximal eskalieren. Dafür sind vor allem die Medien zuständig.

„Alle deutschen Zeitungen müssen in größter Form über das Attentat auf den Legationssekretär an der Deutschen Botschaft in Paris berichten. Die Nachricht muss die erste Seite beherrschen.“[(167)]

Pressemitteilung der Nachrichtenagentur DNB (Deutsches Nachrichtenbüro), der zentralen Presseagentur des Deutschen Reichs, am 7. November 1938

Dies war die Nachricht, die im Jahr 1938 als Legitimation für die Reichskristallnacht und den darauffolgenden Krieg herhalten musste. Das Attentat des 17-jährigen *Herschel Grynszpan* auf den deutschen Diplomaten *Ernst vom Rath* in Paris wurde danach als ein *„Angriff des Weltjudentums auf das Deutsche Reich“* bezeichnet. Für die einzelnen Stufen der Eskalation in einem Krieg braucht es immer Schuldige.

„Das heißt, ***es ist absolut gerecht zu sagen****, es handelt sich um* ***eine Pandemie der Ungeimpften!****“*[(168)]

Der bayerische Ministerpräsident *Markus Söder* am 23. November 2021

Will man dem Volk Entbehrungen auferlegen, muss man an sein Ehrgefühl appellieren, an Ideale. Der Krieg muss „gerecht“ oder „gerechtfertigt“ sein. Er muss moralisch einwandfrei und legitimiert sein, also „alternativlos“, um es mit den Worten Angela Merkels zu sagen. Die Menschen sollen ein gutes Gewissen dabei haben, wenn sie ihre Nachbarn denunzieren, ins Lager oder in den Tod schicken, denn niemand darf sich seiner Pflichten und Verantwortungen entziehen.

„Das Volk will alle, auch die schwersten Belastungen auf sich nehmen und ist bereit, jedes Opfer zu bringen, wenn damit dem großen Ziel des Sieges gedient wird... Die Voraussetzung dazu aber ist selbstverständlich die, dass die Lasten ***gerecht verteilt*** *werden. Es darf nicht geduldet werden, dass der weitaus größte Teil des Volkes die ganze Bürde des Krieges trägt und* ***ein kleiner passiver Teil sich an den Lasten und an der Verantwortung des Krieges vorbeizudrücken versucht****.“*[(169)]

Reichspropagandaminister *Joseph Goebbels* in der Rede im Berliner Sportpalast am 18. Februar 1943

Worte und Formulierungen sind entscheidend für die Motivation des Volkes und des Einzelnen. Dafür ist es nötig, jeden Einzelnen immer wieder daran zu erinnern, dass er verdammt noch mal die Pflicht hat, für die Gemeinschaft einzustehen. Niemand darf sich mehr drücken. Man muss unentwegt an das Verantwortungsgefühl appellieren. Ehre, Pflicht, Verantwortung, Vaterland – das sind Schlagworte, die jeder verstehen kann und die bei den meisten Menschen über ihren sonstigen Prinzipien bestehen, weil sie für den Erhalt der Gemeinschaft essentiell sind und die niedersten Instinkte ansprechen. In emotionalen Ausnahmesituationen lassen sich von solchen Worten sogar jene mitreißen, die es sonst mit Pflichten nicht so ernst genommen haben.

> *„...insofern sehe ich* ***eine moralische Verpflichtung, sich impfen*** *zu lassen... die Frage, ob man sich impfen lässt oder nicht, betrifft immer auch andere. Und* ***das gehört schon zu meinem Verständnis von Freiheit****, dass ich einfach Verantwortung übernehme mit dieser Freiheit und mit* ***dieser freien Entscheidung****, und deswegen, damit das auch klar ist: Aus meiner Sicht gibt es eine solidarische Pflicht, sich impfen zu lassen...* ***wahrscheinlich wird am Ende dieses Winters*** *so ziemlich jeder in Deutschland – es wurde ja manchmal schon etwas zynisch genannt: –* ***‚geimpft, genesen oder gestorben sein‘****. Aber es ist ja tatsächlich so. Mit der sehr ansteckenden Delta-Variante ist das sehr, sehr wahrscheinlich. Und deswegen empfehlen wir ja auch so dringlich die Impfung, auch die Erst-Impfung weiterhin...“*
>
> Gesundheitsminister *Jens Spahn*, Bundespressekonferenz, 22. November 2021

Da Kriege nie so schnell gewonnen werden, wie es versprochen wurde, muss man immer wieder neu motivieren. Man braucht neue Rechtfertigungen, einen neuen Feind, der sich etwa dem ersten angeschlossen hat. Wenn man erst einmal den Punkt überschritten hat, an dem es ohne Gesichtsverlust kein Zurück mehr gibt, dann bleibt zwangsläufig nur noch *eine* Richtung, auch wenn man dafür das gesamte Volk opfern muss – was zufälligerweise einigen ganz gelegen kommt. Und nach und nach, wenn die Menschen müde und ausgelaugt und gebrochen sind, wenn sie keine Kraft mehr für Widerstand haben, muss man ihnen die bittere Wahrheit darlegen. Natürlich muss man dabei von der eigenen Schuld ablenken und die Verantwortung dafür Saboteuren in den eigenen Reihen in die Schuhe schieben. Denn was kann schlimmer sein als Volksverräter?

*„Und wir kommen ohne Not unter Umständen in eine **vierte Welle der Ungeschützten und Ungeimpften**. Es muss uns allen klar sein: **Die Impfung ist** der einzige Wellenbrecher, den wir haben. Sie ist **das einzige nachhaltige Exit-Ticket** aus dieser Pandemie.“*(170)

Österreichs Bundeskanzler *Alexander Schallenberg* am 22. Oktober 2021

Die Moral darf nicht ins Wanken geraten. Es darf keinen Widerstand in den eigenen Reihen geben. Alle (einfachen Menschen) müssen für diesen Krieg Opfer erbringen, ihr Leben geben. **Man muss dafür sorgen, dass die Abweichler von der großen Masse, vom Mob selbst erledigt werden, damit sie den Führern nicht gefährlich werden können.** An alldem hat sich seit den letzten beiden Weltkriegen nichts, aber auch nicht das Geringste geändert. Es muss auch jedem klar sein, dass Politiker ihre Entscheidung immer zum Wohle des Volkes treffen, auch wenn Einzelne im Volk zu dumm sind, das erkennen zu können. Man muss ihnen daher die Perspektive gerade rücken, ihnen klarmachen, dass letztlich alles nur zu ihrem Wohle war und niemand anderes als sie selbst die volle Verantwortung für ihr ungebührliches und unzureichendes Verhalten trägt. Nicht die Führung ist schuld, wenn der Einzelne im Krieg stirbt, sondern der Einzelne selbst.

„Die Opfer, die der einzelne Bürger dabei zu bringen hat, sind manchmal schwer; aber sie bedeuten nur wenig den Opfern gegenüber, die er bringen müsste, wenn er sich zu diesen Opfern weigerte und damit das größte nationale Unglück über unser Volk heraufbeschwörte. Es ist besser, zur rechten Zeit einen Schnitt zu tun, als zuzuwarten und die Krankheit sich erst richtig festsetzen zu lassen. Man darf aber dem Operateur, der den Schnitt tut, nicht in den Arm fallen oder ihn gar wegen Körperverletzung anklagen. Er schneidet nicht, um zu töten, sondern um das Leben des Patienten zu retten.“(171)

Joseph Goebbels in der Rede im Berliner Sportpalast am 18. Februar 1943

Man darf diejenigen, die das Notwendige ausführen, nicht anklagen, denn sie erfüllen nur ihre Pflicht. Im Krieg gelten keine Versprechen und keine Regeln. Es gibt keine Zeit für Diskussionen oder Befindlichkeiten. Wer einen Befehl verweigert, wird standrechtlich erschossen.

Allein mit dem Ausrufen einer Impfpflicht, diesem dringend notwendigen „Schnitt des Operateurs", wird es also nicht getan sein, denn man muss die Maßnahme auch tatsächlich vollstrecken. Dafür muss man als Führer bereit sein, bis zum Äußersten zu gehen. Man muss im Namen der gerechten Sache auch dazu bereit sein, die Menschen notfalls auch mit Gewalt zu ihrem Glück zu zwingen. Da darf es keine Kompromisse und Hemmungen mehr geben, denn ein Zurück gibt es nicht. Es gibt nur noch „alles oder nichts", Sieg oder Niederlage.

> *„Ich frage Euch: Wollt Ihr den totalen Krieg? Wollt Ihr ihn, wenn nötig, totaler und radikaler, als wir ihn uns heute überhaupt noch vorstellen können?"*(172)
>
> Reichspropagandaminister *Joseph Goebbels* in der Rede im Berliner Sportpalast am 18. Februar 1943

Heute ist Montag, der 29. November 2021, und die neue deutsche Regierungskoalition aus SPD, Grünen und FDP gab soeben bekannt, dass die Koordinierung der „Plandemie" nun in die Hände des Militärs gelegt wurde. Neuer Leiter des Krisenstabs der neuen Bundesregierung soll demnach Generalmajor *Carsten Breuer*, Kommandeur des Kommandos Territoriale Aufgaben der Bundeswehr, werden.(173)

> *„Das Volk will geführt werden. Noch niemals gab es in der Geschichte ein Beispiel dafür, dass in einer kritischen Stunde des nationalen Lebens das Volk einer tapferen und entschlossenen Führung die Gefolgschaft versagt hätte."*(174)
>
> Reichspropagandaminister *Joseph Goebbels* in der Rede im Berliner Sportpalast am 18. Februar 1943

In Krisenzeiten neigen die Menschen immer dazu, die eigenen Reihen zu schließen und persönliche Befindlichkeiten hinten anzustellen. Ohne 9/11 hätte US-Präsident *George W. Bush* seine erste Amtszeit nicht überstanden und wäre im Jahr 2004 nicht wiedergewählt worden. Jeder Politiker rund um den Globus weiß um dieses Phänomen. Wenn das Volk Angst hat, sehnt es sich nach einer starken Hand, nach einem entschlossenen Führer.

Die Schweizer sollen sich gestern, am 28. November 2021, in einer Volksabstimmung mehrheitlich für schärfere Corona-Maßnahmen und verpflichtende Impfpässe ausgesprochen haben. Ich hatte letzte Woche mit zwei impfkritischen Bekannten in der Schweiz darüber gesprochen, und sie hatten beide fest mit einem solchen Ergebnis gerechnet, da sie wussten, dass ihre Regierung bereit war, bis zum Äußersten zu gehen.

> *„Es ist also an der Zeit, den Säumigen Beine zu machen. Sie müssen aus ihrer bequemen Ruhe aufgerüttelt werden. Wir können nicht warten, bis sie von selbst zur Besinnung kommen und es dann vielleicht zu spät ist. Es muss wie ein Alarmruf durch das ganze Volk gehen. Eine Arbeit von Millionen Händen hat einzusetzen, und zwar landauf, landab.“*[(175)]
>
> Reichspropagandaminister *Joseph Goebbels* in der Rede im Berliner Sportpalast am 18. Februar 1943

Die meisten Menschen konnten sich zu diesem Zeitpunkt noch nicht vorstellen, dass rund 80 Jahre später wieder Deutsche andere Deutsche und Österreicher andere Österreicher auf offener Straße erschlagen könnten. Jeder sieht nur das, was er oder sie sehen will. Aus der kanadischen Stadt Montreal kam im Dezember 2021 die Meldung, dass geimpfte Fahrgäste in Zügen nun einen gelben Aufkleber mit einem Haken darauf auf ihre Kleidung bekamen, um zu symbolisieren, dass sie „sauber“ sind.[(176)] Viele glaubten immer noch, dass die Geschichte sich nicht wiederholen könnte, obwohl sie das schon längst tat. Schlimmer noch: Es war sogar noch einfacher, die Menschen gegeneinander aufzuhetzen, als in den 1930er-Jahren. Es brauchte nicht einmal mehr beeindruckende pathetische Inszenierungen, schneidige Uniformen oder rhetorisch begabte und wortgewaltige Führer, denn die verweichlichte und resignierte deutsche Masse folgte im Jahr 2021 selbst schon einem Marshmallow-Männchen mit Brille. (Abb. 12)

Die meisten Menschen in den deutschsprachigen Ländern glaubten selbst im Jahr 2021 noch immer daran, in Demokratien zu leben. Sie dachten, dass sie an Wahlurnen eine Veränderung herbeiführen könnten. In Deutschland waren zur Bundestagswahl 2021 erstmals 47 Parteien angetreten, was auf der einen Seite zeigte, dass viele Bundesbürger sehr unzufrieden mit der gegenwärtigen Lage waren, gleichzeitig aber bewies, dass sie die Lage völlig falsch eingeschätzt hatten. Am Ende waren wieder die selben sechs Parteien an der Macht, in etwas anderen Konstellationen und mit neuem Personal. Aber an der Marschrichtung änderte sich nichts, außer vielleicht, dass das sogenannte „Spitzenpersonal" mit *Annalena Baerbock* (Grüne) als Außenministerin und *Karl Lauterbach* (SPD) als Gesundheitsminister in anderen Zeiten für sehr viel Amüsement gesorgt hätte. Unter diesen Umständen aber war es besorgniserregend, dass man auf das allerletzte Personal zurückgreifen musste. Nach der Verlautbarung, dass Baerbock Außenministerin würde, zirkulierten in Diplomatenkreisen Memes von ausländischen Politikern, die sich den Bauch vor Lachen hielten, und über Lauterbach herrschte nur noch blankes Entsetzen. Die Koalitionsverhandlungen hatten sich so lange gezogen, weil niemand in Deutschland das Amt des Gesundheitsministers von Jens Spahn (dessen Partei abgewählt wurde) übernehmen wollte – außer eben Karl Lauterbach. Das muss für den neuen Chef in Deutschland, Olaf Scholz, hart gewesen sein, in etwa so, wie wenn man in der Schule beim Völkerball das dickste und unbeweglichste Kind in seine Mannschaft aufnehmen musste, wohl wissend, dass jeder, auch der Unfähigste, es abschießen würde.

Abb. 12 zeigt den früheren Bankkaufmann und Pharmalobbyisten und späteren deutschen Gesundheitsminister *Jens Spahn*.

Wenn Du eine schwache Mannschaft hast und in Bedrängnis bist, dann bleibt Dir nur die Flucht nach vorne, dann musst Du Zähne zeigen, beißen, kratzen und mit allen

Mitteln versuchen, Dir Respekt zu verschaffen. Denn niemand kann einen Krieg gewinnen, wenn er noch nicht einmal von der eigenen Bevölkerung ernst genommen wird. Am 2. Dezember 2021 sagte dann der neue deutsche Bundeskanzler *Olaf Scholz* folgerichtig gegenüber DIE ZEIT:

> ***„Für meine Regierung gibt es keine roten Linien mehr bei alldem, was zu tun ist. Es gibt nichts, was wir ausschließen.*** *Das kann man während einer Pandemie nicht machen. Der Schutz der Gesundheit der Bürger*innen steht über allem.*"(177)

Machen wir uns nichts vor. Wir alle waren die Soldaten in dieser Inszenierung. Wir wurden dazu auserkoren, Opfer zu erbringen, wenn nötig auch unser Leben zu geben, um einen angeblichen unsichtbaren Feind zu besiegen. Der größte Teil der Menschen weigert sich vehement, aus der Geschichte zu lernen. Das ist eine bittere Erkenntnis, aber sie ist überfällig.

Jeder Krieg beruht auf Lügen, auf leeren Versprechen und auf falschen Hoffnungen. In George Orwells Roman „*1984*" wiederholt das „Ministerium für Wahrheit" immer wieder seine drei Parolen für die Bürger, so lange, bis alle sie glauben:

- *Krieg ist Frieden*
- *Freiheit ist Sklaverei*
- *Unwissenheit ist Stärke*

Mittels Propaganda wurden alle Bürger emotional gesteuert. Viele hielten ihre Unwissenheit für Stärke und die Lüge für die Wahrheit. Sie wollten daran glauben, dass alles zu Ende wäre, wenn nur alle sich impfen ließen. Dabei hätten Beispiele wie Israel oder Singapur sie eines Besseren belehren müssen. Aber sie befanden sich im emotionalen Ausnahmezustand und hatten jegliche Kontrolle über ihren Geist und ihre Gedanken verloren. Und so beschrieb *Orwell* diesen Zustand aus der Sicht seines Protagonisten *Winston* in seinem prophetischen Roman „*1984*":

„In einem lichten Augenblick ertappte sich Winston, wie er mit den anderen schrie und trampelte. Das Schreckliche an der Zwei-Minuten-Hass-Sendung (Tagesnachrichten; A.d.V.) *war nicht, dass man gezwungen wurde mitzumachen, sondern im Gegenteil, dass es unmöglich war, sich ihrer Wirkung zu entziehen. Eine schreckliche Ekstase der Angst und der Rachsucht, das Verlangen zu töten, zu foltern, Gesichter mit einem Vorschlaghammer zu zertrümmern, schien die ganze Versammlung wie ein elektrischer Strom zu durchfluten, sodass man gegen seinen Willen in einen Grimassen schneidenden, schreienden Verrückten verwandelt wurde. Und doch war der Zorn, den man empfand, eine abstrakte, ziellose Regung, die wie der Schein einer Blendlaterne von einem Gegenstand auf den anderen gerichtet werden konnte."*

Aus *George Orwells* Roman *„1984"*

In Deutschland wird der Zorn ganz gezielt auf die Kritiker der Corona-Maßnahmen und der „Impfung" gelenkt, auf all jene, die gegen den Entzug ihrer Freiheit auf die Straße gehen und demonstrieren. Das Perfide daran ist, dass in Deutschland alle Bürger eine Zwangsabgabe für den öffentlich-rechtlichen Rundfunk entrichten müssen, der es sich offenbar zur Aufgabe gemacht hat, alle Abweichler nicht nur zu maßregeln und bloßzustellen, sondern der auch immer deutlicher ihre Eliminierung fordert. Die sogenannte „Satirikerin" *Sarah Bosetti*, die auf ZDFkultur ihre eigene Sendung *„Bosetti will reden"* hat, twitterte beispielweise am 3. Dezember 2021 Folgendes:

„Wäre die Spaltung der Gesellschaft wirklich etwas so Schlimmes? Sie würde ja nicht in der Mitte auseinanderbrechen, sondern ziemlich weit rechts unten. Und so ein Blinddarm ist ja nicht im strengeren Sinne essentiell für das Überleben des Gesamtkomplexes."[(178)]

Man braucht offenbar nicht viel Intelligenz, um bei ZDFkultur arbeiten zu können, aber so dumm kann weder *Frau Bosetti* noch ihr gesamtes Team sein, nicht zu wissen, dass sich der Blinddarm im Körper nicht rechts unten befindet. Sie tut ganz gezielt das, was Psychopathen immer tun: Sie tarnen sich, verdrehen die Wahrheit und haben Freude daran, anderen weh zu tun. Sie und alle, die hinter ihr stehen, tarnen sich als liberal und weltoffen und sind in Wahrheit nur von Hass und Bösartigkeit angetrieben. Sie wissen ganz genau, was sie mit dem „Blinddarm-Vergleich“[179] tun, denn er spielt an auf einen bekannten Ausspruch des SS-Arztes *Fritz Klein*:

> *„Aus Ehrfurcht vor dem menschlichen Leben würde ich einen eiternden Blinddarm aus einem kranken Körper entfernen. Der Jude ist der eiternde Blinddarm im Körper der Menschheit.“*[180]

Es ist Krieg, meine Damen und Herren, und alle in den entscheidenden Positionen in der Politik, den Medien und in der vermeintlichen Wissenschaft verhalten sich längst dementsprechend.

Wer weiß was?

> *„Die neuesten Daten, die von Public Health Scotland veröffentlicht wurden, zeigen... dass 64 Prozent der ‚Fälle‘, 74 Prozent der Krankenhausaufenthalte und* ***89 Prozent der Todesfälle*** *in den letzten vier Wochen* ***auf die geimpfte Bevölkerung entfielen****. Das zeigt, dass wir es nicht mit einer ‚Pandemie der Ungeimpften‘, sondern im Gegenteil mit einer* ***‚Pandemie der Geimpften‘*** *zu tun haben.* ***Die Daten belegen jedoch auch, dass die Covid-19-Injektionen nicht nur unwirksam sind, sondern den Zustand der Betroffenen verschlimmern.*** *Denn* ***DIE STERBLICHKEITSRATE IN DER GEIMPFTEN BEVÖLKERUNG IST FÜNFMAL HÖHER ALS UNTER DEN UNGEIMPFTEN.****“*[181]
>
> Die schweizerische Informationsseite „*Corona-Transition*“ am 30. November 2021

Die Frage, die spätestens an dieser Stelle auftaucht, ist natürlich: Wer weiß eigentlich wirklich über die Hintergründe all dessen Bescheid? Weiß mein Arzt, was er da tut, wenn er mir einreden möchte, dass ich mich impfen lassen soll? Wissen all die Politiker, dass diese Impfung eine Massenvernichtungswaffe ist, oder glauben sie, das Richtige zu tun, und haben einfach keine Ahnung? Verstehen all die Journalisten, die gegen Ungeimpfte hetzen, dass sie keinen Journalismus, sondern Propaganda betreiben? Und wenn sie es wissen, ist es ihnen einfach nur egal?

Diese Fragen sind mehr als berechtigt, aber ich kann sie nicht pauschal beantworten, weil ich nicht in die Köpfe aller Menschen hineinsehen kann. Ich kann nur Vermutungen anstellen. Ich gehe davon aus, dass viele Politiker, zumindest in den höheren Positionen, wissen könnten, dass sie da einen Genozid anordnen – wenn sie es denn wissen wollten. Die meisten von ihnen denken aber nicht selbstständig und kritisch, sonst wären sie nie so hoch hinaufgekommen in der Hierarchie. In einem Bereich ganz nach oben zu kommen, egal ob in Politik, Medien, Unterhaltung oder Wissenschaft, setzt in der Regel das Fehlen von Anstand und Moral voraus. Um im bestehenden System weit nach oben zu kommen, muss man über die sprichwörtlichen „Leichen" gehen können.

Eine Ausnahme bilden da aus meiner Sicht Sportler, vor allem aus Einzel-Sportarten. Ein gutes Beispiel hierfür ist der serbische Tennisstar *Novak Djokovic*, der sich wegen seiner Impfskepsis im Jahr 2021 nicht nur mit den Medien, sondern auch mit Verbänden und Veranstaltern anlegte, weil er sich weigerte, seinen Impf-Status bekannt zu geben, da er dies für seine Privatsache hielt. Selbst der Fußball-Star *Joshua Kimmich* vom FC Bayern München erregte viel Aufsehen damit, dass er sich nicht impfen lassen wollte, wie übrigens mindestens vier weitere Bayern-Spieler. Die meisten Sportler sind Individualisten, Kämpfer, harte Knochen, die oft wenig Angst vor Auseinandersetzungen haben. Die meisten Menschen aber scheuen Auseinandersetzungen, weil sie schwach und feige sind. Sie schwimmen lieber mit dem Strom. Und deshalb verweigern sie sogar aktiv alles, was sie zwingen würde, aufzustehen und sich zu exponieren. Sie wollen gar nicht wissen, was wirklich vor sich geht, weil sie das unter Umständen völlig aus dem Gleichgewicht bringen würde. Also glauben sie lieber, was ihr Umfeld glaubt, und tun, was ihnen gesagt wird. Die meisten Menschen sind Mitläufer, Herdentiere, die alles tun würden, um in der Herde bleiben zu dürfen, weil sie ihnen Schutz bietet.

Die meisten Medienvertreter sind nicht sehr viel anders gestrickt, nur dass sie oft arrogant sind und sich für extrem gebildet und klug halten, weil sie Teil der „4. Macht" im Staate sind. Sie halten sich für etwas Besonderes, sind aber, genauso wie die einfachen Angsthasen auch, darauf angewiesen, in ihrer Herde zu bleiben, weil sie alleine nichts wären und tun könnten. Sie brauchen einen Arbeitgeber, der sie arbeiten lässt, also müssen sie tun, was er von ihnen verlangt und reden es sich schön. Und weil das nicht immer gelingt, sind viele frustriert und verbittert und zynisch. Sie sind oft voller Hass. Es gibt nur ganz wenige Ausnahmen, die stark genug sind, um ihr „eigenes Ding" durchzuziehen, wie etwa der deutsche Journalist *Boris Reitschuster*, der den Mut hatte, aus dem Angestellten-Dasein auszusteigen und seine eigene journalistische Plattform aufzubauen, die mittlerweile die meistgelesene Nachrichtenseite in Deutschland ist.

Die meisten anderen seiner Zunft aber halten still und spielen mit. Sie wollen das Offensichtliche nicht sehen, also wehren sie es mit aller Aggressivität ab und beschimpfen andere, die stärker sind als sie, weil sie fürchten, als schwach entlarvt zu werden. Dazu kommt, dass sie einen sehr kleinen Bildungs- und Bewegungshorizont haben. Sie bleiben unter sich und mauscheln mit Politikern und allen, die vielleicht eines Tages für sie für ein Interview wichtig sein könnten. Sie vertreten eine feste Meinung (die ihnen von ihrem Arbeitgeber vorgegeben wird) und halten sie für die einzig gültige Wahrheit. Dementsprechend halten sie alle anderen Menschen mit abweichenden Meinungen für dumm – und genauso behandeln sie sie auch.

Doch natürlich gibt es Ausnahmen, und gelegentlich platzt einem von ihnen der Kragen, und dann wird er von der Herde ausgestoßen. Lassen Sie mich an dieser Stelle ein etwas längeres Zitat aus einem offenen Brief eines (bis dahin) Redakteurs des öffentlich-rechtlichen Rundfunks in Deutschland bringen, das helfen könnte zu verstehen, warum die Medien so sind, wie sie gegenwärtig sind:

„Ich kann nicht mehr schweigen. Ich kann nicht mehr wortlos hinnehmen, was seit nunmehr anderthalb Jahren bei meinem Arbeitgeber, dem öffentlich-rechtlichen Rundfunk, passiert. In den Statuten und Medienstaatsverträgen sind Dinge wie ‚Ausgewogenheit', ‚gesellschaftlicher Zusammenhalt' und ‚Diversität' in der Berichterstattung verankert. Praktiziert wird das genaue Gegenteil. Einen wahrhaftigen Diskurs und Austausch, in dem sich alle Teile der Gesellschaft wiederfinden, gibt es nicht... Wissenschaftlerinnen und Experten, die in der Zeit vor Corona respektiert und angesehen waren, denen Raum im öffentlichen Diskurs gegeben wurde, sind plötzlich Spinner... Anstelle eines offenen Meinungsaustausches wurde ein ‚wissenschaftlicher Konsens' proklamiert, den es zu verteidigen gilt. Wer diesen anzweifelt und eine multidimensionale Perspektive auf die Pandemie einfordert, erntet Empörung und Häme. Dieses Muster funktioniert auch innerhalb der Redaktionen... Ich beschreibe hier meine Wahrnehmung aus Redaktionskonferenzen und einer Analyse der Berichterstattung. Lange Zeit habe ich mich nicht aus der Rolle des Beobachters getraut, zu absolut und unisono wirkte der vermeintliche Konsens. Seit einigen Monaten wage ich mich aufs Glatteis und bringe hier und da eine kritische Anmerkung in Konferenzen ein. Oft folgt darauf betroffenes Schweigen, manchmal ein ‚Dankeschön für den Hinweis' und manchmal eine Belehrung, warum das so nicht stimme. Berichterstattung ist daraus noch nie entstanden. Das Ergebnis von anderthalb Jahren Corona ist eine Spaltung der Gesellschaft, die ihresgleichen sucht. Der öffentlich-rechtliche Rundfunk hat daran großen Anteil... In jedem Fall erfordert es einiges an Mut, in Konferenzen, in denen Themen diskutiert und besprochen werden, gegen den Strom zu schwimmen. Oft setzt sich derjenige durch, der seine Argumente am eloquentesten vortragen kann, im Zweifel entscheidet natürlich die Redaktionsleitung. Schon sehr früh galt die Gleichung, dass Kritik am Coronakurs der Regierung dem rechten Spektrum angehört. Welche Redakteurin wagt es da noch, einen Gedanken in diese Richtung zu äußern?"[182]

Ole Skambraks am 5. Oktober 2021

Die kleinen Rädchen im Getriebe sind zu feige, um aufzustehen, die etwas größeren sind direkt oder indirekt alle geschmiert, und sie verdienen so gut, dass sie dieses angenehme Leben nicht aufs Spiel setzen. Nicht umsonst nennt Trendforscher *Gerald Celente* sie gerne „Presstituierte".

Ich habe in meinem Buch „*LOCKDOWN – Band 2*" detailliert ausgeführt, wie *Bill Gates* die meisten Journalistenverbände und -schulen finanziert und sich so die Loyalität der Presstituierten erkauft. Staatliche Subventionen an die Presse sorgen zudem dafür, dass es keine kritische Berichterstattung über Regierungspolitiker und Regierungsmaßnahmen gibt. Wissen die meisten Journalisten also Bescheid, was läuft? Ich denke nicht, außer vielleicht die ganz oben. Die müssten es zumindest ahnen. Aber, wie gesagt, jeder sieht und glaubt nur das, was er sehen und glauben möchte.

Was aber ist mit der Ärzteschaft? Die müssten doch auf Grund ihrer fachlichen Kompetenz begreifen, was da abläuft, oder nicht? Wie können sie dann diese Impfung so vorantreiben?

> *„Im Jahr 2005 wurde bekannt, dass das Pharmaunternehmen Ratiopharm systematisch Ärzte mit Geld oder Geschenken dazu brachte, die hauseigenen Präparate bevorzugt zu verordnen. Die Staatsanwaltschaft Ulm eröffnete 3.000 Ermittlungsverfahren, gab die meisten inzwischen aber an die örtlich zuständigen Staatsanwaltschaften ab... In Paragraf 34 der Berufsordnung für Ärzte in Deutschland heißt es klipp und klar: ‚Ärzten ist es nicht gestattet, für die Verordnung von Arzneimitteln eine Vergütung oder andere Vorteile für sich oder Dritte zu fordern, sich oder Dritten versprechen zu lassen oder anzunehmen.'... Umso erstaunlicher die Reaktion* **(Frank Ulrich)** ***Montgomerys*** *– immerhin einer der höchsten Repräsentanten der deutschen Ärzteschaft. Bei ‚Hart aber fair' stellte er den Schmiergeld-Ärzten quasi einen Freibrief aus, wörtlich sagte er in der Sendung vom Mittwochabend: ‚****(dass) es nicht strafbar war, was da geschah. Es war ein ganz normales, natürliches Verhalten.****'"*[183]
>
> *Markus Grill* für „*SPIEGEL Wirtschaft*" am 17. September 2009 mit dem Titel „Ärzte-Lobbyist verteidigt Schmiergeld für Mediziner"

Es scheint also laut des Weltärztepräsidenten ein *„ganz normales, natürliches Verhalten"* zu sein, dass Ärzte sich von Pharmaunternehmen dafür bezahlen lassen, bestimmte Medikamente zu verabreichen. Diesen Umstand werde ich jetzt nicht weiter kommentieren, aber Geld scheint definitiv ein Motivator zu sein.

> *„Der Großteil aller Impfungen gegen das Coronavirus in Deutschland wird in Arztpraxen getätigt. Für sie sind die Corona-Impfungen ein zusätzlicher Aufwand, aber auch ein lukratives Geschäft. Durchschnittlich verdienen die Praxen im Monat Tausende Euro. In Impfzentren ist es noch lukrativer zu arbeiten. Hier bekommen Ärzte bis zu 24.000 Euro im Monat."*[184]
>
> *„Business Insider"* am 19. Dezember 2021

Doch zurück zur Kompetenz und der Frage, ob Ärzte genau wissen, was sie da tun: Ich möchte an dieser Stelle nicht überheblich wirken, aber bei manchen Ärzten ist es mit der Kompetenz nicht weit her. Ich weiß aus eigener Erfahrung, dass viele nur nach dem gehen, was man ihnen an der Universität eingetrichtert hat. Ihre Denkprozesse laufen in sehr engen Bahnen ab. Da viele Ärzte den menschlichen Körper oftmals rein mechanisch betrachten, hätten sie vielleicht besser Automechaniker werden sollen. Viele Ärzte handeln immer nach Lehrbuch, zum einen weil sich das leichter abrechnen lässt, zum anderen, weil sie nichts anderes können. Sie haben nicht gelernt, auch nur einen Zentimeter vom Handbuch der WHO (*ICD-10 Code*) abzuweichen. Es sagt ihnen genau, welche Symptome welche Krankheit bedeuten und welche Medikamente sie dafür zu verschreiben haben. Dieses Handbuch ist für die meisten Ärzte eine Art Bedienungsanleitung für Patienten. Es wird alle paar Jahre erneuert, und wir dürfen schon sehr auf die neue Ausgabe gespannt sein, die *Bill Gates* und seine WHO im Jahr 2022 vorstellen werden. Besonders auf die Definition und verpflichtende Behandlung von „Covid-19" bin ich schon sehr gespannt.

Nicht nur Ärzte, viele Akademiker haben schlichtweg nie gelernt, selbstständig zu denken. Ganz im Gegenteil: Sie sind brave Soldaten. Vielen von ihnen fehlt auch jegliches Einfühlungsvermögen in andere

Menschen. Die meisten sind verkopft und wissenschaftshörig und lehnen kategorisch jedes Hinterfragen ihrer Religion ab. Und ***Anthony Fauci***, der Hohepriester der Wissenschaftsreligion, warnt Ketzer sehr klar und nachdrücklich davor, seine uneingeschränkte Autorität in Frage zu stellen: ***„Wer mich angreift, der greift in Wahrheit die Wissenschaft als solche an! Und jedermann weiß das!“***[185] Jeder Wissenschaftler versteht ganz genau, was solche Aussagen bedeuten und was mit jenen passiert, die seine Heiligkeit anzweifeln. *Fauci* ist das Wort Gottes. Haben Sie verstanden?

Man sollte den Namen ***Fauci*** in dem Zusammenhang immer mit den Namen ***Ferguson*** und ***Drosten*** nennen. Sie sind das Dreigestirn, die „Trinity“, wie die erste Atombombe hieß. Wenn Bill Gates der Bauherr dieses Irrenhauses ist, dann sind die drei die ausführenden Architekten. *Anthony Fauci* lieferte das Virus, *Neil Ferguson* die Horrorszenarien, Abstandsregeln und Lockdown, und *Christian Drosten* den angeblichen Beweis (den Test). Ohne diese drei hätte es das alles, worüber ich hier schreibe, nicht gegeben. Wenn irgendjemand auf diesem Planeten neben der Geheimen Weltregierung weiß, was gerade wirklich läuft, dann sind es zuallererst diese drei und ihr gesamtes Umfeld. Sie sind die drei Finger an der rechten Hand des Leibhaftigen, und sie sollten und sie sollen zur Hölle fahren – also dort hin zurück, woher sie gekommen sind.

Manchen Vertretern der Ärzteschaft fehlt vermutlich die Sachkenntnis, um etwas so Komplexes wie diese neuen „Impfungen“ zu verstehen – es sei denn, sie beschäftigen sich freiwillig in ihrer Freizeit eingehend mit der Materie, was aber offenbar nicht die Mehrheit tut. Wenn also selbst ein Impfstoff-Forscher und Assistenz-Professor für Medizin wie *Dr. Byram Bridle* erst fünf Monate nach Beginn der weltweiten Impfkampagne erkennt, dass hier den Menschen *„ein Giftstoff gespritzt wird“*, dann kann man sich ausrechnen, dass die meisten einfachen Haus- oder Spitalsärzte keine Ahnung haben, was da wirklich vor sich geht. Aber viele ahnen es und sind offenbar doch skeptisch. Manche äußern sich öffentlich und müssen dafür mit harten Konsequenzen leben, was andere unsichere Ärzte dazu verleitet, lieber den Mund zu halten.

Dann gibt es glücklicherweise noch jene Gruppe von Medizinern, die sehr wohl ganz genau verstanden haben, was hier passiert, und die sich auch dementsprechend positioniert haben. Ich schätze, dass es weit weniger als 10% sind. Sie versuchen aufzuklären und gegenzusteuern und sich zusammenzuschließen, wie zum Beispiel die Gruppe **„Ärzte für Aufklärung"** (*www.aerztefueraufklaerung.de*). Doch ohne Rückendeckung aus der Bevölkerung werden sie es schwer haben, etwas zu erreichen, vor allem auch, weil viele angebliche Koryphäen im Bereich der Medizin mit aller Macht dagegenhalten, um ihre Pfründe zu sichern. Da gibt es viele kleine Faucis, denen ihr hart erarbeiteter gesellschaftlicher und wissenschaftlicher Status sowie ihr Wohlstand und ihre Karriere scheinbar wichtiger sind als Menschenleben. Wie ich zuvor bereits am Beispiel des Vorsitzenden des Weltärztebundes *Prof. Dr. Frank Ulrich Montgomery* zeigte, kennen viele dieser Karrieristen keine Hemmungen.

Am 26. Mai 2021 sagte *Montgomery* im Interview mit der WELT, gefragt danach, dass zwar aktuell zu wenig Impfstoff vorhanden sei, ob man aber nicht trotzdem den ärmeren Ländern Impfstoff abgeben sollte, wortwörtlich:

> *„Also erstens: Man kann den Impfstoff nicht einfach in der Küche kochen, das sind hochkomplexe Fertigungsanlagen, in denen auch sehr schnell mal was schiefgeht, und deshalb haben wir immer das Problem der Lieferausfälle, weil auch einfach mal schlicht und einfach eine ganze Charge in so einer Fabrik nicht verwendet werden kann. Zweitens:* ***Es ist natürlich illusionär zu glauben, dass die Länder****, die mit hohen Investitionsmitteln und auch gedrängt von ihrer Bevölkerung die Impfstoffe entwickelt und produziert haben,* ***ihre eigene Bevölkerung nicht opfern****, äh nicht impfen,* ***sondern aus reinem Altruismus andere Bevölkerungen opfern****, das ist einfach nicht realistisch..."*

Zwei solche „Versprecher" in einem Satz halte ich schon für außergewöhnlich. Wie gesagt, man muss nur genau zuhören. Lassen Sie mich an dieser Stelle nochmals den Tübinger Hirnforscher *Niels Birbaumer* zitieren:

„Die Chance, dass Sie in Ihrem Leben schon einmal mit einem Psychopathen zu tun hatten, liegt bei genau 100 Prozent. Einige von ihnen arbeiten in den allerhöchsten Positionen der Geschäftswelt. Hier finden sie alles, was sie interessiert: Geld, Macht, Kontrolle über andere Menschen. Man trifft sie in der Politik, im Gesundheitswesen, in den Medien – intelligente Psychopathen sind häufig sehr erfolgreiche Menschen.“

Unter „Psychopathie“ wird in der Medizin eine sehr schwere, antisoziale Persönlichkeitsstörung verstanden, die im Grunde als nicht mehr therapierbar angesehen wird. Der Begriff „Psychopath“ bezeichnet Menschen, die man generell als gefühlskalt, abgeklärt und völlig verantwortungslos bezeichnen könnte. Sie sind oft (aber nicht immer) charmant und verstehen es, oberflächliche Beziehungen herzustellen, oft sind sie aber impulsiv, manipulativ, lügen ständig, haben keinerlei Mitgefühl mit anderen und handeln für fühlende Menschen völlig irrational. Aber sie wissen ganz genau, wie sie bekommen, was sie wollen. Experten schätzen die Zahl der Psychopathen allein in Deutschland auf knapp eine Million. Man kann also davon ausgehen, dass der größte Teil der Führungskräfte in der Politik, den Medien und im Gesundheitswesen Psychopathen sind, Wesen, denen alle anderen völlig gleichgültig sind. Von der Pharmaindustrie möchte ich erst gar nicht anfangen. Haben Sie jemals versucht, mit jemand aus einem Pharmakonzern über Impfungen und deren Sinnhaftigkeit zu diskutieren? Ich schon. Glauben Sie mir, diese Zeit kann man sinnvoller einsetzen.

Und dann haben wir noch die Autisten aus dem Silicon Valley, wie meinen uneingeschränkten Liebling *Bill*, dem Experten das **Asperger-Syndrom** attestieren, so wie *Mark Zuckerberg* oder *Greta Thunberg* auch. Diese leichte Form des Autismus soll vor allem bei stark Internet-affinen Menschen auffällig häufig auftreten. Gerade Menschen, die bereits in sehr jungen Jahren mehr Zeit mit dem Computer verbrachten als mit Spielkameraden, scheinen oft unter dem Syndrom zu leiden, das sich vor allem durch **geringe soziale Kompetenz**, viel **Egoismus** und **geringes Mitgefühl** mit anderen auszeichnet, manchmal auch durch ungelenke Motorik und Schwierigkeiten bei der Kommunikation. Damit hätten wir dann mit einem Schlag einen großen Teil der westlichen Jugend abgedeckt, denn zumindest die meisten unter 30-Jährigen pflegen eine engere emotionale Beziehung zu ihrem Smartphone als zu ihren Mitmenschen.

Da bleiben dann also nicht mehr allzu viele „normale" Menschen, also solche, die nicht offensichtlich einen an der Waffel haben, autistisch oder psychopatisch veranlagt sind und auch sonst keine schweren psychischen Störungen aufweisen. Wenn wir jetzt noch die große Zahl derer abrechnen, die dauerhaft auf legalen oder illegalen Drogen sind, dann bleiben optimistisch gerechnet vielleicht 30-40% der Bevölkerung übrig. Und von diesem Drittel haben viele Angst davor, sich eine riesige Verschwörung vorzustellen, weil sie das völlig überfordern und ohnmächtig machen würde. Also sehen sie lieber weg, wenn etwas Schlimmes passiert.

> *„Aber der Einzelne ist überfordert, wenn er einer Verschwörung gegenübersteht, die so gewaltig ist, dass er sie nicht für möglich hält. Die Amerikaner weigern sich vom Verstand her anzuerkennen,* ***dass das Böse mitten unter uns ist.*** *Sie lehnen selbst die Annahme ab, dass menschliche Geschöpfe eine Philosophie befürworten könnten, die letzten Endes alles zerstören muss, was gut und anständig ist."*[(186)]
>
> FBI Direktor *J. Edgar Hoover*, *„The Elks Magazine"*, August 1956

Wir wissen, dass im Menschlichen das Prinzip von „gut" und „böse" existiert – wenngleich auch nicht ganz so, wie es uns die Kirchen verkaufen wollen. Es gibt zwei Pole, die Dualität auf der materiellen Ebene, die es uns ermöglicht, uns selbst wahrzunehmen und uns weiterzuentwickeln. Ohne Dunkelheit wüssten wir nicht, was Licht ist. Ohne Licht könnten wir keinen Schatten erzeugen. Licht und Schatten stehen im Gegensatz zueinander und gehören auf der materiellen Ebene untrennbar zusammen.

Ich bin, wie viele Menschen, die nach höheren spirituellen Zielen streben, immer davon ausgegangen, dass Licht die Finsternis am Ende immer „besiegt" – nicht umgekehrt! Ich muss jedoch gestehen, dass ich mir da nicht mehr so sicher bin, denn dafür bräuchte es ein flächendeckendes Bewusstsein für die Existenz dieser Polarität. Seit dem Jahr 2020 haben sich jedoch sehr viele unbewusste und unentschlossene Wesen auf diesem Planeten auf die dunkle Seite der Macht geschlagen – meist nicht aus Überzeugung, sondern aus mangelnder Bewusstheit. Sie haben zugelassen, dass Angst all ihr Denken und Handeln bestimmt, und die dunkle Seite nährt sich von dieser Angst.

Der Grad unseres Bewusstseins hängt davon ab, wie sehr wir in der Lage sind, das Dunkle zu akzeptieren und zu respektieren, uns aber gleichzeitig im Licht aufzuhalten. Das Dunkle will immer verstecken, verschleiern und verhüllen. **Das Licht schafft immer Klarheit und Transparenz.** Vom Grad unserer Bewusstheit hängt es ab, wofür wir uns entscheiden. Licht, also die Sonne, stärkt unseren Körper und unseren Geist. Deshalb wurde der Himmel im Jahr 2021 auch künstlich verdunkelt wie noch nie zuvor in der Menschheitsgeschichte. Man möchte die Menschheit vom Licht trennen und im Zustand der Dunkelheit halten, weil diejenigen, die hinter alldem stecken, nur in der Finsternis existieren können. Licht schafft Klarheit, Transparenz, Freude, Bewusstheit – und es ist für unser Immunsystem und unsere Gesundheit unerlässlich. Ich hatte ursprünglich vor, in diesem Buch detailliert auf die neuesten Methoden der Wettermanipulation einzugehen, aber aus Zeitgründen muss ich das auf später verschieben. Ich werde Ihnen jedoch im letzten Kapitel Hinweise darauf geben, wo Sie sich ganz aktuell und ausführlich darüber informieren können.

Wer weiß also derzeit was? Diese Frage ist schwierig zu beantworten, weil die meisten Menschen so sehr im Überlebens-Modus, so sehr von Angst oder Panik gesteuert sind, dass sie nicht klar denken können. Sie haben kein Lagebewusstsein. Sie gründen ihr Tun nicht auf Wissen, sondern auf Glauben. So wurde Wissenschaft zu einem Glaubensbekenntnis. Die Frage ist also: Was muss passieren, damit sie vom Glauben abfallen und anfangen, der Realität ins Auge zu sehen? Es war der Plan der Tod-Esser, Unruhe zu stiften und Angst und Schrecken zu verbreiten – deshalb eine inszenierte Pandemie, um die Menschen vom Eigentlichen abzulenken. Man wollte nicht nur in Ruhe ein neues System aufbauen, sondern auch dafür sorgen, dass dieses neue System nicht zu lichtvoll werden würde. Mehr und mehr Menschen hatten in den letzten Jahren nach Höherem gestrebt. Je mehr der Wohlstand anwuchs, desto mehr „Flausen" hatten die Menschen im Kopf. Sie fingen immer öfter an, das herrschende System und die wachsende Globalisierung in Frage zu stellen. Sie wollten nicht mehr arbeiten und forderten stattdessen ein „bedingungsloses Grundeinkommen". Aus Sicht der Reichen, die das hätten finanzieren müssen, stellten die „nutzlosen Esser" immer mehr Forderungen und wollten gleichzeitig immer weniger leisten.

Im Lauf unserer Geschichte waren wir schon oft an diesem Punkt, und immer war die Antwort der Herrschenden auf diese Fragen ein Krieg. Damit wurden wir immer wieder in unserer spirituellen und geistigen Entwicklung zurückgeworfen. Und immer waren die nach Höherem Strebenden so sehr von sich selbst berauscht gewesen, dass sie den großen Knall nicht hatten kommen sehen. Sie wurden von den unerfreulichen Entwicklungen völlig überrascht und waren so verwirrt, dass sie nicht in der Lage waren, gegenzusteuern, denn dann setzen immer plötzlich die niederen Instinkte ein. Das Streben nach Höherem weicht dann zwangsläufig primitiven Überlebensstrategien. „Haben" und „wollen" bestimmen dann unser Leben, wie schon *Erich Fromm* Mitte des 20. Jahrhunderts bemängelte. Dem entgegen stellte er das „Sein", also den Zustand, in dem man sich am „Selbst", am eigenen Dasein und an dem, „was ist", erfreut, ohne etwas zu vermissen, zu verlangen oder zu erwarten.

Die „Hierarchie der Bedürfnisse", entwickelt vom US-amerikanischen Psychologen *Abraham Maslow*, sagt aus, dass der Mensch von Grund auf „gut" ist. Damit widersprach er, wie Erich Fromm, *Sigmund Freuds* These, wonach der Mensch vorwiegend von seinen Instinkten gesteuert wird. Maslow stellte das Streben des Menschen über dessen Triebe, erkannte jedoch, dass es vorrangige Bedürfnisse gibt, die bei jedem Menschen befriedigt werden müssen, ehe er sich seinem „Selbst" widmen und sich entfalten kann. Menschlichkeit, Mitgefühl und Liebe können nur dort wachsen, wo Menschen unbeschwert leben können.

Doch dafür müssen ihre Grundbedürfnisse befriedigt werden. Und die dunkle Seite der Macht versteht es immer ganz genau, im richtigen Moment dafür zu sorgen, dass das nicht passiert. Gerade die Unbeschwertheit und Leichtigkeit ist es, was wir alle seit 2020 verloren haben, deshalb bleiben auch zunehmend Mitgefühl und Menschlichkeit auf der Strecke – von Liebe will ich erst gar nicht sprechen.

Nahrung, Behausung, Wärme und Sicherheit müssen gegeben sein, damit ein Mensch in der Lage ist, nach Höherem zu streben und die wichtigen Fragen des Lebens zu stellen. Nur wenn diese elementaren Voraussetzungen erfüllt sind, wird der Mensch eigentlich erst zum Menschen und zum höheren Wesen, das nach Perfektion, nach Harmonie und nach Selbstverwirklichung strebt. Erst dann beginnen Menschen, ihr Sein zu hinterfragen und Verantwortung für sich und andere zu übernehmen. Wenn ich genug zu essen habe, muss ich nicht ständig nach Nahrung suchen, und ich werde nicht von der Furcht vor Hunger und Nahrungsmangel getrieben. Stattdessen werde ich mich anderen Aufgaben widmen, vielleicht sogar dem Müßiggang. Wenn ich ausreichend Liebe und Anerkennung bekomme, dann werde ich mich nicht ständig beweisen und rechtfertigen müssen, dann kann ich anfangen, ICH selbst zu sein. Dann kann ich auch auf andere eingehen, und das „Ich" (das Wollen) wird nicht mehr permanent im Vordergrund stehen. Doch davon sind wir derzeit meilenweit entfernt, denn wir wurden gerade wieder in die Steinzeit zurückkatapultiert, und dort werden wir wohl auch die nächsten Jahre bleiben, denn was wir bislang erlebten, war nur ein kleiner Vorgeschmack auf das, was noch kommen dürfte.

Im puren Überlebenskampf ist sich wieder jeder selbst der Nächste. Die niederen Instinkte werden also die kommenden Jahre prägen. Mit dem Corona-Experiment hat man die meisten Menschen ihrer Sicherheit und ihrer sozialen Kontakte beraubt. Man hat ihnen den Boden unter den Füßen weggezogen. Das gilt für Ärzte genauso wie für Verkäuferinnen oder Handwerker. Im Angesicht des vermeintlichen Todes werden alle gleich.

Die Vision derer, die derzeit im Hintergrund die Zügel fest in ihren Händen halten, ist eine kalte, dunkle, unmenschliche Welt, in der Wesen leben, die vorwiegend Maschinen sind und von Künstlicher Intelligenz (KI) gesteuert werden. Ihr Traum ist das ewige Leben in Verdammnis. Diese Wesen sind zutiefst böse, und es besteht keine Chance, sie ins Licht zu bringen. Sie haben mit ihren Ansichten und Überzeugungen in den vergangenen Jahrzehnten alle Bereiche des Lebens vergiftet, und nun wollen sie auch noch das Leben selbst vergiften.

Es sind Aussagen wie die von Peter Thiel, *„Wettbewerb ist etwas für Verlierer!"*, die unsere Zeit prägen, und es sind Ansätze wie: *„Jede Idee muss darauf abzielen, das Leben von mindestens einer Milliarde Menschen zu verändern."* – egal wie. (Ray Kurzweil, Singularity University) Wir haben uns seit Jahren konstant und konsequent auf diese Situation hinbewegt, wir taten alles dafür, damit es zu dieser Plandemie kommt, weil wir irgendwann Ende des vergangenen Jahrtausends irgendwo auf dem Weg unserer Entwicklung falsch abgebogen sind, ohne es zu merken, aus Faulheit und Nachlässigkeit. Und anstatt unseren Fehler einzusehen, haben wir auf die gehört, die von hinten riefen: *„Fahr weiter! Schau nicht zurück!"* Der Weg wurde immer steiniger und immer staubiger, und es war klar, dass er im Nichts enden würde, aber wir hatten uns als Kollektiv dazu entschieden, einfach weiterzufahren, so lange, bis die Achse bricht.

Dieser falsch eingeschlagene Weg, vor dem ich immer gewarnt hatte, endet nun für uns an einem Abgrund. Entweder wir schaffen es, uns dagegen zu stemmen, oder wir lassen uns von den Tod-Essern hinabziehen in ihr Tal der Finsternis. Was uns da unten erwartet, ist klar, denn es wurde uns immer wieder in bunten Werbe-Clips vorgeführt. Klaus Schwabs Grußbotschaften aus der Hölle tragen das Motto ***„You'll own nothing and you will be happy."*** (*Du wirst nichts besitzen, und Du wirst glücklich sein.*), da wir im Tal der Finsternis all unseren privaten Besitz werden aufgeben müssen. Alles, was wir künftig nutzen wollen, müssen wir mieten. Aber uns wird das Geld dazu fehlen – vor allem, wenn wir dem „großen Bruder" nicht zu hundert Prozent Folge leisten.

Haben die Damen und Herren in der Politik, in den Medien, in der Krankheitsbranche und in anderen prägenden Industrien unserer Zeit das alles verstanden? Ich weiß es nicht. Ich denke nicht. Ich denke, die meisten sind einfach stumpf und ignorant. Sie suchen nur ihren eigenen Vorteil und überschätzen sich selbst, sogar die mächtigsten unter ihnen, wie uns Melinda Gates so eindrucksvoll bewiesen hat:

> *„Sie können* ***vorplanen*** *und darüber nachdenken,* ***wie genau eine Pandemie aussehen könnte****, aber solange man sie nicht durchlebt hat, ist es ziemlich schwer zu wissen, wie die Realität aussehen wird. Ich denke also, dass wir ganz gut vorhergesagt haben, dass sie sich je nach Krankheit sehr, sehr, sehr schnell ausbreiten könnte. Die Ausbreitung hat uns nicht überrascht.* ***Was uns überrascht hat, ist, dass wir die wirtschaftlichen Auswirkungen nicht wirklich durchdacht hatten.*** *Was passiert, wenn Sie eine Pandemie haben, die in den Bevölkerungen auf der ganzen Welt grassiert? Die Tatsache, dass wir alle zu Hause sein würden und von zu Hause aus arbeiten würden, wenn wir so viel Glück hätten, das war ein Teil, auf den wir, meiner Meinung nach, nicht wirklich vorbereitet waren.“*[(187)]
>
> *Melinda Gates* im Interview mit David Gelles,
> *„The New York Times“*, 4. Dezember 2020

Sie hatten das alles über Jahre hinweg geplant, haben die Welt mehrmals für Monate angehalten und waren am Ende überrascht über die wirtschaftlichen Auswirkungen? Manchmal hat man fast den Eindruck, diese Wesen würden zusätzlich zu allen anderen Absonderlichkeiten auch noch an einer wenig erforschten Form von kompletter Verblödung leiden, die über alles bisher Bekannte hinausgeht – an etwas, das im Volk oft schlicht als *„Rad ab“* oder *„Sprung in der Schüssel“* bezeichnet wird. Da sollte die Gates-Stiftung jetzt mal umgehend fünfhunderttausend Millionen Taler reinstecken, um sie in Wuhan genauer erforschen zu lassen. Und Drosten sollte dazu einen Test basteln, vielleicht aus Kastanien oder Tannenzapfen. Von einem möglichen Impfstoff gegen „Sprung in der Schüssel-21“ würde schließlich nicht nur *Bill Gates* profitieren, sondern zumindest auch *Joe Biden* und *Karl Lauterbach*, ein unberechenbarer Mann aus Deutschland, dem man, um ihn ruhigzustellen, vorschwindelt, er wäre Gesundheitsminister. Doch Scherz beiseite. Nein, im Ernst: Der Mann ist ungeheuer kompetent.

Ich denke, dass alle mehr wissen, als sie vorgeben, aber die meisten Menschen stellen sich dumm, alle schauen weg, und daraus ist eine neue Geisteshaltung entstanden. Das ist der Zeitgeist, die berühmten drei Affen, die sich Augen, Ohren und Mund zuhalten. Für viele Menschen ist das ein tolles System, weil es sie von Verantwortung entbindet. Bloß nicht auffallen. Einfach ducken und hoffen, dass es irgendwie vorbeigeht.

> *„Elf Mikrobiologen sind innerhalb von nur fünf Monaten auf mysteriöse Weise verstorben. Einige von ihnen waren weltweit führend bei der Entwicklung waffentauglicher biologischer Plagen. Andere waren die Besten, um herauszufinden, wie man Millionen davon abhalten kann, wegen biologischer Waffen zu sterben, wieder andere Experten in der Theorie des Bioterrorismus.*"[188]
>
> *Alanna Mitchell*, *Simon Cooper* und *Carolyn Abraham* für „*The Globe and Mail*" am 4. Mai 2002

Wer querschießt, wird ausgeschaltet. Das ist längst so, und diese Tendenz wird ab 2022 noch zunehmen. Falls 10% oder 20% der Bevölkerung übrig bleiben, die man zum „Stich" zwingen muss, dann wird das eine Orgie der Gewalt werden. Und jeder kann sich selbst ausrechnen, worauf das hinausläuft. Doch am Ende wird wieder keiner etwas gewusst haben. Am Ende werden sie alle wiederum nur Befehle befolgt haben. So ist das im Krieg.

Und weil Krieg immer viel mit Lügen, mit Tarnen und Täuschen zu tun hat, sollte man vorsichtig damit sein, vorschnell andere zu beurteilen, die man nicht kennt. Wenn jemand in den Mainstreammedien als tadellos und gut dargestellt wird, ist er meist das Gegenteil. Diejenigen, die öffentlich verteufelt werden, sind meist diejenigen, die zu viele richtige Fragen gestellt hatten und dem System unbequem wurden. Das gilt auf allen Ebenen.

Ich habe schon oft gesagt, dass viele Politiker nur Marionetten sind. Das bedeutet nicht, dass sie nichts wissen oder nicht verstehen, was vor sich geht. Es bedeutet auch ganz ausdrücklich nicht, dass sie frei von Schuld sind. Aber ihre Macht ist oft deutlich beschränkter, als die meisten Menschen meinen. Ein aktuelles Beispiel aus der Politik ist ein Gespräch zwischen Brasiliens Staatspräsident *Jair Bolsonaro* und WHO-Chef *Tedros* während einer Kaffeepause beim G-20-Gipfel in Rom am 30. Oktober 2021. Dieses seltsame Gespräch wurde mit einer Handykamera mitgefilmt und in brasilianischen Medien rauf und runter gespielt. Ich möchte Ihnen dieses Gespräch gerne im Detail wiedergeben, weil es gut zu diesem Kapitel passt und belegt, dass meine Behauptung, die Frontleute in der Politik und den politischen Organisationen seien nur Marionetten, wahr ist[(189)] [(190)]:

Bolsonaro: *„Überall auf der Welt gibt es Menschen, die arbeiten müssen, um sich zu ernähren..., all diese Maßnahmen haben die Wirtschaft schnell aus dem Gleichgewicht gebracht... Die Welt hat jetzt mehr als ein Jahr Lockdown erlebt, wenn es so weitergeht, wird die Wirtschaft zusammenbrechen...“*

Tedros: *„Ich glaube, wir brauchen keine weiteren Lockdowns...“*

Bolsonaro: *„Bezüglich der Impfpässe: Hat die WHO eine Entscheidung getroffen, ob sie verpflichtend sein werden?“*

Tedros: *„Nein, bis jetzt nicht. Wir empfehlen sie noch nicht, da die Impfraten in manchen Ländern noch immer sehr niedrig sind. Also, der Zugang zum Impfstoff ist noch gering, und einen Impfpass zu verlangen, wäre Diskriminierung.“*

Bolsonaro: *„In Brasilien infizieren sich viele, die die zweite Dosis erhalten haben, erneut mit dem Virus.“*

Tedros: ***„Der Impfstoff schützt nicht vor COVID**, aber er verhindert schwere Erkrankungen und Todesfälle. Also, das ist sein Zweck.“*

Bolsonaro: ***„Aber in Brasilien sterben viele, die die zweite Dosis erhalten haben!“***

Tedros: *„Ja, so wie Sie sagen, kann es **einzelne solcher Fälle** geben, vor allem bei jenen, die an Komorbiditäten* (kombinierten Erkrankungen; A.d.V.), *anderen Erkrankungen oder Grunderkrankungen leiden.“*

Bolsonaro: *„80% der Bevölkerung sind asymptomatisch... Ich habe in Brasilien keine Kontrolle über die Maßnahmen zur Bekämpfung der Pandemie. Gouverneure und Bürgermeister haben sie durch die Entscheidung der Judikative.* ***Und die Gouverneure und Bürgermeister fordern eine Impfpflicht für Kinder!*** *"*

Tedros: *„...Die WHO hat den Impfstoff nicht für Kinder empfohlen."*

Bolsonaro (zu seinem Übersetzer): *„Das müssen wir schriftlich festhalten, dass die WHO das nicht empfiehlt..."* (zu Tedros) *„...denn sobald WIR hier etwas über den Impfstoff sagen, behaupten die Medien sofort, es wären Fake News. Uns sind die Hände gebunden.* ***Das Leben von Kindern steht auf dem Spiel****, und es gibt nichts Besseres, als auf das hinzuweisen, was Sie gerade gesagt haben...* (setzt erneut an) *Was ist der Ursprung des Virus?"*

Tedros (lacht): *„Das untersuchen wir noch!"* (lacht lang und herzlich)

Bolsonaro (lächelt höflich): *„Gute Antwort!"*

Das war der eine Teil des Videos, doch es gibt noch einen anderen Clip desselben Treffens, der wesentlich kürzer ist. Ich weiß nicht, wie die beiden zeitlich in der Reihenfolge stehen, aber ich nehme an, das Folgende kam danach:

Bolsonaro (scherzend): *„Gegen Sie wird noch immer wegen Genozids ermittelt, oder?"*

Tedros lacht und nickt, und ein anderer Anwesender, der ihm gegenüber sitzt, schaltet sich jetzt zum ersten Mal ein und sagt lachend: *„Ja, gegen mich auch! Da sitzen wir im selben Boot!"*

Für mich sieht das danach aus, als ob Bolsonaro zwar im Rampenlicht steht, letztlich aber ziemlich wenig zu sagen hat und nur wie eine Schachfigur herumgeschoben wird. Beide Gesprächspartner kennen ganz offenbar die Zahlen und Fakten. Sie wissen, dass Menschen – auch Kinder – sterben, und bei Bolsonaro habe ich sogar das Gefühl, dass ihm das alles andere als egal ist, er aber keinerlei Befugnisse hat.

Tedros hingegen ist ein anderes Kapitel. Ich glaube zwar, dass auch er nicht über alles Bescheid weiß, aber er weiß mehr, als es den Anschein hat, und hinter dieser Fassade des lieben Onkels mit der großen Brille steckt offenbar eine Kreatur, der man nachts nicht allein auf der Straße begegnen möchte. Ich gehe mal davon aus, dass Sie nicht wussten, dass gegen Tedros wegen Genozids ermittelt wird.

Nochmals zur Erinnerung: ***„Genozid ist die vorsätzliche Vernichtung einzelner Menschen wegen ihrer Zugehörigkeit zu irgendeiner menschlichen Gemeinschaft als solcher.“*** Gilt die Zugehörigkeit zu den unteren 90% in der Einkommenspyramide als Zugehörigkeit zu einer menschlichen Gemeinschaft? Oder müssen wir den Begriff neu definieren?

> *„Der amerikanische Ökonom David Steinman warf WHO-Chef Tedros Adhanom Ghebreyesus, 55, vor, dass er von 2013 bis 2015 die Aktionen der äthiopischen Sicherheitskräfte als ‚zentraler Entscheidungsträger‘ leitete. Er beschuldigte Tedros, einer von drei Beamten zu sein, die in dieser Zeit, in der das ‚Töten‘ und ‚Foltern‘ von Äthiopiern stattfand, für die Sicherheitsdienste verantwortlich waren. Tedros war bis 2016 Außenminister des Landes, als seine Partei Tigray People's Liberation Front an der Macht war. Herr Steinman, der für den Friedensnobelpreis 2019 nominiert wurde, reichte eine Beschwerde ein, in der gefordert wurde,* ***Tedros wegen Völkermords vor dem Internationalen Strafgerichtshof in Den Haag zu verfolgen.“***
>
> 14. Dezember 2020, *„mail.online“*[(191)]

Kurz nach seinen Glanzleistungen in Äthiopien wurde Tedros im Mai 2017 die erste schwarzafrikanische Marionette an der Spitze von Bill Gates' WHO. Was qualifizierte ihn für den Job? Nun, er hatte als Gesundheitsminister von Äthiopien das Gesundheitswesen seines Landes modernisiert und den westlichen Pharmakonzernen dabei Tür und Tor geöffnet. Wurde er deshalb bei seiner Kandidatur so engagiert vom *Weltapothekenverband* (FIP, International Pharmaceutical Federation) unterstützt?

Warum wohl unterstützte ihn auch Bill Gates' *Impfallianz GAVI* so eifrig, jene Stiftung, die in der Schweiz Immunität genießt und deren Hauptziel es ist, möglichst viele Kinder in aller Welt zu impfen? Wusste man damals schon, dass Tedros der richtige Mann für den Job und für die kommende Pandemie sein würde? Er ist einer, der – wenn die Vorwürfe gegen ihn denn stimmen – definitiv weiß, wie man hart durchgreift, falls es nötig wird.(192)

Lagebericht: Wir werden von Tod-Essern, Psychopathen und Irren manipuliert und regiert. Und daran wird sich nichts ändern, wenn nicht genügend Menschen erwachen und aufstehen. Freiheit wird einem auf dieser Welt nicht geschenkt. Man muss sie sich erkämpfen.

Es ist Krieg, und jeder von uns muss sich für eine Seite entscheiden. Bin ich auf der Seite des militärisch-industriellen Komplexes oder im Widerstand? Um irgendwo anzukommen, braucht man ein Ziel, eine Vision. Man braucht Mut und Entschlossenheit. Angst lähmt und macht schwach. Angst ist tödlich. *Also haben Sie keine Angst!*

> *„Für Kinder und Jugendliche bedeuten die Covid-Maßnahmen einen radikalen Angriff auf ihre körperliche, seelische und immunologische Gesundheit... Lichtentzug, Luftentzug, verbunden mit Sonnenmangel, Strukturmangel, Bewegungsmangel und ein Kontaktverbot zerstören die seelische und körperliche Unversehrtheit von Kindern und Jugendlichen. Diese Maßnahmen machen krank. Ausgenommen sind Kinder aus wohlhabenden Familien. Diese konnten und können sich in ihren lauschigen Gärten genug bewegen, sie verfügen über genügend Raum, über Privatlehrer, Computer, Reitstunden, Haushaltshilfen und Eltern, die nicht tagtäglich arbeiten müssen. Den Kindern der Finanzschwachen aber fügen wir seit etwa 1 1/2 Jahren schwerste und nicht regenerierbare Schäden zu.“*(193)
>
> *Prof. Dr. Boglarka Hadinger*, österreichische Psychologin und Psychotherapeutin, Leiterin des Instituts für Logotherapie und Existenzanalyse Tübingen/Wien im September 2021

In Deutschland und Österreich waren die Kinder- und Jugendpsychiatrien bereits Anfang des Jahres 2021 heillos überfüllt. **FAST EIN DRITTEL aller KINDER war mittlerweile Corona-bedingt PSYCHISCH AUFFÄLLIG!**[194] Mittlerweile war die Selbstmordrate bei Kindern und Jugendlichen nicht nur in Deutschland, sondern auch in den USA innerhalb von einem Jahr um mehrere hundert Prozent angestiegen.[195] Genaue Zahlen gab es nicht. Aber Kinderpsychiater berichteten immer öfter von dramatischen Zuständen. Die Hauptprobleme waren Aggressionen, Wut, Angstzustände und psychosomatische Beschwerden. Weil man dem Ansturm nicht mehr Herr werden konnte, ging man im grün Co-regierten Österreich dazu über, Kinder mittels *CBD* ruhigzustellen, nachdem es sich bei Erwachsenen bei Trauma- und Belastungsstörungen, Angststörungen, Autismus, anderen Verhaltensauffälligkeiten, in der Schmerztherapie und zur Behandlung von Epilepsie sehr gut bewährt hatte.[196] CBD ist ein Wirkstoff aus der Cannabis-Pflanze, der (anders als THC) nicht „high" macht, sondern eine „antipsychotische Wirkung" hat, also nur ruhigstellt, entspannt und Schmerzen lindert.

Ich persönlich habe nichts gegen diese Droge. Ich habe gesehen, dass sie bei Schmerzpatienten und Epileptikern fantastisch wirken kann, und dafür sollte sie auch unbedingt eingesetzt werden. Aber eine ganze Generation von Kindern erst absichtlich schwer zu traumatisieren und dann mit Drogen ruhigzustellen, damit sie zu braven, gefügigen, willenlosen Bürgern heranwachsen, die keinen Widerstand leisten, halte ich für pervers. Aber im Krieg ist eben alles erlaubt.

Nachhaltige grüne Hasch-Träume

Sechzehn Jahre Angela Merkel haben in Deutschland gravierende Spuren hinterlassen und aus einem Land, in dem einst alles vorbildlich funktionierte, ein Dritte-Welt-Land gemacht, das am Rande des Kollapses steht. Die Marke „Made in Germany" war weltweit berühmt und stand für Qualität, Service und Zuverlässigkeit. Heute funktioniert in Deutschland so gut wie nichts mehr. In dem einzigen Land der Welt, in dem es teilweise kein Tempolimit gibt, sind die Autobahnen über weite Strecken marode und werden einfach nicht mehr repariert. Zahlreiche Baustellen, die seit Jahren bestehen, an denen aber noch nie gebaut wurde, sind ein Sinnbild für das Deutschland der Nach-Merkel-Ära. Es beruht auf dem Prinzip, Probleme zu ignorieren und daher auch niemals Lösungen dafür zu finden. Gleichzeitig werden die Bürger gemaßregelt und in gute und schlechte Bürger unterteilt, genau so wie in der DDR, in der Angela Merkel sozialisiert wurde.

Deutschland hat in den vergangenen Jahren in großer Zahl ungelernte, ungebildete Menschen aus Krisenregionen ins Land geholt. Dazu kann man stehen, wie man will – zumindest in der Welt, in der ich lebe. Doch statt den meist ungelernten Migranten klar zu erklären, was „Made in Germany" bedeutet, hat die einst führende Wirtschaftsnation Europas sich auf Befehl von ganz oben dem Niveau der Dritten Welt angepasst, was Traumtänzer im Marihuana-Dauerrausch dann gerne als „Weltoffenheit" bezeichnen. Selten konnte man von außen besser dabei zusehen, wie eine Hochkultur sich selbst innerhalb weniger Jahre von innen heraus zerstörte. Aber was noch schwerer wiegt als Merkels Migrationspolitik, ist ihre Klimapolitik.

Eine gelernte Physikerin sollte dazu in der Lage sein, die einfachsten physikalischen Prinzipien zu verstehen und über zumindest rudimentäre Kenntnisse in der Mathematik verfügen. Aber weit gefehlt. Auch in diesem Bereich scheint ihre Erziehung in einem totalitären System sie glauben zu machen, sie könne sich mittels Ideologie über die Gesetze der Natur hinwegsetzen. Noch schlimmer ist jedoch, dass sie aus dem Untergang ihres Geburtslandes nichts gelernt hat und scheinbar versucht, es unter neuer Flagge weiterzuführen. Noch erschreckender ist es, dass offenbar auch die meisten anderen europäischen Politiker unter ihrer Führung vom Virus des Absolutismus infiziert wurden und immer häufiger Aussagen tätigen, die an deutsche Gauleiter in den 1930er-Jahren erinnern.

Dass Angela Merkel Deutschland die **„Energiewende“** aufzwang, also die Abschaffung konventioneller Energieträger, lässt nur den Schluss zu, dass sie dieses Land und seine Bürger zutiefst hasst. Das passte auch gut mit der Tatsache zusammen, dass sie als Chefin einer angeblich konservativen Partei vorwiegend autoritäre links-grüne Politik betrieben hatte, also das krasse Gegenteil dessen, wofür ihre Partei einstmals gestanden hatte.

Die Maxime der einstigen Friedens- und Umweltschutzpartei „Die Grünen“ ist heute Einschränkung durch Verbot und Zwang. Und da die Grünen nun in Deutschland wie auch in Österreich in der Regierung waren, war zu erwarten, dass dieses Land schneller den Bach hinunter gehen würde, als die meisten Bundesbürger die Namen der neuen Minister auswendig gelernt hatten. Es ist Zeit, die viel gepriesene Energiewende in Deutschland, die Vorbild für die ganze Welt sein soll – und zumindest leider für Kalifornien ist – zu analysieren. Was also haben die Deutschen von ihrer künftigen Energieversorgung zu erwarten? Und was bedeutet das für die restlichen europäischen Staaten?

Lassen Sie mich vorab anmerken, dass nur weniger als ein Viertel der Stromkosten, die der deutsche Verbraucher im Jahr 2021 zahlte, mit der Stromerzeugung zu tun hatten – auch wenn diese Herstellungskosten gerade stiegen. Ein weiteres Viertel der Stromkosten resultierte aus den Netzentgelten, also dem, was der Stromerzeuger zahlen muss, um den Strom durch das Netz zum Verbraucher zu bringen. Mehr als die Hälfte der Endkosten aber machten die Steuern und Abgaben auf den Strom aus, und die würden unter einer rot-grün-gelben Regierung vermutlich noch weiter steigen.(197) Deutschland hatte im Jahr 2021 bereits die höchsten Stromkosten aller westlichen Länder. Sie waren beispielweise um 56% höher als in Österreich oder Tschechien, und sie werden weiter steigen und steigen. Deutschland steuert auf eine weitere hausgemachte Katastrophe zu, die zu verstehen nicht weiter schwierig ist.(198)

Die Ziele von Merkels Energiewende sind der Ausstieg aus der Kernenergie bis Ende 2022, danach der Ausstieg aus der Kohle bis 2035, bei gleichzeitiger Reduzierung des Öl- und Gasverbrauchs, der ab 2050 komplett verboten sein soll. Die Energie für Strom, Wärme, Verkehr und die Industrie soll vorwiegend durch Windenergie, Solarenergie und ein wenig Wasserkraft und Biomasse gewährleistet werden.

Im Jahr 2021 lieferten Wind und Photovoltaik wohlwollenden Angaben zufolge knapp 30% der rund 600 Terawatt-Stunden (TWh) Strom, die jährlich in Deutschland verbraucht werden. Zu Beginn des Jahres 2021 lieferte die Windenergie rund 126 TWh und Photovoltaik 46 TWh. Tun wir für den Moment einfach so, als würde die planwirtschaftliche Vorgabe, alle PKW und LKW künftig mit Strom aufzutanken, nicht zu einem exorbitant höheren Stromverbrauch führen. Sagen wir also, Deutschland müsste demnächst diese 600 Terawatt-Stunden ohne Atomstrom, Braunkohle und Erdgas produzieren. Dann müsste man also die Anzahl der Windräder und Solarpanele mindestens verdreifachen. Sagen wir zudem, der Einfachheit halber, dass diese Menge an Strom mit den größten Anlagen, nämlich 5-Megawatt-Wind-

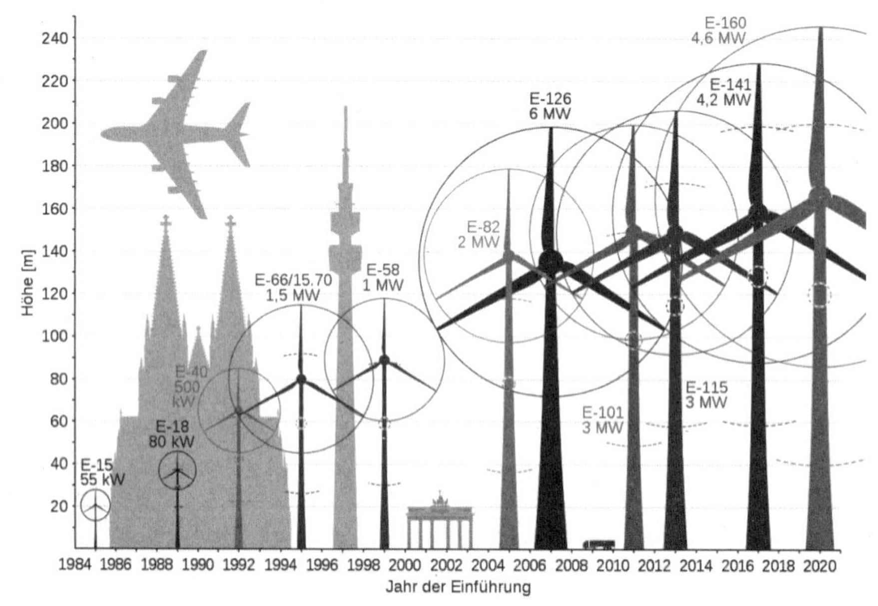

Abb. 13: Größenvergleich von Enercon Windkraftanlagen mit Airbus A380, Kölner Dom, Florianturm (Dortmund), Brandenburger Tor und einem Sattelzug. Windkraftanlagen nach Einführungsjahre, unterschiedliche Turmhöhen gestrichelt dargestellt. Mittlerweile sind sogar viermal größere Anlagen in Planung.

Anlagen erzeugt werden soll, die in einem Abstand von 1.000 m voneinander platziert werden. Das mag manch einem sehr weit erscheinen, aber die Anlagen sind mittlerweile riesig. In Abbildung 13 sehen Sie die neuen Windräder in einem Größenvergleich, etwa zum Brandenburger Tor, dem Kölner Dom oder dem Dortmunder Florianturm. Wenn man sich das vor Augen führt, dann versteht man, warum bei Rotordurchmessern von 160 Metern und mehr eine engere Anordnung kaum möglich ist.

Bei einem realistischen Jahresnutzungsgrad von 25% produziert eine 5-Megawatt-Anlage durchschnittlich 10.950 Megawatt-Stunden oder 0,01095 Terawatt-Stunden. Um also die benötigten 439 TWh Windstrom zu erzeugen, benötigt man 40.000 Anlagen, wie der ehemalige Hamburger Umweltsenator *Prof. Dr. Fritz Vahrenholt* von der SPD so anschaulich vorrechnete. Das würde eine Fläche von 200 km x 200 km verschlingen. Das sind 40.000 km^2, also ziemlich genau die Fläche der Schweiz oder knapp mehr als die Fläche der deutschen Bundesländer Hessen oder Baden-Württemberg. Das wäre die Fläche, die fortan tot wäre, in der kein Leben mehr stattfinden könnte.

Die Windenergie wird produziert, wenn der Wind bläst, nicht wenn der Verbraucher den Strom benötigt. Und selbst wenn er bläst, dann oft entweder zu schwach oder zu stark, weshalb man oft im Vorbeifahren beobachten kann, dass viele Windräder in Reih und Glied zwar die Landschaft zerstören, aber leider stillstehen. Bei einer Stromversorgung in Deutschland, die sich vor allem auf solch unzuverlässige Quellen stützt, können im besten Fall 50% des jährlich erzeugten Stroms auch tatsächlich direkt verbraucht werden. Die Speicherung des Rests, der im Moment der Entstehung gerade nicht gebraucht wird, wäre theoretisch möglich, ist aber völlig unrentabel, zumal man dabei auch noch einen technisch bedingten Verlust von rund 2/3 hätte. Wenn man also nur 50% des durch die Windräder produzierten Stromes verwenden kann, braucht man doppelt so viele Windkraftanlagen, als bislang konzipiert. Das ist dann eine Fläche von rund 80.000 km^2, was um 10 km^2 mehr wäre als das größte deutsche Bundesland Bayern. Man müsste also die 13 Millionen Einwohner von dort umsiedeln, weil diese Fläche für nichts anderes mehr zu benutzen wäre. Aber das ist noch lange nicht alles. Denn wenn die mit Hochdruck vorangetriebene Umstellung von Verbrennungsmotoren auf E-Autos und E-LKW tatsächlich bis 2030 gelingen soll, dann wird sich der ohnehin konstant steigende Stromverbrauch nochmals um mindestens 50% erhöhen. Dann wären wir bei 120.000 km² verbauter Fläche ausschließlich für Windräder! Das wäre mehr als ein Drittel der Gesamtfläche Deutschlands, die dann für immer zerstört wäre – angeblich zum Wohle des Klimas und des Planeten.

Die Nutzung der Sonnenenergie ist im Übrigen platzmäßig noch verschwenderischer und daher komplett sinnlos. Photovoltaik hatte nur deshalb für einige Jahre einen Hype erlebt, weil es in zahlreichen europäischen Ländern satte Förderungen für die Anschaffung solcher Anlagen gab. Seit die aber überall ausgelaufen sind, macht die Anschaffung solcher Solarpanele keinen Sinn – zumindest nicht in den meisten Teilen Europas. Während man in den USA oder in Australien in vielen Gebieten einfach eine Photovoltaik-Anlage oder ein Windrad aufstellen darf, um selbst Strom zu erzeugen, ist das in Europa wesentlich komplizierter. Abgesehen von zeitaufwendigen Anträgen muss jeder, der an das öffentliche Stromnetz angeschlossen ist, den Strom ins Netz einspeisen. Und außer einigen wenigen Einsiedlerhöfen sind auf dem europäischen Festland so gut wie alle Häuser und Betriebe ans Stromnetz angeschlossen.

In dem Fall darf man den mit Hilfe der Sonne erzeugten Strom nicht selbst nutzen! Man muss ihn ins Netz einspeisen und bekommt dafür vom Netzbetreiber einen bestimmten Betrag bezahlt. Dann muss man den Strom, den man braucht, wieder vom Stromversorger zurückkaufen. Hatten sich solche Anlagen in Zeiten üppiger Subventionen noch innerhalb von 10 bis 15 Jahren amortisiert, so würden sie sich heute frühestens nach 35 bis 40 Jahren rechnen. So lange hält aber keine Photovoltaikanlage. Daher macht die Stromgewinnung aus Sonnenstrahlen in sonnenarmen Gebieten überhaupt keinen Sinn. Aber irgendwie ist es dann doch in sich stimmig, weil mittlerweile alles von vorne bis hinten keinen Sinn macht. Die „Energiewende“ ist eine einzige große Lüge. Sie kann nicht funktionieren – zumindest nicht, ohne dass das Gros der

Menschen dafür enorme finanzielle Verluste in Kauf nehmen oder sich massiv einschränken muss. Zudem müssten Millionen von Menschen umgesiedelt werden, was ohnehin schon lange geplant war. Es war seit Jahrzehnten der Plan, die Menschen vom Land in die Stadt zu treiben, wo man sie auf kleinerer Fläche zusammenpferchen und besser kontrollieren kann. Ich habe über diese sogenannte ***„Agenda 21“*** schon mehrfach geschrieben, und der *„Great Reset“* der Davos-Clique ist letztlich nur die Weiterentwicklung davon.

Allein diese wenigen Eckdaten sollten klarmachen, dass die „Energiewende“ keine umweltfreundliche, moderne und zukunftsträchtige Unternehmung ist, erdacht, um die Umwelt zu schonen oder das „Klima zu schützen“. Denn stellen Sie sich doch einmal vor, Sie würden mit dem Auto durch Bayern fahren, 3 Stunden lang auf der Autobahn, links und rechts, vorne und hinten nur Windräder. Kein Haus, kein Baum, kein Strauch, kein einziges Lebewesen. Das ist das Zukunftskonzept Deutschlands und der EU.

Die Europäische Union plant, den Kontinent bis im Jahr 2050 „klimaneutral“ zu machen. Das ist ein Begriff, der genauso hohl und leer ist, wie die Köpfe derer, die ihn sich erdachten. Doch lassen Sie mich das später genauer ausführen. Diesen Plan der „Klimaneutralität“ nennen sie ***„European Green Deal“***, auf Deutsch übersetzt „Europäischer Grüner Handel“ oder „Europäisches Grünes Geschäft“ – und genau darum geht es auch. Ins Leben gerufen wurde das diktatorische Konzept eines modernen Ablasshandels von ***Ursula von der Leyen***. Sie war im Sommer 2019 von Angela Merkel im Stile eines afrikanischen Diktators als Präsidentin der Europäischen Kommission eingesetzt worden. Kurz darauf, im November 2019, also sechs Wochen nach *Event 201* und parallel zum angeblichen Ausbruch einer Seuche in China, rief von der Leyen für Europa den „Klima-Notstand“ aus. Keiner weiß bis heute, was das genau sein soll, aber insofern passt dieser zu all den anderen sinnfreien Begriffen wie „Entkarbonisierung“ oder „Klimaneutralität“. Diese illegitimen Gestalten haben sich ihre eigene völlig unverständliche Sprache geschaffen, aber alle tun so, als würden sie genau verstehen, was sie sagen. Ein bizarres Trauerspiel.

Am 11. Dezember 2019 stellte Frau von der Leyen dann ihren „Europäischen grünen Handel" vor, ein Konzept *„mit dem Ziel, bis 2050 in der EU die Netto-Emissionen von Treibhausgasen auf null zu reduzieren und somit als erster Kontinent klimaneutral zu werden"*. Ich gratuliere ganz herzlich, denn mehr Schwachsinn kann man in einem so kurzen Satz kaum unterbringen. Da es in der realen physischen Welt keine Treibhausgase gibt, kann man ihre Netto-Emissionen auch nicht auf null reduzieren, aber das ist wie beim Märchen „Des Kaisers neue Kleider" – solange die Mehrheit der Wissenschaftler diesen Psychopathen nicht öffentlich widerspricht, tun alle weiter so, als hätten sie Kleider an und alle Latten am Zaun.

Offiziell will man mit dem „Grünen Geschäft" einen Umstieg aller EU-Staaten auf erneuerbare Energien erreichen. Das würde, nochmals zur Verdeutlichung, eine zubetonierte Fläche mit Windrädern so groß wie Spanien, Frankreich und Italien zusammen bedeuten. Doch darum geht es nicht. Im Kern geht es bei dem grünen nachhaltigen weltoffenen und geschlechterneutralen Projekt nur um eines, nämlich um die Erhebung neuer Steuern auf fossile Energieträger und auf CO_2. Noch klarer ausgedrückt geht es darum, noch mehr Geld von den unteren 99% in der Einkommenspyramide zu dem obersten 1% hin zu schaufeln. Dafür muss man ihnen etwas vorlügen, was gleichzeitig kompliziert, aber auch ehrenwert und modern klingt, denn heute will doch jeder Hirnlose unbedingt das „Klima schützen". Nun ja, das kostet eben. Ehrlicherweise hätte man es „Deppen-Steuer" nennen müssen, aber „Green Deal" klingt offenbar besser.

Abgesehen davon, dass die Erzeugung des Stroms ausschließlich mittels Wind- und Sonnenkraft schon rein aus Platzgründen nicht funktionieren kann, gibt es da noch ein weiteres, noch gravierenderes Problem: die starken Spannungsschwankungen, die mit Wind- und Solarstrom einhergehen. Lassen Sie mich zur Anschaulichkeit für die Schwankung beim Windkraftstrom in Deutschland ein Beispiel anführen:

- Dienstag, 16.11.2021: Anteil erneuerbare Energieträger an der Gesamt-Stromerzeugung **15,21%**, davon **Windstrom 2,81%**, PV-Strom 1,05%, Biomasse/Wasserkraft 11,35%.
- Samstag, 20.11.2021: Anteil erneuerbare Energieträger an der Gesamt-Stromerzeugung **48,20%**, davon **Windstrom 36,73%**, PV-Strom 1,55%, Biomasse/Wasserkraft 9,92%.[199]

Der Strom, den Windkraftanlagen erzeugen, ist extrem schwankend – je nachdem, ob der Wind bläst oder nicht. Ein Stromnetz braucht aber eine konstante Spannung, die nur Abweichungen bis maximal 5% in beide Richtungen aushält – aber selbst 2% sind schon heikel. Es handelt sich hier um ein komplexes Netz aus Stromquellen, Stromleitungen, Verteilern und Abnehmern. In den letzten Jahrzehnten waren wir eine solide und zuverlässige Stromversorgung gewohnt, weil sie aus Quellen stammte, deren Leistung leicht zu steuern war, wie bei Gas-, Braunkohle- oder Atomkraftwerken. Diese Stromerzeuger waren in der Lage, ihre Produktion ganz genau den Bedürfnissen der Abnehmer anzupassen, Windräder sind das nicht. Sobald zu viel oder zu wenig Wind bläst, schalten sie ab. Wenn aber gerade dann der Verbrauch hoch ist, kommt es im Netz zu Unterspannung, dann müssen Schalt- und Umspannwerke blitzartig Strom von anderswo herleiten – genauso umgekehrt.

Nun ist es schon schwierig genug, so etwas für ein Land zu regeln. Wenn etwa an stürmischen Herbst- oder Wintertagen im Norden Deutschlands die Windräder viel Strom produzieren, muss der in andere Landesteile umgeleitet werden, wo Strom gebraucht wird. Das kann auch hunderte Kilometer entfernt sein. Überlastete Netze führen aber bereits seit Jahren bei den sogenannten Strom-Transitländern wie Hessen und Thüringen immer häufiger zu Problemen.

Nun ist das deutsche Stromnetz aber nicht von dem seiner Nachbarn getrennt. Das ist zum einen ein Vorteil, weil man Überschussstrom notfalls ableiten kann oder bei Engpässen Strom importieren kann – was auch regelmäßig passiert. Das sogenannte ***europäische Verbundsystem*** reicht von Portugal bis Dänemark und von Griechenland bis Polen. Auch die Türkei gehört mittlerweile dazu. Wenn dieses System überlastet ist, dann bleibt nur noch, es „aufzutrennen", also einzelne Bereiche voneinander abzukoppeln und abzuschalten, damit es nicht zu einem europaweiten Blackout kommt. Das ist eine kritische Angelegenheit, bei der viel schiefgehen kann, was nicht nur bei den hochkomplexen Schaltwerken Schäden in Millionenhöhe auslösen kann, sondern auch bei vielen Kunden – selbst wenn es zu keinem Blackout kommt. Auch das spätere wieder Zusammenschalten des großflächigen Netzes ist extrem heikel.

Früher waren Industrieanlagen bei einem zuverlässigen Stromnetz sehr robust. Wenn irgendwo mal das Licht flackerte oder der Strom für eine Sekunde ausfiel, bereitete das kaum Probleme. Heute aber stehen in den meisten Betrieben hochsensible, komplizierte Fertigungsanlagen, die von Mikrochips gesteuert werden und deren Feinjustierung und Programmierung sehr langwierig ist. Bereits kleinste Spannungsschwankungen oder Mikro-Stromausfälle können hier alles lahmlegen und gewaltige finanzielle Schäden anrichten. Sie können aber auch dazu führen, dass Produktionsstraßen für Tage oder Wochen stillstehen.[(200)] Ein Stromnetz, dass dank der Energiewende immer unsicherer wird, trifft hier also auf immer sensiblere Abnehmer – all das bei von oben verordnetem rasant steigendem Strombedarf.

Anders ausgedrückt: Das bisherige europäische Stromnetz ist auf eine solche totale Veränderung, inklusive massiver Strom-Über- und Unterproduktionen, nicht ausgelegt. Es müsste europaweit komplett erneuert werden, was zeitnah nicht realisierbar ist. Die einzige Möglichkeit, bei mehr und mehr Windstrom zu große Spannungsschwankungen abzufedern, wären Zwischenspeicher wie Pumpspeicherkraftwerke oder riesige Batterien, was alles ungeheuer teuer, aufwendig und nicht sehr umweltfreundlich wäre. Kurz gesagt stehen die Europäer vor einem gigantischen Problem, was bislang scheinbar jedoch nur sehr wenige Menschen begriffen haben.

Es gibt seit Jahren immer wieder kleine regionale Blackouts, etwa in einem Dorf oder einem Bezirk, meist weil Schaltwerke kurzzeitig einen Bereich vom Netz trennen müssen, um die Versorgung des Gesamtnetzes aufrechtzuerhalten. Das können dann auch mal zwei, drei Stunden sein, in denen kleine Landesteile oder einzelne Großbetriebe ohne Strom sind. Am 8. Januar 2021 entging Europa nur ganz knapp einem flächendeckenden Blackout, der verheerende Folgen gehabt hätte. Durch einen Zwischenfall in Rumänien sank die Frequenz im europäischen Stromnetz von 50 Hertz auf 49,74 Hertz. Dieser plötzliche Abfall entspricht der Stromleistung von mehreren Atomkraftwerken. Die Netzbetreiber reagierten zum Glück schnell genug und schafften es rechtzeitig, mehrere industrielle Großverbraucher vom Netz zu nehmen. So etwas kann heute jeden Tag wieder passieren. Bislang war Deutschland in der Lage gewesen, sich einigermaßen selbst zu versorgen. An guten Tagen konnte es sogar Strom exportieren – manchmal musste es ihn auch verschenken, um ihn rasch loszuwerden. Wenn aber Ende des Jahres 2022 die letzten drei Atomkraftwerke abgeschaltet werden, dann wird Deutschland Strom importieren müssen, und der wird garantiert nicht „grün" sein, weil er vermutlich von Atomkraftwerken in Tschechien oder Frankreich kommt. Aber auch das wäre noch egal, solange er kommt.

Nun kehren wir zurück zur geplanten „Energiewende". Stellen Sie sich einen kalten Wintertag im Jahr 2032 vor. Es ist Donnerstagabend gegen 18.30 Uhr. Sagen wir, es sind noch nicht alle Menschen an der Impfung gestorben. Sagen wir, es gibt noch so etwas wie einen Einzelhandel und physische Büros, wo Menschen tagsüber zusammenkommen. In ihren gepanzerten Elektroautos schaffen es die meisten der Überlebenden, sich den Weg nach Hause zu bahnen, zwischen den marodierenden Zombiehorden hindurch. Sie alle kommen etwa zur selben Zeit an. In einem Zeitfenster von etwa einer Stunde stecken Millionen Europäer alle ihren E-SUV in die Steckdose, schalten das Licht im Haus an, drehen die Heizung hoch, öffnen den Kühlschrank, schalten den Elektroherd an und schalten den Fernseher ein. Es wird auf absehbare Zeit kein Stromnetz geben, das solche Stromspitzen bewältigen kann – darin sind sich die meisten Experten einig. Wenn die Deutschen ihre „Energiewende" wirklich beinhart durchziehen, dann gefährden sie nicht nur ihre eigene Existenz, sondern die aller Europäer. Die „Energiewende" könnte Europa um Jahrzehnte, wenn nicht um Jahrhunderte zurückwerfen. Der „Green Deal“ wird hundertprozentig vielen Menschen im unteren Einkommensbereich die Lebensgrundlage zerstören, weil sie sich weder Energie noch Mobilität werden leisten können. Und damit schließt sich wieder der Kreis zu *Klaus Schwab* und seinem *Great Reset*: *„Du wirst nichts besitzen, und Du wirst glücklich sein!“* Werden Sie das?

Neben Elektroautos und all den anderen Stromfressern einer modernen High-Tech-Welt sind es vor allem Wärmepumpen für die Heizung, die in kurzer Zeit große Strommengen abrufen können. Das ist auch einer von mehreren Gründen, warum Stromversorger zuletzt mit so viel Nachdruck dahinter waren, überall sogenannte „Smart-Meter“ einzubauen, also neue „intelligente“ Stromzähler. Über die können sie nämlich im Notfall auch den Verbrauch regeln, also etwa großflächig alle Wärmepumpen abstellen, indem sie den Strom für die einzelnen Abnehmer drosseln. Das könnte helfen, das Netz stabiler zu halten, würde aber Zustände wie in Dritte-Welt-Ländern schaffen, wo es manchmal Strom gibt und manchmal eben nicht. Dann müsste man eben die Wahl treffen, ob man das Haus heizen, den E-Herd benutzen oder das Auto aufladen möchte.

Weil die Energiewende bereits jetzt, bei einem Anteil der „Erneuerbaren“ von 30% am Gesamtstrom, nicht funktioniert, musste in Deutschland im Jahr 2021 still und heimlich wieder deutlich mehr Braunkohle verfeuert werden, damit man genügend Strom und ein halbwegs stabiles Netz hatte. Und als nach mehr als einem Jahr weltweitem Stillstand im Sommer 2021 viele Fabriken und Maschinen in den Vollbetrieb übergingen, stieg die Nachfrage nach Braunkohle weltweit an, was den Preis stark in die Höhe trieb. Dazu kam, dass in dem Jahr kaum Wind wehte, was beispielsweise auch England große Probleme bescherte, denn die Briten wollten auch so eine tolle Energiewende wie die Deutschen vollziehen und investierten daher in den vergangenen Jahren Milliarden von Pfund in riesige Windrad-Anlagen in der Nordsee.

„Gerade als Europa die Energie am meisten benötigt, ist der Wind in der Nordsee abgeflaut und die regionalen Energiemärkte sind gezwungen, sich um die verbliebenen Gasreserven zu raufen, um Haushalte beheizen und Unternehmen versorgen zu können. Das hatte teure Folgen. Die Strompreise sind in Großbritannien auf einen Rekordwert gestiegen...“[201]

Sophie Mellor am 16. September 2021 für *„Fortune“*

Besonders akut war die Situation also in Großbritannien, wo die Windenergie im Jahr 2021 nur 7% der Energieversorgung des Landes erbrachte – ein starker Rückgang gegenüber den 25%, die sie im Jahr 2020 im Durchschnitt erzeugt hatte. Ja, diese „Erneuerbaren“ sind eben etwas unzuverlässig. Doch warum blies auf einmal so wenig Wind? Die Antwort wird Sie erstaunen: weil zu viele Windräder gebaut worden waren – wie ich in Kürze noch genauer ausführen werde.

Die Preise stiegen weiter, und die Nerven bei den Verantwortlichen lagen blank. Der britische Strompreis überstieg Ende September die 400-Pfund-Marke (knapp 470 Euro) pro Megawatt-Stunde und erreichte damit ein vorläufiges Allzeithoch. Dann mussten auch noch gleichzeitig fünf Kernkraftwerke planmäßig wegen Wartungsarbeiten vom Netz getrennt werden. Und um das Ganze abzurunden, hatten nun zahlreiche Tankstellen in England keinen Treibstoff mehr, weil es nach Brexit und Plandemie keine LKW-Fahrer mehr gab, also war der Nachschub dauerhaft unterbrochen.[202] Ein früher und heftiger Wintereinbruch in England und weiteren Teilen Europas Ende November versprach hohe Energiekosten. Manche Experten befürchteten bereits eine Katastrophe, wenn der Winter sehr kalt werden und lange dauern würde. Im Winter 2020/21 hatte man in weiten Teilen Nord- und Mitteleuropas bis in den Mai hinein geheizt. Wie wir wissen, lag das an der Erderwärmung, die manchmal in eine Erderkältung umschlagen konnte, je nachdem, wie viel Netto den Treibhausgasen gerade vom Brutto blieb.

„Fünf Tage nach Sturm ‚Arwen‘ sind in Großbritannien auch am Mittwoch noch Tausende Haushalte von der Stromversorgung abgeschnitten gewesen. Der Sturm hatte am vergangenen Freitag starken

Wind, Schnee und Graupelschauer gebracht und damit heftige Zerstörung im Norden Englands und Schottlands angerichtet. In Zehntausenden Haushalten gingen die Lichter aus. Der Energieversorger Northern Powergrid teilte am Dienstagabend mit, knapp 225.000 der 240.000 betroffenen Kunden seien wieder an die Stromversorgung angeschlossen worden."[(203)]

„*Börsennews*" am 1. Dezember 2021

Die Großhandelspreise an den Strombörsen waren seit Beginn des Jahres 2021 europaweit gestiegen, was zum einen an der Windflaute und der benötigten Kohle lag, zum anderen aber auch ganz allgemein an der stark gestiegenen Inflation auf Grund der orgiastischen Geldmengenausweitung der Europäischen Zentralbank (EZB). Im August wurde der Anstieg immer heftiger. Bei langfristigen Lieferungen hatte sich der Preis **seit Jahresbeginn verdoppelt, kurzfristig gekaufter Strom war mehr als dreimal so teuer geworden.**

Ein weiterer Grund für die rasant steigenden Energiepreise war der „Green Deal", also die neue zusätzliche CO_2-Abgabe. Kein Wind = mehr Braunkohle-Verstromung = höhere Strafen (CO_2-Abgaben).

CO_2-Emissionszertifikate, also die „Deppen-Steuer" in Gutscheinform, kletterten auf den Rekordpreis von 63 Euro je Tonne. Dazu kam aber auch noch, dass die Netzbetreiber höhere Netzentgelte für das Jahr 2022 angekündigt hatten, teilweise um bis zu 20%. Diese Netzentgelte sind Teil des Strompreises, den der Verbraucher an seinen Stromlieferanten abführen muss.

Lassen Sie mich an dieser Stelle nachträglich etwas einfügen. Eigentlich wollte ich über all das später noch ausführlicher schreiben, aber auf Grund der sich überschlagenden Ereignisse verändert sich dieses Buch tagtäglich. Ich möchte jedoch zumindest darauf hingewiesen haben, dass große Windräder nicht nur die Landschaft verschandeln, viel Lärm erzeugen und für viele Tierarten tödlich sind, sondern sogar **maßgeblich das Wetter und den Niederschlag beeinflussen.**

„Wer versucht, die Erderwärmung mit dem Bau von Solar- und Windkraftanlagen aufzuhalten, der wird auch versuchen, Feuer mit Benzin zu löschen... Wer bis zum Jahr 2045 ‚Klimaneutralität' erreichen will, der muss sofort damit beginnen, alle Solar- und Windkraftanlagen abzubauen!“[(204)]

Biologe, Chemiker und Philosoph *Prof. Dr. Klaus-Dieter Döhler* am 23. Mai 2021

Eine am 5. Dezember 2018 veröffentlichte chinesische Studie kam zu dem Ergebnis, dass die kontinuierliche Abnahme von atmosphärischem Wind auf der Nordhalbkugel ein weit verbreitetes und inzwischen potentiell globales Phänomen ist.[(205)] Das Phänomen wird auch als *„Global terrestrial stilling“* bezeichnet, also als *„globale terrestrische Windberuhigung“*. In China, dem Land mit der weltweit stärksten Windstrom-Kapazität, verzeichnen die Regionen mit den größten kommerziellen Windparks seit Jahren die größten Rückgänge an oberflächennaher Windenergie. Anders ausgedrückt: Je mehr große Windkraftanlagen gebaut werden, desto weniger Wind bläst. Auch in Europa haben bereits 50% der beobachteten Stationen seit 1979 mehr als 30% des Windkraftpotentials verloren. Nicht der Klimawandel oder unser CO_2-Ausstoß sind schuld an Windarmut und Trockenheit, sondern die aggressive Zunahme von Windrädern, was mittlerweile mehrere Studien aus unterschiedlichen Ländern belegen.[(206)] Nicht nur in dem Zusammenhang ist daher die Bezeichnung „erneuerbare Energie“ eine Lüge.

Abb. 14: Windräder bremsen den Wind und führen zu Turbulenzen wie hier im Windpark Horns Rev 1 in Dänemark.

Aber warum ist das so? Wenn der Wind gegen die Rotorblätter des riesigen Rades prallt, bringt er sie in Bewegung. Wind ist bewegte Luft, und Luft besteht aus Molekülen. Die stoßen an das Windrad und werden gestoppt, ausgebremst, und dieser Effekt breitet sich dann aus. Diese Bremswirkung ist noch in 50 bis 100 Kilometer Entfernung messbar, je nach Wetterlage. Offshore-Windturbinen wirken wie eine Mauer. Sie können sogar Wirbelstürme ausbremsen und zwingen die Luftmassen vor der Windturbine zum Aufsteigen. Das verändert nicht nur den Wind, sondern beeinflusst auch die Luftfeuchtigkeit und in Folge die Niederschläge. Im Lee der Turbinen, also dahinter, strömt der Wind dann langsamer. Der Effekt gleicht einem *„Ausquetschen der Luftfeuchtigkeit aus dem stürmischen Wind"*, wie es die US-amerikanische Geo-Ingenieurin Prof. Cristina Archer beschreibt.[207] (siehe Abb. 14) Wie stark dieser Effekt ist, hängt vor allem von der Anzahl und Höhe der Anlagen und dem Rotordurchmesser ab. Es gibt aber einen messbaren Einfluss solcher Anlagen auf das Wetter, die Temperaturen und den Niederschlag. Vereinfacht würde ich es so zusammenfassen: Je mehr Windräder, desto weniger Wind. Je mehr Windräder, desto weniger Niederschlag in ihrem Schlagschatten. Wenn der Mensch also einen messbaren Einfluss auf das Wetter (und somit langfristig auf das Klima) hat, dann dadurch, dass er zu häufig und zu unbedacht in den Kreislauf der Natur eingreift und zu oft verantwortungslose Wesen weitreichende Entscheidungen treffen, die sie selbst nicht einschätzen können, die jedoch uns alle nachhaltig (!) betreffen. Die Energiewende wird krachend in sich zusammenbrechen und uns allen auf die Füße fallen.

> *„Eigentlich müsste den Verantwortlichen klar sein, dass ein fortgesetzter exponentieller Ausbau der Windenergie, wie er aufgrund des europäischen ‚Green Deal' geplant ist, ein Abschalten des natürlichen Windhaushalts bedeutet, das sehr bald in eine Katastrophe münden wird – wenn uns nicht die Katastrophe bereits eingeholt hat. Die plötzlich virulent gewordene Dürre von 2018 bis 2020 sollte doch allen Verantwortlichen als allerletzte Warnung dienen."*[208]
>
> Journalistin und Buchautorin *Dagmar Jestrzemski* im April 2021

Gaspoker

Vom Strompreis zum Gaspreis, vom Land in die Stadt: In ländlichen europäischen Gebieten wurde zuletzt vorwiegend mit Strom oder Holz geheizt, nachdem Heizöl mittlerweile verpönt oder verboten war. In den Städten aber wurde fast ausschließlich mit Gas geheizt. Entweder bekamen die Städter die Wärme via Zentralheizung frei Haus geliefert, dann wurde sie in großen Gaskraftwerken erzeugt, oder sie hatten individuelle kleine Gasthermen in jeder Wohnung. So oder so waren europäische Stadtmenschen von russischem Erdgas abhängig. Da in einem kalten Winter mehr Gas verbraucht wird, als durch die Pipelines passt, müssen im Sommer zusätzlich riesige unterirdische Gasspeicher gefüllt werden, die quer über den Kontinent verteilt sind. Im Winter 2020/21 waren diese Speicher wie immer voll gewesen, und am Ende des langen kalten Winters waren die Reserven bis auf 18% geschrumpft. Das bedeutet, dass Europa 82% der maximalen Gaskapazität verbraucht hatte.

Doch weil seit der Sache mit dem Virus offenbar alle einen an der Waffel hatten, machten die Energie-Verantwortlichen da keine Ausnahme. Im Oktober 2021 waren die europäischen Gasspeicher dann erstmalig nur zu weniger als 70% gefüllt. Das bedeutete: Wenn der Winter 2021/22 so lang und hart würde wie der davor, wären die Gasreserven spätestens(!) im März aufgebraucht, und von da an würden viele Europäer frieren müssen.

> *„Das russische Fernsehen hat am 1. Dezember in zwei Artikeln über die Energiekrise in Europa berichtet. Wegen des ungewöhnlich kalten Winters verbraucht die EU ihre ohnehin viel zu geringen Gasreserven im Rekordtempo. Da die EU außerdem die Beziehungen zu Weißrussland immer weiter beschädigt, indem sie aktuell schon das fünfte Sanktionspaket auf den Weg bringt, steht die Drohung des weißrussischen Präsidenten Lukaschenka im Raum, als Reaktion darauf den Transit russischen Gases durch Weißrussland zu stoppen... Die Ukraine hat inzwischen fast alle diesjährigen Gasreserven für den Winter aufgebraucht... Der durchschnittliche Lagerbestand in der EU sank von 72% zu Beginn des Herbstes auf 68% am 1. Dezember. Die europäi-*

schen Speicherreserven sind seit dem 1. November jeden Tag kontinuierlich gesunken, und in den letzten Novembertagen hat sich die durchschnittliche Durchflussrate auf 0,7% pro Tag verdoppelt. Bei diesem Tempo werden alle EU-Speicher bis Januar zur Hälfte entleert sein..."[(209)]

Der „*Anti-Spiegel*" am 1. Dezember 2021

Natürlich fragte ich mich, wie es sein konnte, dass man die Gasspeicher angesichts eines vorhergesagten langen und kalten Winters nicht auffüllte. Je nachdem, wo man nachlas, erhielt man andere Erklärungen. Die eine Seite behauptete das Übliche: Die Speicher seien zwar im Sommer gefüllt worden, aber weil der Sommer wieder so extrem heiß gewesen war und sich so lange hingezogen hatte, wurden Teile der Gasvorräte für den Betrieb der vielen Klimaanlagen verbraucht. Gut, diese Erklärung war natürlich der übliche substanzlose Schwachsinn, weil der Sommer 2021 in weiten Teilen Europas eher kühl war, spät anfing und früh endete. Aber einer von den dreien muss immer schuld sein, wenn europäische Politiker Fehler machen: Klimawandel, CO_2 oder der Russe. Die bessere Erklärung bot *Wladimir Putin* selbst an, als er erklärte, die europäischen Energie-Händler hätten im Sommer wegen der hohen Preise an den Rohstoffbörsen gezögert und gehofft, dass sie das Gas dann im Herbst billiger würden einkaufen können, was jedoch nicht der Fall war. Das würde die These eines guten alten Freundes von mir stützen, der nicht, wie ich, an eine große, gut orchestrierte Verschwörung glaubt, sondern eher daran, dass das Chaos der Tatsache geschuldet ist, dass die meisten Politiker und Manager Vollidioten sind. Vielleicht hatten wir also beide recht und es war eine gefährliche Kombination von beidem: Bösartigkeit gepaart mit Idiotie.

In jedem Fall sah es Anfang Dezember 2021 so aus, als könnte das für viele Europäer nicht nur ein langer und dunkler Winter werden, sondern auch noch ein sehr kalter. Und wieder gewann seine Theorie von der grenzenlosen Blödheit vieler Beteiligter an Bedeutung, wenn man den neuerlichen Konflikt des Westens mit Russland und Belarus betrachtete.

Im Jahr 2021 gab es zwei Leitungen, die das russische Gas nach Europa beförderten: ***Nordstream 1*** (die direkt nach Deutschland läuft) und die ***Northern Lights Pipeline***. *Northern Lights* führt durch die Ukraine und durch Belarus, früher auch als „Weißrussland" bezeichnet. Doch mit dem Präsidenten von Belarus, *Aljaksandr Lukaschenka*, lag man seit Jahren im Streit, weil er Russland sehr wohlgesinnt war und die Europäer von den Amerikanern die Anweisung hatten, dies schlecht zu finden. Also hielten sie sich brav daran.

Doch den Bogen überspannt hatte *Lukaschenka* während der Plandemie, weil er sich im Jahr 2020 geweigert hatte, einen Lockdown über sein Land zu verhängen. Die Infektionszahlen waren sehr gering, und es gab kaum Todesopfer, die dem neuen Virus zugerechnet werden konnten. Also stellte er – der Diktator – den Belarussen frei, ob sie Masken tragen wollten oder nicht. Typisch Diktator eben... Schulen, Geschäfte, Fußballstadien, alles blieb geöffnet. Weißrussland ist von der Einwohnerzahl knapp größer als Österreich, hatte aber OHNE Lockdown weniger als die Hälfte an Erkrankungen und Todesopfern zu vermelden. Also so ging's natürlich nicht. Der konnte doch nicht einfach die Plandemie ignorieren. So etwas konnte der Westen nicht zulassen – das muss man verstehen. So etwas musste sanktioniert werden.

Belarus war ohnehin ein wirtschaftlich schwaches Land, und die inszenierte weltweite Krise verstärkte diese Situation, also suchte Lukaschenka im Juni 2020 beim *Internationalen Währungsfond* (IWF) um Kredit an. Die Damen und Herren in Washington boten ihm daraufhin das Zehnfache der gewünschten Summe an, wenn er nur seine Covid-19-Strategie anpassen würde. Doch als Diktator hatte er natürlich seinen eigenen Kopf. Ein Wort gab das andere, und wenige Wochen später kam es in Belarus zu wochenlangen „Bürgerprotesten", die offiziell ausschließlich mit der Präsidentenwahl zu tun hatten, weil Lukaschenka die Pro-forma-Wahlen erneut gewonnen hatte.

Diese „Proteste aus dem Volk", die Lukaschenka stürzen sollten, waren wie immer auf Geheiß der USA von Europa aus gesteuert worden, also von einem Kontinent, dessen offizielle Chefin, Frau von der Leyen, ebenfalls durch eine diktatorische Entscheidung an die Macht gekommen war. Wen überrascht es da, dass Lukaschenka und sein Verbündeter Wladimir Putin sich schon auf den Tag freuten, an dem sie es den anmaßenden, selbstverliebten Psychopathen in Brüssel und Berlin heimzahlen konnten – und der Tag kam schneller, als viele gedacht hatten, denn ab Sommer 2021 drängten wieder Flüchtlinge aus Afghanistan, Syrien und Irak nach Europa, und Lukaschenka wies ihnen den Weg.

Zurück zum IWF und dessen „Covid-Krediten": Anders als die Belarussen nahmen die Chefs der meisten anderen strukturschwachen Länder die IWF-Schmiermittel namens ***„COVID-19 Financial Assistance and Debt Service Relief"*** (Finanzielle Unterstützung und Schuldenerleichterung) mit Kusshand an und verhängten im Gegenzug den Lockdown über ihr Land, selbst wenn es, wie etwa in der Mongolei, zu diesem Zeitpunkt überhaupt keine Fälle gegeben hatte. Innerhalb weniger Wochen schüttete der IWF mit seinem Füllhorn insgesamt mehr als 100 Milliarden US-Dollar über 82 Länder aus. *„So geht Pandemie"*, um es in der Sprache deutscher Politiker zu sagen.

Zeitsprung zum Ende des Jahres 2021: Die EU beschuldigte nun also *Aljaksandr Lukaschenka* und *Wladimir Putin*, schuld an der neuerlichen Flüchtlingsinvasion in die EU zu sein, und die Medien packten wieder die ganz großen moralischen Keulen aus und wollten sogar wissen, dass Russland den Einmarsch in die Ukraine vorbereitete. Eins gab das andere, jeder wollte ein noch größerer Idiot sein, und die meisten schafften das sogar. Die EU jedenfalls hatte seit Anfang 2020 mehrere Sanktionen gegen Belarus erlassen, und *Lukaschenka* hatte irgendwie die Nase voll davon und drohte nun Europa, die *Northern Lights Pipeline* zu blockieren und ihnen den Gashahn abzudrehen, wenn sie nicht mit dem Unsinn aufhören würden. *Ja, so sind sie eben, diese Diktatoren, stur bis dort hinaus.*

Die Russen hatten übrigens auf eigenes Bestreben im Jahr 2021 eine weitere Gasleitung nach Deutschland fertiggestellt, ***Nordstream 2.*** Mit deren Hilfe wären sie in der Lage gewesen, jederzeit mehr als genug Gas nach Europa zu transportieren, aber die Deutsche Bundesnetzagentur wollte den Russen keine Bewilligung für die Gaslieferungen erteilen, weil sie fand, dass der russische Betreiber *Gazprom* als Staatsbetrieb zu sehr unter dem Einfluss von *Wladimir Putin* stand. Weitere Gaslieferungen hätten sinkende Preise und warme Füße bedeutet – aber wer braucht das schon? Finanziert wurde das Projekt zur einen Hälfte von Russland, zur anderen von einem Konsortium, bestehend aus mehreren europäischen Konzernen, darunter auch der österreichische Energieversorger OMV. Diese Firmen hatten mit Hilfe europäischer Banken Milliarden in ein Projekt investiert, das nun mutwillig blockiert wurde, was für alle Beteiligten, nicht zuletzt auch für die Steuerzahler der beteiligten Länder, Konsequenzen haben dürfte. Ich könnte jetzt weiter ins Detail gehen, erspare es mir und Ihnen aber, weil dieser Konflikt ohnehin noch weiterhin andauern wird und die letzte Stufe der Eskalation und der Idiotie sicherlich noch lange nicht erreicht ist.

Was ich aber erwähnen möchte, ist, dass Holland der wichtigste Gemüseanbauer in Europa ist. Üblicherweise versorgen die Niederländer Europa auch im Winter mit Tomaten, Paprika und mehr, aber in diesem Jahr mussten viele von ihnen leider das Handtuch werfen. Im Oktober 2021 wurde bekannt, dass mehrere große Betriebe die Produktion über die Wintermonate einstellten, weil sie sich auf Grund der hohen Gaspreise die Heizung für die Gewächshäuser nicht mehr leisten konnten. Das dürfte dann zu einem deutlich kleineren Angebot bei Gemüse führen und somit zu noch höheren Preisen. Die Inflation war ohnehin bereits ein großes Problem geworden. Die offiziellen Raten überstiegen bereits 5%, was meiner Berechnung nach eher 15% bis 20% bedeutete, und die Verantwortlichen in der europäischen Politik, Wissenschaft und dem Energiewesen taten alles in ihrer Macht Stehende, um für weitere Engpässe zu sorgen, die Preise weiter anzuheizen und das Gros der Menschen immer ärmer zu machen.

Für Europa bedeutete das eine prekäre Situation, die am Ende vermutlich die Schwächsten in der Gesellschaft würden ausbaden müssen. Die Wahrscheinlichkeit, dass unter der Führung von Psychopathen und Idioten alles den Bach runter ging, war um ein Vielfaches höher als eine positive Entwicklung. Es deutete alles darauf hin, dass Millionen Menschen an den Folgen einer als Impfung getarnten experimentellen Gentherapie sterben würden, während Millionen andere schwerkrank werden dürften. Kombinierte man das mit einem längst völlig überlasteten Gesundheitswesen, weiter steigenden Preisen und einer bevorstehenden selbst verursachten Rohstoffknappheit, dann brauchte man schon einen guten Sinn für Humor, um morgens noch aufstehen zu wollen. Im Grunde hing Ende 2021 alles nur noch an einem seidenen Faden, der immer dünner und dünner wurde und nur noch von der vereinten Willenskraft einer verängstigten Masse am Reißen gehindert wurde. Noch.

Es macht mich traurig und wütend zugleich mitanzusehen, wie eine kleine verschworene Gruppe geistig abnormer Rechtsbrecher mit diktatorischer Selbstermächtigung den Rest der Menschheit nach Belieben gängelt, manipuliert, verletzt, misshandelt und tötet. Und es macht mich noch wütender, dass die meisten Menschen da draußen, die ihre Opfer sind, nicht endlich aufstehen und das tun, was nötig ist, nämlich hart und unmissverständlich darauf zu antworten. *Man verletzt und tötet Sie vorsätzlich! Wachen Sie auf!* Wenn man mein Leben bedroht, dann mache ich keine Gefangenen mehr. Das ist mein Recht, und das ist meine Pflicht. Daher kann ich nur sagen: *Wachen Sie endlich auf! Stehen Sie endlich auf! Es ist erbärmlich, all das weiterhin zuzulassen. Es wird niemand kommen, der Ihnen die Arbeit abnimmt. Das müssen Sie selbst tun!*

Sollte mein Leben demnächst zu Ende sein, dann ist es eben so. Ich hatte ein reiches, erfülltes und sehr privilegiertes Leben. Es gibt wenig zu bereuen. Aber es bricht mir das Herz mitanzusehen, wie brave, ehrliche, anständige alte Menschen, die ihr Leben lang fleißig waren, skrupellos weggespritzt werden. Es macht mich noch wütender mitanzusehen, wie man Kinder und Jugendliche ihres Lebens beraubt, sie psychisch vergewaltigt und bricht und dann mit Drogen ruhigstellt. Viele von denen, die das Unrecht überleben, werden krank oder behindert sein. Sie werden nie ein richtiges Leben gehabt haben. Sie werden rituell und systematisch misshandelt. Und es macht mich noch wütender, mitansehen zu müssen, dass fast alle nur dumm drum herum stehen und zuschauen.

„Der ehemalige finnische Ministerpräsident Alexander Stubb ist der Ansicht, dass... die Grenze zwischen Krieg und Frieden verschwimmt ... weiche Macht wurde zur Waffe und zu harter Macht. ***Wir sehen das bei Asylsuchenden, die als Waffen eingesetzt werden. Wir sehen, wie Informationen, Handel, Energie und Impfstoffe als Waffen eingesetzt werden.*** *“*[210]

Martin Jay, britischer Journalist, am 7. Dezember 2021

Der Ökologische-Schweißfuß-Abdruck-21

Ja, ja, ich habe mich mittlerweile wieder ein wenig beruhigt. Und, nein, natürlich wird nicht alles schlechter werden. Und falls doch, ist das doch letztlich alles ohnehin nur eine Frage der Betrachtung. Wenn man will, kann man allem etwas Positives abgewinnen. Und das Wollen kann man den Grünen und den Umweltschützern wirklich nicht absprechen. Sie wollen Veränderung um jeden Preis. Dabei nehmen sie es mit der Wahrheit nicht so genau. Warum auch, sie stehen doch auf der richtigen Seite, nicht wahr? Und wo gehobelt wird, da fallen eben Späne.

„Bislang ist der Verkehr ein großer Ausfall beim Klimaschutz. Während der Energiesektor und die Industrie den Ausstoß von Treibhausgasen vermindern, bleibt er im Verkehr weiter auf hohem Niveau. ***Auch für die gesundheitsgefährdende Luftbelastung und schwere Verkehrsunfälle in Innenstädten ist der Autoverkehr maßgeblich verantwortlich. Die massive Ölabhängigkeit des Verkehrs muss aufhören. Wir wollen effiziente Elektroautos, betrieben mit grünem Strom. Es ist inakzeptabel, dass nach wie vor viele Menschen im Verkehr sterben oder schwer verletzt werden.*** *Die Verkehrspolitik braucht eine Wende.“*[211]

Die deutsche Regierungspartei Bündnis 90/Die Grünen

Die typischen Grün-Wähler sind Großstädter, vorwiegend jung, weiblich und durchschnittlich gebildet. Und das eben erwähnte Zitat spiegelt exakt ihren geistigen Zustand wider. Ich gebe zu, es ist nicht ganz leicht für mich, darüber zu schreiben, weil ich mich permanent mäßigen muss, um nicht laut loszuschreien, weil ich so viel Dummheit und Arroganz, gepaart mit Ahnungslosigkeit, wirklich nur schwer ertragen kann. Dieses eine Zitat spiegelt den Zeitgeist einer kleinen aggressiven Minderheit in der Gesellschaft wider, die sich aber berufen fühlt, allen anderen vorzuschreiben, was sie zu tun und was sie zu denken haben. Die Wahrheit ist, dass gerade im Verkehrsbereich in den letzten zehn Jahren gewaltige Verbesserungen in Bezug auf Verbrauch und Minimierung des Schadstoffausstoßes stattfanden. Zweitens gibt es keine Treibhausgase. Auch wenn man eine Lüge tausendfach wiederholt, so wird sie nicht zur Wahrheit. Die Erdatmosphäre ist ein offenes System. Es gibt kein Dach darüber, daher auch keinen „Treibhauseffekt" und keinen Ausstoß von „Treibhausgasen". Was soll eine *„gesundheitsgefährdende LUFTBELASTUNG"* sein? Aber dann wird es in der grünen Gedankenwelt noch besser, denn dann bringen die Linksfaschisten *„schwere Verkehrsunfälle"* mit *„massiver Ölabhängigkeit"* in Verbindung und präsentieren als Lösung dafür *„effiziente Elektroautos"*, mit denen dann künftig nicht mehr so *„viele Menschen im Verkehr sterben oder schwer verletzt werden"*? Das macht selbst mich sprachlos. Aber bevor ich mich hier wieder aufrege, werde ich einfach versuchen, all das halbwegs sachlich auseinander zu pflücken und durch Fakten zu widerlegen.

Elektroautos sind in Wahrheit das absolute Gegenteil dessen, was uns Politik und Umweltverbände eintrichtern wollen. Sie sind Steinzeittechnologie und haben einen weitaus höheren Energieverbrauch und CO_2-Ausstoß als jeder Verbrennungsmotor. Sie sind flächendeckend nicht einsetzbar, und sie sind das größte staatlich angeordnete Umweltverschmutzungs-Programm, abgesehen von den Einwegmasken. Alles, aber auch wirklich alles, was westliche Politiker und Medien heute in den Himmel heben, ist unter Garantie das Gegenteil von dem, was sie behaupten. Die Wahrheit ist die Lüge. Und die Lüge ist, dass Dieselfahrzeuge schädlicher sind als Elektroautos.

Aber fangen wir ganz vorne an: Die ersten Fahrzeuge, die mit Maschinen, genauer mit Dampf betrieben wurden, gab es bereits in der zweiten Hälfte des 18. Jahrhunderts, also zur Zeit Mozarts und Maria Theresias. Dies waren jedoch experimentelle Einzelstücke. Der erste elektrische Antrieb für ein Fahrzeug kam einige Jahrzehnte später, als der ungarische Priester *Ányos Jedlik* im Jahr 1827 den ersten funktionierenden Elektromotor baute, also zur selben Zeit, als in ganz Europa die ersten Versuche mit elektrischem Licht gemacht wurden. In den folgenden Jahrzehnten wurden in mehreren Ländern Prototypen von E-Autos gebaut, in Konkurrenz zu den ersten Verbrennungsmotoren. Das erste bekannte praxistaugliche Automobil stellte der Deutsche ***Carl Friedrich Benz*** im Jahr 1885 vor. Es hatte einen Verbrennungsmotor und wurde Anfang 1886 zum Patent angemeldet.[212]

Nur sechs Jahre später, 1892, meldete der deutsche Ingenieur ***Rudolf Diesel*** sein Patent für einen „Neuen Rationalen Verbrennungsmotor" an. In einer Zeit, in der die Mobilität revolutioniert wurde, die Eisenbahn und die Dampfschiffe das Reisen für mehr und mehr Menschen ermöglichten, wurde überall mit Hochdruck an der Entwicklung neuer Motoren gearbeitet. Lange bestand eine harte Konkurrenz zwischen den Verbrennungs- und den Elektromotoren, und bis ins frühe 20. Jahrhundert hinein waren die E-Autos den Verbrennern um eine Nasenlänge voraus und hielten alle Strecken- und Geschwindigkeitsrekorde.

Das erste Serienmodell eines E-Autos von *Ransom Olds* ging 1901 in seiner ***Oldsmobile***-Fabrik in Lansing, Michigan, vom Band. Andere Autobauer folgten rasch, aber die Elektrofahrzeuge hatten von Anfang an das Problem, dass sie sehr schwer und sehr teuer waren. Daher erlangte die *Ford Motor Company* in den 1910er-Jahren mit ihren wesentlich preiswerteren Fließband-Fahrzeugen mit Verbrennungsmotor eine vorherrschende Marktstellung.

Dasselbe passierte in Europa. Da hatten die Franzosen mit rund zwei Dutzend verschiedenen Herstellern lange die Nase vorn, gefolgt von den Deutschen und den Engländern. Beispielsweise fuhr die österreichische Post in den 1950er-Jahren noch mit Elektroautos. Aber nach und nach verschwanden sie, weil sie gegenüber den Verbrennungsmotoren in nahezu allen Bereichen unterlegen waren.

In den USA gab es in den 1970er-Jahren einen neuen Vorstoß, indem einzelne neue E-Auto-Modelle und vereinzelte Ladestationen gebaut wurden, aber das Elektroauto hatte und hat gegenüber den Verbrennungsmotoren vier erhebliche Nachteile:

- höhere Kosten
- höheres Gewicht
- geringere Reichweite
- wesentlich umweltschädlicher

Zu Beginn waren auch die meisten Züge und Straßenbahnen elektrisch angetrieben worden. Viele Straßenbahn-Systeme mussten im Lauf der Zeit aber Bussen mit Verbrennungsmotoren weichen, meist weil sie flexibler einsetzbar waren. Dennoch hat sich der Elektromotor im Bereich der Bahn und Straßenbahn bis heute in zahlreichen Ländern gehalten, aber vorwiegend in Bereichen, die staatlich subventioniert sind. Und weil es so modern ist, wird nun auch in diesem Bereich wieder vom Diesel- auf den E-Motor umgestellt, und das oft mit bewundernswertem Erfolg:

> *„Die neuen Elektrobusse haben den Berliner Verkehrsbetrieben (BVG) bislang kein Glück gebracht.* ***Die besonders umweltfreundlichen, weil abgasfreien Fahrzeuge stehen mehr, als sie fahren.*** *Ausgerechnet zu Beginn der Welt-Klimakonferenz in Paris sind erneut zwei der vier E-Busse in Berlin ausgefallen.“*[213]
>
> *„Berliner Morgenpost“* am 2. Dezember 2015

Natürlich sind Busse, die nicht fahren können, besonders umweltfreundlich, weil sie weder Lärm noch Schmutz machen und auch den Verkehr nicht behindern können. Zudem verursachen sie keine Unfälle. Jetzt habe ich scheinbar endlich die Logik dahinter verstanden. Offenbar war ich bislang einfach zu doof dafür gewesen. Natürlich macht es da Sinn, immer mehr von diesen abgasfreien Bussen anzuschaffen.

„Laut Informationen... fallen die Elektrobusse der Berliner Verkehrsbetriebe (BVG) derzeit im Dutzend aus. In dem Bericht... ist die Rede von allein 23 Ausfällen am Montag, auf den Buslinien, die elektrisch befahren werden. Statt der E-Fahrzeuge seien wieder Dieselfahrzeuge im Einsatz gewesen. Das Problem seien die zweistelligen Temperaturen im Minusbereich gewesen – und deren Folgen für die Fahrzeuge. Laut ‚Morgenpost' hätten die Busse, die über Nacht in den Betriebshöfen aufgeladen wurden, ‚im überwiegenden Teil' ***ihre Reichweite nicht erreicht und konnten deshalb nicht eingesetzt werden.****"*[(214)]

„Welt" am 10.2.2021

Ja, Humor ist wichtig, gerade in diesen Zeiten. Doch zurück zu den Anfängen dieser revolutionären Technologie: Das E-Auto war attraktiv, weil es geräuscharm war. Man war sich allgemein jedoch immer klar darüber, dass es stets einen schlechteren Wirkungsgrad und eine wesentlich geringere Reichweite haben wird als die Verbrennungsmotoren. Doch da es in der Natur des Menschen liegt, immer etwas Neues hervorbringen zu wollen, war es nicht überraschend, dass seit den 1990er-Jahren wieder eifrig an neuen E-Autos gebastelt wurde, die man erneut, zum wiederholten Male als das Beste seit geschnittenem Brot anpreisen wollte. Und diesmal kam das gleich mehreren einflussreichen Interessengruppen gelegen. Der Markt für Benzin- und Dieselautos war weltweit klar aufgeteilt und gesättigt, und die von allen Medien unentwegt verbreitete Lüge von ***„Peak Oil"*** und ***„Peak Gas"*** – also dem rasch nahenden Ende der Öl- und Gasvorkommen – hauchte einer längst verstorbenen Industrie wieder neues Leben ein.

Die ***Peak-Oil-Theorie*** wurde in den 1950er-Jahren von einem Geologen des Shell-Ölkonzerns, ***M. King Hubbert***, erfunden, indem er anhand von Schätzungen berechnete, dass bei weiter zunehmendem Verbrauch von Erdöl weltweit das Fördermaximum irgendwann in den 1970er-Jahren erreicht sein dürfte und dann ein steigender Bedarf einem schwindenden Angebot gegenüberstünde. Wir wissen längst, dass alle Berechnungen Hubberts' grundlegend falsch waren, so wie alle Modelle in der Corona-Krise von Neil Ferguson und seinen Nachahmern auch. Solche Modellierungen und theoretischen Szenarien liefern immer das Ergebnis, das ihre Entwickler haben wollen, weil sie ausschließlich von den Daten abhängen, die darin einfließen – oder eben auch absichtlich nicht berücksichtigt werden. Modellierungen haben zudem ein zweites gravierendes Kernproblem: Sobald man ihnen ernsthafte Aufmerksamkeit schenkt, neigen sie dazu, sich zu verselbstständigen, weil sich damit plötzlich sehr viel Geld und Anerkennung generieren lässt. Auch wenn der Erfinder einer neuen Theorie selbst gar nicht vorhatte, daraus eine Bewegung zu machen und großen Profit zu schlagen, so besteht immer die Gefahr, dass es politische oder wirtschaftliche Interessengruppen gibt, die sich dieser neuen Theorie bedienen und sie für ihre Zwecke missbrauchen. Das war bei der Peak-Oil-Theorie nicht anders als bei der Treibhausgas-Theorie, die ebenfalls physikalisch widerlegt und völlig unsinnig ist, aber von denselben Mächten aufgenommen und instrumentalisiert wurde.

Ich weiß nicht, ob Hubbert die Menschheit absichtlich täuschen oder ob er sich nur wichtigmachen wollte oder ob ihm vielleicht nur langweilig gewesen war, als er seine Modelle und Kurven erstellte und präsentierte. Es ist jedoch auffällig, dass *M. King Hubbert*, meist nur als „King Hubbert", also König Hubbert bezeichnet, ein prominentes Mitglied der ***Technokratischen Bewegung*** war. Ziel dieser Geisteshaltung war es, dafür zu sorgen, dass Nationen künftig nicht mehr von (gewählten) Politikern geleitet wurden, sondern von „Experten", also Technikern, Wissenschaftlern und Managern. Nun, vielleicht erkennen Sie ja bereits gewisse Parallelen zu den jüngsten Entwicklungen, in denen genau das Realität wurde. Das, was die Technokraten in den 1950er-Jahren vorantrieben, wurde später als „Globalisierung" bezeichnet, was nichts anderes ist als die Abschaffung von Ländergrenzen und die Umgehung regionaler Gesetze.

Die Technokraten trieben die weltweite Privatisierung von Staatseigentum voran, also die Enteignung der Bevölkerungen zugunsten der Multimilliardäre. Das Wort **„Privatisierung"** kommt nicht umsonst vom lateinischen Wort *„privare"*, was so viel wie *„berauben"* bedeutet. Heute sind alle führenden Politiker und Wissenschaftler in sogenannte NGOs, also in private Vereine eingebunden, meist verstrickt in abstrusen Konstrukten **„öffentlich-privater Partnerschaft“** (*Public Private Partnership*). Dies ist eine Vorstufe zur kompletten Abschaffung der Demokratie gewesen, weil dadurch die Prozesse der Entscheidungsfindung erfolgreich verschleiert werden und es nahezu unmöglich ist, Schuldige auszumachen oder sie festzunageln.

Natürlich war Hubbert mit seinen Horrorszenarien einer übervölkerten Erde sowohl ein Liebling der Geheimen Weltregierung als auch der Wissenschaftler. Seine komplett substanzlose Behauptung, dass wir gegen Ende des 20. Jahrhunderts kein Öl und Gas mehr zur Verfügung haben würden und alles zusammenbricht, wurde von diesen Gruppierungen mit Begeisterung aufgenommen. Heute, Anfang 2022, haben wir – trotz konstant steigendem Verbrauch – noch immer endlos scheinende Öl- und Gasvorräte, und es werden ständig neue entdeckt.

Lassen Sie es mich an dieser Stelle also einfach plump sagen, weil die meisten Menschen es sonst nicht sehen wollen oder können: Das Elektroauto ist ebenso wie die CO_2-Lüge nichts anderes als ein raffiniert eingefädeltes Programm zur Umsiedelung und Bevölkerungsreduktion – die Triebfeder von allem, was von Seiten der Geheimen Weltregierung kommt. Wie komme ich darauf? Um das verständlich zu machen, muss ich nochmals an den zeitlichen Ablauf dieser großen Verschwörung erinnern.

Die Peak-Oil-Theorie wurde konstant weiterentwickelt. Im März 1972 veröffentlichte der *Club of Rome* eine Studie unter dem Titel *„The Limits to Growth“* (Die Grenzen des Wachstums) über die Zukunft der Wirtschaft und unserer Welt, von der weltweit mehr als dreißig Millionen Exemplare vertrieben wurden. Die Kernaussage der Studie lautet frei übersetzt: „Da die weltweiten Ölressourcen begrenzt sind und die USA sich nicht einschränken wollen, müssen sie **danach trachten, die Weltbevölkerung zu reduzieren!“ Sollte dies nicht gelingen, würden die Grenzen des Wachstums IM JAHR 2020 erreicht sein, und alles würde zusammenbrechen**. So weit, so klar.

Ich möchte an dieser Stelle besonders auf die Jahreszahl „2020“ hinweisen – zum einen, weil die prognostizierten Daten für die Apokalypse immer wieder hinausgeschoben werden mussten, da sie einfach nicht stattfinden wollte, zum anderen ist diese Jahreszahl interessant, weil man angesichts der jüngsten Ereignisse versucht sein könnte zu mutmaßen, die Technokraten wollten nun „endlich" das zu Ende bringen, was sie vor 50 Jahren begonnen hatten. Vielleicht haben die Verantwortlichen schlichtweg einfach die Geduld verloren. Wenn die Katastrophe nicht kommen will, dann muss man sie selbst hervorrufen – vielleicht nur, um nicht zugeben zu müssen, dass man sich all die Jahrzehnte über geirrt hatte.

Wie dem auch sei, aufbauend auf Hubberts Modelle unterbreitete US-Außenminister und *Club of Rome*-Mitglied ***Dr. Henry Kissinger*** dem Nationalen Sicherheitsrat der USA am 24. April 1974 das *National Security Memo 200* mit dem Titel „Folgen des weltweiten Bevölkerungswachstums für die US-Sicherheits- und Übersee-Interessen". Es besagte, dass die ***„Entvölkerung die höchste Priorität der US-Außenpolitik gegenüber der Dritten Welt"*** haben müsse. Das ist relativ deutlich.

> *„Das überwältigende Wachstum der Weltbevölkerung, das durch den positiven Kreislauf der Geburtenrate verursacht wird, ist ein junges Phänomen, ein Ergebnis der sehr erfolgreichen Reduzierung der weltweiten Sterblichkeit. Die kontrollierende negative Rückkopplungsschleife ist geschwächt worden, sodass die positive Schleife praktisch ungehindert arbeiten kann. Es gibt nur zwei Möglichkeiten, das entstandene Ungleichgewicht wiederherzustellen. Entweder muss die Geburtenrate gesenkt werden, um die neue, niedrigere Sterberate auszugleichen, oder* ***die Sterberate muss wieder steigen. Alle ‚natürlichen' Beschränkungen des Bevölkerungswachstums wirken auf die zweite Weise – sie erhöhen die Sterberate. Jede Gesellschaft, die dieses Ergebnis vermeiden will, muss bewusst Maßnahmen ergreifen, um die positive Rückkopplungsschleife zu kontrollieren und die Geburtenrate zu senken."***
>
> *„The Limits to Growth"* (Seite 159) aus dem Jahr 1972

Um es zu verkürzen: Die Geheime Weltregierung hatte die glorreiche Idee, das Konzept „Umweltschutz" als Vorwand für ihre Pläne zu nutzen, weil die vermeintliche Sorge um die Natur und den Planeten der effektivste Weg war, um Menschen ein schlechtes Gewissen einzupflanzen und sie zu Selbsteinschränkung zu bewegen. Das Prinzip der moralischen Schuld war dank der katholischen Kirche in weiten Teilen der Weltbevölkerung verankert und musste nur neu verpackt werden. Die Erbsünde bestand nun nicht mehr darin, dass Eva (von der Schlange verführt) einen Apfel vom verbotenen Baum der Erkenntnis geklaut hatte, sondern darin, dass der Apfel nicht „bio" war.

Ich weiß, dass es vielen Menschen, die sich aus ehrlicher Sorge um diesen Planeten für „Umweltschutz" engagieren, bei dem, was ich hier schreibe, den Magen umdreht. Aber es ist leider wahr. Nehmen wir doch nur eine der ältesten und größten vermeintlichen „Umweltschutzorganisationen" her, den WWF (World Wide Fund For Nature). Sein langjähriger Präsident war *Prinz Philip*, der Gatte der englischen Königin Elisabeth II, ein bösartiger Zyniker, der einst schrieb: *„Sollte ich einmal wiedergeboren werden, dann bitte als tödlicher Virus. So könnte ich meinen Teil beitragen, um das Problem der Überbevölkerung zu lösen."*

Seit dem Jahr 1992 arbeitete die Geheime Weltregierung mit ihren vielen Armen an der ***Agenda 21***, jenem großen Wurf, mit dem die Welt an die „Herausforderungen des 21. Jahrhunderts" angepasst werden sollte. Die Jahrtausendwende rückte näher, die Bevölkerung wuchs, die Ressourcen gingen nicht aus, und es wollte auch nicht alles so zusammenbrechen, wie vorhergesagt. Man hätte natürlich sagen können, das sei positiv, aber das tat man nicht, weil die dunkle Seite der Macht alles Positive verabscheut. Sie nährt sich von der Angst und den negativen Emotionen der Menschen. Aber da die mittlerweile mehr waren, als sie zur eigenen „Nahrungsaufnahme" brauchten, musste die Rückkopplungsschleife umgekehrt werden.

Deshalb sieht die *Agenda 21* weiterhin eine deutliche **Reduktion der Weltbevölkerung** ebenso vor wie das **Verbot von Privatbesitz**. Die „Share-Economy" war der geglückte erste Schritt auf dem Weg zur Enteignung, hin zu einer neuen Form eines (als grün getarnten) Kommunismus. All das ging zuletzt nahtlos über in den „Great Reset" des

Weltwirtschaftsforums, dem verlängerten Arm der Bilderberger. Wenn man all diese wunderschön verpackten Programme der letzten siebzig Jahre nüchtern analysiert, dann sind sie im Kern immer ein eugenisches Projekt gewesen, aufbauend auf Negativität und Horror-Szenarien. Nur zur Erinnerung: Unter „Eugenik" versteht man das Prinzip menschlicher Auslese, also der Unterteilung in wertvolles und wertloses menschliches Leben.

Kein einziges dieser Zusammenbruchs-Modelle hat sich je auch nur ansatzweise erfüllt, aber die Menschen fallen weiterhin immer und immer wieder darauf rein. Eigentlich hatte ich vor, all das in einem neuen Buch wesentlich ausführlicher und detaillierter darzulegen, aber die Zeit drängt, also muss es an dieser Stelle eine grobe Zusammenfassung tun. Vielleicht macht die es auch sogar leichter, das große Bild zu sehen. Alles in den letzten Jahrzehnten zielte darauf ab, die Weltbevölkerung zu reduzieren, weil die mächtigsten Menschen auf diesem Planeten davon besessen sind. Sie müssen einfach töten und vernichten. Sie müssen uneingeschränkte Macht über andere haben und sie auch missbrauchen.

Sie haben selbst alle drei, fünf oder sieben Kinder, aber sie sind der Meinung, dass die „Ungewaschenen" (wie sie uns oft nennen) keine Kinder mehr in die Welt setzen sollten, weil man den Großteil von uns künftig – dank des technischen Fortschritts – nicht mehr als Arbeitssklaven benötigen wird.

Während Bill Gates also versuchte, das Bevölkerungswachstum in Afrika und Indien mittels Impfungen („*Innovating to Zero*") aufzuhalten, nahm sich die alte Garde Nordamerika und Europa vor und erzielte beachtliche Erfolge mittels Weichmachern in Kunststoffen, Psychoterror und Mikrowellenstrahlung für Internet und Mobiltelefonie. Die Geburtenraten gingen deutlich zurück. Man wusste mittlerweile auch, dass alle Prognosen, die einen Anstieg der Weltbevölkerung auf 10 Milliarden und mehr vorhergesagt hatten, völliger Blödsinn waren. Anfang Dezember 2021 lebten knapp 8 Milliarden Menschen auf diesem schönen Planeten, und eine von Bill Gates selbst finanzierte Studie aus dem Jahr 2020 bestätigte, was wenige Jahre zuvor die Deagle-Studie vorhergesagt hatte, dass wir nämlich demnächst „Peak-Weltbevölkerung" erreichen und die Bevölkerungszahl von da an auf Grund deutlich sinkender Fertilitätsraten zurückgehen wird.

> *„Forscher am Institut für Gesundheits-Statistik und -bewertung der Universität Washington haben gezeigt, dass sich die globale Fertilitätsrate 2017 auf 2,4 fast halbiert hat. Ihre Studie wurde in The Lancet veröffentlicht und geht davon aus, dass sie bis zum Jahr 2100 unter 1,7 fallen wird.* ***Japans Bevölkerung wird voraussichtlich von einem Höchststand von 128 Millionen im Jahr 2017 auf weniger als 53 Millionen bis zum Ende des Jahrhunderts sinken. In Italien wird ein ebenso dramatischer Bevölkerungsabsturz von 61 auf 28 Millionen im selben Zeitraum erwartet.*** *Das sind nur zwei von 23 Ländern – zu denen auch* ***Spanien, Portugal, Thailand*** *und* ***Südkorea*** *gehören – deren* ***Bevölkerung sich voraussichtlich mehr als halbieren wird.*** *China, derzeit die bevölkerungsreichste Nation der Welt, wird voraussichtlich in vier Jahren seinen Höchststand mit 1,4 Milliarden erreichen, bevor er sich bis 2100 auf 732 Millionen fast halbiert... Das Vereinigte Königreich wird voraussichtlich im Jahr 2063 einen Höchststand von 75 Millionen erreichen und bis 2100 auf 71 Millionen fallen.*“[(215)]
>
> *James Gallagher*, Wissenschaftskorrespondent, „*BBC*“, 15. Juli 2020

Der Anstieg der Geburtenraten war längst abgeflacht, und in der westlichen Welt war diese Rückläufigkeit längst zu einem ernsthaften Problem geworden, weil zu wenig junge Menschen nicht so viele alte Menschen weiter versorgen konnten. Man hatte ein Ungleichgewicht in der Demografie geschaffen und musste jetzt immer wieder nachjustieren. Aber es geht bei der *Agenda 21* nicht nur um die Reduzierung der Weltbevölkerung, sondern auch um deren Umsiedelung – vielleicht wollen Sie sich ja mal beim nächsten lokalen Agenda-21-Büro in ihrer Umgebung ein wenig darüber informieren. Der Plan der Eugeniker, wie Bill Gates, Ted Turner oder den Rockefellers, die zufälligerweise auch die größten Großgrundbesitzer auf Erden sind, ist es, die meisten Menschen weg vom Land und hin in die Städte zu bekommen – natürlich immer unter dem Deckmantel des Umweltschutzes.

Erinnern Sie sich noch an ***Ricken Patel***, Gründer und Chef von AVAAZ, der weltweit mächtigsten NGO, wenn es darum geht, in kurzer Zeit möglichst vielen Menschen ein schlechtes Gewissen bezüglich ihres CO_2-Ausstoßes einzureden? AVAAZ hat etwa 50 Millionen „Mitglieder", und der Harvard-Absolvent *Patel* war vor seiner Zeit bei dem Aktivisten-Verein für die *UNO*, die *Rockefeller Stiftung*, die *Gates Stiftung* und die *International Crisis Group* tätig gewesen. AVAAZ versteht es meisterlich, (vorwiegend junge) Menschen zu manipulieren und emotional zu steuern. Vielleicht erinnern Sie sich auch noch an den ***Plan-50/50***, den AVAAZ am 24. Dezember 2019 ganz groß vorstellte – rein zufällig nicht nur zu Weihnachten, sondern auch genau zu dem Zeitpunkt, als in China eine neue große Seuche ausgebrochen sein soll und *Christian Drosten* bei Weihnachtskeksen seinen neuen „PCR-Test" dazu bastelte. Beim ***Plan-50/50*** geht es darum, dass einige „führende Wissenschaftler" und „Experten" wie *Leonardo DiCaprio* oder *Bill Gates* – die Technokratische Bewegung lässt grüßen! – forderten, dass die Hälfte der Erde unter Naturschutz gestellt werden und von Menschen nicht mehr betreten werden sollte – von uns normalen „ungewaschenen" Menschen zumindest. Die unteren 90% der Einkommenspyramide, also vermutlich auch Sie, liebe Leserin, lieber Leser, sollen in Städten konzentriert und lückenlos kontrolliert und gesteuert werden. Wenn Sie das nicht glauben wollen, dann lesen Sie sich aufmerksam die Schriften zur „Agenda 21" und zum „Great Reset" durch. Ich verkürze das Ganze jetzt, weil ich das im Detail schon früher ausgeführt hatte und weil ich auch wieder den Bogen zum Anfang des Kapitels schlagen möchte. Was also hat das alles mit dem Elektroauto zu tun?

Nun, warum wohl würde man eine Steinzeittechnologie mit aller Macht vorantreiben, wenn klar war, dass sie nicht nur eine Einschränkung unseres Bewegungsradius bedeutete, sondern sie darüber hinaus auch extrem umweltschädlich war und niemals, niemals würde großflächig umgesetzt werden können? Es kann dafür nur einen schlüssigen Grund geben: Man will sicherstellen, dass nur noch wenige Menschen es sich künftig leisten können, mit einem Auto zu fahren! Es gibt keine andere logische Begründung.

Ich saß vor vielleicht vier, fünf Jahren in kleiner Runde mit einigen sehr interessanten Menschen zusammen und fragte dabei eine der Führungskräfte des ältesten deutschen Automobilkonzerns, warum nun auch die deutschen Autobauer alle plötzlich auf diesen Nostalgiezug namens „Elektroauto“ aufsprangen, und sie meinte seufzend, dass ihnen nichts anderes übrig blieb, weil Merkel sie dazu gezwungen hatte. Natürlich wussten alle Autobauer, dass der Umstieg vom Verbrennungsmotor zum Elektroauto illusorisch war, aber Angela Merkel hasste die deutsche Wirtschaft so sehr, dass sie sie dazu zwang, so lange ein totes Pferd zu reiten, bis man sich bis auf die Knochen wund gescheuert hatte.

Die Deutschen waren einst ein wirklich großes Volk, berühmt vor allem für ihre außergewöhnlichen kulturellen und technischen Leistungen. Aber das, was sich in diesem Land in den vergangenen zwei Jahrzehnten ereignete, ist nur noch als Akt der kollektiven Selbstverstümmelung und Selbstgeißelung einzustufen. Und leider scheinen sie im Sog des Untergangs viele andere europäische Staaten mit sich zu reißen.

Doch zurück zum E-Auto: Wie kann ich so dreist sein und behaupten, es wäre umweltschädlich und nicht großflächig einsetzbar? Weil ich mich an die Fakten halte. Ende 2019 lag der weltweite Bestand an Elektroautos und leichten Nutzfahrzeugen mit Elektroantrieb (Vans) bei 7,89 Millionen. Bei insgesamt angeblichen rund 1,3 Milliarden Autos (13.000 Millionen) weltweit ist das ein gegenwärtiger Anteil des E-Autos am Weltmarkt von 0,6% – trotz jahrelanger extrem hoher Förderungen!

Das ist bestenfalls ein Nischenmarkt. Allein in Deutschland gab es im Jahr 2021 knapp 48 Millionen PKW[(216)], in ganz Europa sollen es rund 300 Millionen Autos gewesen sein. Nun überschlugen sich seit 2020 aber einzelne europäische Staatsvertreter darin, ständig neue Vorgaben zu machen. Erst sollte ab 2030 kein Auto mit Verbrennungsmotor mehr verkauft werden dürfen, nun ist man schon beim Aus im Jahr 2025 angekommen, und manche Politiker wollen offenbar, dass 2030 überhaupt kein Verbrenner mehr auf den Straßen fährt. Das ist nicht nur ambitioniert, das ist völlig vertrottelt, weil das nie, noch nicht mal in hundert Jahren möglich sein wird.

Die Anzahl der LKW allein nur in Deutschland betrug im Jahr 2021 angeblich 3,4 Millionen, wovon 3,2 Millionen mit Diesel betrieben wurden, der Rest mit Benzin oder Gas. Es ist mir unmöglich herauszufinden, wie viele Transporter (Vans) auf Europas Straßen unterwegs sind, weil sie entweder als PKW oder LKW angemeldet sein können, außerdem steigt ihre Zahl rapide an, speziell seit dem Boom des Online-Handels im Zuge der Plandemie. Wenn wir aber davon ausgehen, dass allein in Deutschland weit mehr als 50 Millionen Fahrzeuge mit Verbrennungsmotor unterwegs sind, die in drei bis acht Jahren alle nicht mehr da sein oder nach und nach durch eine Steinzeittechnologie mit geringer Reichweite ersetzt werden sollen, dann wird allein daraus schon klar, dass das nicht möglich ist.

Es ist unmöglich, so viel Strom zu erzeugen, um all diese Fahrzeuge weiterhin in der bisherigen Form betreiben zu können. DAS IST AUSGESCHLOSSEN! Und was noch ausgeschlossener ist – falls es diese Steigerungsform überhaupt gibt –, ist, dass dieser Strom auch immer dann verfügbar wäre, wenn er gerade gebraucht würde, nämlich dann, wenn alle abends von der Arbeit oder sonntags aus dem Wochenende zurückkommen. Ja, natürlich kenne ich auch die Stimmen, die dann sagen, dass Menschen wie ich unverbesserliche Pessimisten seien und sich das alles finden wird. Man muss das nur „anschieben", und dann werden Techniker und Wissenschaftler schon die passenden Lösungen dafür finden. Genau dasselbe hat derselbe Typ Mensch auch seit Jahrzehnten in Bezug auf eine Lösung für das Atommüll-Problem gesagt. Und was ist passiert? Nichts! Es gibt bis heute keine sinnvolle Lösung für den Umgang mit Atommüll, und wir vergiften damit nicht nur uns selbst, sondern den gesamten Planeten.

Und da wir schon beim Thema „Vergiften" sind: Das Elektroauto ist das krasse Gegenteil von umweltfreundlich! Durch den von Deutschland und den US-Liberalen ausgelösten künstlichen Hype um Elektroautos, der *Elon Musk* Milliarden in die Taschen spült, hat zuletzt die Nachfrage nach **Cobalt**, **Nickel**, **Mangan** und anderen Metallen für die

Batterieherstellung stark zugenommen. Abgesehen davon, dass die Preise für diese Rohstoffe daher stetig steigen, was die E-Autos noch teurer machen wird, gibt es schlichtweg nicht genügend von diesen Rohstoffen. Beispielsweise Mangan: Das Übergangsmetall Mangan ist zwar gar nicht so selten, kommt aber nur begrenzt an der Erdoberfläche vor, 75% davon in der Kalahari-Wüste Südafrikas. Da aber der künftige Bedarf mit den oberflächlichen Beständen nicht zu decken ist, haben bereits zahlreiche Länder um Abbaulizenzen unter dem Meeresboden mitten im Südatlantik angesucht. Umweltschutzverbände warnen und sind *„sehr besorgt“*, weil der Abbau von Manganknollen unter dem Meeresboden mit riesigen Maschinen das ökologische Gleichgewicht langfristig zerstören könnte – gleichzeitig unterstützen sie aber weiterhin die E-Mobilität. Vielleicht sollten sie sich einfach mal für eine Sache entscheiden!

Oder nehmen wir *Cobalt*, das hauptsächlich per Hand von Kindern in ungesicherten Minen im Kongo abgebaut wird. Kein Problem für die Klimaschützer, oder? Was man nicht sieht, stört auch nicht. Doch halt! Auch hier wurde nach einer nachhaltigen Lösung gestrebt: Mehrere deutsche Autobauer kündigten bereits an, künftig nur noch Cobalt aus „zertifiziertem Abbau“ kaufen zu wollen. Na also, dann ist ja alles gut, oder? Dann wird ein Kind im Kongo künftig das Glück haben, nicht unter Tage arbeiten zu müssen, sondern basteln zu dürfen. Dann wird es bald hübsch gestaltete Zertifikate für nachhaltigen Abbau geben, auf denen sich die Minenbetreiber verpflichten, nur saubere Kinderhände einzusetzen und darauf zu achten, dass diese nachhaltige Abbaumethode auch nicht zu viel CO_2 ausstößt. Ich komme leider immer wieder an den Punkt, an dem ich feststellen muss, dass man den meisten Menschen einfach jeden Schwachsinn einreden kann, weil sie sich weigern, selbstständig zu denken.

Das schreckt Sie auch noch immer nicht ab? Sie glauben weiter an das E-Auto? Was ist damit, dass diese extrem schweren Batterien, die in diese hypermodern aussehenden Gehäuse eingebaut werden, extrem leicht entflammbar sind und regelmäßig explodieren? Wussten Sie, dass so eine entflammte Batterie nicht gelöscht werden kann, sondern bis zu zehn Tage weiterbrennt, was viele schädliche Gase freisetzt?

> *„Um einen elektrischen Stromschlag zu vermeiden, können die Einsatzkräfte E-Autos nicht mit Wasser löschen. Mit Schaum versuchen sie, die Flammen zu ersticken und ein Übergreifen auf andere Fahrzeuge zu verhindern. Anschließend gilt es, die Stromzufuhr zu unterbrechen. Große Feuerwehren besitzen Rettungskarten für jeden Typ (E-)Auto, die ihnen sagen, welche Bereiche sie meiden sollten und wo entscheidende Verbindungen liegen... Bei neueren E-Autos befindet sich die Batterie im Fahrzeugboden, ist damit schwer zugänglich und kann nicht ausgebaut werden. Zudem beinhaltet sie unterschiedliche, teils ätzende Chemikalien, mit denen Feuerwehrmänner bislang nichts zu tun hatten. Nachdem die Flammen erstickt und die Batterie abgetrennt wurde, werden vermeintlich gelöschte E-Autos in Spezialcontainer verladen, diese mit Wasser geflutet und mindestens 72 Stunden lang beobachtet. In dieser Zeit können sich die Batterien jederzeit ohne Vorwarnung erneut entzünden... Tesla gibt an, dass etwa 11.000 Liter (11 Tonnen) Wasser benötigt werden, um einen brennenden Tesla ‚endgültig zu löschen'. Feuerwehrautos führen gewöhnlich etwa 2.000 Liter Wasser mit. Zudem besitzen die wenigsten Feuerwehren die entsprechende Technik. Landesweit gibt es in Österreich einen dieser Container. Auch in Deutschland ist ihre Zahl sehr überschaubar.“*[217]

Aber nicht nur Tesla-Fahrzeuge gehen regelmäßig in Flammen auf. Das ist ein generelles Problem der Batterien dieser neuen Bauart. Auch General Motors' E-Autos brennen des Öfteren lichterloh. Deshalb riet der Sprecher von General Motors, *Dan Flores*, seinen Kunden am 16. September 2021 Folgendes:

> *„In dem Bemühen, im seltenen Fall eines möglichen Brandes mögliche Schäden an Gebäuden und Fahrzeugen in der Nähe zu verringern, empfehlen wir, im obersten Stockwerk oder* ***auf einem Freideck zu parken*** *und* ***einen Abstand von mindestens 50 Fuß (15 Meter) zu anderen Fahrzeugen einzuhalten****. Außerdem bitten wir Sie nach wie*

vor, Ihr Fahrzeug nicht unbeaufsichtigt zu lassen, auch wenn Sie eine Ladestation in einem Parkdeck benutzen.“[218]

Nein, das ist kein Witz! In zahlreichen Ländern bekamen Menschen in den letzten Jahren 10.000 Dollar und mehr vom Staat dafür, dass sie sich ein teures Auto mit skandalöser Umweltbilanz kaufen, das sie mindestens 15 Meter von anderen Autos entfernt parken und beim Laden immer beaufsichtigen sollen, weil es in Flammen aufgehen kann und dann mehrere Feuerwehrleute für Tage auf Trab hält.

Doch das ist noch nicht alles. Es gibt immer wieder große Probleme mit fehlerhaften Chargen in der Batterie-Produktion. Die künftige Batteriefabrik von Tesla im brandenburgischen *Grünheide* wird nach Schätzung von Fachleuten jährlich 40.000 Tonnen Batteriemüll pro 100 Gigawattstunden produzieren. Da Tesla eine Jahreskapazität von 250 Gigawattstunden innerhalb weniger Jahre anpeilt, dürften dann HUNDERTAUSEND TONNEN BATTERIEMÜLL pro Jahr nur in dieser einen Fabrik anfallen. Wessen Herz kann angesichts so beeindruckender Zahlen denn nicht für „Grün“ schlagen?

„Der weitere Ausbau Erneuerbarer Energien und eine ***effiziente Ressourcennutzung*** *– das sind die zentralen Elemente des Umwelt- und Klimaschutzes in Deutschland. Ein weiterer wichtiger Faktor ist die* ***Elektromobilität****. Die Elektromobilität der Zukunft steht auch in China, Japan und Nordamerika auf der Agenda. Die Bundesregierung und die Automobilbranche verfolgen das ambitionierte Ziel, Deutschland zum Leitmarkt für Elektromobilität zu entwickeln und an den Potenzialen dieses globalen Marktes teilzuhaben. Bis 2030 sollen laut Bundesregierung sieben bis zehn Millionen Elektrofahrzeuge in Deutschland zugelassen sein.*“[219]

Fazit Communication GmbH, Frankfurt am Main, in Zusammenarbeit mit dem Auswärtigen Amt, Berlin

Die *Fazit Communication GmbH* ist der PR-Arm der *Mediengruppe Frankfurt* und der (von Bill Gates unterstützten) *Frankfurter Allgemeinen Zeitung* (FAZ). Sie entwickeln laut Eigendarstellung ***„ganzheitliche*** *und **nachhaltige** Kommunikationsstrategien*" und „*zielgruppengerechte und themenadäquate Konfektionierungen*" mittels „*modular zusammenstellbaren Angebotsbestandteilen*" in 25 Sprachen.[220] Kurz gesagt: Propaganda nach Maß.

> „(Der Autobauer) *VW hatte errechnet, dass ein **E-Golf** beim heutigen deutschen Strommix geringfügig **mehr CO_2 je Kilometer** ausstoße als ein Diesel-Golf.*"[221]

Jeder Fahrzeug- und Verkehrsexperte weiß, dass der Diesel das bessere und umweltfreundlichere Auto ist und eine Umstellung des gesamten Verkehrs auf E-Motoren eine Katastrophe wäre, aber alle halten den Mund und spielen mit, weil sie angepasst und feige sind. Hier wird zielgruppengerecht, nachhaltig und themenadäquat kollektiv gelogen.

Im April 2021 veröffentlichten die Rohstoffexperten *Goehring & Rozencwajg* eine neue Studie, die aufzeigt, dass die Herstellung von Lithium-Ionen-Batterien für Elektroautos solch enorme Mengen an Energie (und damit auch an CO_2) verbraucht, dass der „eingebettete Kohlenstoff" in einem fabrikneuen Elektroauto daher 20-50% höher ist als bei einem Verbrennungsmotor.[222] Doch auch im Betrieb ist nichts Umweltfreundliches an einem E-Vehikel, da sein Stromverbrauch (je nach Modell unterschiedlich) sehr hoch ist und dieser Strom kein sauberer ist, auch wenn viele Menschen das gerne glauben möchten. Denn wie wir bereits gesehen haben, ist es in Wahrheit unmöglich, den stark steigenden Energiebedarf mit erneuerbaren Energien zu decken, weshalb seit 2021 wieder sehr viel Braunkohle verheizt wird. Wenn Deutschland tatsächlich Ende 2022 auch noch seine letzten drei Atomkraftwerke schließen sollte, so wird ein Elektroauto dann auch in Deutschland mit Atomstrom aus dem Ausland oder mit heimischem Braunkohlestrom fahren – oder es wird eben nicht fahren. Ich kann also die hohle Floskel vom „Abgasfreien Fahren" nicht mehr hören, weil genau das Gegenteil der Fall ist. Wie heute überall üblich, wird der Ausstoß einfach nur an eine andere Stelle verlagert. Das bringt nichts für die Natur, aber offenbar extrem viel für das eigene Gewissen.

Nach wie vor ist nichts besser, effizienter, langlebiger und sauberer als der Dieselmotor! Ja, Sie hören richtig. Dieselmotoren neuerer Generation haben mit Abstand die beste Umweltbilanz. Aber genau dieser Dieselmotor, der seit über hundert Jahren immer weiterentwickelt und perfektioniert wurde, soll nun durch das Auto mit der schlechtesten Umweltbilanz ausgetauscht werden. Fällt hier denn niemand etwas auf?

„Aber was ist denn mit dem gefährlichen Feinstaub, den Dieselfahrzeuge angeblich ausstoßen?", werden Sie jetzt vielleicht fragen. Nun, das ist auch so eine Sache. Als **Feinstaub** werden Teilchen bezeichnet, die kleiner als zehn Mikrometer sind, also ein hundertstel Millimeter. Sie können Atemwegs- und Herz-Kreislauf-Erkrankungen auslösen. Hauptverursacher der Feinstaub-Partikel ist die Industrie, danach kommen Kreuzfahrtschiffe, die Landwirtschaft und die natürliche Staubbelastung, wie beispielsweise Saharastaub oder Vulkanasche. Nur 7% bis 14% der Feinstaub-Partikel in der Luft stammen vom Straßenverkehr – abhängig davon, wen man fragt und wo gemessen wird.(223)

Moderne Partikelfilter für Dieselfahrzeuge erreichen einen Effizienzgrad von über 95 Prozent, und alleine durch den **Reifen- und Bremsabrieb** entstehen dreimal so viele Feinstaub-Partikel, wie aus dem Auspuff kommen.(224) Eine Testreihe im Jahr 2017 ergab, dass in Deutschland jährlich etwa 110.000 Tonnen Reifenabrieb entstehen. Ein E-Auto hat zwar keinen Auspuff, aber Reifen und Bremsen. Das bedeutet, dass es im Straßenverkehr in etwa denselben Feinstaub verursacht wie Autos mit Verbrennungsmotoren. Doch halt, das kann deshalb nicht stimmen, weil E-Autos deutlich schwerer sind als die angeblichen Dreckschleudern und daher auch deutlich mehr Reifen- und Bremsabrieb haben müssen. Denn bei einem durchschnittlichen Mehrgewicht von 50% muss das Stromvehikel auch den 1,5fachen Abrieb haben, also verursachen E-Autos auch mehr Feinstaub als Verbrenner. Reifenabriebe sind die Hauptquelle für Mikroplastik in Flüssen und Seen und machen 28 Prozent der Plastikpartikel in den Meeren aus!(225) Und nur zum Vergleich sei erwähnt, dass Berechnungen zufolge ein modernes Kreuzfahrtschiff pro Passagier und Tag mehr als das 400fache eines xbeliebigen modernen Autos an Feinstaub ausstößt. Und Diesel-PKW müssen verboten werden?

Wir haben ein weltweit perfekt ausgebautes Netz aus Tankstellen für Benzin- und Dieselfahrzeuge, die umweltfreundlicher sind als Elektroautos. Wir haben Rohöl für mehrere Generationen und mehrere Länder in der „Dritten Welt", die nur auf Grund des Verkaufs dieses Öls ein Einkommen haben. Und all das wollen destruktive Wesen wie Angela Merkel, Joe Biden und all die Grünen-Politiker auf Geheiß ihrer Hintermänner zerstören!

Wer meint, es wäre „ökologisch sinnvoller", nicht weiter Erdöl aus dem Boden zu holen, sollte wissen, dass alle bereits bestehenden hunderttausende von aktiven Ölquellen rund um den Erdball ohnehin für immer weitersprudeln werden. Wenn sie einmal angezapft worden sind, kann man sie nicht mehr stilllegen. Das Öl rinnt weiter aus einer Quelle heraus, bis sie erschöpft ist, was Jahre oder Jahrzehnte dauern kann. Es gibt nichts, was man tun kann, um das zu stoppen. Dieses Erdöl nicht weiter zu nutzen und stattdessen Windräder zu bauen, die nicht funktionieren, aber das Wetter auf unberechenbare Weise manipulieren, ist in meinen Augen geisteskrank. Aber nicht nur Deutschland hat sich für diesen Weg entschlossen, auch die USA unter der Marionette Joe Biden wollen kompromisslos diesen Weg beschreiten.

Wie bereits zuvor in der Plandemie werden für Ideologien komplizierte und umfangreiche globale Abläufe und Strukturen einfach zerschmettert, ohne sich der Konsequenzen für die eigene Bevölkerung in vollem Umfang bewusst zu sein – oder ohne sich um die Bedürfnisse der Bevölkerung zu kümmern. Gleichzeitig schwächen die USA und Europa sich selbst, indem sie Russland – das sicher nicht auf diesen Geisterzug aufspringen wird – eine der wichtigsten Schlüsselindustrien auf Erden überlassen:

> *„Joe Bidens Krieg gegen fossile Brennstoffe hat vermutlich Alaska am härtesten getroffen. Öl und Gas machen etwa die Hälfte der Wirtschaft Alaskas und ein Viertel der Arbeitsplätze aus. Es gäbe noch viel mehr Öl- und Gasarbeitsplätze in Alaska, wäre da nicht Joe Biden, der ein-*

seitig alle Öl- und Gaspachtverträge im Arctic National Wildlife Refuge aussetzte, die Präsident Trump zuvor genehmigt hatte. Diese Maßnahme wird nun vor Gericht angefochten... Dank Bidens Politik ist Russland zum zweitwichtigsten ausländischen Öllieferanten der USA geworden. Seit Bidens Amtsantritt hat Russland seine Ölverkäufe in die USA mehr als verdoppelt; Russland steuert mittlerweile doppelt so viel Öl zum US-Verbrauch bei wie Alaska. Während die Öl- und Gasproduktion Alaskas seit 1988 um 75 Prozent zurückgegangen ist, was die Staatseinnahmen ernsthaft beeinträchtigt, hat Biden es Putins Russland ermöglicht, einen US-Marktanteil zu gewinnen, der der gesamten derzeitigen Produktion Alaskas entspricht.“[226]

Duggan Flanakin für „*Real Clear Energy*“ am 21. November 2021

Es geht hier nicht um Ökologie, sondern um Ideologie. Es wäre ein Leichtes, den Spritverbrauch der bereits nahezu perfekt optimierten Verbrennungsmotoren, und damit deren Emissionen noch weiter zu reduzieren, indem man gesetzliche Vorgaben schafft, die Fahrzeuge mit 300 PS und mehr verbieten oder zumindest so sündhaft teuer machen, dass kaum mehr einer sie freiwillig nutzt. Der 3-Liter-Motor ist vorhanden, aber in den meisten Ländern erhalten Firmen steuerliche Vorteile, wenn sie statt eines Mittelklassewagens riesige, schwere 8-Zylinder-Pickup-Trucks in ihre Buchhaltung nehmen. Das ist staatlich verordnete Luftverschmutzung (die auch noch steuerlich begünstigt wird) – ebenso wie Tempo-30-Zonen in Großstädten, denn jedes Auto verbraucht bei Tempo 30 mehr Sprit als bei Tempo 50. Wenn auf deutschen Autobahnen nach Bereichen ohne Tempolimit plötzlich ein Schild mit einer 80er-Begrenzung kommt, die eine Minute später wieder aufgehoben wird, um zwei Minuten später wieder auf 100 km/h beschränkt zu werden, dann ist das die maximal mögliche Eskalation an Luftverschmutzung. Mehr Reifen- und Bremsbelag-Abrieb kann man auf einer kurzen Strecke nicht verursachen. Mehr Abgase kann man nicht provozieren, wenn Autofahrer alle zwei Minuten wieder hochbeschleunigen müssen oder dürfen. Alles, aber auch wirklich alles ist mittlerweile so verrückt geworden, dass man meinen würde, es könnte nicht mehr schlimmer kommen. Aber das ist ein Irrtum.

Lassen Sie mich als Abschluss dieses Kapitels auch erwähnen, dass alle angegebenen Reichweiten bei Elektroautos immer den bestmöglichen Fall angeben, wenn sie alle zusätzlichen Verbrauchsquellen (Radio, Sitzheizung, Klimaanlage usw.) ausgeschaltet haben und die Außentemperatur bei etwa 21 Grad Celsius liegt. Wenn es nämlich kalt ist, das kennt man auch von herkömmlichen Batterien, dann verlieren auch die Lithium-Ionen-Akkus im E-Vehikel schnell mal 40% ihrer möglichen Leistung – oder um es mit den Worten der Berliner Verkehrsbetriebe zu sagen: „*Wenn es kalt ist, ist die Reichweite so gering, dass die E-Fahrzeuge nicht eingesetzt werden können.*"

So wird aus der oft vollmundig angegebenen Reichweite eines Elektroautos von „bis zu 400 km" bei Kälte maximal 240 km – und das auch nur, wenn man sonst zusätzlich nichts verbraucht. Ein Bekannter von mir lieh sich aus Spaß ein schickes und teures Elektroauto deutscher Bauart aus und wollte zusammen mit seiner Freundin eine Spritztour in eine rund 180 km entfernte Stadt machen, wo sie in einem Hotel übernachten wollten. Bei der Hinfahrt lief noch alles ganz gut, aber die Rückfahrt wurde zu einem Abenteuer. Nach hundert Kilometern sprach der Wagen plötzlich zu ihnen und riet ihnen, die Sitzheizungen auszuschalten, um Energie zu sparen. Kurz darauf meldete er sich erneut ungefragt zu Wort und bestand darauf, das Radio auszuschalten. Kurz bevor sie ihre Heimatstadt wieder erreichten schlug er vor, das Licht auszuschalten, weil sie nur noch für wenige Kilometer Saft hatten. Dummerweise war es nun aber bereits dunkel, was sie zwang, kurz vor der Stadt anzuhalten, um den Wagen aufzuladen. Die Moral von der Geschichte? Glaube nicht alles, was in der Zeitung steht oder von Politikern propagiert wird – genauer gesagt: Glaube nichts davon!

Bedenkt man, dass E-Autos in der Anschaffung ziemlich teuer sind und die Energiekosten derzeit konstant steigen, dann wird das E-Auto ein Luxusartikel mit sehr geringer Reichweite werden. Die breite Masse der Menschen, die heute ihren alten Diesel oder Benziner fahren, wird in Zukunft den öffentlichen Nah- oder Fernverkehr nutzen müssen – wenn es denn nicht zu kalt ist, denn dann wird es keinen geben. All das passt genau ins Konzept von *Plan-50/50* und *Agenda 21*. Zufälle gibt's!

Die Chronologie eines Betrugs

Ich habe bereits mehrfach darüber geschrieben, aber ich kann es nicht oft genug sagen, weil den Menschen so viele Lügen zum Thema „Klima“ eingehämmert wurden, dass selbst bei vielen naturwissenschaftlich gebildeten Menschen bei dieser Thematik komplett der Verstand aussetzt, weil sie den Blödsinn vom gefährlichen CO_2 so oft gehört haben, dass sie ihn mittlerweile selbst glauben – oder nur einfach nicht mehr widersprechen, um ihre Ruhe zu haben. Lassen Sie es mich daher nochmals ganz klar und deutlich zusammenfassen, ehe ich weiter ins Detail gehe:

- CO_2 ist nicht gefährlich, sondern im Gegenteil: **CO_2 ist die Grundlage allen Lebens auf Erden.** Den CO_2-Gehalt in der Atmosphäre zu reduzieren, ist kaum möglich, würde aber bedeuten, alles Leben auf Erden zu reduzieren. Das ist nichts anderes als ein Programm zur Bevölkerungsreduktion und eine Zerstörung der oft beschworenen Artenvielfalt.
- **Es gibt keinen „Treibhauseffekt“**, weil die Erdatmosphäre kein Treibhaus ist und auch kein Dach hat. Daher gibt es auch keine Treibhausgase.
- Wir haben historisch betrachtet derzeit einen **sehr niedrigen CO_2-Gehalt** in der Atmosphäre, und selbst ein Anstieg auf das Zehnfache des derzeitigen Wertes wäre kein Problem – im Gegenteil!
- Wir befinden uns derzeit in **einer der kältesten Phasen der Erdgeschichte.**
- Der einzige nennenswerte Einfluss, den „der Mensch“ auf das „Klima“ hat, besteht in der **Manipulation des Wetters**, die im Jahr 2021 einen neuen historischen Höchststand erreichte.

Lassen Sie mich ganz simpel beginnen, damit jeder es auch wirklich nachvollziehen und verstehen kann. Als **„Wetter“** wird der physikalische Zustand der Atmosphäre zu einer bestimmten Zeit in einer bestimmten Region bezeichnet. Es ist gekennzeichnet vor allem durch

Sonneneinstrahlung, Windströmungen, Luftdruck und Luftfeuchtigkeit. Als **„Klima"** bezeichnet man die Wetterdaten der letzten dreißig Jahre in einer bestimmten Region. Klima ist also immer eine Rückschau, eine nachträgliche Betrachtung physikalischer Ereignisse, also des Wetters über einen langen Zeitraum in einem bestimmten Gebiet. Da es kein „Weltwetter" gibt, kann es daher auch kein „Weltklima" geben.

Täglich werden allein in Deutschland an rund 200 Wetterstationen zahlreiche Wetterdaten gesammelt, die Auskunft geben über den Luftdruck, die Temperatur, den Niederschlag, die Windrichtung, die Windstärke und noch einiges mehr. Allein für Deutschland sind das mehrere zehntausend Daten pro Jahr. Das Klima Deutschlands beispielsweise ist nichts anderes als die Sammlung mehrerer Millionen Wetterdaten der letzten 30 Jahre. Wenn man vom Klima einer bestimmten Region spricht, dann ist das also eine grobe Zusammenfassung des Wetters über drei Jahrzehnte betrachtet. Wie will man die schützen? Wie wollen Sie Millionen von Daten schützen? Indem man sie auf einen Datenträger speichert, den man in einen Safe einschließt?

Allein der Begriff „Klimaschutz" zeugt von kompletter Ahnungslosigkeit, wird aber immer wieder mit Inbrunst skandiert. **Niemand kann das „Klima" schützen.** Schon gar nicht können einige Scharlatane Voraussagen für ein nicht existentes „Weltklima" in einigen Jahrzehnten machen. Alle Aussagen darüber, wie das „Klima auf Erden" in zwanzig oder dreißig Jahren sein wird, sind per se eine Farce, oder deutlicher gesagt, eine dreiste Verarschung der Bevölkerung. Selbst die besten Meteorologen können das Wetter kaum für mehr als 24 Stunden präzise voraussagen. Alle Voraussagen für ein bestimmtes Gebiet für mehr als drei Tage sind unseriös und sind ein reines Ratespiel! Das liegt daran, dass Wetter ein ungeheuer komplexes Zusammenspiel unzähliger Faktoren ist, da sich der Zustand in der Atmosphäre an jedem Ort und in jedem Augenblick verändert. Wetter ist per se unbeständig und nicht exakt vorhersehbar. Es verändert sich unentwegt. Dasselbe gilt logischerweise für das Klima.

Wettervorhersagen sind nichts anderes als Computer-Modelle, die mit aktuellen Wetterdaten gefüttert werden, die dann mit Daten aus der Vergangenheit verglichen werden, um daraus eine Wahrscheinlichkeit abzuleiten, wie das Wetter sich aktuell entwickeln könnte. Das ist nichts anderes als Spekulation. Je mehr Daten man einfließen lässt, desto größer ist die Wahrscheinlichkeit, einen halbwegs guten Treffer zu landen.

Wenn Sie sich einmal den Spaß machen und für Ihren Ort die Wettervorhersagen von drei unterschiedlichen Wetter-Plattformen vergleichen, so werden Sie feststellen, dass sie bereits für den nächsten Tag leicht variieren. Sobald es um Prognosen für die kommende Woche geht, weichen sie meist bereits deutlich voneinander ab. Aber die Pappnasen vom sogenannten „Weltklimarat" (IPCC) können voraussagen, wie das Wetter in zwanzig oder dreißig Jahren auf der gesamten Erde aussehen wird? Im Ernst? Wenn es nicht so traurig wäre, müsste man über all das herzlich lachen.

Wie konnte es also so weit kommen, dass Millionen von Bildungsbürgern in der westlichen Welt davon überzeugt sind, zu viel CO_2 auszustoßen? Wie konnte es so weit kommen, dass sie sich „freiwillig" einschränken wollen, in dem Glauben, damit das Klima zu retten? Aus meiner Sicht gibt es da drei Grundprobleme:

- Zum einen wollen manche Menschen unbedingt ständig Neues entdecken, koste es, was es wolle. Nennen wir es wohlwollend „Wissbegierde". Sie wollen alles verstehen, messen, beweisen, weil sie im Intellekt gefangen sind und für alles eine logische Erklärung brauchen. Man nennt das dann häufig „Wissenschaft" – auch wenn sie kein Wissen schafft.
- Zum anderen haben manche Menschen einen starken Geltungsdrang. Sie gieren nach Aufmerksamkeit und Anerkennung, und dafür müssen sie sich einfach ständig Neues einfallen lassen, um aufzufallen. Sie entwickeln Theorien, denken sich Geschichten aus, wenn nötig auch Lügen. Je mehr Menschen dies tun, desto spektakulärer müssen diese Theorien sein, um sich von allen bisherigen abzuheben. Denn sonst würden sie nicht wahrge-

nommen. Das endet manchmal sogar in der pathologischen Sucht zum Lügen, oft auch als „Münchhausen-Syndrom" bezeichnet. Dies nennt man nicht umsonst einen „Teufelskreis".

- Drittens gibt es eine Sorte von Menschen, die davon besessen ist, sich die Natur Untertan zu machen. Sie wollen alles auf diesem Planeten bis ins kleinste Detail hinein kontrollieren und manipulieren, weil sie glauben, dass sie das zur Krone der Schöpfung machen würde. Ihnen fehlt es sowohl an Gespür als auch an Respekt vor der Natur und dem Universum.

Um dies anhand des Klima-Themas darzustellen, muss ich ein wenig ausholen. Selbst wenn Sie all dies bereits wissen sollten, so kann es nicht schaden, es nochmals zu hören, denn Wiederholung schafft Wissen, und für jeden wird das eine oder andere neue Detail dabei sein.

> Der angebliche *„...atmosphärische CO_2-Treibhauseffekt hat keinen physikalischen Hintergrund. Er basiert auf offensichtlich missverstandener Physik und lückenhaftem Wissen, was Joseph Fourier und Svante Arrhenius Ende des 19. Jahrhunderts auf die Idee eines atmosphärischen Treibhauseffekts brachte... eine naive und falsche Vorstellung, die keiner Überprüfung standhält... die Atmosphäre ist kein Treibhaus. Nie wurde eine feste Schicht aus CO_2 (Trockeneis) in der Atmosphäre entdeckt. Es kann sie auch nicht geben... In 6 km Höhe beträgt die Lufttemperatur etwa -10 °C. Für festes CO_2 wäre bei dieser Temperatur eine ganz erhebliche Erhöhung des Luftdrucks erforderlich. Wie man weiß, nimmt der Luftdruck aber mit zunehmender Höhe exponentiell ab... Die angebliche Wärmerückstrahlung zum Erdboden, die den Treibhauseffekt ausmachen soll, wird in Abbildungen oft dargestellt wie eine Gegenstrahlung. Das ist so simpel wie falsch... Auch dem Nicht-Physiker muss auffallen, dass es eine einfache Reflexion an freien Molekülstrukturen nicht geben kann, die aber oft ernsthaft so erklärt wird... Erwärmte Luft steigt aber immer nach oben. Der größte Teil würde in die obere Atmosphäre gelangen, in den Weltraum abgegeben werden und sich mit kälterer Luft kompensieren. Die Atmosphäre ist physikalisch betrachtet ein offenes System... Es gibt keinen atmosphäri-*

schen CO_2-Treibhauseffekt, der zu einer menschengemachten Erwärmung führt.“

Prof. Dr. Werner Kirstein, deutscher Klimatograph und Universitätsprofessor für Geografie, Geoinformatik, Kartografie und Geostatistik in seinem Buch *„Klimawandel – Realität, Irrtum oder Lüge“*, erschienen im Jahr 2020

Bereits im 19. Jahrhundert spekulierten Physiker wie *Joseph Fourier* und *Svante August Arrhenius* darüber, ob CO_2 vielleicht Auswirkungen auf die Atmosphäre haben könnte, doch sie kamen zu keinem brauchbaren Ergebnis. Der kanadische Kraftwerksingenieur *Guy Stewart Callendar* knüpfte in den 1930er-Jahren dennoch an Arrhenius' Überlegungen an. Er mutmaßte, dass die menschlichen CO_2-Emissionen dank wachsender Bevölkerung künftig steigen würden, was eine minimale **globale Erwärmung** hervorrufen könnte. *Callendar* sah diesen, nach ihm benannten *Callendar-Effekt* aber als **etwas Positives** an. Er hoffte, eine mögliche Erwärmung könnte die Ausbreitung der Gletscher aufhalten, die bis dahin als Bedrohung angesehen wurde. Auf diese Theorien bauten wiederum andere Theorien der 1940er- und 1950er-Jahre auf. Callendars Theorien erhielten zu ihrer Zeit wenig Aufmerksamkeit, weil sie nichts als wilde Spekulation waren. Erst in den 1980er-Jahren wurden seine Theorien plötzlich wieder populär, weil sie dem *Club of Rome* und anderen Machtzentren gelegen kamen.

Doch eigentlich beginnt diese Tragödie ganz anders. Sie beginnt mit Meeresrauschen und unberührter Natur, mit dem Schrei von Möwen und mit einem kleinen friedlichen Volk, das auf einigen kleinen abgelegenen Inseln wohnte und niemand etwas Böses getan hatte. Dies waren die Bewohner des *Bikini-Atolls*, einer kleinen Inselgruppe, die zu den Marshall-Inseln gehört und mitten im Pazifik, fernab von allen anderen Zivilisationen liegt. Im Jahr 1946 wurden die knapp 200 Einwohner von den US-Behörden zwangsumgesiedelt und durch Ziegen, Schweine und Hunde ersetzt, weil die Amerikaner auf den Bikini-Inseln Atom- und Wasserstoffbomben testen wollten, was sie dann auch mit großer Begeisterung bis zum Jahr 1958 taten.

Der Meeresforscher ***Roger Revelle*** hatte während des Zweiten Weltkriegs in der US-Marine gedient. Nach dem Krieg wurde er Direktor des *Scripps Oceanographic Institute* in *La Jolla* (Kalifornien). Das US-Militär testete also seine Atombomben, nachdem man seit den Abwürfen über Hiroshima und Nagasaki einfach nicht mehr genug davon bekommen konnte, und *Roger Revelle* und sein Team führten Messungen und Untersuchungen über die Folgen dieser Bombentests rund um das Bikini-Atoll und seine Nachbaratolle durch. *Revelle* verstand es geschickt, das Aufgabenfeld und den Umfang seiner Arbeit für das US-Militär ständig zu erweitern. Bald arbeiteten tausende Menschen am Bikini-Projekt, und das Geld floss in Strömen. Da wurden Tiere, Hütten und Schiffe in die Luft gejagt und alles wurde verwüstet, während die ursprünglichen Bewohner auf einer anderen Inselgruppe ausgesetzt wurden, auf der es keine Nahrung und kaum Trinkwasser gab – aber wen kümmert das schon?

Revelle und sein Team fertigten Tabellen, Modelle und Prognosen an. Sie maßen und forschten und analysierten, und das Militär wollte immer mehr Bomben zünden, um immer neue Daten und Erkenntnisse über die Zerstörungskraft ihrer Waffen zu sammeln. Nennen wir es wohlwollend „Spieltrieb", auch wenn das im Zusammenhang mit Atombomben fahrlässig ist. Auf jeden Fall entwickelte das Ganze eine Eigendynamik, die mehr und mehr Geld nach sich zog und mehr und mehr Arbeitsplätze schuf. Das Sammeln von Daten wurde zur Besessenheit, und Revelle erfand immer neue Aufgaben für sein Institut. Unter anderem verpflichtete er den österreichischen Chemiker und Physiker *Hans Eduard Suess*, der gerade an der Universität von Chicago begonnen hatte, zu messen, welche Spuren Kohlenstoff in der Umwelt durch die Verbrennung von fossilen Brennstoffen hinterlässt. Gemeinsam veröffentlichten *Revelle* und *Suess* 1957 ein Papier, das erneut die Möglichkeit erörterte, dass atmosphärisches CO_2 einen Treibhauseffekt verursachen und so zu einer Erwärmung in der Atmosphäre führen könnte. Wohlgemerkt: Das war erneut eine **hypothetische wissenschaftliche Annahme!** Wir sprechen hier von einer reinen Behauptung! Sie diente nur dem Zweck, neue Forschungsaufträge zu bekommen.

Es gibt in der Wissenschaft immer zahlreiche Theorien und Gegentheorien. Wissenschaftler können sich nur dadurch profilieren, dass sie neue Szenarien entwickeln und sie (wenn möglich) auch umfangreich mit vermeintlichen Beweisen untermauern. Je spektakulärer eine Theorie ist, je mehr sie irgendjemand von Nutzen sein kann, desto leichter ist es für den Forscher, neue Gelder zu lukrieren, Artikel zu schreiben, Vorträge zu halten – oder wie etwa im Fall von *Christian Drosten* vom Magazin Playboy als Test-Bastler sogar zum Mann des Jahres gewählt zu werden; oder im Fall von Karl Lauterbach sogar Gesundheitsminister zu werden. An dieser Stelle möchte ich auf die Ironie aufmerksam machen, wenn die Kranken zu den Hütern der Gesundheit werden.

Es ist wichtig zu verstehen, dass es zu jeder wissenschaftlichen Theorie auch eine oder mehrere Gegentheorien gibt, die ebenso von vermeintlichen „Beweisen" gestützt werden. Das ist das Wesen von Theorien: Keiner weiß, ob sie tatsächlich richtig sind. In der Regel setzt sich aber immer die Theorie durch, die am eloquentesten vorgetragen wird und dem Zeitgeist entspricht – oder jene, die mit so viel Nachdruck vorgetragen wird, dass alle anderen verstummen. Revelles Theorie über eine vom Menschen verursachte (anthropogene) Erderwärmung war zu der Zeit keine große Sache, aber sie reichte aus, um weitere Studien in der Richtung finanziert zu bekommen und sein mittlerweile großes Institut am Laufen zu halten. Sein Mitarbeiter *David Keeling* veröffentlichte 1958 die nach ihm benannte *Keeling-Kurve*, eine graphische Darstellung für den prognostizierten Anstieg der globalen CO_2-Konzentration in der Erdatmosphäre. Obwohl in keiner Studie ein wirklicher Zusammenhang zwischen dem atmosphärischen Spurengas CO_2 und dem Klima nachgewiesen werden konnte, wurde diesen Arbeiten nach und nach mehr Beachtung geschenkt. Warum?

In den 1950er-Jahren nahm die Zahl der Autos und LKW in den amerikanischen Städten rasant zu. Da der Treibstoff sehr schlecht und schlampig raffiniert wurde, führten diese Fahrzeugabgase, zusammen mit den rauchenden Fabrikschloten, rasch zu gewaltigem Smog und zu hoher Feinstaubbelastung. Es entstanden die ersten Umweltschutzbewegungen, und sie forderten von Politik und Industrie rasche Maßnahmen. Es wurden Umweltschutzbestimmungen und Abgasnormen erlassen, die den Schadstoffausstoß innerhalb von zwei Jahrzehnten auch tatsächlich radikal verringerten. Damit konnten die einen noch mehr Geld verdienen und die anderen sich Wählerstimmen sichern, darüber hinaus war es gut für die Bevölkerung.

Eigentlich war das Problem recht rasch gelöst, da man die Industrie zum Handeln gezwungen hatte, und eigentlich hätten von da an alle in Frieden und Harmonie weiterleben können. Aber da war wieder diese Sache mit der Eigendynamik. Mittlerweile waren immer mehr Gruppierungen entstanden, die sich den Begriff der „Ökologie" auf die Fahnen schrieben und die immer mehr mit den Hippies, der Anti-Kriegs-Bewegung, der Anti-Atomkraft-Bewegung und den Feministinnen verschmolzen. Ihnen allen reichten die bisherigen Maßnahmen nicht aus, sie wollten noch mehr „Umweltschutz", mehr gesellschaftliche Veränderung, wurden fordernder und lauter. Die jungen Menschen zeigten vor allem wenig Respekt vor Autoritäten und schienen restlos alles Bisherige in Frage zu stellen. Das Ganze ging einher mit Rock'n Roll und bewusstseinserweiternden Drogen. Hier entstand ein Momentum, eine Eigendynamik, die deutlich größer war als die Summe ihrer Einzelteile.

Das machte dem Establishment Angst. Man musste diese Welle stoppen, die Gruppen auseinanderdividieren, sie schwächen, diskreditieren. Das Establishment, Politiker, der militärisch-industrielle Komplex und die Geheime Weltregierung mussten dem ein Ende setzen, wenn sie ihre Macht behalten wollten. Jahrelang bespitzelten und unterwanderten US-Geheimdienste die Friedens- und Umwelt-Aktivisten im Rahmen der Geheimoperation **„MKChaos"**, und das mit so großem Erfolg, dass sie diese Unterwanderungstaktik seitdem bei allen neuen politischen Bewegungen anwandten und so erfolgreich Zwietracht säten und die Aktivisten nach und nach von ihrem ursprünglichen Ziel ablenkten. Als diese Geheimdienstoperation später bekannt wurde, versuchten die Verantwortlichen, es so darzustellen, als hätten sich die Maßnahmen nur gegen subversive Elemente aus dem Ausland gerichtet, gegen fremde Personen und Organisationen, die absichtlich die USA zerstören wollten. An dieser Taktik hat sich bis heute nichts geändert.

Wer nicht das macht, was der „große Bruder" will, wird als Volksfeind dargestellt. Sowohl die Politik als auch die Wirtschaft waren bestrebt, die Aktivistengruppen zu schwächen oder die Menschen in eine andere Richtung zu lenken. Ökologie kam da durchaus gelegen. Die „Ökos" wurden sowohl eine treibende Kraft in der Gesellschaft als auch ein gelenkter Wirtschaftsfaktor. Wenn die Menschen um die Umwelt so besorgt waren, dann wären sie bestimmt auch bereit, für deren Erhaltung zu bezahlen! Das war die Geburtsstunde der CO_2-Steuer. Es ging den Reichen und Mächtigen damals nicht um die Umwelt, und das tut es bis heute nicht. Es geht nur darum, dem Esel eine Karotte vorzuhalten, die er nie erwischen wird.

Im März 1972 veröffentlichte der *Club of Rome* seine Studie unter dem Titel „*The Limits to Growth*" (Die Grenzen des Wachstums), die besagte, dass die USA danach trachten müssten, die Weltbevölkerung zu reduzieren, weil bei einer wachsenden Weltbevölkerungszahl bald nicht mehr genug Ressourcen für alle – genauer für die Amerikaner – da wären. Sollte dies nicht gelingen, würden die **Grenzen des Wachstums im Jahr 2020 erreicht sein**, und alles würde zusammenbrechen. Nun rein „zufällig" ist im Jahr 2020 alles zusammengebrochen – aber nicht weil wir zu wenige Ressourcen hatten, sondern weil Organisationen wie der *Club of Rome*, die *Bilderberger* und das *Weltwirtschaftsforum* gemeinsam mit den Silicon-Valley-Psychopathen alles daran setzten, diese Prophezeiung wahr werden zu lassen.

Eine ebenfalls wichtige Figur in dieser Klima-Posse war der Kanadier ***Maurice Strong*** (1929-2015). Er war in der Erdölbranche tätig, und er war sowohl mit Henry Kissinger als auch mit der Familie Rockefeller eng verbunden. *Strong* bezeichnete sich selbst einst als einen „ideologischen Sozialisten und methodischen Kapitalisten" – was auch immer das bedeuten mag. Wie ich schon oft sagte: Es ist belanglos, als was sie sich bezeichnen, allein ihre Taten zählen. Strong war davon überzeugt, dass gerade die Mittelschicht im Westen von allem zu viel verbrauchte und daher dezimiert werden sollte. Das hörten manche Psychopathen sehr gerne. Der ideologische Sozialist war also nichts anderes als ein Eugeniker.

„Ist die einzige Hoffnung für diesen Planeten nicht der Zusammenbruch der industrialisierten Zivilisationen? Liegt es nicht in unserer Verantwortung, diesen herbeizuführen?“[227]

Maurice Strong

Das, was wir derzeit erleben, hat nichts mit einem Virus oder einer Seuche zu tun. Dies ist die Umsetzung eines Planes, der über Jahrzehnte hinweg gereift war und immer weiter verfeinert wurde. Im Jahr 1971 wurde Maurice Strong in den Vorstand der Rockefeller-Stiftung berufen, denn nachdem er auf die Texte von *Revelle*, *Suess* und *Keeling* gestoßen war, war ihm eine zündende Idee gekommen: Diese CO_2-Hypothese müsste allen Menschen auf Erden zu Gehör gebracht werden, denn damit konnte man die Menschen vielleicht davon überzeugen, sich einzuschränken und sich nicht mehr weiter zu vermehren.

Drei Monate nach der Veröffentlichung von „*The Limits to Growth*“, im Juni 1972, organisierte Strong in Stockholm den ersten großen medienwirksamen globalen „Klimagipfel“, die allererste UNO-Weltkonferenz zum Thema „Umwelt“. Natürlich wurde diese Konferenz von Rockefellers UNO finanziert. Diese „UNO-Umweltkonferenz“ in Stockholm – die eigentlich ein Eugeniker-Gipfel war – gilt als **der eigentliche Beginn der internationalen Umweltpolitik**. Strong warnte die Weltöffentlichkeit eindringlich vor dem Waldsterben, dem Verlust der Artenvielfalt, der Meeresverschmutzung und vor der Zeitbombe „Überbevölkerung“. Doch ganz besondere Aufmerksamkeit schenkte er einer hypothetischen kommenden globalen Erderwärmung. Es folgten zahlreiche weitere Konferenzen, die immer mehr Organisationen und Arbeitsgruppen schufen und immer mehr Forschung in Auftrag gaben. Strong saß fortan in immer mehr Gremien und erhielt Auszeichnung über Auszeichnung für sein unermüdliches Werben für eine drastische Bevölkerungsreduktion. Ich berichte Ihnen deshalb so viele Details, weil es wichtig ist zu verstehen, dass dieses Thema von Anfang an von den Eugenikern um David Rockefeller instrumentalisiert wurde und der „Umweltschutz“ dabei immer nur die Tarnung für ihre eigentliche Agenda war.

Auf den *Club of Rome*-Bericht aus dem Jahr 1972 aufbauend, unterbreitete US-Außenminister, *Club of Rome*-Mitglied und Freund von Maurice Strong *Dr. Henry Kissinger* dem Nationalen Sicherheitsrat der USA am 24. April 1974 das *„National Security Memo 200"* mit dem Titel *„Folgen des weltweiten Bevölkerungswachstums für die US-Sicherheits- und Übersee-Interessen"*. Es besagte, dass die *„Entvölkerung die höchste Priorität der US-Außenpolitik gegenüber der Dritten Welt"* haben müsse. Dafür brauchte man aber eine moralisch einwandfreie Verpackung, und das war der „Umweltschutz". Das Problem dabei war jedoch, dass die „Experten" auf dem Gebiet sich alles andere als einig waren. Ihre Modelle widersprachen sich komplett. Während die einen nämlich von einer bevorstehenden Erderwärmung ausgingen, behaupteten andere Experten das Gegenteil: Sie warnten vor einer neuen Eiszeit.

Bereits in den 1920er- und in den 1960er-Jahren hatten Wissenschaftler und Medien Panik verbreitet, weil das Polareis geschmolzen war. Daraus folgerten sie einen bevorstehenden drastischen Anstieg des Meeresspiegels. Doch jedes Mal hatte das Eis sich einige Jahre später wieder erneuert. Ein dramatischer Anstieg des Meeresspiegels war immer ausgeblieben – aus dem einfachen Grund, weil das ein völlig normaler Zyklus ist, der genauso bei Gletschern stattfindet. Es gibt Tauphasen, die mehrere Jahrzehnte andauern, und dann wieder Phasen, in denen das Meer- und das Gletschereis zunehmen. Ich weise jedoch nochmals ganz deutlich darauf hin, dass **die Erde seit ihrem Bestehen zu 90% akryogen, also eisfrei war.** Vereiste Gletscher und Pole kamen nur ganz selten vor. Das bedeutet, dass wir uns seit 500 Jahren in einer extremen Kältephase befinden. Eine Erderwärmung um zwei bis drei Grad, wie von manchen Klima-Apokalyptikern für die kommenden Jahrzehnte vorhergesagt, wäre weder ungewöhnlich noch problematisch.

Immer wieder machten „Wissenschaftler" jedoch den Fehler, momentane, kurzzeitige Phänomene auf die Zukunft zu projizieren und daraus langfristige Schreckensszenarien zu entwerfen. In der Wissenschaft nennt man dies „Verfügbarkeits-Heuristik". Entweder sie taten es aus Unwissenheit oder sie taten es, um im Gespräch zu bleiben, um sich dadurch weitere Forschungsgelder zu sichern. Der Presse war jedes Horrorszenario recht, um markige Schlagzeilen drucken zu können. So schrieb die New York Times **im Jahr 1975, dass ein wissenschaftlicher Konsens darüber bestehe, dass eine deutliche weltweite Abkühlung unausweichlich sei.** Im Jahr 1988 behauptete sie dann genau das Gegenteil. Seit 1895 hatte die New York Times viermal eindringlich vor drastischen Klimaveränderungen gewarnt, immer abwechselnd vor Eiszeiten, dann wieder vor Erwärmungen. Katastrophen verkaufen sich eben gut. Doch die New York Times war nicht allein. Die meisten Medien berichteten in den 1970er-Jahren von einer bevorstehenden neuen Eiszeit, weil viele Wissenschaftler davon überzeugt waren. Es gab keine Einigkeit unter den Wissenschaftlern, und es gibt sie bis heute nicht, weil niemand präzise das Wetter der nächsten Woche vorhersagen kann, schon gar nicht das in dreißig Jahren.

Ein CIA-Bericht aus dem Jahr 1974[228] warnte die führenden Politiker der USA vor einer neuen Eiszeit und vor sehr viel Schnee, Kälteeinbrüchen und Wetteranomalien. 1976 erklärte *James D. Hays*, der an der Columbia University Erd- und Umweltwissenschaften unterrichtete, gegenüber der New York Times, dass die globale Abkühlung bereits begonnen habe, und wenn dies ein langfristiger Trend werde, gäbe *„es nicht viel Zweifel daran, dass wir auf den Kontinenten der nördlichen Hemisphäre beträchtliches Eis bilden werden*". Sogar das Wetter schien dem zuzustimmen. Strenge Winter brachten historische Schneestürme, einschließlich des zerstörerischen „Weißen Hurrikans“ von 1978. Doch Rockefellers UNO und all ihre Adlaten behaupteten weiterhin das Gegenteil.

Dann hatte US-Präsident Jimmy Carter die Nase voll davon. Er wollte Klarheit. Also gab er im Jahr 1977 eine Studie in Auftrag, in der erörtert wurde, wie die Welt im Jahr 2000 aussehen könnte, wenn wir so weitermachten wie bisher. Drei Jahre später, am 23. Juli 1980, legten die mehr als einhundert Wissenschaftler, die daran beteiligt waren, ihren Bericht unter dem Titel **„Global 2000“** vor. Das war ein fast 1.500 Seiten dicker Wälzer, auf den viele Umweltschützer sehnsüchtig gewartet hatten und bei dem sich die gut bezahlten Wissenschaftler so richtig ausgetobt hatten. Ihre Grundlagenstudie über die Zukunftsaussichten der Menschheit war nämlich äußerst düster. Sie rechneten erneut mit zunehmender Überbevölkerung, knapper werdenden Nahrungsmitteln, stärker belasteter Umwelt, und sie brachten vor einem weltweiten Forum einen Klimawandel durch menschliche CO_2-Emissionen ins Spiel – wenngleich sie den auch erneut nicht beweisen konnten. Der ausschweifende Bericht wurde in mehrere Sprachen übersetzt und etwa eine Million Mal verkauft. *„Global 2000"* wurde die Bibel der Umweltschutzbewegung und der Grünen, die sich in Deutschland im Jahr 1980 gründeten. Im Jahr 1982 gründete sich in Österreich eine „Umweltschutzorganisation" mit demselben Namen, *Global 2000.*

Doch was war dieser Bericht eigentlich genau? Jahrelang hatten Forscher Computer mit Daten gefüttert, um am Ende Modelle zu erhalten, die Aufschluss über unsere Zukunft geben sollten. Die Studie *„Global 2000"* stützte die Theorie einer massiven Überbevölkerung und erweckte den Eindruck, als wäre der Zusammenhang zwischen unseren CO_2-Emissionen und einer Erderwärmung bewiesen. Ich wiederhole mich gerne immer wieder: Umweltschutz war von Anfang an nicht von der Reduktion der Weltbevölkerung zu trennen. Er war immer ein eugenisches Projekt. *„Global 2000"* erhielt sehr viel Aufmerksamkeit. Fortan wussten Wissenschaftler ganz genau, womit man sich beschäftigen musste, um üppige Forschungsgelder zu kassieren. Und sie wussten natürlich auch, was das Ergebnis ihrer Forschungen sein musste, wenn sie bei den großen Jungs mitspielen wollten. Das führte dazu, dass sich Wissenschaftler mit einem Betrug nach dem nächsten überboten. Irgendwann wurde das Lügen offenbar zu ihrer Natur.

Ganz hoch im Kurs standen Anfang der 1980er-Jahre der **„Saure Regen"** und das daraus abgeleitete **„Waldsterben"**. Im Jahre 1981 prophezeite der Forstwissenschaftler *Prof. Bernhard Ulrich* von der Universität Göttingen medienwirksam: *„Die ersten großen Wälder werden während der nächsten 5 Jahre sterben. Sie können sich nicht mehr erholen."* Das saß. Das inspirierte Künstler zu Liedern über sterbende Bäume und brachte viele kleine Mädchen zum Weinen. Es lief also alles nach Plan für die Rockefellers und die UNO.

Doch erstens kommt es anders, und zweitens, als man denkt. Die Wälder starben nicht. Im Jahr 1986 kam es aber zu einer tragischen nuklearen Katastrophe im sowjetischen Tschernobyl. Das war für den militärisch-industriellen Komplex und die Atomkraftlobby etwas ungünstig. Plötzlich waren schmelzende Pole vergessen, und die Atomindustrie stand in weiten Teilen der westlichen Welt wieder im Fokus der Aktivisten. Davon musste man die Massen ablenken. Nun lancierte man neben der Erderwärmung noch die Bedrohung durch sich rasch ausbreitende **Ozonlöcher**. Mann, wurde da für einige Jahre viel Sonnencreme verkauft. Hautärzte hatten plötzlich Hochbetrieb. Was folgte waren weitere internationale Konferenzen, die zumindest einen positiven Effekt hatten, nämlich dass nach und nach FCKW (Fluorchlorkohlenwasserstoffe) aus Kühlschränken verschwanden. Aber so wie der Ozonloch-Hype gekommen war, verging er auch wieder.

Dann zerfiel Ende 1989 die Sowjetunion, was den Weg frei machte für eine umfassende Neugestaltung der Welt und für eine umfassende Neue Weltordnung. Im Jahr 1992 leitete *Maurice Strong* die Konferenz für Umwelt und Entwicklung der Vereinten Nationen (UNCED) in Rio de Janeiro, in der die staatlichen und nichtstaatlichen Teilnehmer einen Leitfaden beschlossen und niederschrieben, um unsere Welt an die *„Herausforderungen des 21. Jahrhunderts anzupassen“*. Der Titel: ***Agenda 21.***

Seit den 1990er-Jahren jagte ein Weltklimagipfel den nächsten, angeblich wurde es jedes Jahr heißer, und weil daran unser CO_2-Ausstoß schuld sein sollte, wurden Grenzen für den erlaubten Ausstoß von CO_2 für Konzerne und Staaten eingeführt. Doch dieser CO_2-Zertifikate-Handel war erst der Anfang eines gut ausgedachten und heimtückischen Plans – so etwas wie die sprichwörtliche „Lizenz zum Gelddrucken“. Und auch wenn zahlreiche Wissenschaftler immer wieder der Theorie vom anthropogenen Klimawandel widersprachen, so wurde die Front gegen sie immer breiter, da es reichlich skrupellose Wissenschaftler gab, die für Geld einfach alles taten, auch renommierte Kollegen vor der Klima-Inquisition verpfeifen. Da die Massenmedien fast alle in den

Händen der Geheimen Weltregierung waren, vernichteten sie alle, die nicht bei der Lüge mitmachen wollten.

Beim *State of the World Forum* der *Gorbachov Society* in San Francisco im Jahr 1996 wurden von politischen und religiösen Führern aus aller Welt die angeblich *„dringlichsten Probleme der Welt"* diskutiert. Mit dabei waren die üblichen Eugeniker, wie Medienmogul *Ted Turner* und *Bill Gates.* Im Abschlussbericht dieser Konferenz hieß es:

> *„Wir müssen viel klarer über Sexualität, Verhütung und Abtreibung sprechen, über jene Werte, die die Bevölkerung kontrollieren, denn* ***DIE ÖKOLOGISCHE KRISE IST KURZ GESAGT DIE BEVÖLKERUNGSKRISE. Reduziere die Bevölkerung um 90 Prozent und es bleiben nicht genügend Leute übrig, um großen ökologischen Schaden anzurichten!"***

Die ökologische Krise ist die Bevölkerungskrise! Umweltschutz bedeutet Bevölkerungsreduktion! Das wurde von den Verantwortlichen immer und immer wieder klar formuliert, und das sollte man niemals vergessen. Ich kann daher nicht oft genug darauf hinweisen.

Im Oktober 2003 erschien ein Planungsszenario, das *Peter Schwartz* (*Global Business Network*) für das *Pentagon*, also das US-Verteidigungsministerium, erstellte hatte. Der Titel: *„Sich das Undenkbare vorstellen: Szenario eines abrupten Klimawandels und dessen Auswirkungen auf die nationale Sicherheit der Vereinigten Staaten"* Darin sagte *Schwartz* voraus, dass der mittlerweile als Fakt angesehene anthropogene Klimawandel katastrophale Auswirkungen haben würde und wir alles verändern müssten, von der militärischen Strategie bis hin zum Verbot von Verbrennungsmotoren, **weil Europa sonst eine Eiszeit drohte und die meisten Europäer und Engländer bis zum Jahr 2020 absaufen würden.** Das nahmen die Grünen und alle Klimaaktivisten in ihre Programme und Pamphlete auf, und es kümmerte niemand, dass all das nur frei ausgedachter Blödsinn war. Es war auch egal, dass hier plötzlich statt von einer Erderwärmung von einer neuen Eiszeit gesprochen wurde. Hauptsache, es war laut und schockierend.

Nur zur Erinnerung: Schwartz war Planungschef des Erdölkonzerns *Royal Dutch Shell*, ist Bestandteil des *Weltwirtschaftsforums* in Davos und ist Mitglied des *21st Century Council des Berggruen-Instituts*, dessen Hauptziel darin besteht, bei der Globalisierung und der Beziehung des Westens zu China eine bedeutende Rolle zu spielen und *„bestehende schwache Organisationen"* durch neue internationale und stärkere zu ersetzen[(229)] – also eine Globalisierungs-Lobby –, er ist also ein Unterstützer einer Weltregierung. Zudem war *Schwartz* als Berater für mehrere futuristische Hollywood-Filme wie *„Minority Report"*, *„Deep Impact"* oder *„Sneakers"* tätig.

Wen überrascht es also, dass im Jahr 2004, wenige Monate nach der Veröffentlichung von Schwartz' völlig absurden und falschen Prognosen, *Roland Emmerichs* Blockbuster *„The Day After Tomorrow"* in die Kinos kam. Der Film zeigt eindrucksvoll, wie die Welt durch den Klimawandel zu einem einzigen Eiszapfen erstarren wird. Natürlich war der Film davor bereits über mehrere Jahre hinweg entstanden und somit ein Spiegel des fatalistischen Zeitgeists, der um die Jahrtausendwende in Hollywood und in anderen links-liberalen intellektuellen Zirkeln herrschte.

Zwei Jahre später legte dann Ex-US-Vizepräsident *Al Gore* noch eines drauf und behauptete in dem Film *„Eine unbequeme Wahrheit"* – für den er sogar einen Oscar erhielt – mal einfach schlichtweg erneut das Gegenteil, nämlich dass wir in Kürze alle verglühen werden. Die Meeresspiegel würden trotzdem steigen und erneuerbare Energien und Elektroautos wären unsere einzige Rettung. Die einen Experten prophezeiten Temperaturstürze, die anderen extreme Temperaturanstiege, und abends saßen sie dann bei Wein und Austern zusammen und lachten gemeinsam über die Tölpel, die ihnen all das glaubten und ihr Leben nach ihnen ausrichteten.

Rockefellers UNO betrieb mittlerweile ihr eigenes Klima-Propaganda-Ministerium, vollmundig als *„Intergovernmental Panel on Climate Change"* (IPCC), auf deutsch oft als **„Weltklimarat"** bezeichnet. Hauptaufgabe des ***IPCC*** ist es, *„Risiken der globalen Erwärmung zu beurteilen sowie Vermeidungs- und Anpassungsstrategien zusammenzutra-*

gen". Ich möchte nicht im Detail auf diese clowneske Veranstaltung eingehen, weil es einfach nur traurig ist, aber dieser „Weltklimarat" liefert in regelmäßigen Abständen seine Berichte, die dann die Grundlage für die nächsten Predigten der Klima-Bischöfe sind und den als „Grüne" getarnten Parteien die Möglichkeit bieten, neue Steuern zu erheben und neue Verbote auszusprechen.

Die offiziellen Daten für diese neue Klima-Religion liefert die ***Climatic Research Unit*** der ***University of East Anglia***. Im November 2009 war es Computer-Hackern gelungen, den Rechner der *University of East Anglia* zu knacken. Sie veröffentlichten **Daten, die belegten, dass die Universität dreizehn Jahre lang Zahlen gefälscht hatte**, damit sie zu der Behauptung passen würden, dass es einen von Menschen verursachten Klimawandel gäbe. Man hätte „*Tricks*" benutzt, um den Rückgang der Temperaturen der letzten 20 Jahre „*zu verstecken*", schrieb der Direktor der Klimaforschungs-Abteilung *Philip (Phil) Jones* in E-Mails an Kollegen. Er gab also zu, dass es **seit den 1980er-Jahren zu keiner deutlichen globalen Erwärmung mehr gekommen war**. All das ist belegt und öffentlich zugänglich, aber den Massenmedien sei Dank hat davon so gut wie noch niemand gehört.

Dieser sogenannte „*Climate-Gate-Skandal*" wurde von den Medien kollektiv totgeschwiegen, denn nur wenige Wochen später fand der nächste große Klimagipfel in Kopenhagen statt, und in dessen Abschlussbericht hieß es erneut, „*dass der Klimawandel eine der größten Herausforderungen der Gegenwart ist und dass Maßnahmen ergriffen werden sollten, um einen Temperaturanstieg auf unter 2 °C zu begrenzen.*" Das hieß im Klartext: Weiterlügen, was das Zeug hält!

Es gab keinen Skandal. Stattdessen ereiferten sich immer mehr zwielichtige Wissenschaftler, neue „Beweise" für einen anthropogenen Klimawandel zu liefern. Und den Vogel schoss eindeutig *John Cook* ab. Er ist derjenige, dem es zu verdanken ist, dass heute ein großer Teil der westlichen Bevölkerung zu wissen glaubt, dass 97% aller Wissenschaftler weltweit sich einig seien, dass der „Klimawandel" (wie die „Erderwärmung" nun plötzlich hieß) vom Menschen verursacht sei.

Die Leser meines Buches „*LOCKDOWN – Band 2*" mögen mir verzeihen, wenn ich dieses Gaunerstück hier nochmals erwähne, aber man kann es einfach nicht oft genug wiederholen. Am 15. Mai 2013 veröffentlichte der australische Doktorand aus dem Feld der *Cognitive Science*, namens ***John Cook***, zusammen mit acht Klimaaktivisten einen Bericht mit dem Titel „*Quantifying the consensus on anthropogenic global warming in the scientific literature*" (Quantifizierung der Einigkeit über die anthropogene Erderwärmung in der wissenschaftlichen Literatur). Die noch junge Disziplin *Cognitive Science* beschäftigt sich primär mit dem wissenschaftlichen Studium von Gehirn und Geist. Es geht dabei also, nach meiner freien Übersetzung, um die Frage: Wie tickt der Mensch, und wie kann man ihn beeinflussen, anders zu ticken? Das ist wichtig zu begreifen, denn es geht hier seit Jahrzehnten nicht mehr um Wissenschaft, sondern ausschließlich um Propaganda. *John Cook* hat keine Ahnung von Physik oder Meteorologie. Er ist Propaganda-Spezialist.

Cook und seine Kollegen durchforsteten also im Jahr 2013 nach eigenen Angaben 12.465 wissenschaftliche Publikationen zu den Themen „globale Erderwärmung" und „globaler Klimawandel" aus den letzten 21 Jahren, um die Frage zu klären, wie viele Wissenschaftler denn der Meinung wären, dass eine Erderwärmung stattfand und vom Menschen verursacht wurde. Die Untersuchung kam im Endbericht zu dem spektakulären Ergebnis, dass 97,1 Prozent der ausgewerteten wissenschaftlichen Arbeiten einer vom Menschen verursachten Erderwärmung zustimmten.

Ich lasse jetzt einfach mal außer Acht, dass zu dem Zeitpunkt bereits seit 4 Jahren klar war, dass alle Daten, die eine weitere Erderwärmung stützten, gefälscht waren. Erwähnenswert ist jedoch, dass *John Cook* Betreiber der Internetseite ***Skeptical Science*** ist, deren Mission es war und ist, jedermann davon zu überzeugen, dass der Mensch schuld ist am Klimawandel. Außerdem veröffentlichen sie regelmäßig Artikel, in denen die Behauptungen von „Klima-Skeptikern" von Nicht-Physikern wie ihm vermeintlich widerlegt werden.

Das Papier von ***John Cook et al.*** wurde nach einer sogenannten „Peer-Review" im Fachblatt ***„Environmental Research Letters"*** veröffentlicht. **„Peer-Review"** bedeutet, dass (in der Regel) der Chefredakteur des Fachblattes, in dem der Artikel erscheinen soll, die Arbeit erst selbst prüft und dann einen „unabhängigen Gutachter" bestimmt, der auch noch seinen Haken dran machen muss oder Verbesserungen einfordern soll. Erst nach einer solchen eingehenden Prüfung sollte eine wissenschaftliche Arbeit – wenn sie die Prüfung denn besteht – veröffentlicht werden.

Wenn aber der Chefredakteur eines eher unbekannten wissenschaftlichen Blattes, das auf Beweise für eine anthropogene Erderwärmung spezialisiert ist – also auf Lügen! – eine solche Sensation auf den Tisch bekommt, wird er sie wohl kaum ablehnen. Und damit hatte er auch Recht, denn *Cooks* Papier schlug ein wie eine Bombe. **Es war genau das, worauf alle gewartet hatten: *„97 Prozent aller Wissenschaftler sind sich einig...!"*** Eine bessere, simplere, eingängigere und griffigere Botschaft konnte es nicht mehr geben. Das war es, worauf die Tod-Esser all die Jahre gewartet hatten. Diesen Slogan konnte jeder auch noch so stumpfe Mensch behalten.

Am nächsten Tag twitterte bereits US-Präsident *Obama* darüber. *Elon Musk*, *Al Gore*, *David Cameron*, alle zitierten den Bericht, da er ihrer Agenda gerade perfekt in die Karten spielte. Medien rund um den Globus verbreiteten den Slogan von der „97%igen Einigkeit", und der ehrgeizige, aber bis dahin unbekannte Kognitiv-Wissenschaftler *John Cook* wurde (zumindest für kurze Zeit) zu einem Superstar. Der Bericht wurde weltweit mehr als eine Million Mal heruntergeladen und war die erfolgreichste Veröffentlichung des australischen Klimalügen-Fachblattes aller Zeiten.

Abb. 15: John Cook, der skrupellose Erfinder der 97%-Lüge

Die Sache war ein Riesenerfolg. Sie hatte nur einen entscheidenden Haken: Sie war komplett erstunken und erlogen. Die 97%ige Einigkeit von Wissenschaftlern zu dem Thema hatte es nie gegeben. Sie beruhte auf einem ganz simplen, aber üblen Rechentrick, was relativ schnell auffiel, aber die Laune nur kurzzeitig trübte. Selbst der *Spiegel* berichtete noch im Jahr 2014 etwas zögerlich darüber, dass *Cooks* wissenschaftliche Arbeit „nicht ganz sauber war". Doch der „gute Zweck" scheint alle Mittel zu heiligen: *Cooks* Klimaaktivisten hatten sich etwas zusammengebastelt, das keine seriöse Peer-Review hätte durchgehen lassen dürfen. Eigentlich hätte er dafür wegen Betrugs angezeigt werden müssen. Das nämlich war das eigentliche Ergebnis der Studie von ***Cook et al.*** (2013):

- In Wahrheit hatten von den über 12.000 ausgewerteten Arbeiten zu dem Thema „Klimawandel" **NUR 0,54 PROZENT einen „Klimakonsens"** (*Der Mensch ist ursächlich schuld!*) **ausdrücklich bejaht**,
- 7,72 Prozent räumten zwar einen menschlichen Einfluss auf die Erderwärmung ein, wollten sich aber nicht auf den genauen Umfang festlegen.
- In 24,36 Prozent der ausgewerteten Arbeiten wurde das Wort „Treibhausgaseffekt" erwähnt, was man einfach als Zustimmung wertete.
- **In 66,39 Prozent der Arbeiten fand sich keinerlei wie auch immer geartete Aussage zum Einfluss des Menschen auf das Klima!**
- 0,33 Prozent äußerten sich skeptisch zu einem Einfluss des Menschen auf den Klimawandel,
- 0,45 Prozent deuteten an, dass der Mensch zumindest keinen großen Einfluss auf das Klima haben kann,
- 0,13 Prozent hielten den Einfluss des Menschen ausdrücklich für minimal und
- 0,08 Prozent widersprachen einem „Klimakonsens" völlig.

Der weitaus größte Teil der untersuchten Arbeiten stammte noch aus der Zeit vor dem *Climate-Gate-Skandal*, also von vor 2009. Alle Autoren der Studien waren daher davon ausgegangen, dass die (gefälschten) Zahlen der *University of East Anglia*, die vom „Weltklimarat"

IPCC verbreitet wurden, auch der Wahrheit entsprachen. Trotz dieser nach oben „korrigierten“ Temperaturwerte fanden sich in **nur 0,54%** aller wissenschaftlichen Arbeiten Aussagen darüber, dass der Mensch am Klimawandel schuld sei. **In 2/3 aller Arbeiten fand sich überhaupt keine Aussage zu der Fragestellung eines menschlichen Einflusses auf das Klima, aber im Endergebnis gaben die Betrüger an, dass 97% aller Wissenschaftler sich einig waren!** Und zahlreiche Lehrer hämmern das nun Millionen von Kindern rund um den Erdball ein. Das, was man die „Vermittlung von Wissen“ oder auch „Bildung“ nennt, ist also nichts anderes als Indoktrination, so wie sie in allen Diktaturen stattfindet. Wenn es unter Fachleuten eine Einigkeit über einen „anthropogenen Klimawandel“ gibt, dann den, dass er nicht existiert! All das basiert ausschließlich auf so dreisten Lügen, dass kaum jemand es glauben mag.

Bis zum Jahr 2020 war dieser sogenannte „Klima-Konsens“ der Wissenschaft aus meiner Sicht die größte Lüge der letzten 80 Jahre. Die Grundlagen für den Klima-Hype, den wir nun erleben, für die Energiewende, die CO_2-Steuern, die erzwungene E-Mobilität, die thermische Gebäudesanierung und vieles mehr sind Lügen, nachweisliche infame Lügen. Aber wenn man erst einmal absichtlich eine Lawine losgetreten hat, dann lässt sie sich von niemand mehr stoppen. Auf ihrem Weg nach unten reißt sie alles und jeden mit sich, ohne Rücksicht auf Verluste. Egal ob man den wahren Auslöser kennt oder nicht, ist alles, was man tun kann, in Deckung zu gehen und zu warten, bis sie sich totgelaufen hat.

Es hatte mehrere Jahrzehnte und eine Bündelung unzähliger Kräfte gebraucht, um der breiten Bevölkerung das Märchen vom *anthropogenen Klimawandel* glaubhaft zu machen. Daraus war seit den 1990er-Jahren eine gigantische Industrie entstanden, deren Umsatz niemand auch nur ansatzweise abschätzen kann. Unzählige große „Umweltschutz-Organisationen“ und kleine Vereine rund um den Globus sammeln Gelder ein, die vorwiegend dazu dienen, die große Lüge immer weiter zu verbreiten. Die Hauptaufgabe dieser sektenartigen Klimaschutz-Industrie ist es, alle Menschen unentwegt daran zu erinnern, dass sie Schuld auf sich geladen haben und dafür büßen müssen. Das müssen sie, indem sie immer höhere Steuern und Abgaben für ihren CO_2-Ausstoß entrichten und sich trotzdem gleichzeitig immer weiter einschränken müssen. Dieser moderne Ablasshandel macht die Reichen reicher und die Armen ärmer, ganz genau so, wie die katholische Kirche es bereits zuvor über mehr als tausend Jahre praktiziert hatte.

Diese Klimakonsens-Lüge war die Vorbereitung für die große Plandemie, die ab dem Jahr 2020 nur deshalb so reibungslos umgesetzt werden konnte, weil die Menschen – vor allem die jungen Menschen – bereits so lange und eindringlich vor einer bevorstehenden Katastrophe gewarnt worden waren. Man hatte ihnen über Jahre hinweg im Fernsehen, in Zeitungen, Magazinen, YouTube-Videos und im Schulunterricht eingehämmert, dass sie einer schrecklichen dystopischen Zukunft entgegenschritten und dass die nahende Apokalypse ALLEIN IHRE SCHULD war.

Viele junge Menschen in der westlichen Welt schienen im Jahr 2020 regelrecht erleichtert zu sein, als man ihnen ihre Freiheit und ihr Leben nahm, weil sie das Gefühl hatten, endlich ihre gerechte Strafe zu erhalten. Sie wirkten oft, als hätten sie bereits viel zu lange auf eine Katastrophe gewartet und waren glücklich, sich nun endlich selbst geißeln und bestrafen zu können. Die Pandemie schien für viele fast so etwas wie eine Erlösung zu sein. Die Maske war ihr Büßergewand, mit dem sie der Welt zu erkennen gaben, dass sie sich ihrer Schuld bewusst waren und ihre gerechte Strafe akzeptierten.

All das wäre ohne die jahrelange Vorbereitung durch die Jugend-Klima-Propaganda-Abteilungen der Geheimen Weltregierung nicht möglich gewesen. Die Jugend der westlichen Mittelschicht war durch gleichaltrige „Aktivisten" emotionalisiert und indoktriniert worden. Das Grundprinzip war dasselbe wie bei der *Freien Deutschen Jugend* (FDJ) der DDR oder der *Hitlerjugend* (HJ) im Dritten Reich. Hier wurden die Gedanken junger Menschen ideologisch geformt und umprogrammiert. Statt den Uniformen trug die „Klimajugend" Transparente, und statt den Aufmärschen gab es Demonstrationen. Die Zielsetzung und die Wirkung waren dieselben. Es ging darum, einen Hype zu inszenieren, dem kein junger Mensch sich zu entziehen vermochte oder getraute. Es ging darum, die Jugend und die Kinder so zu manipulieren, dass sie wiederum Einfluss auf ihre Eltern nehmen würden, die der angeblich nahenden Apokalypse zu wenig Aufmerksamkeit schenkten. Es ging darum, eine Massenhysterie zu erzeugen.

Natürlich war die Klimajugend (KJ), auch ***Fridays for Future*** (*FFF*) genannt, keine Graswurzelbewegung. Anders als in der Öffentlichkeit dargestellt, war sie nicht im Jahr 2018 von der fünfzehnjährigen autistischen Schwedin ***Greta Thunberg*** ins Leben gerufen worden, sondern in Wahrheit von deren Eltern. Gretas Mutter, *Malena Ernman*, ist Opernsängerin, trat aber auch schon für Schweden beim Eurovision Song Contest auf. Gretas Vater, ***Svante Thunberg***, ist Schauspieler, Filmproduzent, Drehbuchautor und Chef einer schwedischen PR-Agentur, die zum Konzern *Dun & Bradstreet* gehört, einem der weltweit größten Datenanalyse- und Business-Strategie-Unternehmen. Der alte Thunberg ist also ein gerissener und erfahrener PR-Spezialist. Wer wäre also besser dafür geeignet, eine große Inszenierung für die Medien zu produzieren?[230]

Und wenn man herausfinden möchte, wer hinter den Thunbergs steht, so muss man auch nicht lange suchen. Die Konten des wichtigsten Regionalverbandes der KJ, *FFF-Deutschland*, werden von einer „befreundeten Organisation" verwaltet, der gemeinnützigen Stiftung ***Plant-for-the-Planet-Foundation***.[231] Deren Vorstand ist ***Frithjof Finkbeiner***, seines Zeichens der stellvertretende **Präsident der *Deutschen Gesellschaft Club of Rome***. Dies ist der deutsche Ableger jenes *Club of Rome*, den ich bereits mehrfach wegen seines Berichts „*The Limits to Growth*" erwähnt hatte. Hinter *Fridays for Future* steckt also der *Club of Rome*, der Erfinder der Klimakrise.[232] Dessen selbst definiertes Gründungsziel ist die „*Bildung einer globalen Gesellschaft im 21. Jahrhundert unter einer globalen Herrschaft*".

FFF ist keine Jugendbewegung, sondern ein inszenierter Kult, der vorwiegend von reichen Großstadtkindern zelebriert wird. Irgendwie erinnert „FFF" an den „KKK", also den Ku-Klux-Klan. Aber das nur am Rande. Lassen wir einen jungen Mann, *Clemens Traub*, zu Wort kommen, der von der deutschen Provinz in die Großstadt gezogen war, um dort zu studieren. Er beschreibt, wie er in die Fänge von *FFF* geriet und sich nach und nach komplett veränderte, ehe er wieder erwachte und den reichen Klima-Kindern den Rücken kehrte:

> *„Das typische Milieu der meisten ‚Fridays for Future'-Demonstranten kenne ich gut. Es ist in gewisser Weise mein eigenes und das meines jetzigen Freundeskreises: großstädtisch, linksliberal, hip. Arzttöchter treffen darin auf Juristensöhne. Gin-Tasting und Diskussionen über plastikfreies Einkaufen und ‚Zero waste' stehen nebeneinander auf der Tagesordnung. Veganismus zählt ebenso zum unausgesprochenen Kodex des Hipseins wie der Einkauf im Secondhandladen... Akademikerkinder bleiben unter sich... Nur wem es materiell gut geht, der hat letztlich die Zeit und auch die Muße, den Klimaschutz als das persönlich wichtigste und auch einzige politische Thema unserer Zeit zu betrachten und ihm alles andere unterzuordnen... FFF ist die Rebellion der Privilegierten, und die Bewegung bietet ihnen die perfekte Möglichkeit, ihren eigenen kosmopolitischen Lebensstil und das eigene Talent zur Schau zu stellen... In meinen Augen gab es auf einmal nur noch Klimahelden auf der einen Seite oder Klimasünder auf der anderen.* ***Das total Gute oder das total Böse...*** *Rebellion von unten sieht anders aus. Perfekte Selbstvermarktung trifft es wohl eher... Demonstranten als Popstars!... Aus der Klimabewegung ist zwischenzeitlich vor allem eines geworden: ein Karrieresprungbrett für den Elitennachwuchs.*"[(233)]

Lassen Sie mich, bevor wir zum nächsten Kapitel übergehen, nochmals kurz eine Übersicht der wichtigsten bisherigen Weissagungen in Bezug auf den Klimakollaps zusammenfassen. Dies ist nur eine kurze Zusammenfassung, eine Art Potpourri der größten Verfälschungen ideologisch motivierter Wissenschaftler, die sich in den Dienst der Geheimen Weltregierung gestellt haben und wie Hunde bereit sind, alles zu tun, nur um ihren Herren zu gefallen:

- Im Jahr **1970** behauptete der Ökologieprofessor *Kenneth E. F. Watt* von der *University of California*: *„Wenn sich die gegenwärtigen Trends fortsetzen, wird die globale Durchschnittstemperatur auf Erden im Jahr 1990 etwa vier Grad kälter sein."*
- Im Jahr **1971** prophezeite Professor *Paul R. Ehrlich* von der *Stanford University*, dass die Briten im Jahr 2000 auf Grund der Bevölkerungsexplosion und der daraus resultierenden Nahrungsmittelknappheit und Zerstörung des Ökosystems unter chaotischen Umständen und in bitterer Armut leben würden – er schreckte sogar nicht davor zurück zu behaupten, dass der Nahrungsmangel zu Kannibalismus führen würde.
- Anfang der **1980er-Jahre** warnten „Experten" davor, dass alle Wälder auf Grund des „Sauren Regens" absterben würden. Im November 1981 schrieb der *Spiegel*: *„Die ersten großen Wälder werden schon in den nächsten fünf Jahren sterben. Sie sind nicht mehr zu retten."* Seitdem hat die Waldfläche in Europa insgesamt um rund 30% zugenommen.
- Im März **2000** sagte der „leitende Wissenschaftler" der englischen *University of East Anglia*, *David Viner*, dass es wegen der Erderwärmung künftig keinen Schneefall mehr geben werde. Doch bereits im folgenden Jahr erlebte England starke Schneefälle. Im Dezember 2009 erlebte London den schwersten Schneefall seit zwei Jahrzehnten. Im Jahr 2010 bedeckte der kälteste britische Winter seit Beginn der hundertjährigen Aufzeichnungen die Inseln mit Schnee, und Sie erinnern sich, dass ich darüber berichtete, dass England auch im Spätherbst 2021 von starken Schneefällen fast komplett lahmgelegt wurde.
- Im Bericht des „Weltklimarats" IPCC aus dem Jahr **2001** hieß es, dass die Winter weltweit künftig immer milder würden und Schnee für immer der Vergangenheit angehören würde. Seitdem nahm der Schneefall weltweit aber sogar zu. Im Januar 2018 beispielsweise fielen sogar 40 cm Neuschnee in der Wüste Sahara, ebenso im Januar 2021. Im Dezember 2021 erlebten sowohl

Tahoe in Nordkalifornien als auch Teile Japans die höchsten Schneepegel aller Zeiten.

- Im Oktober **2003** erschien ein Planungsszenario, das *Peter Schwartz* für das *Pentagon* erstellte und demzufolge wir einer neuen Eiszeit entgegen gingen, die in Europa für sibirische Zustände sorgen würde. Die Niederlande würden bis zum Jahr 2007 dank des stark steigenden Meeresspiegels unbewohnbar sein und England würde bis zum Jahr 2020 unter den Wassermassen verschwinden.
- Im Jahr **2004** warnte erneut *David Viner* von der *University of East Anglia*, dass es in Schottland bald keinen Schnee mehr geben werde. Bis heute gibt es in Schottland mehrere Skigebiete, die jede Saison für mehrere Monate geöffnet sind.
- Im Jahr **2005** warnte das Umweltprogramm der Vereinten Nationen (UNEP), dass der bevorstehende Anstieg des Meeresspiegels, zunehmende Hurrikane und Wüstenbildung bis zum Jahr 2010 zu einer Völkerwanderung wegen 50 Millionen „Klimaflüchtlingen" führen würden.
- Im Jahr **2006** warnte das berühmte *Time Magazine* mit dramatischen Bildern, dass die Eisbären auf Grund des Klimawandels innerhalb der nächsten Jahre aussterben würden, und unzählige Medien weltweit verbreiteten dieselbe Lüge. In Wahrheit aber ist die Eisbärenpopulation in der Arktis von den 1960er-Jahren bis heute von etwa 5.000 auf etwa 25.000 gestiegen. Sie wächst mittlerweile so schnell, dass die Abschussquoten für Eisbären regelmäßig erhöht werden.(234) (235)
- Im Bericht des „Weltklimarats" IPCC hieß es im Jahr **2007**, dass die Gletscher wegen der dramatischen Erderwärmung weltweit rasant schmelzen und für immer verloren sein werden. Selbst die Gletscher des Himalayas sollten demnach bis 2035 komplett verschwunden sein. Diese Lüge wurde kurz darauf als solche enttarnt und als ***„Glaciergate-Skandal"*** bezeichnet. In Wahrheit belegen neueste Auswertungen, dass die meisten Gletscher weltweit in den letzten zehn Jahren wieder gewachsen

sind.[236] [237] Im *Glacier National Park* (Gletscher-Nationalpark) im US-Bundesstaat Montana wurden im Jahr 2020 ganz im Stillen die Hinweistafeln geändert, nachdem dort gestanden hatte, dass der Gletscher bis zum Jahr 2020 verschwunden sein würde.

- Im Jahr 2009 verkündeten die „Qualitätsmedien" weltweit, dass zahlreiche kleinere Pazifikinseln wie Tuvalu in wenigen Jahren dank eines dramatisch ansteigenden Meeresspiegels versunken sein würden, was Klimaaktivisten weltweit in Panik versetzte. Im Jahr 2018 jedoch bewies *Paul Kench* von der *University of Auckland* in Neuseeland, dass das Gegenteil der Fall war und Inseln wie Tuvalu in den letzten Jahren sogar an Landmasse dazugewonnen hatten.[238]

Diese Liste ließe sich nahezu endlos fortsetzen, und sie beweist, dass kein einziges der prognostizierten Horrorszenarien bislang eingetreten ist und vermutlich auch keines davon eintreten wird. Der Glaube an einen anthropogen beeinflussten Klimawandel ist eine Religion und hat nichts mit Wissenschaft oder Fakten zu tun. Sein Fundament sind Lügen, seine Methodik ist das Verbreiten von Angst und die Absolution mittels Ablasshandels. Es geht hier ausschließlich um Manipulation und Indoktrination. Im Kern geht es letztlich um nichts anderes als die Kontrolle, Steuerung und Reduktion der Weltbevölkerung.

Und da ich nun die Lügen zum Klima-Thema aufgedeckt habe, möchte ich natürlich auch die Wahrheit über das Klima präsentieren. Wenn der Mensch also kaum Einfluss auf das Klima hat, dann wäre es gut zu wissen, wodurch es wirklich geprägt wird.

Die Klima-Wahrheit

Das Klima (Wetter) auf Erden hat sich im Lauf der Milliarden von Jahren unentwegt geändert, weil alles im Universum in Bewegung ist. **Niemand kann den „Klimawandel" stoppen!** Allein der Denkansatz zeugt von eklatantem Bildungsmangel – um es freundlich zu formulieren. Das ist, als wollte man den Lauf der Planeten aufhalten oder Ebbe und Flut. Das Klima auf Erden ändert sich unentwegt, und das seit jeher und nach ganz bestimmten Mustern. Auf unserem Planeten schwankte das Klima während der geschätzten bisherigen 4,6 Milliarden Jahre seiner Existenz immer wieder zwischen großer Hitze und zwischenzeitlichen Kältephasen. Tatsächlich war das Klima erdgeschichtlich gesehen jedoch meist „akryogen", also nicht eisbildend. Die Erde war über rund 90% ihrer Existenz eisfrei. **Vereiste Pole sind erdgeschichtlich gesehen die Ausnahme**, nicht die Regel. **Meist war das Erdklima deutlich wärmer als heute. Wir befinden uns immer noch in einer der kältesten Phasen der Erdgeschichte!**

Das Klima wird in verschieden lange und kurze Zyklen eingeteilt, die wiederum in noch kürzere Phasen unterteilt werden. Diese Zyklen sind mehr oder weniger konstant und hängen vorwiegend mit der Position unseres Planeten in unserem Sonnensystem und mit der unseres Sonnensystems im Universum zusammen. Ursachen dieser natürlichen Klimaschwankungen sind die **Veränderungen der Erdumlaufbahn**, die **Präzession** (Bewegung der Rotationsachse), die **Sonnenaktivität** und die Intensität der **kosmischen Strahlung**. Aber auch die **Verschiebung der Kontinente** (Tektonik) und natürliche Phänomene wie **Vulkanausbrüche** haben teils gravierende Auswirkung auf das Wetter und damit auch langfristig auf das Klima.

Nicht CO_2 beeinflusst das „Klima", es ist im Gegenteil bewiesen, dass der Anteil von Kohlenstoffdioxyd (CO_2) in der Atmosphäre auf die Temperatur reagiert. Das heißt, dass immer erst die Temperatur (durch die eben genannten Faktoren) steigt oder sinkt und danach mit einigen Jahrzehnten, vielleicht sogar Jahrhunderten Verzögerung der CO_2-Gehalt – durch Freisetzung oder Bindung von CO_2 im Wasser und im Boden. Chinesische Forschungen aus dem Jahr 2014 belegen, dass auch das Südchinesische Meer im Mittelalter wärmer war als heute, obwohl der Kohlenstoffdioxid-Gehalt niedriger war.[(239)] Es gab auch Phasen in der Erdgeschichte, in denen es noch kühler war als heute, wobei der CO_2-Gehalt dennoch um ein Vielfaches höher war. Das Ganze ist eben reichlich kompliziert und nicht auf einfache Formeln reduzierbar.

Wenn die Aktivitäten des Menschen eine nennenswerte Auswirkung auf den CO_2-Gehalt in der Atmosphäre hätten und dieser eine Erwärmung des Erdklimas hervorrufen würde, dann müssten wir uns der Klima-Religion zufolge heute in der heißesten Phase der Erdgeschichte befinden, da es auf unserem Planeten noch nie mehr Menschen und menschliche Aktivitäten gab. Das Gegenteil ist aber der Fall!

Derzeit befinden wir uns in einer Warmzeit (kleinerer Zyklus) innerhalb eines großen Eiszeitzyklus, der als das **„Känozoische Eiszeitalter"** bezeichnet wird. Unsere gegenwärtige **Warmzeit** innerhalb dessen, auch „Intergalcial-Zeit" genannt, nennt man das ***„Holozän"***, und es begann vor rund 12.000 Jahren mit dem Übergang in die **„Friesland-Phase"**. Wir sprechen hier von der Bronzezeit, einer Zeit also, in der verglichen mit heute verhältnismäßig wenige Menschen auf dieser Erde wandelten. In der Friesland-Phase änderten sich die Meeresströmungen durch den raschen natürlichen Temperaturanstieg, wodurch die Durchschnittstemperaturen auf Teilen der Nordhalbkugel **innerhalb von nur 20 bis 40 Jahren um sechs Grad Celsius stiegen**, in Grönland sogar um bis zu 10 Grad![240]

Vergleicht man dies mit der Hysterie der Jünger der heutigen Klima-Religion, die bei einem weiteren Anstieg der Temperatur um zwei Grad die Apokalypse voraussagen, dann wird einem klar, dass Klimaschwankungen völlig normal, also die Norm sind und nichts Beängstigendes an sich haben.

In den letzten 21.000 Jahren ist der Meeresspiegel um ganze 120 Meter gestiegen, ohne dass der Mensch dazu einen nennenswerten Beitrag hätte liefern können. Das ist ein durchschnittlicher Anstieg um einen Meter alle 175 Jahre, OHNE menschliches Zutun. Dabei gab es immer wieder Phasen eines raschen Anstiegs, gefolgt von Zeiten eines moderateren Zuwachses des Wasserpegels. In den letzten 6.000 Jahren ist dieser Anstieg übrigens sehr moderat verlaufen. Erdgeschichtlich gesehen, erleben wir **heute einen sehr tiefen Meeresspiegel**, denn die meiste Zeit über war er deutlich höher als gegenwärtig. Er muss also irgendwann wieder ansteigen.

Der **„Weltklimarat“** (IPCC) malt gerne ein düsteres Bild, weil der Meeresspiegel seit 1993 um apokalyptische 3 mm pro Jahr gestiegen sein soll. Wenn auch nur einer der vermeintlichen „Experten“ in dem honorigen Gremium rechnen könnte, so könnte er feststellen, dass das ein sehr geringer Anstieg ist, weil wir damit in den nächsten 175 Jahren NUR auf einen Anstieg von 52,5 cm kämen, was nur in etwa der Hälfte des langjährigen Durchschnitts seit der letzten Eiszeit entspricht. Aber Angst ist eben ein gutes Geschäft! Das Klima beziehungsweise die Eisschilde und die Meeresspiegel sind immer in Bewegung, und das ist ein völlig natürlicher Vorgang.[241]

> *„**Während der letzten 500 Mio. Jahre lag der Meeresspiegel meist wesentlich höher**, während der letzten 500.000 Jahre hingegen meist deutlich tiefer als heute. Am Ende der letzten Kaltzeit begünstigten Landbrücken die Verbreitung des Menschen. Erst die jüngsten zwei Jahrtausende verliefen ungewöhnlich stabil.“*[242]
>
> Zentralanstalt für Meteorologie und Geodynamik (ZAMG)

Natürlich kann ich verstehen, dass jeder Anstieg des Meeresspiegels, selbst ein natürlicher, für die Menschen, die ihre Häuser sehr nahe an der Küste und auf Meeresniveau gebaut haben, bedrohlich ist. Ihnen aber vorzulügen, dass eine Einschränkung unseres CO_2-Ausstoßes daran etwas ändern würde, ist Quatsch. Wir werden den Lauf der Natur und des Universums nicht aufhalten können, und wir täten gut daran, uns stattdessen an der Natur zu orientieren und uns ihr anzupassen. Das, was in den letzten Jahren in dem Bereich passierte, war reine Zeit- und Energieverschwendung, unter der genau die Menschen leiden werden, die es am meisten betrifft. Aber vielleicht ist das ja auch genau so gewollt.

Die letzte Kleine Eiszeit reichte bis in das frühe 20. Jahrhundert hinein. Die 1900er-Jahre waren daher vom Übergang dieser kleinen Glacial- zu unserer gegenwärtigen Interglacial-Zeit (Warmzeit) geprägt. Dadurch kam es bis zu den 1990er-Jahren zu einem leichten Temperaturanstieg, der sich jedoch seit Beginn des neuen Jahrtausends wieder abgeflacht hat. Die falschen Behauptungen der Priester der Klima-Religion fallen deshalb auf fruchtbaren Boden, weil viele ältere Menschen in dieser Übergangsphase zwischen Glacial- und Interglacial-Zeit aufwuchsen und sich daher an längere und kältere Winter in ihrer Kindheit erinnern können. Es ist jedoch eine trügerische Annahme, dass das, was früher war, das „Richtige" sei. Es gibt beim Klima kein richtig oder falsch, denn es verändert sich konstant. Zudem möchte ich darauf hinweisen, dass viele Klimadaten, die heute angeführt werden, klar verfälscht sind und man oft lange suchen muss, bis man die richtigen Daten findet.

Die Wikinger lebten bis ins frühe 15. Jahrhundert hinein **auf Grönland** (engl.: Greenland = Grünland) und betrieben dort **Ackerbau und Viehzucht**. Dann verschwanden sie, weil die Sommer immer kürzer und die Winter immer länger und härter wurden. Die *Kleine Eiszeit* endete vor etwa 100 Jahren. Wir sind jedoch heute immer noch weit davon entfernt, auf Grönland Ackerbau und Viehzucht betreiben zu können, denn die Temperaturen betragen dort zwischen -60 °C und 0 °C. Die **Eisdecke** ist durchschnittlich **2 km dick!**

> *„Der Meeresspiegel steigt nicht überproportional. Die Polareisdecke dehnt sich aus und schmilzt nicht. Die Eisbärenpopulation nimmt zu. Hitzewellen haben ab- anstatt zugenommen... Ich habe mich mit diesem Thema seit Jahren ernsthaft auseinandergesetzt. Es wurde in immer stärkerem Maße zu einem politischen Thema und Umweltschutzthema, aber die wissenschaftliche Grundlage ist nicht belastbar oder stimmig. Gegenwärtig lässt sich keine deutliche, vom Menschen verursachte globale Erwärmung nachweisen. Dies gilt auch für die Vergangenheit, und es gibt keinen Anlass, sie für die Zukunft zu befürchten. Alle Bemühungen, die Theorie zu beweisen, bei Kohlenstoffdioxid (CO_2) handele es sich um ein starkes Treibhausgas und ein Anstieg in der Atmosphäre führe zu einer deutlich messbaren Erwärmung, sind gescheitert. Seit mehr als 18 Jahren hat es keine Erwärmung mehr gegeben."*[243]
>
> John Coleman (Meteorologe, Mitbegründer von *The Weather Channel*), 2014

In der Tat gehen viele seriöse Klimaforscher und Wetterexperten davon aus, dass wir bereits um die Jahrtausendwende herum das Temperaturmaximum unserer gegenwärtigen kurzen Warmphase erreicht haben und sich die Temperaturen nun sukzessive wieder leicht nach unten bewegen. **Die Jahre seit 2010 waren daher in Teilen der Welt die kältesten seit Beginn der Wetteraufzeichnung vor etwa 120 Jahren.** Gleichzeitig wurden aber auch in anderen Gegenden Hitzerekorde gebrochen. Dieser Wandel wird gegenwärtig stark dadurch beeinflusst, dass unser Sonnensystem nachweislich seit den 1990er-Jahren messbar in einen energiereicheren Teil des Universums eingetreten ist. Diese Energien haben starke Auswirkungen auf die Erdoberfläche, aber auch auf das Innere unseres Planeten, und kein Wissenschaftler kann vorhersagen, was die Folgen dessen sein werden.

In Folge dieser kosmischen Veränderungen kam es zuletzt jedenfalls zu einer messbaren beschleunigten Wanderung der Erdmagnetpole, und es wäre nicht überraschend, wenn sich die Klimazonen parallel zum Erdmagnetfeld verschieben. Es wurde kürzlich auch bewiesen, dass die Polverschiebungen auf der Sonne und auf Jupiter und Saturn Einfluss auf die Erde, und damit auf unser Wetter/Klima haben.

Die beschleunigte Wanderung der Erdmagnetpole könnte ein Hinweis auf einen nahenden Polsprung sein, der übrigens mehr als überfällig ist. Statistisch gesehen kommt es alle 250.000 Jahre dazu, doch der letzte Polsprung soll bereits 780.000 Jahre zurückliegen. Ein solches Ereignis würde vermutlich viele elektrische Geräte zerstören. Es gibt logischerweise keine Erfahrungswerte dafür, also bleibt alles in dem Bereich der Spekulation. Vor jedem Polsprung kommt es aber scheinbar zu einer drastischen Abschwächung des Erdmagnetfeldes, welches uns vor Sonnenwinden und kosmischer Strahlung schützt, und Messungen ergaben, dass sich unser Erdmagnetfeld in den letzten Jahren tatsächlich bereits deutlich abschwächte. Eine Polumkehr entsteht, vereinfacht gesagt, wenn im Erdinneren sehr viel Unruhe entsteht und sich der magnetische Erdkern und die darüber liegenden Schichten neu ausrichten. Das führt zu zahlreichen tektonischen Prozessen, also zu Ausgasungen,

Vulkanausbrüchen und Erdbeben. Die wiederum führen zu Veränderungen in der Erdatmosphäre.

Tatsächlich konnte man im Jahr 2021 eine deutliche Zunahme der Sonnenaktivität und starke Sonnenwinde beobachten, ebenso ungewöhnlich starke Methan-Ausgasungen, von denen niemand genau weiß, woher sie rühren. Sie scheinen jedoch für eine deutliche Schwächung der Ozonschicht verantwortlich zu sein. Des Weiteren gibt es eine Reihe neuer physikalischer Phänomene, die noch völlig unerforscht sind. Da eine offene Forschung jedoch gegenwärtig nicht möglich ist, besteht die Wahrscheinlichkeit, dass die Menschheit in den kommenden Jahren von vielen Veränderungen im Bereich des Wetters und der Umweltphänomene überrascht werden dürfte. Das bedeutet, dass wir nicht adäquat darauf vorbereitet sind.

> *„Forscher haben ein neues meteorologisches Phänomen entdeckt – ‚atmosphärische Seen'. Diese bestehen aus hunderte Kilometer großen, diffusen Zonen hoher Wasserdampfdichte, die sich nahe dem Äquator über dem Indischen Ozean bilden und dann langsam nach Westen ziehen. Sie können dann starke Regenfälle nach Ostafrika bringen. Warum diese ‚Seen' entstehen und was ihre Zugbahnen bestimmt, ist jedoch bislang rätselhaft. Diese ‚Atmospheric Rivers' haben sich besonders in den USA/Kanada ausgewirkt und wirken immer noch – u.a. haben sie auch das historische Tornado-Event von letzter Woche initiiert."*
>
> Der Telegram-Kanal „*Sun Evo News*" am 15. Dezember 2021

In den letzten Wochen des Jahres 2021 kam es zu zahlreichen ungewöhnlichen Wetterextremen, von Rekord-Hurrikans in den USA bis hin zu Rekord-Schneefällen in Griechenland[(244)], Japan und Kalifornien. Aber besonders auffällig war eine deutliche Zunahme der Vulkanaktivität. Dies wurde jedoch sowohl von den Massenmedien als auch von Seiten der Populärwissenschaft dezent ignoriert. Kann das vielleicht daran liegen, dass Vulkane sehr viel CO_2 ausstoßen? Hätten die Tod-Esser sich des Themas groß angenommen, würden sie Gefahr laufen, dass der anthropogene CO_2-Ausstoß daneben lächerlich wirken könnte. Damit würden sie alles konterkarieren, was sie über Jahre hinweg so mühsam aufgebaut hatten. Denn starke Vulkan-Eruptionen bringen auch die Gefahr einer globalen Abkühlung mit sich, weil Aschewolken die Sonneneinstrahlung vermindern. Ein Anstieg der CO_2-Werte und eine gleichzeitige Abkühlung der Temperaturen wären also äußerst unbequem. Pech also, dass zuletzt immer mehr Vulkane aktiv waren – selbst solche, die bereits als „tot“ eingestuft waren, erhoben sich wieder.

Seit November 2021 speien nicht nur die Vulkane auf La Palma, ***Manam*** und ***Cumbre Vieja***, wieder Rauch und Gase gen Himmel, nein, sondern auch der ***Ätna*** in Italien, der ***Aso***, der ***Sakurajima*** und der ***Suwanosejima*** auf Japan, der ***Karymski*** in Kamtschatka, der ***Kadovar*** in Papua Neuguinea, der ***Semeru*** auf Java, der ***Nevado del Ruiz*** in Kolumbien und der ***Sabancya*** in Peru speien immerfort täglich tausende Tonnen von CO_2 aus. Im Dezember 2021 brachen dann zusätzlich auch noch vier Vulkane in Alaska aus, darunter der ***Davidof***, der seit mehr als 10.000 Jahren nicht mehr ausgebrochen war.[(245)] Diese **aktiven Vulkane schleudern** also **zehntausende Tonnen CO_2 pro Jahr in die Atmosphäre** – und niemand interessiert es. Nur zum Vergleich: Deutschland soll im Jahr 2019 angeblich 702 Tonnen CO_2 in die Atmosphäre abgegeben haben, Österreich 72 Tonnen und die Schweiz 32 Tonnen.[(246)] Der angebliche Beitrag des Menschen zum atmosphärischen CO_2 (wie auch immer er errechnet worden sein mag) ist also verschwindend gering im Vergleich zum CO_2-Ausstoß der Vulkane. Irgendwas ist hier seltsam.

Könnte es etwa sein, dass das CO_2 aus Vulkanen ungefährlicher ist als das vom Menschen emittierte? Ja, tatsächlich, wenn man verschiedenen offiziellen Stellen zuhört, so soll es da tatsächlich Unterschiede geben. Als naturwissenschaftlich gebildeter Mensch frage ich mich, wie man die beiden unterschiedlichen Arten eines geruch- und farblosen Spurengases mit identischer chemischer Zusammensetzung eigentlich genau unterscheidet.

„Vulkanausbrüche bringen allerdings nicht nur verheerende Lavaströme zum Vorschein – sie haben mitunter auch einen immensen Ef-

fekt auf das Klima. Zum einen kommt es durch Vulkanismus zum Ausstoß von ***Kohlenstoffdioxid*** *(CO_2). Die chemische Verbindung verstärkt den Treibhauseffekt. Allerdings wird davon ausgegangen, dass die* ***vulkanischen Emissionen gegenüber denen der Menschen in der Regel unbedeutend sind, wie das Umweltbundesamt schreibt...*** *Vulkanausbrüche haben... auch einen kühlenden Effekt: Wird die Auswurfmasse eines Vulkans explosiv herausgeschleudert, kann sie in die Stratosphäre gelangen, die durchschnittlich zwischen 10 und 50 Kilometern Höhe liegt, oder selbst bis in die darüber liegende Mesosphäre vordringen, schreibt das Umweltbundesamt. In jenen Höhen kommt es demnach auf Sulfatpartikel an, die sich nach einigen Monaten aus den schwefelhaltigen Vulkangasen bilden und dafür sorgen können, dass weniger Sonnenstrahlung bis zur Erdoberfläche vordringt. Das Ergebnis ist eine Abkühlung.*“[247]

„*Berliner Morgenpost*“ am 29. Oktober 2021

Jetzt ist die Katze aus dem Sack! Manometer! Potzblitz! Diese wissenschaftliche Sensation ist ob der ganzen Berichterstattung über die 4. Corona-Welle ja komplett untergegangen. Selbst die Tatsache, dass die stolzen Retter des Weltklimas, wie *Jeff Bezos*, *Prinz Charles* oder *Prinz Albert von Monaco*, in den ersten zwei Novemberwochen des Jahres 2021 im schottischen Glasgow mit mehr als 400 Privatjets zum 26. Weltklimagipfel eintrudelten und über Schottland den ganzen Tag ein Verkehrschaos auslösten, bekam da noch mehr Aufmerksamkeit, obwohl das Anreiseverhalten mit den Appellen der Klimahohepriester auch nicht so ganz zusammenpasste. Aber wer wird denn da schon so kleinlich sein? Der gute Wille steht schließlich fürs Werk, oder? Wobei, sie hätten doch zumindest ein paar Fahr- oder Fluggemeinschaften bilden können, schließlich ist einschlägig bekannt, dass Privatjets zehnmal mehr CO_2 emittieren als ein Linienflugzeug und ein Flug fünfzigmal umweltschädlicher ist als das Reisen mit der Bahn.[248] Doch weder werden solche negativen Details zur Klima-Thematik öffentlich groß ausgewalzt, noch ist man den superreichen Klimasündern böse – vermutlich ist das so, weil sie ihr eigenes schändliches Verhalten dadurch wieder wettmachen, dass sie so schwergewichtige Sätze wie „*Wir schaufeln uns unser eigenes Grab.*" (UNO-Generalsekretär Antonio Guterres), *„Auf der Weltuntergangsuhr ist es eine Minute vor Mitternacht.*" (UK-Premier Boris Johnson) oder *„Es ist unsere Pflicht zu handeln.*" (EU-Kommissionspräsidentin Ursula von der Leyen) von sich geben. Ich finde es erstaunlich, dass ich im Jahr 2022 immer noch auf vermeintlich gebildete Menschen treffe, die sich ernsthaft Sorgen um ihren CO_2-Ausstoß und den daraus resultierenden Klimakollaps machen, während ihnen aus völlig anderen Gründen das Wasser längst bis zum Hals steht.

Die Fragen, die sie sich nämlich scheinbar nicht stellen, müssten lauten: Wenn all die giftigen Gase und Schmutzpartikel, die Vulkane ausstoßen, direkt in die Stratosphäre gelangen und dort verbleiben, wie kann dann die Sonneneinstrahlung nach Jahrtausenden dieses Vorgangs überhaupt noch zur Erde durchdringen? Oder sinken sie doch irgendwann in tiefere Schichten hinab? Wenn ja, müssen sie dann nicht doch das Klima nachhaltig beeinflussen?

Lassen Sie es mich kurz zusammenfassen: Der Mensch hat nur insofern Einfluss auf das Klima, als er es seit Jahrzehnten hemmungslos manipuliert. Dafür verantwortlich ist eine verschwindend kleine Zahl von Psychopathen, nämlich jene, die in der ersten Novemberhälfte in Glasgow bei sündteurem Wein und Essen zusammensaßen, um darüber zu diskutieren, wie man den CO_2-Ausstoß der einfachen Menschen noch höher besteuern könnte.

Anders ausgedrückt: Sie, liebe Leserin oder lieber Leser, haben keinen nennenswerten und schon gar keinen nachweisbaren Einfluss auf das Klima, wie sehr Sie sich auch bemühen mögen. Da können Sie Öl und Holz verheizen und Ihren alten Diesel-PKW den ganzen Winter über 24 Stunden durchlaufen lassen. Was Sie damit ausstoßen, ist eine Menge Ruß und Feinstaub. Das ist schlecht für unsere Lungen, aber das hat nichts mit einer angeblichen Erderwärmung zu tun – die nachweislich nicht stattfindet. Denn diese Partikel würden wieder (der Logik der Klimaapostel folgend) die Sonneneinstrahlung reduzieren und zu einer Abkühlung führen – die ja angeblich gewünscht sein soll.

Es gibt leider immer noch eine Menge Menschen, die noch an den Weihnachtsmann und den Osterhasen glauben. Also nicht direkt an die beiden, aber an Politiker bestimmter Parteien, an religiöse Autoritäten oder an vermeintlich seriöse Institutionen, wie etwa das oben zitierte **Umweltbundesamt**, die zentrale Umweltbehörde der BRD, deren Aufgabe es sein soll, die Regierung mit wissenschaftlich fundiertem Rat zu unterstützen, damit die dann neue Umweltgesetze erlassen und den Emissionsrechtehandel neu gestalten kann. Mit rund 1.600 Mitarbeitern ist das deutsche Umweltbundesamt die größte Umweltbehörde Europas und damit auch die größte Lobby-Organisation in dem Bereich. Geleitet wird dieses staatliche „Umweltbundesamt" vom Politikwissenschaftler(!) **Dirk Messner**, dessen Spezialgebiete angeblich „Global Governance" und „internationale Politik ZUM Klimawandel" sind.(249)

Global Governance bedeutet nichts anderes als das Schwächen einzelner regionaler staatlicher Stellen und Regierungen, indem sie dazu ermuntert oder gezwungen werden, das Feld nach und nach privaten Organisationen, allen voran den Stiftungen einflussreicher Multimilliardäre zu überlassen. Anders ausgedrückt ist es die Förderung globaler Lösungen von Problemen, die zuvor von privaten multinationalen Konzernen geschaffen wurden – all das auf Kosten der Steuerzahler. Offiziell dient dies dann immer der Menschheit, dem Weltfrieden und dem Weltklima. Komischerweise sind die Profiteure dieser Rettungsaktionen aber immer nur das oberste 1% in der Vermögenspyramide – und natürlich in bescheidenerem Maße auch deren Handlanger.

Damit wären wir also wieder zurück bei *Dirk Messner*. Der Mann war im Lauf seiner bemerkenswerten Karriere 15 Jahre lang Mitglied des *Wissenschaftlichen Beirats der Deutschen Bundesregierung für Globale Umweltveränderungen* und war Direktor des *Institute for Environment and Human Security* an der Universität der Vereinten Nationen in Bonn. Verzeihen Sie mir, wenn ich hier kleinlich werde, aber was soll der Schwachsinn „*Globale Umweltveränderungen*" bedeuten? Die Umwelt beschreibt die Umgebung eines Menschen, zu der eine Wechselwirkung besteht. Wie soll das global funktionieren? Ich hebe das deshalb hervor, weil schon allein der Name solcher staatlicher Stellen vollkommen sinnlos und vertrottelt ist, die „Bürgen" des Landes aber den Scharlatanen in solchen Gremien sehr viel Geld bezahlen müssen.

Und weil Messner das mit der internationalen „Politik ZUM Klimawandel“ so toll machte, wurde er von der UNO weiter gefördert. Gemeinsam mit der ebenfalls bemerkenswerten SPD-Politikerin *Gesine Schwan* ist er Vorsitzender des **UNO-Netzwerks „Lösungen für eine nachhaltige Entwicklung“** – ein weiterer schwachsinniger Name.

Natürlich ist er auch Mitglied der ***Heinrich-Böll-Stiftung***, der wichtigsten Lobby-Organisation der deutschen Partei *Bündnis 90/Die Grünen*. Und da die deutschen Sozialisten und Grünen seit Dezember 2021 die neue Regierung in Deutschland stellen, ist auch klar, welche Themen in Europa in den kommenden Jahren, von Berlin heraus gesteuert, besondere Aufmerksamkeit erfahren werden. Denn Messners Umweltbundesamt ist nicht nur Erfinder des genialen CO_2-Rechners, mit dem jeder jederzeit seine persönliche Kohlendioxid-Bilanz errechnen kann, er scheint mit seinen schier endlos scheinenden Kontakten zu Politikern und Multimilliardären der richtige Mann dafür zu sein, Deutschland endgültig als Nation in die Knie zu zwingen und es den Wünschen der Geheimen Weltregierung final zu unterwerfen.

Messner sitzt aber auch noch im Vorstand des ***World Resources Institute*** (Weltressourceninstitut/WRI), das weltweit Projekte zum Thema **„ökologische Nachhaltigkeit“** fördert und sich natürlich auch dem Weltfrieden und dem Wohlergehen aller Menschen auf Erden verschrieben hat – CO_2-neutral und nachhaltig versteht sich. Messner ist also die personifizierte „Nachhaltigkeit“, auf Englisch würde man so etwas einen „Bullshit Artist“ nennen, also jemand, der Blödsinn erzählen zu einer Kunstform erhebt. Gemeinsam mit dem neuen Wirtschaftsminister *Robert Habeck* von den „Grünen“ wird der Mann vermutlich noch sehr viel Leid über die Deutschen bringen. Natürlich ist das WRI nicht so unabhängig wie manch einer glauben möchte, denn finanziert und gegründet wurde

Abb. 16: Nachhaltigkeits-Experte und „Bullshit Artist“ *Dirk Messner*

es von der **MacArthur Foundation**, einer der potentesten und mächtigsten US-Stiftungen, die sich unter anderem, wenig überraschend, dem „Abschwächen des Klimawandels" verschrieben hat – und natürlich dem Weltfrieden. Das WRI ist Herausgeber des *„Greenhouse Gas Protocol"* (GHG Protocol), zu deutsch „Treibhausgasprotokoll". Das ist ein privates Instrument zur Bilanzierung von Treibhausgasemissionen für Unternehmen und öffentliche Institutionen. Anders ausgedrückt legt das private WRI fest, wie viel CO_2-Steuer jeder zu zahlen hat und liefert der Buchhaltung jedes Unternehmens das Werkzeug dazu.

Aber dessen nicht genug, berät Dirk Messner in Sachen kommerzielles Potential von CO_2 auch die G-20-Gruppe[250], den Zusammenschluss der 20 mächtigsten Industrienationen, und er beriet bereits die chinesische Regierung im Rahmen deren *China Council for International Cooperation on Environment and Development*, wo er die Bedeutung von Digitalisierung, Künstlicher Intelligenz (KI) und maschinellem Lernen für die – Sie erraten es nie – „Nachhaltigkeit" hervorhob.[251]

Spätestens an dem Punkt, an dem der Begriff „Nachhaltigkeit" aus dem „Toolkit" herausgefischt wird, läuten bei mir alle Alarmglocken. Da stellen sich bei mir die Nackenhaare auf. Sobald der Begriff fällt, weiß ich, dass alles Gesagte gelogen ist. Da passen „KI" und „maschinelles Lernen" natürlich perfekt dazu:

> *„In Europa haben wir ein nettes Paket für den Europäischen Green Deal, und wir versuchen, grüne Pakete mit Konjunkturprogrammen zu synchronisieren, aber unsere Perspektive jenseits unseres europäischen Horizonts ist zu schwach. Ich würde mir ein viel stärkeres Engagement auf globaler Ebene wünschen, um Konjunkturpakete mit sozialen Fragen und Nachhaltigkeitsperspektiven zu verbinden."*[252]
>
> *Dirk Messner* im staatlichen katalanischen Magazin *„IDEES"* am 2. Februar 2021

Doch, das Wort „Gschichtldrucker" trifft es ganz gut. Warum nur – fragen Sie sich jetzt vielleicht – reitet der Autor so auf diesem Mann herum? Nun, lassen wir ihn doch gleich selbst zu Wort kommen. Vielleicht erschließt sich das Ganze dadurch etwas leichter. Ich hatte vorhergesagt, dass die „Corona-Pandemie" nicht die letzte ihrer Art ist und man versuchen wird, die Pandemie, die es nie gab, mit dem Klima-Notstand, den es nicht gibt, zu verknüpfen, um quasi vom Corona-Lockdown nahtlos in den Klima-Lockdown übergehen zu können.

> *„Die Perspektive der Modernisierung und die Frage, wie nachhaltige Innovationen und Investitionen geschaffen werden können, ändern sich.* ***Wir müssen jetzt sehen, dass die Länder wirklich in diese Richtung investieren.*** *Wenn man sich diese Berichte ansieht, gibt es einen neuen* ***globalen grünen Konsens****. Wir haben jedoch auch eine* ***Gegenreaktion im sozialen Bereich*** *erlebt. Das Coronavirus ist ein Multiplikator von Ungleichheiten, die schon vorher bestanden und jetzt noch tiefer sind. Aus sozialer Sicht sind wir mit* ***noch schwierigeren Situationen*** *konfrontiert als zuvor."* [253]
>
> *Dirk Messner* im staatlichen katalanischen Magazin *„IDEES"* am 2. Februar 2021

Schwierige Situationen erfordern harte Maßnahmen. Noch schwierigere Situationen erfordern noch härtere Maßnahmen. Um die Gegenreaktionen im sozialen Bereich besser in den Griff zu bekommen, muss man also künftig noch härter durchgreifen, noch größere Lügen erzählen, noch mehr Druck machen, noch mehr Angst verbreiten, damit endlich alle Länder im Lockstep, im Gleichschritt marschieren. Es stellt sich also die Frage, was da noch alles möglich sein sollte. Ich fürchte, dass die dunklen Abgründe dieses Mannes, der aussieht wie ein durchschnittlicher Buchhalter, zu Dingen fähig sind, die wir uns alle noch nicht vorstellen können. (Abb. 16) Wesen wie er sind die Wegbereiter für die Eine-Welt-Regierung, und er bereitet den Boden für alle anderen Tod-Esser, die dann den verqueren Blödsinn nachplappern und die leeren dummen Phrasen nach unten immer weiter reichen. Sie reißen alles aus dem Zusammenhang, haben keine Ahnung, wovon sie reden, lügen, verwirren und liefern damit wieder Steilvorlagen für die Medien:

> *„Ob Herzinfarkt, Schlaganfall oder Frühgeburt: Wir erleben schon jetzt, wie sich der Klimawandel auf unsere Gesundheit auswirkt. Das*

Gesundheitswesen braucht deshalb eine gemeinsame Agenda für den Klimaschutz.“[254]

Prof. Dr. Christoph Straub, Vorstandschef der zweitgrößten deutschen Krankenkasse BARMER, am 19. November 2021

An guten Tagen fällt mir dazu wieder das Lied von Pippi Langstrumpf ein, aber in Wahrheit ist das alles nicht mehr witzig, denn die Lügen der Tod-Esser haben bereits unfassbaren Schaden angerichtet, weil sie mehr und mehr Menschen in solche Panik und Verzweiflung versetzen, dass diese immer öfter nicht nur sich selbst, sondern auch andere Menschen töten, weil die Lügen über den Klimawandel sie schier um den Verstand gebracht haben. Die beiden jungen Attentäter von *Christchurch* (Neuseeland) und *El Paso* (USA) sind ein trauriges Beispiel aus dem Jahr 2019 dafür, dass Teile dieser Welt in einen kollektiven Zustand des Irrsinns abdriften, genauer gesagt, hineingesteuert werden. Wir sind längst so weit, dass das Töten fremder unschuldiger Menschen für eine „gute Sache“ salonfähig geworden ist. Menschen töten mittlerweile im Namen des Klimas:

„Am 15. März 2019 startete ein australischer Neonazi in Christchurch, Neuseeland, einen Livestream auf einem Moscheeparkplatz. Was folgte waren einige der grausamsten Bilder, die je aufgenommen wurden. Das Video, das massenhaft... auf der ganzen Welt geteilt wurde, zeigte einen 28-Jährigen, der bis an die Zähne bewaffnet 51 Menschen tötete. Weniger als fünf Monate später schoss ein 21-jähriger Texaner in einem Walmart in El Paso 23 Menschen nieder. Die beiden Amokläufer waren Beispiele für viele schreckliche Dinge: Terroristen, die als Einzelkämpfer im Namen ihrer Rasse töten, die internationale Verbreitung rechtsextremer Ideologie, die ‚Gamification‘ des Rechtsterrorismus und der Einsatz von Livestreaming-Morden als Propagandainstrument. Sie waren auch ein Beispiel für ***die Beziehung zwischen Umweltbewegung und faschistischer Ideologie****: Beide Schützen hinterließen im Internet Manifeste, die speziell der Propaganda dienen und andere Schützen inspirieren sollten; in beiden Manifesten wurde die Umwelt als ein Faktor genannt, der zu ihrem Amoklauf beitrug.*

‚Ich bin ein ***ethno-nationalistischer Ökofaschist.*** *', schrieb der Schütze von Christchurch in seinem Manifest. ‚Ethnische Autonomie für alle Völker mit dem Schwerpunkt auf der Erhaltung der Natur und der natürlichen Ordnung.'"*[255]

Mack Lamoureux für das Magazin „*The Vice*" am 25. September 2020

Nichts von alldem, was in den letzten Jahren die öffentlichen Diskussionen über das „Klima" bestimmte, entsprach der Wahrheit. Es gab immer Klimaschwankungen, und es gab immer ruhige und weniger ruhige Phasen. Derzeit befinden wir uns offenbar am Anfang einer äußerst unruhigen Phase. Diese wird vornehmlich durch Veränderungen des Energiezustandes in unserem Sonnensystem bewirkt. Darauf hat niemand von uns Einfluss, aber wir können uns der Realität stellen und versuchen, uns diesem Geschehen anzupassen.

Seit mehr als 70 Jahren manipulieren bestimmte Institutionen das Wetter, und ihre Eingriffe in die natürlichen Kreisläufe haben im Jahr 2021 ihren bisherigen Höhepunkt erreicht. Ich hatte eigentlich vor, in diesem Buch ausführlich darüber zu schreiben, doch aus Zeitgründen ist mir das leider nicht möglich. Ich möchte, dass dieses Buch zeitnah erscheint, weil ich denke, dass die darin befindlichen Informationen meine Leser möglichst schnell erreichen sollten. Die Themen „Wetter" und „Klima" sind insofern sehr brisant, da sie immer stärker mit dem Thema „Corona" verwoben werden und es bei beiden Themenkomplexen zu massivem Betrug und Faktenfälschung kommt.

Ich kann allen Interessierten nur dazu raten, sich alternative Kanäle zu suchen, auf denen Sie sich tagesaktuell über die wahren Hintergründe des Wettergeschehens informieren können. Eine der besten Quellen überhaupt ist meiner Meinung nach die Internetseite ***Suspicious Observers***[256], die jedoch hervorragende Englischkenntnisse erfordert. In deutscher Sprache kann ich Ihnen die Telegram-Kanäle ***Wetteradler*** und ***Sun Evo News*** sehr empfehlen. ***Telegram*** ist ein russischer Nachrichten-Dienst, der auf allen Smartphones verfügbar ist. Man kann dort einzelnen Gruppen beitreten, die Informationen zu bestimmten Themen veröffentlichen. Ich erwähne dies an dieser Stelle, weil *Telegram* zuletzt gerade in Deutschland von Politikern und den Medien schwer gescholten wurde. Sachsens Ministerpräsident *Michael Kretschmer* wollte *Telegram* sogar verbieten lassen, weil es demokratiegefährdend sein soll. Tja, Wahrheit und Demokratie passen offenbar schlecht zusammen.

Es ist traurig, dass freie Kommunikation in Europa mittlerweile nur noch über eine russische App stattfinden kann, nachdem alle anderen Kanäle fast zur Gänze in den Händen der Tod-Esser sind. Und natürlich werden sie alles in ihrer Macht Stehende tun, um auch noch diesen freien Kommunikationsfluss zu unterbinden. Nutzen Sie ihn, solange es noch möglich ist. Eine neue solche Plattform oder App, ***GETTR***, wurde im Juli 2021 in den USA vorgestellt und erfreut sich mittlerweile auch in Europa großer Beliebtheit, weil sie eine (noch) unzensierte Alternative zu Facebook und Co. darstellt und ähnlich wie Twitter funktioniert. Ich erwähne das nur deshalb, weil bereits viele alternative Nachrichtenplattformen, denen ihre Youtube- und Twitter-Accounts gelöscht wurden, ankündigten, auf GETTR umzusteigen, sollte dasselbe auch mit ihren Telegram-Kanälen passieren.

Blackout

Der damalige deutsche Innenminister *Thomas de Maizière* stellte im Jahr 2016 ein neues Zivilschutzkonzept vor und rief die Deutschen zur Krisenvorsorge auf. Er riet den Bewohnern, Lebensmittel und Wasser für vierzehn Tage zu horten, weil es das Potential eines Krisenfalls gäbe, auf den sich jeder vorbereiten sollte. Das wahrscheinlichste aller Krisenszenarien war aus Sicht des Ministers damals ein *„langanhaltender regionaler oder nationaler Stromausfall"*. Nun, wie wir wissen, hat er sich insofern getäuscht, da wir zuerst von einer anderen global organisierten Krise heimgesucht wurden. Ein Blackout ist aber deshalb noch lange nicht vom Tisch und immer noch der zweit-wahrscheinlichste Krisenfall, auf den wir uns alle vorbereiten sollten. Denn so, wie sich die Dinge entwickeln, wird er von Tag zu Tag wahrscheinlicher.

„Hohe Regierungsbeamte in Pakistan mahnen zur Ruhe, nachdem das gesamte Land in der Nacht zum Samstag aufgrund eines Zusammenbruchs des nationalen Stromnetzes in Dunkelheit getaucht war. ‚Ein landesweiter Stromausfall wurde durch einen plötzlichen Einbruch der Frequenz im Stromübertragungssystem verursacht'... Der Stromausfall ist nahezu beispiellos, da über 200 Millionen Menschen in allen Städten und Dörfern betroffen sind. Einen Stromausfall dieser Größenordnung hat es seit 2015 nicht mehr gegeben."[(257)]

„*Zerohedge*" am 10. Januar 2021

Großflächige Stromausfälle passierten in den letzten 10 Jahren immer häufiger und nicht nur in weniger entwickelten Ländern, wie Venezuela, Indien oder Paraguay, sondern auch in Italien und Kanada und sogar regelmäßig in den USA. Die Frage ist für die meisten Experten auch nicht, *ob* Europa einen längeren Blackout erleben wird, sondern nur *wann*. Wie wir bereits gesehen haben, wurde zuletzt von jenen Wesen, die eigentlich Schaden von den Menschen abhalten sollten, alles dafür getan, ihnen maximalen Schaden zuzufügen, und es ist daher sehr wahrscheinlich, dass es spätestens bis 2025 in Europa zu einem großen und langen Blackout kommen wird.

„Der Kälteeinbruch in Texas hat die Schließung von Raffinerien, Ölquellen und Fleischfabriken erzwungen, die Verschiffung von Sojabohnen und Mais unterbrochen und lässt immer noch mehr als 3 Millionen Kunden ohne Strom, was dazu führen könnte, dass Teile von Texas noch mehrere Tage lang im Dunkeln bleiben."[(258)]

„*Bloomberg*" am 16. Februar 2021

Obwohl dieser Stromausfall in Texas je nach Bezirk nur ein bis drei Tage dauerte, starben in diesem kurzen Zeitraum mindestens 210 Menschen an Unterkühlung, Kohlenmonoxid-Vergiftung, Hausbränden oder Unfällen, die alle direkt auf den Blackout zurückzuführen waren. Mindestens 700 weitere Todesfälle in den darauffolgenden Tagen wurden dem kurzen Stromausfall zugeschrieben.

Mir fallen mehrere Ursachen ein, die jederzeit einen Blackout auslösen könnten:

1. starke *„Solar Flares"*, ein gewaltiger **Sonnensturm** (geomagnetischer Sturm), der die Erde voll trifft und so viel Energie mit sich führt, dass die Stromnetze völlig überladen sind und die Transformatoren in den Umspannwerken durchschmoren;
2. das Zünden einer **EMP-Waffe** würde einen elektromagnetischen Impuls auslösen, der lautlos wäre und einen ähnlichen Effekt hat wie ein gewaltiger Sonnensturm;
3. ein physischer **Terroranschlag** auf einen Teil des Stromnetzes, der Leitungen oder Umspannwerke zerstören könnte;
4. eine **Ransomware-Attacke** von Kriminellen, die das Netz kapern und ausschalten, um Lösegeld zu erpressen;
5. ein großflächiger Stromausfall auf Grund zu extremer Schwankungen im Netz als Folge der **„Energiewende"**;
6. ein regionaler bis überregionaler Blackout aufgrund eines Extremwetter-Ereignisses wie einem Schneesturm;
7. eine **Abschaltung** durch Regierungen oder das Militär, falls das Volk sich erheben und ihnen zu nahe kommen sollte.

Die regelmäßigen mehr oder weniger starken energetischen Entladungen der Sonne können auf Erden ein Schauspiel verursachen, das wir als „Nordlichter" kennen. Ein extremer Sonnensturm, wie er alle paar Jahre oder Jahrzehnte einmal vorkommt, könnte das Magnetfeld der Erde, also unser Schutzschild, lahmlegen und nicht nur das Stromnetz nachhaltig beschädigen. Vielmehr könnte in Folge eines solchen Großereignisses sämtliche Kommunikation und Industrieproduktion ausfallen. In einer Zeit, in der alles von fragilen, hochsensiblen, winzigen Mikrochips gesteuert wird, könnte ein heftiger Sonnensturm wie ein gigantischer Flammenwerfer wirken, der alles zum Schmelzen bringt, vom einfachen Schalter bis hin zu den Generatoren im Umspannwerk.

Abb. 17: Diese von der NASA verwendete Animation zeigt, wie die Energie der Sonne auf die Erde trifft und wie ein sehr starker geomagnetischer Sturm das Magnetfeld der Erde beeinflusst.

Die NASA enthüllte erst im Jahr 2014, dass die Erde am 23. Juli 2012 beinahe von einem „koronalen Massenauswurf“ (Sonneneruption) des stärksten Sturms auf der Sonne seit über 150 Jahren getroffen worden wäre, aber der Sonnensturm verfehlte die Erde ganz knapp. Wäre er voll auf der Erde eingeschlagen, hätte er die komplette Stromversorgung, Kommunikation, Maschinen und vieles mehr zerstört.

> *„Das NOAA Space Weather Prediction Center sagt voraus, dass ein Polarlicht den Himmel über Gebieten in den Vereinigten Staaten... erhellen werde. Es wird erwartet, dass ein Sonnensturm, der am Montag aufgetreten ist, heute Abend auf die Erde trifft. Am Montag spuckte die Sonne in einer mäßigen Sonneneruption eine Menge geladener Teilchen aus. Diese Teilchen machen sich nun auf den Weg zur Erde. Das Magnetfeld des Planeten wird die meisten Teilchen abhalten, aber einige werden in die Erdatmosphäre gelangen. Die Teilchen sammeln sich am Nord- und Südpol und interagieren mit atmosphärischen Gasen, was die Nordlichter erzeugt.“*[259]
>
> „*Mac Slavo*“ am 15. Februar 2018

Ein weniger starker geomagnetischer Sturm hatte die Erde am 13. März 1989 getroffen und legte das Stromnetz im kanadischen Québec lahm und störte Radio- und Funksignale über Europa hinweg bis nach Russland. Es kam zu Störungen und Ausfällen bei Satelliten, und selbst die Raumfähre *Discovery*, die sich zu diesem Zeitpunkt in der Luft befand, war für mehrere Stunden stark beeinträchtigt. Kurz gesagt: Ein starker Sonnensturm, der die Erde voll trifft, würde ebenso wie das Zünden einer EMP-Waffe für große Zerstörung auf Erden sorgen und hätte das Potential, alle Elektronik und die Stromversorgung lahmzulegen. In einer Welt, in der die meisten Menschen ohne Akku-Schrauber nicht einmal mehr eine Schraube lösen können, wäre das vermutlich für viele Zeitgenossen sehr unangenehm.

Da Europa am 8. Januar 2021 wegen eines Zwischenfalls in Rumänien nur knapp einem Blackout entgangen war und alle einschlägigen Experten immer häufiger davor warnten, begann das österreichische Bundesheer, sich weitgehend unabhängig vom öffentlichen Stromnetz zu machen. Mitten in der Plandemie wurden alle freien Kräfte dafür eingesetzt, die gesamte Stromversorgung umzubauen. Gleichzeitig schaltete das Bundesheer Anzeigen in Tageszeitungen und auf Plakatwänden, in denen es die Bevölkerung dazu aufforderte, sich auf einen längeren Blackout vorzubereiten. Zusätzlich gab es im Jahr 2021 mehrere regionale und eine bundesweite Blackout-Übung. Die Österreicher nahmen die Sache also sehr ernst, was auch im Ausland wahrgenommen wurde und selbst die spanische Presse dazu veranlasste, sich des Themas verstärkt anzunehmen.

Tatsächlich war die Sonne Ende des Jahres 2021 sehr aktiv, und zahlreiche leichte und mittlere Sonnenstürme hatten dem Erdmagnetfeld bereits deutlich zugesetzt und zu einer starken Ionisierung der obersten Schichten in der Atmosphäre geführt, was nicht nur Mensch und Tier spürbar belastete, sondern auch die Stromnetze.

Egal ob durch die Sonne, eine militärische Aktion, einen Hackerangriff oder die Energiewende ausgelöst, ein großflächiger Stromausfall für mehrere Tage oder Wochen ist sehr wahrscheinlich, und ich gehe davon aus, dass wir schon sehr bald einen solchen erleben werden, da die dunkle Seite der Macht offenbar beschlossen hat, alles zu tun, um möglichst vielen Menschen möglichst umfangreich zu schaden.

Obwohl er mir mehrfach wärmstens empfohlen wurde und er bereits in meinem Regal liegt, habe ich den Bestseller „*Blackout*" des österreichischen Autors *Marc Elsberg* noch nicht gelesen. Daher muss ich meine eigene Fantasie bemühen, unterstützt von mehreren Berichten von Personen, die solche Ereignisse erlebt und überlebt haben. Also, wie in etwa könnte eine solche Situation aussehen, und welche Folgen hätte sie für jeden von uns ganz persönlich?

Richtig, als Erstes würde man bemerken, dass das Licht ausgeht, was abends oder nachts unangenehm ist, aber bei weitem nicht das größte Problem darstellt. Wenn Sie in der Stadt sind und sich gerade draußen aufhalten, werden Sie bemerken, dass es plötzlich deutlich ruhiger ist, weil alle zehntausende von Maschinen und Geräte, die gleichzeitig an waren, auf einmal verstummen. Die Ampeln fallen aus, und es wird an zahlreichen Kreuzungen Unfälle geben, was zu noch mehr Chaos im Straßenverkehr führen dürfte. Wer im Auto sitzt, wird vielleicht noch sein Autoradio anschalten können, es ist jedoch fraglich, ob da noch etwas rauskommt – abhängig davon, wie gut die Notstromaggregate der Sendeanstalten gewartet wurden.

Wer sich in einem Gebäude befindet, kann nur hoffen, dass er sich zu diesem Zeitpunkt nicht gerade in einem Fahrstuhl aufhält, denn es wird sehr lange dauern bis er den wieder verlassen kann, denn weder der Alarmknopf noch das Mobiltelefon funktionieren, und es gibt keinerlei Kommunikation mit der Außenwelt. Schlimm wird es auch für alte und pflegebedürftige Menschen, die ohne Fahrstuhl nicht ins Freie kommen und die niemanden von ihrer Situation berichten können.

U-Bahnen, elektrisch betriebene Busse, Straßenbahnen und Fernzüge – alle bleiben gleichzeitig stehen, und keiner wird wissen, warum und ob es vielleicht gleich wieder weitergeht. Wenn die Menschen nach einer Weile erkennen, dass sie festsitzen, dann werden sie sich gewaltsam den Weg nach draußen bahnen müssen, um zu Fuß ihren weiteren Weg anzutreten.

In Läden und Supermärkten geht nicht nur das Licht aus, auch die Kassen sind tot und lassen sich nicht mehr öffnen, ebenso wie die Eingangstüren. Wenn es keine manuelle Entriegelung gibt, werden sich die Kunden und Angestellten auch hier gewaltsam den Weg nach draußen bahnen müssen.

Große Dramen werden sich in Krankenhäusern abspielen. Die haben zwar immer Notstromaggregate, aus der Vergangenheit weiß man jedoch, dass die meist nicht ausreichend gewartet werden und dann im Ernstfall oft nicht funktionieren. Selbst wenn sie sofort anspringen sollten, dürfte der Vorrat an umweltschädlichem Sprit nur für einige, maximal für vierundzwanzig Stunden reichen – denn das ist es, was in den Notfallkonzepten vorgesehen ist. Alle Menschen, die künstlich beatmet werden oder in sonst einer Form an Geräten hängen, werden also nicht mehr viel Zeit vor sich haben. Eine Absprache oder Koordination mit anderen Kliniken oder mit der Polizei und dem Militär dürfte schwierig werden, weil es heute keine batteriebetriebenen CB-Funkgeräte mehr gibt. Die Polizei, Feuerwehr und das Militär dürften alle Hände voll zu tun haben, um zumindest halbwegs für Ordnung zu sorgen, denn spätestens nach ein bis zwei Tagen werden die Plünderungen der Supermärkte und Apotheken beginnen. Sie werden aber auch vor anderen unbewachten Geschäften nicht Halt machen. Das zeigen zumindest die Erfahrungen, die wir in den letzten zwei Jahrzehnten in den USA während Naturkatastrophen oder Aufständen machten.

Findet ein solcher Blackout im Winter statt, fallen in allen Gebäuden sehr schnell die Heizungen aus. Auch wenn sie mit Gas befeuert werden, so sind die Heizanlagen immer vom Strom abhängig. Abhängig von der Außentemperatur werden sehr viele Menschen sehr schnell mehr oder weniger stark frieren. Neben dem Licht und der Heizung gehen aber auch der Kühlschrank und der Elektroherd nicht mehr. Aus der Wasserleitung kommt kein Wasser mehr, und der Spülkasten der Toilette ist bereits nach der ersten Sitzung leer. Was dann? Wer nicht vorgesorgt hat und nicht als einer der Ersten bei den Plünderungen dabei war, wird sehr schnell frieren, hungern und großen Durst verspüren. In vielen Städten gibt es öffentliche Brunnen, aber meist nur sehr wenige, die noch per Hand zu bedienen sind. An denen werden sich lange Schlangen bilden – vorausgesetzt es geht zivilisiert zu.

Wer kann, wird versuchen, die Stadt zu verlassen, mit einem Auto mit Verbrennungsmotor – falls es noch keiner geklaut hat. Ach ja, und das bringt uns zu einem weiteren wichtigen Punkt: Ohne Strom funktioniert keine Zapfsäule. Alle Tankstellen sind geschlossen. Daher kann es auch keinen Nachschub an Lebensmitteln, Wasser, Medikamenten oder sonstigem dringend Benötigtem geben. Das ist der nackte Kampf ums Überleben!

Es gibt nicht viele wissenschaftliche Arbeiten zu diesem Thema, man ist eher auf die Berichte von Praktikern angewiesen. Je nachdem, wem man da zuhört, so gehen viele davon aus, dass bei einem längeren großflächigen Blackout bereits nach einem Monat zehn bis zwanzig Prozent der Bevölkerung erfroren, verhungert oder verdurstet sein werden oder Opfer nicht vorhandener medizinischer Versorgung oder eines Gewaltverbrechens wurden.

> *„Es gibt im Wesentlichen zwei Schätzungen darüber, wie viele Menschen an Hunger, an Wassermangel und an sozialer Zerrüttung sterben würden. Eine Schätzung besagt, dass innerhalb von etwa einem Jahr zwei Drittel der Bevölkerung der Vereinigten Staaten sterben würden. Die andere Schätzung besagt, dass innerhalb von etwa einem Jahr 90% der Bevölkerung der Vereinigten Staaten sterben würden. Wir sprechen hier von einer totalen Verwüstung.“*[260]
>
> *Aaron Larson* für „*POWER magazine*“ am 22. Juli 2015

Laut Studien kann sich nur rund ein Drittel der Bevölkerung maximal vier Tage und ein weiteres Drittel maximal sieben Tage selbst versorgen. Doch selbst wenn der Blackout nur eine Woche dauern würde, bräuchte es Monate, um wieder einen Zustand herzustellen, der halbwegs dem vor dem Stromausfall gleichen würde.[261]

Denn nach einem Jahr Plandemie waren weltweit alle Lieferketten gestört, Mikrochips, Container, Holz und Baustoffe waren ebenso Mangelware wie bestimmte Lebensmittel und Energieträger – und das, obwohl die ganze Zeit über alle Wege der Logistik und Kommunikation offen waren. Stellen Sie sich also vor, dass nur für einen Monat kein einziges Telefon, kein Warenbestellsystem, kein Kühlsystem und kein einziger Computer funktioniert, also kein Informationsfluss auf irgendeine Art und Weise möglich ist!

Der Untertitel meines Buches „*LOCKDOWN*", das im Juni 2020 erschien, lautete: *Es wird kein Zurück zur alten Normalität geben!* Wie wir wissen, hatte ich damit Recht. Nun stellen Sie sich die bereits gestörten Liefer- und Logistikketten am Anfang des Jahres 2022 vor, und addieren Sie einen Monat ohne jeglichen Strom hinzu. Was glauben Sie, wie das ausgehen wird?

Ich habe hier eine Liste mit dem erstellt, was ich für nötig erachte, um zumindest einen mittellangen Blackout – von mehreren Wochen – zu überleben. Diese könnte Ihnen als Inspiration dienen, um zu überprüfen, wie gut Sie für einen solchen Ernstfall gerüstet sind:

- Nahrungsmittel für mehrere Wochen – je nach Kochmöglichkeit vor allem Lebensmittel, die man auch kalt oder mit sehr wenig Energieaufwand verzehren kann, wie Dosenbrot, Müsli- oder Proteinriegel, Dosenobst, Trockenobst (wie Datteln und Rosinen) sowie Moringapulver (zur Absicherung des Nährstoffbedarfs), Nüsse, Öle und generell alles, was haltbar ist, satt macht und Energie gibt. Man kann keimfähige Linsen und Kichererbsen auch roh essen, wenn man sie über Nacht in Wasser einweicht. Wer eine Kochmöglichkeit hat: Nudeln und Reis mit kurzer Kochzeit und Fertiggerichte in Dosen und Gläsern (weil man sie schnell und einfach erwärmen kann).
- Trinkwasser – eigentlich sollte jeder Mensch mindestens zwei Liter pro Tag trinken, aber selbst bei nur einem Liter am Tag wären das für eine dreiköpfige Familie 90 Liter Trinkwasser für einen Monat!
- Brauchwasser zum Waschen, Kochen und für die Toilettenspülung
- Eimer oder Kanister

- Holzofen und Holz
- Campingkocher und Gaskartuschen als Alternative
- Notstromgenerator und der dazu passende fossile Treibstoff in Kanistern
- Medikamente (vor allem solche, die unbedingt und regelmäßig benötigt werden, wie Insulin und Ähnliches)
- Verbandszeug
- Nähzeug
- Kerzen
- Teelichter
- Streichhölzer
- Solarleuchten (kann man tagsüber nach draußen stellen zum Aufladen, damit man nachts Licht hat)
- manuelles Werkzeug (Schraubendreher, Zangen, Hammer, Sägen, Schrauben und Nägel)
- Batterien
- batteriebetriebenes Radio
- manueller Dosenöffner
- Bargeld in kleinen Stückelungen (5-Euro-, 10-Euro-, 20-Euro-Scheine)
- alternative Zahlungsmittel wie Gold und Silber in kleinen Stückelungen
- Wärmeunterwäsche, warme Socken, warme Kleidung ganz allgemein
- warme Schlafsäcke
- Wasserfilter, der von Hand zu bedienen ist und aus Schmutzwasser trinkbares Wasser macht

Dies ist eine sicherlich unvollständige Liste, die Ihnen aber als Denkanstoß und Inspiration dienen kann und die Sie selbst nach Ihren individuellen Bedürfnissen und Möglichkeiten erweitern können.

Ich möchte Ihnen zusätzlich noch ein paar Tipps, Warnungen und Anregungen geben:

- Seien Sie vorsichtig beim Hantieren mit offenem Feuer, vor allem, wenn Sie wenig Erfahrung damit haben.
- Achten Sie darauf, dass die Kohlenmonoxyd-Belastung in der Luft nicht zu groß ist, weil dies zu einer tödlichen Rauchgasvergiftung führen kann. Daher sollte ein vorhandener Notstromgenerator nur im Freien und so benutzt werden, dass die Abgase nicht ins Haus ziehen können.
- Sobald das Licht ausgeht, füllen Sie Ihre Badewanne voll, solange noch Wasser fließt. Der Druck dürfte noch für einige Minuten ausreichen, ehe nichts mehr aus dem Hahn kommt. Auf diese Weise können Sie sich vielleicht hundert Liter Trinkwasser (oder mehr) sichern, das Sie nicht mühsam besorgen und heranschleppen müssen.
- Ich hoffe, Sie haben einen guten Kontakt zu Ihren Nachbarn, denn Sie werden im Notfall die Hilfe anderer brauchen. Kümmern Sie sich um Ihre Nachbarn, sehen Sie nach ihnen. Gemeinschaft ist wichtig in der Not, denn jeder kann etwas anderes gut, und alle Talente könnten in einer solchen Situation gebraucht werden. Niemand von uns kann alles allein bewältigen.
- Da es viele Güter, die Sie benötigen, nicht auf dem gewohnten Wege zu kaufen geben wird, wird es einen Schwarzmarkt oder Tauschhandel geben. Was haben Sie im Notfall als Tauschmittel anzubieten, entweder materiell oder als Dienstleistung?
- Seien Sie vorsichtig im Dunkeln. Viele Menschen sind bereits in solchen Fällen die Kellertreppe hinunter gefallen und haben es von allein nicht mehr in ein Krankenhaus geschafft (das vielleicht ohnehin nichts mehr für sie hätte tun können).
- Achten Sie darauf, dass Ihr Auto immer vollgetankt und fahrbereit ist. Wenn möglich lagern Sie zusätzlich noch einen oder mehrere 20-Liter-Metallkanister mit Benzin oder Diesel. Das erhöht Ihre Reichweite. Vielleicht müssen Sie tausend Kilometer weit fahren, um irgendwohin zu gelangen, wo es Strom gibt und die Menschen ein normales Leben führen. Denken Sie dar-

an, dass Sie im Ernstfall keine Ersatzteile und kein Zubehör für Ihr Auto bekommen, wie Öl, Frostschutzmittel und Ähnliches.

- Seien Sie äußerst vorsichtig, wenn Sie sich im Freien bewegen – vor allem in der Stadt –, weil da draußen tausende Menschen unterwegs sein können, die hungern und dürsten und frieren und Ihnen im Falle großer Verzweiflung mit wenig Respekt und Höflichkeit begegnen werden. Seien Sie darauf vorbereitet, notfalls Angriffe abwehren zu können, um sich und Ihre Familie zu beschützen.

Das waren nur einige wenige Tipps von mir. Es gibt zu dem Thema zahlreiche Bücher und Ratgeber, und sollten Sie sich bislang noch nicht mit dem Thema befasst haben, dann kann ich Ihnen nur mit Nachdruck dazu raten. Ich halte es für sehr gut möglich, dass die „Energiewende" uns bald schon alles abverlangen wird, und ich halte es für noch wahrscheinlicher, dass die Psychopathen dem Volk den Strom abdrehen – zumindest lokal und kurzzeitig –, falls die Proteste nicht enden sollten.

Armageddon – die Endschlacht

Eigentlich hatte ich nicht vorgehabt, dieses Kapitel zu schreiben, aber im Gespräch mit einer Freundin wurde mir gestern klar, dass die meisten Menschen noch immer nicht den Ernst der Lage und den wahren Hintergrund des Ganzen erfasst haben. Lassen Sie mich daher kurz erklären, worum es bei alldem aus meiner persönlichen Sicht geht: Dies ist **der Endkampf**, die große, alles entscheidende Schlacht zwischen Gut und Böse – das biblische ***Armageddon*** (hebräisch: *Harmagedon*), wenn man so will. Ich wurde zwar christlich erzogen, aber ich bin bei der ersten Gelegenheit aus der katholischen Kirche ausgetreten, weil ich weder spirituell noch finanziell eine Organisation unterstützen wollte, die so viel Leid über die Menschheit brachte und bringt. Ich habe danach meinen eigenen Weg zur Spiritualität gefunden. Teilweise ging ich ihn aus freien Stücken, indem ich mich bewusst für diesen Weg entschied, also bewusst mein Umfeld und meine Beziehungen wählte.

Teilweise wurde ich aber sehr nachdrücklich dahin gelenkt, man könnte fast sagen „dazu gezwungen". Ich sage Ihnen das, um klarzustellen, dass ich kein religiöser Fanatiker bin, mich aber seit Jahrzehnten auf meine eigene Weise mit Gott und dem Gegenpol, der dunklen Seite der Macht, auseinandergesetzt habe. Und Sie können mir glauben, dass es teilweise echte „Auseinandersetzungen" waren. Ich habe die dunkle Seite der Macht kennengelernt, wir standen uns mehrfach Auge in Auge gegenüber, und ich weiß daher um ihre Entschlossenheit und Kompromisslosigkeit. Dennoch habe ich keinen Respekt vor ihr, schon gar keine Angst, denn sie ist in ihrem Kern destruktiv und zerstörerisch, und dafür empfinde ich nur Abscheu. Ich habe keinen Respekt vor dieser Macht, weil sie im Grunde armselig ist und unfähig, etwas Eigenes zu erschaffen oder hervorzubringen. Alles, was sie kann, ist Schmerz und Leid zu bereiten – und sich dadurch zu nähren.

Diese Welt ist ein Ort der Dualität, eine Welt, in der wir immer zwischen zwei gegensätzlichen Polen hin und her gerissen werden. Wenn man alles auf einen einzigen einfachen Nenner herunterbricht, geht es immer um den Kampf zwischen Gut und Böse, zwischen Schöpfung und Zerstörung, zwischen Liebe und Gleichgültigkeit. Dieser Kampf schwelt seit Menschengedenken, und er hat sich in den vergangenen 120 Jahren mehr und mehr zugespitzt. Nun befinden wir uns mitten in der Endschlacht, dem großen, alles entscheidenden Kampf, auf den kluge und sehende Menschen uns seit tausenden von Jahren hingewiesen und vorbereitet haben.

„*Und ich sah aus dem Mund des Drachens und aus dem Mund des Tieres und aus dem Mund des falschen Propheten drei unreine Geister herauskommen wie Frösche. Sie sind nämlich Geister von Dämonen, die Zeichen tun. Sie gehen aus zu den Königen der ganzen bewohnten Erde, um sie zu versammeln zum Krieg am großen Tage Gottes des Allmächtigen. Siehe ich komme wie ein Dieb. Selig ist, der wacht und seine Kleider bewahrt, damit er nicht nackt einhergeht und man nicht seine Schande sieht. Und sie (die Geister) versammelten sie (die Könige) an dem Ort, der auf hebräisch Harmagedon genannt wird.*"[262]

Die Offenbarung des Johannes, Kapitel 16 (Vers 13 bis 16)

Es gibt sehr viele unterschiedliche Übersetzungen der angeblichen Originalschriften der Bibel, aber es ist unerheblich, für welche man sich entscheidet. Es ist auch egal, wie man diesen Endkampf bezeichnet, ob als „Armageddon“ oder, wie die Wikinger, als „Ragnarök“. Im Kern geht es immer um dasselbe, nämlich die endgültige unausweichliche Entscheidung für einen der beiden Pole. Unsere Vorfahren haben uns seit tausenden von Jahren davor gewarnt, aber die dunkle Seite der Macht hat es geschickt verstanden, die Menschen zu manipulieren und abzulenken. Sie ist ein Meister der Tarnung und Täuschung. Das ist der Grund, warum so viele Menschen sie nicht als das wahrnehmen können, was sie ist, und daher immer überrascht und überfordert sind, wenn sie unvermittelt mit Hass und Brutalität konfrontiert werden – so wie in den Jahren 2021 und 2022. So wie *Winston* aus George Orwells *„1984“* wurden zuletzt zahlreiche Menschen von Hass und Bösartigkeit übermannt, ohne zu wissen, woher das eigentlich kam – und ohne sich dem entziehen zu können.

Wissen ist Macht. Es geht um die Frage: Kann ich dem Bösen widerstehen und mich für die lichte Seite der Macht, für die Liebe, Freude, Begeisterung entscheiden? Das ist nur möglich, wenn ich weiß, dass es zwei Seiten gibt und ich eine Wahl habe. Goethes *„Faust“* handelt von einer solchen bewussten Entscheidung, in der jemand dem Teufel seine Seele für ein nicht enden wollendes Leben in Oberflächlichkeit und Lust verkauft. Goethe wusste genau, wovon er sprach, aber er hatte dieses Prinzip vereinfacht, damit die schlichten Menschen es verstehen konnten. Denn es kann sehr wohl eine Entscheidung sein, sich auf die dunkle Seite der Macht zu schlagen, nur wird sie meist nicht sehr bewusst getroffen. Oft sind es viele kleine Schritte, in denen Menschen ihre Seele verhökern für Ruhm, Erfolg, Lust, Ansehen oder Geld. Und viel zu oft tun sie es noch nicht einmal für sich selbst, sondern nur, um anderen zu gefallen. Kaum jemand sitzt Mephisto Aug in Aug gegenüber und unterschreibt bewusst einen Vertrag mit ihm, während er sagt: *„Ersparen Sie sich, das Kleingedruckte zu lesen, das ist nur schlecht für die Augen!“* Nein, er kommt meist schleichend daher, kann charmant sein, witzig, verführerisch, wie die meisten Psychopathen.

Es ist oftmals keine klare, einmalige Entscheidung, sich auf seine Seite zu schlagen, vielmehr dauerhafte Unbewusstheit, Ignoranz, Gleichgültigkeit und Verantwortungslosigkeit, die Menschen Schritt für Schritt immer tiefer hineinführt in einen Sumpf, aus dem sie nicht mehr herauskommen. Sie machen Fehler, erst kleine, dann größere. Sie begehen Sünden, moralische, und irgendwann auch juristische Straftaten. Die Buchhalter des Teufels führen ganz genau Buch über diese Vergehen, und irgendwann kommt für jeden der Zahltag. Wenn der Teufel einmal eine Seele hat, dann ist es zu spät, dann gibt es kein Entrinnen mehr.

Doch es gibt aus meiner persönlichen Sicht auch noch einen zweiten Weg, wie man dem Bösen in die Hände fallen kann, nämlich indem man ihm unschuldig geschenkt oder geopfert wird. Wie wird ein Mensch zum Psychopathen? Nun, ich nehme an, indem man ihm als Kind die Seele aus dem Leib prügelt oder sie ihm rituell und absichtlich herausreißt. Oh, ich weiß, dass viele Leser nun ein mulmiges Gefühl beschleicht, und das sollte es auch, denn ich werde jetzt zum Kern der Sache kommen. Es ist Zeit, Tacheles zu reden, die Karten endlich auf den Tisch zu legen, auch oder gerade, weil es den meisten Menschen so viel Angst bereitet. „Tacheles" kommt aus dem Jiddischen und bedeutet, ein „zielgerichtetes Gespräch" zu führen. Also, mein Ziel ist es, die schonungslose Wahrheit über das, was hier gerade vor sich geht, deutlich zu machen.

Ich spreche bei alldem hier in Bildern oder Parabeln, um den Zugang zu erleichtern, aber ich meine das so ernst, wie es nur sein kann. Das alles, das Böse, ist kein intellektuelles Konzept. Das Böse ist eine Macht, die sich physisch sichtbar oder unsichtbar ausleben kann. Sie kann von Gedanken ebenso Besitz ergreifen wie von Körpern. Sie steuert Menschen, die schwach sind und nicht genug Licht und Liebe in sich haben und deren Schwingung so niedrig ist, dass sie ihr nichts entgegensetzen können. Diese körpereigene Schwingung kann man selbst jedoch nur bedingt steuern. Wenn man ausschließlich von niedrigschwingenden Wesen umgeben und nur niedrigschwingender Energie ausgesetzt ist, dann kann man versuchen, was man will. Man wird da kaum aus eigener Kraft herauskommen.

Was also meine ich damit, wenn ich davon spreche, dass Kindern rituell die Seele aus dem Leib gerissen wird? In den USA verschwinden jedes Jahr rund 900.000 Menschen spurlos. Die meisten von ihnen sind Kinder und Jugendliche.[263] In jedem US-Supermarkt oder -Einkaufszentrum hängen dutzende Bilder verschwundener Kinder oder Teenager. Etwas mehr als die Hälfte sind männlich. Einer Studie der EU-Grundrechteagentur zufolge sollen in Europa jährlich bis zu 100.000 Minderjährige Opfer von Kinderhandel werden[264], anderen Angaben zufolge sollen jedes Jahr eine Million Kinder und Jugendliche in der EU verschwinden.[265] Ein Teil dieser Kinder wird für illegale Adoptionen und für den Organhandel gestohlen. Ein beträchtlicher Teil aber endet als Sex-Sklaven für die „feine Gesellschaft", also für die „Tod-Esser", die Handlanger des Beelzebub. Da es sich bei den Opfern oft um Unbeaufsichtigte, Obdachlose oder Flüchtlinge handelt, sind genaue Zahlen nicht vorhanden. Es soll Internetseiten geben, auf denen man zusehen kann, wie Kinder vergewaltigt und teilweise auch dabei verstümmelt und umgebracht werden. Wer glaubt, dass es sich dabei um Einzelfälle handelt, irrt leider. Solche Seiten werden täglich hunderttausende Male angeklickt, auch von Wesen aus unserer Nähe. Die zuständigen Behörden wissen darüber genau Bescheid, aber ihnen scheinen die Hände gebunden zu sein – warum wohl?

Es gibt nur wenige Kinder und Jugendliche, die ein solches Martyrium überleben. Aber es gibt keine, die es unbeschadet überstehen. Und es gibt kaum welche, die dazu bereit und im Stande sind, über das zu sprechen, was man ihnen angetan hat – entweder aus Scham oder weil sie jegliche Erinnerungen aus Selbstschutz von sich abgespalten haben und keinen Zugang mehr dazu finden (wollen). Die 1957 geborene US-Amerikanerin ***Cathy O'Brien*** ist eine dieser wenigen mutigen Menschen, die man rituell und organisiert gebrochen und missbraucht hat, und das für viele Jahre lang. Sie behauptet, ihr Vater wäre Teil eines großen internationalen Kinderpornoringes gewesen und er hätte sie im Rahmen dessen an die CIA für deren **Projekt Monarch** „verkauft".

Projekt Monarch war nachweislich Teil des groß angelegten CIA-Projekts **MKultra**, in dem zwischen den frühen 1950er-Jahren und der Mitte der 1970er-Jahre *Mind-Control-Versuche* an vielen tausend Menschen stattfanden, ohne deren Wissen. In mehr als achtzig Einrichtungen, wie Kliniken, Colleges und Universitäten, testeten von der CIA beauftragte „Wissenschaftler", wie man Menschen am besten gefügig machen und manipulieren konnte. (Abb. 18)

Die Ergebnisse dieser „Forschungen" wurden von Monstern wie *Jeffrey Epstein* genutzt, jenem Tod-Esser, der von den USA aus einen weltweit agierenden Ring leitete, der reichen Pädophilen Minderjährige besorgte und diese gefügig machte. Ich habe darüber berichtet, dass *Bill Gates* sich nachweislich mehrmals mit dem zu jener Zeit bereits mehrfach verurteilten Kinderschänder getroffen und ihm mehrere Millionen Dollar übergeben hatte.

Epstein besaß nicht nur Privatflugzeuge, als *„Lolita Air"* bekannt, er besaß auch eine eigene Insel, *„Lolita Island"*, auf der sich Tod-Esser aus den allerhöchsten Kreisen trafen, um ihre dunkelsten und niederträchtigsten Fantasien an wehrlosen jungen Menschen auszuleben, die dort gegen ihren Willen gefangen gehalten wurden. Die meisten verschwanden spurlos. Unter Epsteins Gästen waren nachweislich auch Ex-US-Präsident *Bill Clinton* und *Prince Andrew*, der Sohn der englischen *Königin Elisabeth II* und Bruder des Umweltschützers und Philanthropen *Charles*, des künftigen Königs von Großbritannien.

Die Mitarbeiter der renommierten Elite-Universität *Massachusetts Institute of Technology* (MIT) in Cambridge, der Epstein Millionen spendete, bezeichnen ihn als *„Er, dessen Name nicht genannt werden darf"*, in Anlehnung an *Voldemort*, die Figur des Bösen in den Harry-Potter-Filmen. *Voldemort* ist dasjenige, das die Tod-Esser steuert und kontrolliert, der Teufel, der Beelzebub, die personifizierte dunkle Seite der Macht. Und wer noch nie Auseinandersetzungen mit der physischen Präsenz des Bösen hatte, dem sei gesagt, dass sie der Figur in den Potter-Büchern sehr ähnlich ist.

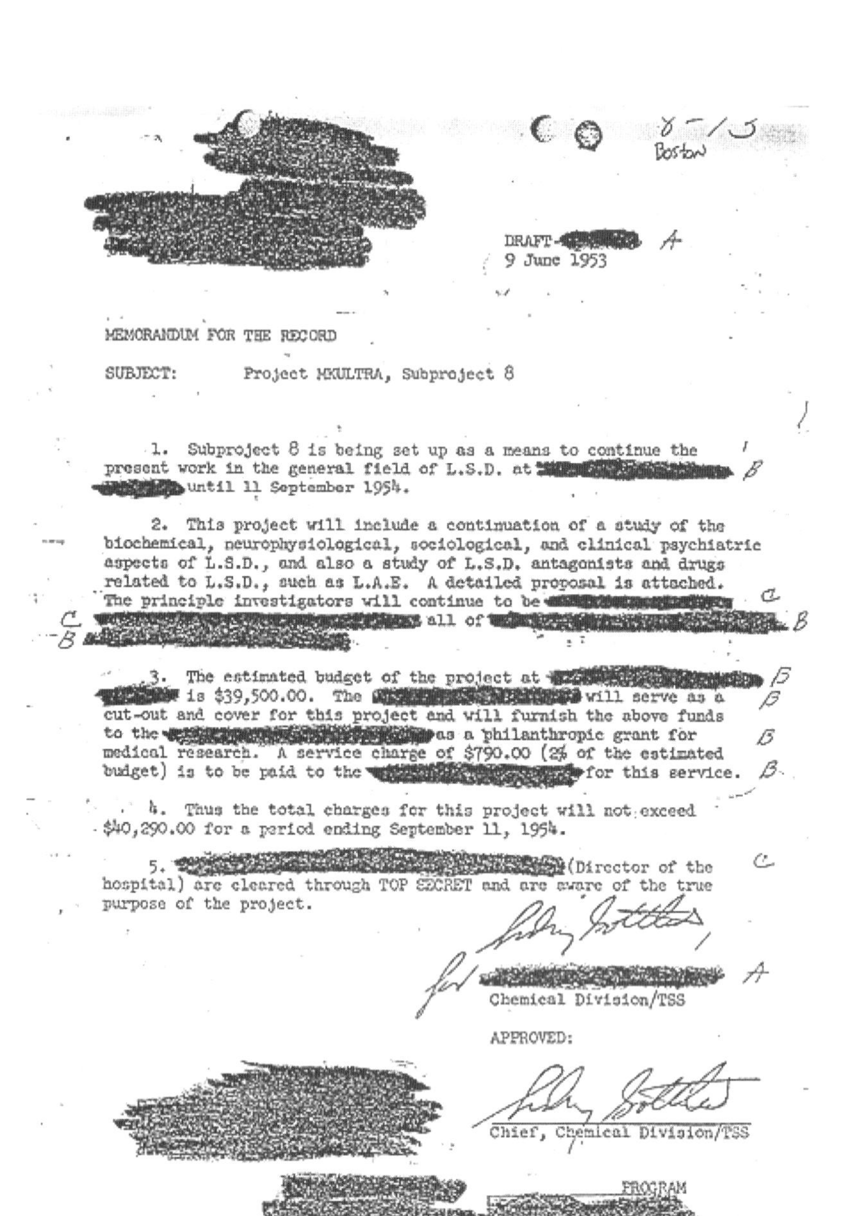

8-/5
Boston

DRAFT- A
9 June 1953

MEMORANDUM FOR THE RECORD

SUBJECT: Project MKULTRA, Subproject 8

1. Subproject 8 is being set up as a means to continue the present work in the general field of L.S.D. at [redacted] B [redacted] until 11 September 1954.

2. This project will include a continuation of a study of the biochemical, neurophysiological, sociological, and clinical psychiatric aspects of L.S.D., and also a study of L.S.D. antagonists and drugs related to L.S.D., such as L.A.E. A detailed proposal is attached. The principle investigators will continue to be [redacted] a C [redacted] all of [redacted] B B [redacted].

3. The estimated budget of the project at [redacted] B [redacted] is $39,500.00. The [redacted] will serve as a B cut-out and cover for this project and will furnish the above funds to the [redacted] as a philanthropic grant for B medical research. A service charge of $790.00 (2% of the estimated budget) is to be paid to the [redacted] for this service. B

4. Thus the total charges for this project will not exceed $40,290.00 for a period ending September 11, 1954.

5. [redacted] (Director of the C hospital) are cleared through TOP SECRET and are aware of the true purpose of the project.

Sidney Gottlieb
for [redacted] A
Chemical Division/TSS

APPROVED:

Sidney Gottlieb
Chief, Chemical Division/TSS

PROGRAM

Abb. 18: Teilweise geschwärzte Papiere belegen die Existenz von „Project MKultra“.

Es ist eine eiskalte, graue, destruktive, ekelhafte und gefährliche Energie, die einen erschaudern lässt. Diese Macht ist es, die von so vielen Wesen hier auf Erden Besitz ergriffen und ihnen die Seele geraubt hat. Sie hat sie zu Monstern gemacht, die keinerlei Hemmungen und Skrupel haben.

Epstein soll im Jahr 2019 während der Haft vor seinem Prozess in einem New Yorker Gefängnis Selbstmord begangen haben. Das kann man glauben oder auch nicht. Aber es ist egal, ob er noch lebt, freiwillig aus dem Leben schied oder getötet wurde. Denn es gibt noch tausende andere solcher Monster unter uns, und viele davon sind reich und mächtig, und sie können deshalb schalten und walten, wie sie wollen. Was die Medien der Bevölkerung zu dem Thema präsentieren, ist das Bild des verrückten Einzeltäters, der sein Opfer über Jahre hinweg im Keller gefangen hält und missbraucht. Das ist die perfekte Ablenkung von der Tatsache, dass das Böse in Wahrheit ein gigantisches Netzwerk betreibt, das institutionell junge Menschen zerstört und ihnen die Seele raubt. Ich habe früher bereits darüber berichtet, welche unvorstellbaren Ausmaße diese gezielte Entmenschlichung hat. Man hat dafür in Europa ein eigenes Land geschaffen, über das der größte Teil des Menschenhandels abgewickelt werden kann, nämlich den Kosovo, der von der EU-Behörde EULEX überwacht wird.[(266)] Wie der Vatikan und Belarus, ist auch der Kosovo nicht Mitglied im *„Europarat“*, der zuständig ist für den *Europäischen Gerichtshof für Menschenrechte*. Ich möchte an dieser Stelle nicht weiter darauf eingehen, aber es ist wichtig zu verstehen, dass wir es hier mit einem riesigen Apparat zu tun haben, der weit über das hinausgeht, was die meisten Menschen sich auch nur in ihren finstersten Träumen ausmalen können.

Warum berichte ich Ihnen das, wohl wissend, dass es Ihnen Unbehagen bereitet? Weil es wichtig ist, hinzusehen! *Wachen Sie auf! Stellen Sie sich der Realität!* Lagebewusstsein – *Sie erinnern sich*? All das ist nur möglich, weil so viele Menschen wegsehen und das Unangenehme ausblenden. Epstein hatte Verbindungen zu Tod-Essern in den höchsten Kreisen. Er organisierte ihnen „Frischfleisch“, mit dem sie machen konnten, was sie wollten, und er hatte sie deswegen in der Hand. Er führte über sie alle akribisch Buch – das ist es, was ich mit dem „Buchhalter des Teufels" meinte. Und nun, da Epstein tot sein soll, ist seine rechte Hand *Ghislaine Maxwell* vermutlich die Einzige, die alle Details kennt und theoretisch dazu in der Lage wäre, das gesamte Pädophilen-Philanthropen-Netzwerk aufzudecken. Sie kennt all ihre Namen und all ihre Vergehen. Warum ist es wichtig, das zu wissen? Weil wir hier nicht von Kleinkriminellen sprechen, sondern von *Epstein* und *Maxwell*, den Ausgeburten des Bösen, von denen sogar Fotos existieren, die sie kuschelnd in der persönlichen Landhütte der Queen in *Balmoral* zeigen.[(267)]

Der Prozess gegen *Ghislaine Maxwell* sollte eigentlich im Sommer 2021 beginnen, wurde aber bis zum Herbst hinausgezögert. Am 29. November wurde die Anklageschrift gegen sie verlesen, und die Staatsanwaltschaft hat „überraschenderweise" auf die Nennung vieler Zeugen und Opfer verzichtet. Die Mainstreammedien haben bewusst einen großen Bogen um diese Geschichte gemacht, obwohl dies eigentlich die größte Nachrichtensensation des Jahres hätte sein müssen. Stattdessen wurde genau zu dem Zeitpunkt weltweit die „Omikron-Variante" eines Virus aus dem Hut gezaubert, das bis heute noch keiner zu Gesicht bekommen hat. Erst blies man es zur größten Gefahr aller Zeiten auf, dann verkündete man nach mehreren Wochen, dass es doch nicht so schlimm war, wie zuerst befürchtet. Dann wiederum hieß es, man bräuchte neue Impfungen dagegen. Aber all das war gezielte Ablenkung, weg von dem, was eigentlich wichtig ist, von der Bloßstellung des Bösen in Menschengestalt.

Neben dem Versuch, allen Menschen synthetische Stoffe zu verabreichen, die sie seelenlos und willenlos machen, also der dunklen Seite unterwerfen, geht es bei der Plandemie vor allem auch darum, vom Endkampf abzulenken, von der finalen Schlacht zwischen den beiden Polen *Finsternis* und *Licht*. Es scheint, als ob dieser Kampf nicht zufällig jetzt stattfindet, sondern auf Grund planetarer Konstellationen und Energien nun ein für alle Mal entschieden werden muss.

Maxwell wurde am 29. Dezember 2021 nach einem sehr kurzen Prozess wegen „Sexualverbrechen an Minderjährigen" verurteilt, wobei das Strafmaß zu einem späteren Zeitpunkt verkündet werden sollte. In spirituellen Zirkeln gilt die Zeit ab dem 12. Dezember 2020 als eine ganz besondere, in der es zu großen positiven Veränderungen auf Erden kommen soll, die mit einem Anstieg des kollektiven Bewusstseins und der Entlarvung des alten korrupten und kranken Systems einhergehen. Besonders spannend war in dem Zusammenhang der 21. Dezember 2020, der laut führender Astrologen nicht nur die jährliche Wintersonnenwende markierte – also den kürzesten Tag des Jahres –, sondern darüber hinaus im Jahr 2020 auch in nahezu „0° Wassermann" stattfand. Dieser Tag markierte den wahren Beginn des „Wassermannzeitalters", den die Hippies schon in den 1970er-Jahren gefeiert und besungen hatten – als eine Zeit angeblich positiver und liebevoller Veränderungen. Der 21. Dezember 2020 war darüber hinaus aber auch deshalb herausragend, weil er zusätzlich eine **„Große Konjunktion"** mit sich brachte, also das Phänomen, dass die Planeten Jupiter und Saturn sich von uns (der Erde) aus gesehen in einer Linie befanden und sich daher scheinbar berührten oder miteinander verschmolzen. Dies ist ein Phänomen, das nur alle 20 Jahre eintritt und seit jeher von Astrologen als ein Punkt angesehen wurde, der Veränderungen markierte.

Zusätzlich zu diesem 20-Jahres-Zyklus gibt es aber auch noch einen größeren Zyklus, der rund 200 Jahre lang dauert und das komplette Zeitalter eines Sternzeichens beschreibt. Der 21. Dezember 2020 markierte auch genau Ende und Anfang eines solchen großen Zyklus und den Übergang vom *Fische*- in das *Wassermann-Zeitalter*. Diese Übergangsphase wurde in den vergangenen Jahren vom Sternzeichen Steinbock dominiert, der jedoch im Jahr 2020 auf allen Ebenen vom Wassermann abgelöst wurde. Das bedeutet, dass wir aus einer Erdzeichendominierten Phase (Schwere, Trägheit, Hierarchie) in eine Phase der Luftzeichen (Leichtigkeit, Kreativität) wechselten. Wenn eine solche Verschiebung der Elemente auftritt, wird dies als **„Große Mutation"** bezeichnet. Sie steht in der Astrologie für schwerwiegende, umfangreiche Veränderungen. Natürlich finden die nicht tatsächlich an dem Tag alleine statt, also quasi über Nacht, sondern in einem Prozess, der bereits Ende des 20. Jahrhunderts begann und messbar wurde und nun noch einige Jahre dauern wird. Was wir auf allen Ebenen erleben, ist eine Veränderung der energetischen Zustände in unserem gesamten Sonnensystem – und vermutlich auch darüber hinaus.

Der Plasma-Physiker *Prof. Dr. Alexey N. Dimitriev* hatte bereits im Jahr 1997 darauf hingewiesen, dass sich die Erde in einen Bereich unseres Sonnensystems hineinbewegt, der energetisch hoch aufgeladen ist und alles auf Erden nachhaltig beeinflusst und verändert:

> *„Dieser Energie-Anstieg führt zu Hybrid-Prozessen und nervösen Energie-Zuständen auf allen Planeten, einschließlich der Sonne. Die Effekte hier auf Erden verdeutlichen sich vor allem in der Beschleunigung magnetischer Polsprünge, in der vertikalen und horizontalen Ausdehnung der Ozonschicht und in einer deutlichen Zunahme von Wetterextremen. Es scheint sehr wahrscheinlich, dass wir uns in eine Phase rascher Temperatur-Instabilitäten hineinbewegen, ähnlich derjenigen, die vor 10.000 Jahren bereits stattfand. Die Anpassungsbemühungen der Biosphäre und der Menschheit auf diese neuen Verhältnisse führen zu einer Anpassung der Artenvielfalt und des Lebens auf Erden. Nur durch ein umfassendes Verständnis für diese fundamentalen Veränderungen, die in der uns umgebenden Natur stattfinden, werden Politiker wie Bürger in der Lage sein, den Prozessen und Zuständen des physikalischen Wandels auf Erden standzuhalten.“*[268]

Die moderne Astrophysik und die Astrologie liegen also nicht so weit auseinander. Unabhängig davon, ob Sie an Astrologie glauben oder nicht, so bleiben die Fakten dieselben: Massiver Wandel wird uns von außen aufgezwungen, und er wird noch mehrere Jahre dauern und alles auf Erden verändern. Dieses Zitat macht auch deutlich, dass der „Klimawandel“ kein von Menschen verursachtes Phänomen ist, sondern sich in Wahrheit größtenteils unserer Kontrolle entzieht. Je eher wir das begreifen, desto eher werden wir in der Lage sein, damit adäquat umzugehen und als Menschheit (aber auch individuell) zu überleben.

Das alte System der Tod-Esser ist auf Lüge, Ausbeutung, Missbrauch und Unterdrückung aufgebaut. Dieses System funktioniert nur, solange der Großteil der Menschen weiterhin Augen und Ohren vor der Wahrheit verschließt. Die entscheidende Frage ist also, wie lange ihnen dies noch gelingen wird. Das, was wir bereits seit 2020 erlebten, und das, was in den Jahren bis 2025 noch vor uns liegt, wird so extrem herausfordernd sein, dass niemand mehr dazu in der Lage sein wird, weiterhin den Kopf in den Sand zu stecken, denn wer weiterhin die Vogel-Strauß-Taktik praktiziert, wird diese kommenden Jahre vermutlich nicht überleben. Notstandsregelungen, Impfzwang, chaotische Zustände im Gesundheitswesen, Naturkatastrophen, Unruhen, hohe Inflation und Mangelwirtschaft werden die Zeit bis 2025 dominieren. Die Geheime Weltregierung wird alles in Schutt und Asche legen, weil sie gar nicht mehr anders kann. Sie hat eine Lawine losgetreten, die sich nicht mehr stoppen lässt.

„Wir werden so lange boostern und impfen, bis wir die Pandemie zu Ende gebracht haben.“[(269)]

Der neue deutsche Gesundheitsminister *Karl Lauterbach* am 10. Dezember 2021

All das ist Ausdruck des großen Endkampfs, von manchen auch als der „Dritte Weltkrieg“ bezeichnet. Und ich hoffe inständig, dass dieser Propaganda-, Gesundheits-, Wirtschafts- und Währungskrieg letztlich nicht auch noch wirklich in einem finalen militärischen Krieg endet, so wie es zahlreiche Analysten und Hellseher vorhergesagt haben. Laut Astrologie hat das Jahr 2022 übrigens dieselbe Konstellation wie alle Zeiten großer Kriege zuvor.

Lassen Sie mich nochmals eines ganz deutlich sagen: Anders als viele vermeintlich spirituelle und wohlwollende Menschen glaube ich nicht daran, dass die Seite des Lichts diese Endschlacht bereits gewonnen hat. Denn wenn man die rosarote Brille ablegt und unsere gegenwärtige Lage schonungslos analysiert, dann muss man klar sagen, dass die dunkle Seite der Macht – zumindest bis Ende 2021 – eindeutig die besseren Karten in Händen hält, schlicht und ergreifend deshalb, weil sie die Spielregeln versteht und anerkennt.

Ich glaube nicht an den Spruch „*Am Ende wird alles gut, und wenn es noch nicht gut ist, dann ist es nicht das Ende.*" Solche Aussagen sind putzig, aber sie zeugen von Realitätsverweigerung. Die Dinosaurier sind ebenso ausgestorben wie unzählige andere Tierarten im Laufe der letzten Jahrtausende. Der Mensch ist ein seltsames Wesen, das dazu neigt, die Gesetze der Natur zu negieren und sich somit selbst zu belügen. Jeder von uns muss für sich selbst entscheiden, ob er erwachsen genug ist, den Tatsachen ins Auge zu sehen, oder ob er sich lieber weiter belügen und somit anderen schaden möchte. Jeder muss für sich selbst entscheiden, ob er oder sie Lemming sein und blindlinks den anderen Ignoranten folgen will oder ob es sich vielleicht doch lohnen könnte, im Angesicht des möglichen Endes aufzustehen und Mensch zu sein.

Das *Böse* ist kein intellektuelles Konzept, kein philosophisches Konstrukt. Es ist eine real existierende Energie, und nur wer sie anerkennt, kann dazu in der Lage sein, sich ihm zu widersetzen. Sehr viele Wesen auf diesem Planeten sind das nicht, meist aus Angst. Diese Angst hat vielfach nichts mit ihnen selbst zu tun, sie wurde ihnen entweder von außen eingepflanzt oder sie ist die Folge des Traumas erlebter Gewalt. Jeder, der aufsteht und dem Bösen ins Antlitz sieht, kann dazu beitragen, diese Spirale von Gewalt und Gegengewalt zu beenden. Das Einzige, was die Dunkelheit besiegen kann, ist das Licht, die Liebe. Machen Sie aber bitte nicht den Fehler, Liebe mit Feigheit und Ignoranz zu verwechseln. Liebe erfordert Mut. Es ist für viele Wesen leichter zu hassen, als zu lieben, weil sie Angst davor haben, verletzt zu werden. Wer sich großen Gefühlen verweigert, immer in Abwehr ist, stets misstraut, kann in Wahrheit nicht lieben. So jemand führt ein Leben in immerwährendem Mangel, unabhängig von seinem materiellen Reichtum.

Es gibt nur wenige Menschen, die offen und liebend genug sind, um wirklich Großes zu schaffen, wie Kunstwerke, Gedichte oder Musik die Zeiten überdauern. Aber es gibt viele Wesen, die all das gerne zerstören, weil es einfacher ist, zu zerstören, als zu erschaffen. Viele Wesen, die sich nicht für die Seite des Lichts entschieden haben, hassen andere für ihren Mut, anders zu sein und sich zu exponieren. Sie sind wütend, weil sie das selbst nicht können. Daher wählen sie jene Seite, die vermeintlich die Mehrheit darstellt. Ich verwende deshalb das Wort „vermeintlich“, weil die meisten angeblichen Mehrheiten reine Behauptung sind. Sie basieren auf falschen Zahlen, gefälschten Statistiken, meist auf puren Lügen. Die aktiven Unterstützer des Bösen sind gar nicht so viele, wie man meinen mag, aber sie sind lautstark, aggressiv und entschlossen. Und sie schaffen es, Milliarden von Menschen, die ihr Spiel eigentlich nicht mitspielen möchten, niederzuringen, weil die nicht den Mut oder die Kraft haben, aufzustehen und sich zu widersetzen.

Es ist nicht neu, aber es wurde kürzlich erneut wissenschaftlich belegt, dass es nur eine geschlossene Gruppe von 10% in einer Gemeinschaft braucht, um einen Wandel in der gesamten Gruppe hervorzurufen. Wenn 10% der Menschen eine bestimmte Meinung (möglichst nachdrücklich) vertreten, dann findet sie bei der Mehrheit Resonanz und wird angenommen. Eine „Kritische Masse“ von nur 10% kann das morphogenetische Feld dahingehend verändern, dass sie definiert, was „wahr“ und was „unwahr“ ist.

> *„‚Wenn die Zahl der engagierten Meinungsführer unter 10 Prozent liegt, gibt es keine sichtbaren Fortschritte bei der Verbreitung von Ideen. Es würde buchstäblich so lange dauern wie das Alter des Universums, bis diese Gruppe die Mehrheit erreicht‘, sagt... (Professor) Boleslaw Szymanski... ‚Sobald diese Zahl über 10 Prozent steigt, verbreitet sich die Idee aber wie eine Flamme.‘“*[270]

Die Kritiker der Corona-Maßnahmen und der dazu erfundenen „Impfung“ sind deutlich mehr als 10% der Bevölkerung, auch weit mehr als 10% in der wissenschaftlichen Welt. Vermutlich wird ihr Anteil in der Bevölkerung irgendwo zwischen 20% und 40% liegen, in der wissenschaftlichen Welt vielleicht sogar noch höher. Entscheidend hierbei ist jedoch, dass die Massenmedien und die Politik es bislang schafften, dies komplett anders darzustellen. Sie vermochten mittels Lügen, den Eindruck zu erwecken, dass eine de facto Minderheitenmeinung die uneingeschränkte Mehrheitsmeinung der Experten war – ganz genau so wie John Cook es beim anthropogenen Klimawandel getan hatte. Es gelang ihnen auch deshalb so gut, weil die Widerborste und Querdenker in tausende kleine Gruppen und Organisationen aufgespalten waren, die jede für sich genommen kaum Gehör fand. Das Böse weiß ganz genau, wie es Zweifel und Zwietracht säen muss, um die Menschheit als Ganzes zu schwächen.

Es wird also entscheidend sein, ob es den 30% oder 40% jener Menschen, die noch selbstständig denken können, gelingen wird, zusammenzustehen, sich zu vereinen und an einem Strang zu ziehen. Dafür müssen sie Differenzen über Details beilegen und sich auf das Wesentliche konzentrieren. Sie müssen mit einer Stimme sprechen und schreien. Sie müssen laut, sehr, sehr laut und kompromisslos sein. Und sie dürfen keine Angst haben, weder vor Strafen noch vor Schlagstöcken. Der Journalist *Dieter Könnes* vom öffentlich-rechtlichen deutschen Sender WDR stellte dem damaligen SPD-Gesundheitssprecher und späteren deutschen Gesundheitsminister *Karl Lauterbach* die Frage: *„Nun kann es doch nicht sein, dass es darum geht, dass sich Politiker mit einem kritischen Thema beliebt machen, sondern es geht hier um Gesundheitsfragen. Was ist falsch daran, die Wahrheit zu sagen?“* Darauf antwortete Lauterbach:

> ***„Die Wahrheit… also… also… die Wahrheit führt in sehr vielen Fällen zum politischen Tod. Ich bitte Sie!“***

Und da wir gerade bei der größten deutschen Regierungspartei SPD, bei Gesundheitsfragen und der Energiewende sind, möchte ich Ihnen hier noch einige der 30 Sponsoren des Parteitags dieser sozialen deutschen Partei am 11. Dezember 2021 vorstellen:

- Pfizer
- Doc Morris
- Die Arzneimittel-Importeure
- Bundesverband Windenergie
- Zukunft Gas
- EON[271]

Auch wenn ich besonders gerne auf die „Grünen“ eindresche, weil sie die Schlimmsten von allen sind, so möchte ich klarstellen, dass meiner Meinung nach alle etablierten und in den Parlamenten vertretenen Parteien gleichermaßen korrupt und menschenfeindlich sind. Ich bin der Ansicht, dass ein großer Teil der heutigen Politiker nur von ihrem Ego gesteuert werden und sich nicht um ihre Mitmenschen und Wähler scheren. Dabei ist es egal, ob sie sich hinter hohlen Begriffen wie „sozial“, „christlich“, „nachhaltig“ oder „freiheitlich“ verstecken.

Nur wenn wir anerkennen, dass das Böse bislang weite Bereiche unseres Gesellschaftslebens, unseres Gesundheitswesens, unserer Wirtschaft und Politik regierte, werden wir in der Lage sein, seine Regentschaft zu beenden und ein neues System zu etablieren, das von Menschen für Menschen geschaffen und von Liebe, Harmonie und Respekt füreinander geprägt ist. Dafür müssen wir reinen Tisch machen. Das wird nicht einfach und nicht angenehm, aber alles andere ist sinnlos.

Lassen Sie mich an dieser Stelle noch auf einen anderen Aspekt eingehen, der bislang zu kurz kam, nämlich auf unsere „Individualität“. Die dunkle Seite der Macht setzt derzeit alles daran, um uns alle gleich zu machen. Alle Menschen sollen gleich sein, gleich denken, gleich handeln und die gleichen Dinge gut finden, die ihnen von oben vorgegeben werden. Ich möchte unterstreichen, dass Gleichmacherei kein neues Phänomen ist. Sie wurde von allen totalitären Regimen angestrebt, von den Kommunisten ebenso wie vom angeblichen Gegenpol, den Faschisten und Nationalsozialisten. Die Gleichmacherei dient nur dem Zweck, alles Individuelle, alles Besondere auszumerzen, weil es den Machthabern ein Dorn im Auge ist. Die dunkle Seite der Macht hasst alles Individuelle und Außergewöhnliche, weil es ihr die eigenen Limitierungen aufzeigt. Tod-Esser und Psychopathen haben keinerlei Kreativität in sich, und daher wollen sie diese Fähigkeiten auch unter allen Umständen bei den Menschen unterbinden. Sie kennen Liebe nur als intellektuelles Konzept. Aber sie können keine Liebe empfinden, weder für sich selbst noch für andere. Deswegen wollen sie auch allen anderen verbieten zu lieben.

Anders zu sein, unterschiedlich zu sein, ist kein Fehler oder Makel, sondern das, was uns erst zu Menschen macht. Was wäre das für eine Welt, in der alle gleich aussehen, denken und handeln würden wie ich? Wozu sollte ich mich noch mit anderen Menschen unterhalten, wenn sie gleich wären wie ich? Das wäre eine grässliche, kalte und lieblose Welt. Das wäre genau die Welt, die uns die dunkle Seite der Macht aufzwingen will, eine Welt, in der jeder von uns nur eine Nummer, ein QR-Code ist. **Wir sind eins, aber wir sind nicht gleich!** Unterschiedliche Ansichten, Erfahrungen, Kulturen und Bräuche machen doch das Leben erst lebenswert. Welche großen Künstler haben der Nationalsozialismus und der Kommunismus hervorgebracht? Keine!

Jeder von uns ist einzigartig, und die meisten echten Menschen haben das Bedürfnis, ihre Individualität auszudrücken, sich selbst zu entdecken und zu verwirklichen. Genau das will man nun unterbinden. Man will keine Menschen mit eigenen, abweichenden Meinungen mehr, niemanden, der anders handelt als die dressierte Masse. Doch dieses Anderssein ist alles, was das Leben lebenswert macht. Das bedeutet nicht, dass wir keinen Respekt voreinander haben und die anderen nicht wertschätzen – ganz im Gegenteil! Respektlosigkeit ist etwas, das nicht von den echten Menschen stammt, sie wurde uns vielmehr von den Tod-Essern und Psychopathen eingepflanzt, und sie wird von ihnen kultiviert. Sie teilen die Menschheit in Gruppen ein und ermutigen dann die weniger Kreativen, auf die Besonderen und Andersartigen einzuprügeln. Und genau das ist der Punkt, an dem wir zu Beginn des Jahres 2022 standen. Die Bevölkerungen nahezu aller Länder waren bewusst und künstlich in zwei Lager gespalten worden, und es wurde alles dafür getan, um diese Teilung aufrechtzuerhalten – ein primitives Konzept, das schon die alten Römer kannten: ***„Divide et impera!"*** (*Teile und herrsche!*)

Und weil Humor in diesen Zeiten sehr wichtig ist, lassen Sie mich als Übergang zum letzten Kapitel ein Zitat meines Lieblings-Polit-Clowns bringen. Am 1. Oktober 2021 erklärte der SPD-Gesundheitsexperte und spätere deutsche Gesundheitsminister *Karl Lauterbach* in der BILD-TV-Sendung „Viertel nach Acht" auf die Behauptung der

Moderation, dass er Druck auf die Ungeimpften ausüben wolle, Folgendes:

„Nehh, das is nich' so, das is nich' so, das wird immer so gesagt: Impfpflicht durch die Hintertür... Das ist keine Impfpflicht durch die Hintertür, sondern wenn ich die Ungeimpften jetzt also ins Restaurant hineinlasse, das wird kälter, daher die, die, die Fenster und Türen sind zu, dann würden sich also die Ungeimpften untereinander infizieren und im Übrigen sogar die, die Geimpf... – Geimpften würden infiziert, weil ich natürlich Durchbruchinfektionen habe. Somit also habe ich eine Situation, die vergleichbar ist mit einem Schwimmbad-Besuch. Im Schwimmbad gibt es auch eine Zweiklassengesellschaft. Es gibt diejenigen, die schwimmen können, und die Nichtschwimmer. Und die Nichtschwimmer, die dürfen nicht ins Tiefe. Und die Ungeimpften, die sind die – ähm... (Einwurf der Moderatorin: ‚Die dürfen aber ins Schwimmbad!')..., ja, aber die... ja natürlich dürfen die ins Schwimmbad, aber die dürfen nicht also, in das also – eh – eh – in das Schwimmerbecken. Und, eh, das... (Zwischenfrage eines anderen Diskussionsteilnehmers: ‚Und wenn die da freiwillig nicht reinspringen?')... Nee, das kann ich nicht machen. Ich kann auch, also ich sage, ich würde es – also ich – eh – es ist nicht erlaubt, das, das, eh, also es, es ist einfach nicht richtig und nicht erlaubt, und niemand will das von uns, dass die Nichtschwimmer, ähm, also ins Schwimmerbecken springen. Das ist einfach nicht erlaubt. Ich kann auch die Nichtschwimmer nicht, also, ihrem Risiko überlassen so nach dem Motto, auch für Nichtschwimmer erlaubt, 4 Meter tief – das wird nicht gehen. Und das ist als Vergleich, der nich' ganz abwegig ist, hinkt ein bisschen, aber ist nicht ganz abwegig, weil wenn die Ungeimpften jetzt in die engen Räume reingehen und also stecken sich gegenseitig an, dann landen viele von ihnen genau dort, wo also auch der Nichtschwimmer landet, auf der Intensivstation..."[(272)]

Und weil wir gerade bei Komikern sind, möchte ich an dieser Stelle noch etwas über den lustigen Arzt, Sachbuchautor und Komiker ***Eckart von Hirschhausen*** einfügen, den die meisten Deutschen aus unzähligen

Auftritten in der ARD kennen. Denn neben seinen zahlreichen Pöstchen in Stiftungen und Vereinen, seiner Präsenz in Zeitungen, Magazinen, in Fernsehshows und auf Kabarettbühnen, ist der Medizin-Clown offenbar auch ein braver Soldat der Neuen Weltordnung. Im März 2020, also zufällig genau passend zur Corona-Inszenierung, gründete der Tausendsassa die *Stiftung Gesunde Erde Gesunde Menschen GmbH*, die von Bill Gates ganz selbstlos mit knapp 1,4 Millionen Dollar unterstützt wurde.[(273)] Warum? Nun, vermutlich weil der lustige Knabe einer der bekanntesten und wichtigsten Unterstützer der deutschen, also der Gatesschen Corona-Politik ist und das Ganze obendrein auch noch wahnsinnig originell mit dem Klimawandel verwurstet, was dann zu so tiefgründigen Sätzen wie „*Viele der Hauptursachen des Klimawandels erhöhen auch das Risiko von Pandemien.*" führt. Ich fand Clowns schon immer irgendwie gruselig.[(274)]

Die kommenden Jahre

In vielen spirituellen Lehren wird davon ausgegangen, dass wir sowohl den Ort als auch den Zeitpunkt unserer Inkarnationen freiwillig wählen, um bestimmte Erfahrungen zu machen. Mein Gefühl sagt mir, dass da etwas dran ist, die derzeitigen äußeren Umstände lassen mich jedoch des Öfteren daran zweifeln. Wollte ich tatsächlich genau jetzt hier auf dieser Erde sein, um Zeuge dieses Chaos, des kollektiven Irrsinns und dieser Hysterie zu werden? Vielleicht. Möglicherweise brauche ich diese Erfahrung, um das Menschsein wirklich zu verstehen. Dies dürfte tatsächlich eine einmalige Erfahrung sein, die so bislang noch keiner gemacht hat – ein Privileg in gewissem Sinne, wenngleich auch ein zweifelhaftes.

Vielleicht wollte ich in der Tat mittendrin sein in alldem, um es mit allen Sinnen zu erfassen. Vielleicht bin ich auch hier, um einen Beitrag dazu zu leisten, den Ausgang dieser Endschlacht zum Guten, zum Lichtvollen hin zu wenden. Vielleicht ist es meine Aufgabe, für den Erhalt der Menschheit zu kämpfen und dafür zu sorgen, dass sie nicht ausnahmslos durch Cyborgs und Roboter ersetzt wird. Wie dem auch sei, ich bin jetzt eben hier und versuche an jedem Tag, der mir gegeben ist, das Beste daraus zu machen. Das ist an manchen Tagen einfacher als an anderen. Es war jedoch für mich noch nie so einfach wie jetzt, mein Leben aktiv zu gestalten und bewusst zu manifestieren. Das mag absurd klingen, aber das ist meine persönliche Erfahrung.

In all dem Irrsinn, der mich derzeit oft umgibt, sind die Dinge für mich seit 2020 (im Rahmen des Möglichen) nahezu perfekt gelaufen, weil ich meiner inneren Führung, meinem Bauchgefühl vertraue und genau hinhöre UND DANACH HANDLE. Ich werde tatsächlich so gut geführt wie nie zuvor. Ich bin immer zur rechten Zeit am rechten Ort. Und manches, was ich vor einigen Jahren begonnen hatte, ohne genau zu wissen wieso, ergibt plötzlich einen Sinn und macht sich jetzt bezahlt. Ich erlebe den kompletten Zerfall aller Strukturen unserer Gesellschaft und Wirtschaft mit, aber er tangiert mich weniger als viele andere – zum einen, weil ich all das habe kommen sehen, zum anderen, weil ich deshalb mein Leben so gestaltet habe, dass ich es weitgehend selbst und ohne Einschränkungen bestimmen kann. Beispielsweise sind wir im Jahr 2021 komplett in unser Haus auf dem Lande umgezogen und haben es mit unseren eigenen Händen so gestaltet, dass wir auch einen längeren totalen Lockdown oder Blackout bewältigen können, ohne uns dramatisch einschränken zu müssen. Wir sind hier von entspannten Menschen umgeben, die praktisch veranlagt sind und anpacken können. Eine gute Gemeinschaft und Vorsorge für das, was uns bevorsteht, ist in diesen Tagen vermutlich lebenswichtig.

Ich möchte Ihnen in diesem letzten Kapitel des Buches einen Ausblick darauf geben, was uns in den Jahren von 2022 bis 2025 aus meiner persönlichen Sicht begegnen könnte. Ich mache das nicht, um Sie zu ängstigen, sondern weil es wichtig ist, von den bevorstehenden Ereignissen nicht eiskalt überrascht zu werden.

Da wir uns in der Endphase oder dem Endkampf befinden, gehe ich davon aus, dass die dunkle Seite der Macht alles, aber auch wirklich ALLES in die Waagschale werfen wird, was ihr noch an Waffen zur Verfügung steht. Es ist Krieg, und im Krieg verlieren viele Wesen nicht nur ihren Verstand und ihre Hemmungen, sondern auch die Kontrolle über sich selbst. Was auf der einen Seite verheerend sein kann, ist auf der anderen auch eine Chance, denn wenn ich mir die wichtigsten Akteure in der Politik, dem Gesundheitswesen, der Wirtschaft und der IT-Branche derzeit ansehe, dann erkenne ich darin Personen, die scheinbar jeden Bezug zur Realität verloren haben. Das bedeutet auch, dass sie Gefahr laufen, sich selbst zu überschätzen, zu zerstören und ihre eigenen Pläne zunichtezumachen.

Ich weise nochmals deutlich darauf hin, dass dies aus meiner Sicht nicht bedeutet, dass am Ende automatisch „alles gut wird". Wir können und dürfen uns nicht darauf verlassen, dass der „Aufstieg der Menschheit" und der Frieden auf Erden längst vorprogrammiert wären. Diejenigen, die das behaupten, sind entweder völlig weltfremd oder aber sie arbeiten für die dunkle Agenda – das schließt auch einige Akteure in der sogenannten spirituellen Szene oder der „Truther-Bewegung" mit ein.

Je länger dieser Krieg tobt, desto offensichtlicher werden der Wahnsinn, die Hemmungslosigkeit und die Hybris der Tod-Esser zu Tage treten. Sie werden ihre Agenda immer schlechter verbergen können, und ihre Vorgehensweise wird uns immer deutlicher vor Augen geführt. Lassen Sie mich ein kleines Beispiel geben: *Sebastian Kurz*, der Zögling von Klaus Schwab (Weltwirtschaftsforum), hatte am 9. Oktober 2021 als Bundeskanzler Österreichs zurücktreten müssen, da die Staatsanwaltschaft wegen des Verdachts der Untreue, Bestechlichkeit und Bestechung gegen ihn ermittelte und sich der Verdacht gegen ihn mehr und mehr erhärtete. Sebastian Kurz hatte davor die „Ibiza-Affäre" im Jahr 2019 überstanden, die in einer Art von Putsch dazu geführt hatte, dass seine beiden FPÖ-Widersacher *Heinz Christian Strache* und *Herbert Kickl* aus seiner Regierung verschwanden. Mit Hilfe der Mainstreammedien war auch die sogenannte „Beidl-Affäre" (Penis-Affäre), auch als „Dickpicgate" bezeichnet, an ihm abgeperlt. Kurz zusammengefasst hatte Kanzler Kurz seinen engen Vertrauten *Thomas Schmid* zum Verwalter des österreichischen Tafelsilbers (Österreichische Beteiligungs AG) ernannt. Kurz darauf fanden die Behörden im Rahmen von Ermittlungen auf dessen Diensthandy mehrere tausend gespeicherte

Penis-Fotos. In der Folge mussten Kurz und mehrere seiner „Fanboys“, seine treu ergebenen Mitstreiter in höchsten Ämtern, ihre Schreibtische räumen.[(275)]

Die Rolle des Kanzlers übernahm daraufhin der ehemalige Außenminister und bisherige Minister für EU- und internationale Angelegenheiten, *Alexander Schallenberg*, um sie nur wenige Tage später an ÖVP-Chef *Karl Nehammer* abzugeben. Warum erwähne ich das? Weil Sebastian Kurz ein Paradebeispiel für eine Marionette ist, die alles umsetzt, was ihre Strippenzieher von ihr verlangen. Österreich war das Versuchskaninchen in der Corona-Inszenierung, und Kurz war somit einer der wichtigsten Akteure darin. Als er ging, hatte ich gewettet, dass er bald darauf von den Tod-Essern mit einem sehr lukrativen Job im Ausland belohnt werden würde. Und prompt zur Jahreswende sickerte durch, dass Kurz eine führende Position in Peter Thiels Imperium einnehmen würde. Er ging als Thiels neuer „Global Strategist“ in die USA. Da Thiel wie kaum ein anderer von der Plandemie profitierte, hat Kurz sich diesen Titel als „Weltweiter Stratege“ für die dunkle Seite der Macht wohlverdient. Das Schöne daran ist, aus meiner Sicht, dass die Tod-Esser sich nicht mehr bemühen, irgendetwas zu kaschieren. Sie verstecken weder ihre Agenda noch ihre Verbindungen. Sie werden immer übermütiger und leichtsinniger, und sie machen es dem gemeinen Volk somit immer leichter, ihr destruktives Spiel zu durchschauen.

Es besteht für mich kein Zweifel daran, dass alles auf allen Ebenen zusammenbrechen wird, und das ist auch gut so. Man kann dieses alte System nicht in Teilen erneuern oder renovieren. Es muss samt den Grundmauern zerstört werden, um Platz für Neues zu schaffen. Entscheidend wird sein, wie und durch wen dieser Zusammenbruch gesteuert wird und wer danach den Wiederaufbau gestalten und kontrollieren wird. Sind es dieselben Seilschaften wie während und nach den letzten beiden Weltkriegen und der Plandemie, oder wird es gelingen, diese Wesen zum Teufel zu jagen, also dorthin zurück, wo sie herkamen?

Jeder von uns kann und muss jetzt ganz bewusst und aktiv praktisch einen Beitrag dazu leisten, dass diese Erde nicht in Schutt und Asche gelegt wird, sondern es einen geordneten Neuaufbau gibt. Jeder von uns ist dafür mitverantwortlich, denn jeder Gedanke, jedes Wort und jede Tat speist sich ins morphogenetische Feld ein, in jene unsichtbare Energie, die uns alle verbindet, der wir alle ausgesetzt sind und die uns alle letztlich (mehr oder weniger) stark beeinflusst. Dafür müssen wir gut informiert und vorbereitet sein, gleichzeitig aber auch sehr bewusst, achtsam und angstfrei flexibel reagieren können. Denn es wird kaum etwas wie erwartet laufen, wir werden jeden Tag umdenken und improvisieren müssen.

Die Tod-Esser haben zuletzt oft den Begriff „Triage" in Zusammenhang mit dem Gesundheitswesen verwendet, und er lässt sich sehr gut auf unsere gesamte Situation anwenden. Er bedeutet nichts anderes, als dass Ärzte in Extremsituationen mit vielen Schwerverletzten entscheiden müssen, wer es noch „wert" ist, behandelt zu werden und wer nicht. Sie müssen eine Entscheidung, eine Auswahl treffen, zum Wohle derer, die noch eine Überlebenschance haben. Das ist eine harte und schmerzliche Aufgabe, aber wir alle müssen nun solche Entscheidungen treffen, denn es geht nicht nur um unser eigenes Überleben, sondern um das unserer gesamten Spezies.

Ich rate Ihnen daher dazu, Ihre Energie nicht an andere zu verschwenden, die dies nicht zu schätzen wissen oder denen nicht mehr zu helfen ist. Ich weiß, dass dies manchen Menschen als sehr hart erscheint, aber da wären wir wieder beim Lagebewusstsein. In Zeiten großer Gefahr muss man zwangsläufig auch in der Lage sein, harte Entscheidungen zu treffen.

„Wer weder sich noch seinen Feind kennt, wird jeden Krieg verlieren."
Der chinesische General, Militärstratege und Philosoph *Sūnzǐ* rund 500 v.Chr.

Die dunkle Seite wird in den kommenden Jahren versuchen, ihre niedrige oder niedrig schwingende Zeitlinie (oder Realität) allen Menschen auf Erden aufzuzwingen. Es gibt für sie nur einen Weg, nur eine Richtung und nur eine mögliche Zukunft. Wir alle erleben aber, dass es mittlerweile mehr als nur einen Weg gibt. Es gibt mindestens zwei unterschiedliche Realitäten oder **Zeitlinien**, die immer deutlicher voneinander abweichen, sich immer weiter voneinander entfernen. Es gibt sowohl in der Physik als auch in der Esoterik zahlreiche Theorien und Spekulationen darüber, dass diese parallelen Realitäten sich bald so weit voneinander entfernen könnten, dass sie tatsächlich als separate physische Paralleluniversen existieren können, ohne sich weiter zu berühren – und vermutlich auch, ohne sich der jeweils anderen bewusst zu sein. Dann gäbe es zwei oder auch mehr Erden, die gleichzeitig existieren und sich unterschiedlich weiterentwickeln. Das wäre auf der einen Seite etwa jene, die dem Planungsszenario der Eugeniker um *Bill Gates* entspricht und in der alle Menschen gleichgeschaltet sind, sich impfen und chippen lassen, um dann ferngesteuert und widerstandslos dem Willen der KI-Weltregierung zu gehorchen.

Parallel dazu könnte eine anders entwickelte, „aufgestiegene" Erde existieren, eine, die vielleicht den Quantensprung im kollektiven Bewusstsein erreicht hat und im Gefühl der universellen Verbundenheit zu einer friedlichen Co-Existenz aller Wesen auf dieser Neuen Erde gelangt, die Wissen und Empfindung auch ohne technische Hilfsmittel allen zugänglich machen kann. Theoretisch wären auch zahlreiche unterschiedliche parallele Realitäten, Welten, Ebenen oder Zeitlinien möglich. Dieses Konzept wurde schon vor hunderten von Jahren von buddhistischen Philosophen beschrieben und fand jüngst unter Physikern und dem Begriff „Multiversum" breitere Aufmerksamkeit. Zuletzt behauptete der theoretische Physiker *Dr. Sean Carroll* vom „California Institute of Technology" sogar, dessen Existenz beweisen zu können.

Ich persönlich glaube an dieses Konzept, weil ich seit Jahren längst sehe, dass es real ist und die unterschiedlichen Welten immer weiter auseinanderdriften. Ich muss jedoch gleichzeitig anerkennen, dass die beiden Zeitlinien noch so nahe beieinander liegen, dass sie sich gegenseitig beeinflussen. Das heißt, dass alles, was in einer der beiden Realitäten passiert, immer noch die andere beeinflusst – und damit auch deren Zukunft und weitere Entwicklung. Aus diesem Grunde ist es falsch, sich zurückzulehnen und darauf zu warten, bis sie so weit auseinandergedriftet sind, dass sie zwei komplett separate Realitäten darstellen, die sich nicht mehr gegenseitig beeinflussen. Alles, was in dieser Übergangsphase passiert, hat Auswirkungen auf alle und alles. Was jetzt passiert, wird prägend sein für beide Welten und für alle kommenden Generationen.

Ich weiß, dass die meisten meiner Leserinnen und Leser aufgeschlossen sind und von solchen Aussagen nicht wie vom Blitz getroffen werden. Gleichzeitig weiß ich aber auch, dass nicht alle diesem Konzept uneingeschränkt folgen können, weil es alles auf den Kopf stellt, was man uns jemals in der Schule oder an der Uni beigebracht hat. Letzten Endes macht es aber keinen großen Unterschied, ob Sie mir folgen wollen oder nicht, denn wenn Sie weiterhin daran glauben wollen, dass es nur EINE Realität, EINE Erde und EINE Menschheit geben kann, dann haben Sie noch mehr Grund dazu, alles zu tun, um die gegenwärtigen Entwicklungen aktiv zu beeinflussen, denn dann gibt es für Sie kein Entrinnen. So oder so sitzen wir also derzeit alle im selben Boot. Der einzige Unterschied ist, dass Sie daran glauben, dass das immer so sein wird, und ich daran glaube, dass sich ein zweites Boot auftut, in das einige von uns umsteigen. Solange wir also im selben Boot sitzen, sind wir aufeinander angewiesen und haben dieselben Voraussetzungen, Ziele und Möglichkeiten. Also, wie werden die kommenden Jahre, die wir noch gemeinsam im alten 3-D-Kahn verbringen, aussehen?

1. Der ewige Ausnahmezustand

Die Plandemie soll nach dem Willen ihrer Drahtzieher niemals enden. Sie ist als Dauerzustand geplant.

> *„Seit Beginn der COVID-19-Pandemie wussten wir, dass ein Impfstoff unerlässlich sein würde, um die Pandemie unter Kontrolle zu bringen. Aber es ist wichtig zu betonen, dass **ein Impfstoff die anderen Instrumente, die wir jetzt haben, ergänzen und nicht ersetzen wird.**“*(276)
>
> WHO-Chef *Tedros* auf Twitter am 16. November 2020

Tedros fügte noch hinzu, dass Quarantänen, Überwachung, Kontaktverfolgung und andere Maßnahmen selbst dann noch weiter fortgesetzt werden müssten, wenn bereits viele Menschen geimpft seien. **Nach dem Willen der WHO (und ihrem größten Sponsor Bill Gates) sollen Social Distancing und das Tragen von Masken** auf der niedrig schwingenden Zeitlinie **für immer verpflichtend sein!**

Und weil Tod-Esser nie genug bekommen, setzte Bill Gates am 4. November 2021 nochmals nach. Nun warnte er vor einem Terroranschlag mit Pocken-Viren, und wir wissen, dass er stets darum bemüht ist umzusetzen, was er sich vornimmt! Der milliardenschwere Autist sagte voraus, dass Terroristen die Pocken-Viren an hoch frequentierten Flughäfen als biologische Waffe einsetzen könnten. Das ist genau das Szenario der Operation *Dark Winter*, über die ich ausführlich in meinem Buch „*LOCKDOWN – Band 2*“ geschrieben hatte. Eine Pocken-Pandemie wäre insofern tatsächlich gefährlich, da Pocken nicht nur Fieber und hässliche, entstellende Hautausschläge hervorrufen, sondern zu einem hohen Prozentsatz auch tödlich sind.

Interessant ist, dass es angeblich weltweit nur zwei Hochsicherheitslabore gibt, in denen noch Pocken-Viren gelagert werden – eines ist in den USA und eines in Russland. Es wäre also sehr wahrscheinlich, dass ein „Terroranschlag“ mit Pocken-Viren den Russen in die Schuhe geschoben würde, was den westlichen Alliierten einen Grund geben könnte, gegen Russland in den Krieg zu ziehen. Dass dies ein nicht unwahrscheinliches Szenario ist, werden wir gleich noch sehen.

Wie wahrscheinlich ist ein Anschlag mit Pocken-Viren? Nun, die Tatsache, dass die Tod-Esser auch nicht zögern, kleinen Kindern Giftspritzen zu verabreichen, sollte die Frage beantworten. Außerdem hatte die oberste US-Seuchenbehörde CDC nur einen Tag vor Bills Ankündigung der nächsten Biowaffen-Attacke einen neuen Pocken-Lebendimpfstoff namens JYNNEOS vorgestellt. Wofür braucht man einen Impfstoff gegen eine Krankheit, die als ausgerottet gilt?[277]

2. Der Covid-Pass und der implantierte Chip

Wie wir wissen, ist eines der Hauptziele der Geheimen Weltregierung, möglichst alle Menschen mit Mikrochips auszustatten, um sie jederzeit lückenlos kontrollieren und steuern zu können – und wenn nötig auch gezielt „auszuschalten".

> *„Tausende Schweden haben sich schon Mikrochips implantieren lassen, um Schlüssel, Visitenkarten oder Zugtickets zu ersetzen – und bald vielleicht auch den Covid-Pass. Das auf Mikrochip-Implantate spezialisierte schwedische Unternehmen **DSruptive Subdermals hat einen entsprechenden solchen Covid-Pass entwickelt, der unter die Haut geht**."*[278]
>
> *„Epoch Times"* am 22. Dezember 2021

Der Name der Firma, die im Jahr 2021 bereits damit begonnen hatte, alle Schweden zu chippen, lautet übersetzt „zerstörerisch unter der Haut" (*disruptive subdermal*). Der verpflichtende digitale Covid-Pass, oft auch als „Green Pass" bezeichnet, ist nichts anderes als der Versuch, die totale Kontrolle über die Menschheit zu erlangen und jeden einzelnen Schritt, den wir gehen, zu überwachen. Er würde mit hoher Wahrscheinlichkeit auch mit biometrischer Gesichtserkennung und einer Art „Social Ranking System" einhergehen, wie es bereits in China in Anwendung ist.

In Deutschland hatte man im Jahr 2020 bereits mit einer eigenen Version dieses europäischen Projekts begonnen, das unter dem Namen „Corona-Warn-App“ eingeführt wurde. Entwickelt wurde dieses Überwachungs-Tool federführend vom deutschen Software-Riesen *SAP* und der *Deutsche Telekom-Tochter T-Systems*. Mittels Bluetooth-Technik sollen die Bewegungsprofile der Nutzer erfasst werden, um sie zu warnen, falls sie einem positiv Getesteten zu nahe gekommen waren. Angeblich soll das alles funktionieren, ohne personenbezogene Daten zu speichern. Ich glaube, das nennt man ein „Oxymoron“. Laut Angaben der Betreiber war die App in Deutschland Ende des Jahres 2021 bereits mehr als 40 Millionen mal heruntergeladen worden, also von rund 50% aller Bundesbürger. Laut RKI soll man dank der App insgesamt rund 5% aller Infektionen erkannt haben. Das nenne ich eine Erfolgsgeschichte! Vielleicht sollte dieses Zahlenverhältnis all jenen, die mehr als nur eine Stunde Mathematikunterricht in der Schule hatten, ein wenig zu denken geben. Wie kann man jemanden kontaktieren und ihm mitteilen, dass er mit einer bestimmten Person, bei der angeblich ein bestimmtes Virus oder eine bestimmte Krankheit festgestellt wurde, Kontakt hatte, ohne von allen Beteiligten die Kontaktdaten zu haben und für die Verwaltung zu speichern? Die einzige Frage, die ich dazu noch habe, lautet: Können Schweine fliegen?

Das andere große Thema, von dem die Tod-Esser regelrecht besessen sind, ist die *Künstliche Intelligenz* (KI), auf englisch *Artificial Intelligence* (AI). Sie wollen den klassischen Menschen abschaffen und eine neue hybride Spezies erschaffen, eine Kombination aus Fleisch und Blut, gepaart mit modernster Technologie und KI. Ich weiß, dass die meisten meiner Leser dies immer für Science-Fiction hielten, für Spinnerei. Sie dachten, dass sich dies in ihrer Lebenszeit sicher nicht mehr manifestieren würde. Aber sollten Sie die Jahre bis 2025 überleben, dann werden Sie mit hoher Wahrscheinlichkeit doch damit konfrontiert werden.

Anfang Dezember 2021 gab *Tesla*- und *Paypal*-Gründer *Elon Musk* bekannt, dass seine Firma *Neuralink* Gehirn-Chips so erfolgreich an

Affen getestet habe, dass sie ab 2022 auch an Menschen ausprobiert werden würden. Mit Hilfe dieser externen Steuerung sollen angeblich neuronale Störungen bei Menschen behoben werden, also Kranke gesund gemacht werden. Aber diese Fernsteuerung kann auch in andere Funktionen der Gehirnaktivität eingreifen. So soll der Mensch dank Elon Musk künftig schneller denken können und zu neuen Höchstleistungen fähig werden. Damit wäre es jedoch auch problemlos möglich, die Gedanken der gechippten Menschen schneller und lückenloser zu kontrollieren, was man ja vielleicht bei Impfunwilligen anwenden könnte. Lassen Sie mich an der Stelle nochmals an das *„LOCK STEP"*-Szenario erinnern, das *Peter Schwartz* im Mai 2010 für die *Rockefeller-Stiftung* erarbeitet hatte. Darin sah er Folgendes voraus:

> ***„Demnach würde die Welt in den kommenden Jahren von einem Grippevirus heimgesucht werden... Die Folgen wären eine Störung der Lieferketten und ein Zusammenbruch der weltweiten Wirtschaft.*** *Restriktivere Überwachung und Einschränkungen würden von den Bürgern akzeptiert, in der Hoffnung, dass ihnen der Entzug der Freiheit Sicherheit bringen würde. Mittels Magnetresonanz-Scannern würden die Menschen an öffentlichen Orten darauf getestet werden, ob sie* ***‚Anzeichen auf anti-soziales Verhalten' zeigten*** *– man würde also ihre Gehirne mittels Magnetresonanz darauf untersuchen, ob sie widerspenstige Gedanken hätten."*
>
> Michael Morris, *„Lockdown – Band 2"*, Seite 28

Es besteht für mich wenig Zweifel daran, dass es auch hier Millionen von menschenartigen Wesen geben wird, die sich in der Schlange anstellen werden, um die ersten Versuchskaninchen für Elons Gehirn-Chip zu sein. Immerhin: Bei Affen hatte es ja bereits gut funktioniert!

Und weil wir gerade dabei sind: Im Januar 2022 wurde in Österreich eine wunderbare Initiative von 100 Unternehmen unter dem Begriff **„Mach heute Morgen möglich"** vorgestellt. Kurz zusammengefasst geht es um noch mehr Digitalisierung, den feuchten Traum aller KI-Propheten und Transhumanisten. In der Beschreibung heißt es:

*„Es geht um **Innovation** für **nachhaltiges Wachstum**, **digitale Kompetenzen** für mehr **Chancengleichheit**, das Erreichen von **Nachhaltigkeitszielen** dank neuer Technologie und **Sicherheit** als Grundlage der Digitalisierung. **Microsoft** ist Host, mit an Bord sind etwa die WKÖ, Industriellenvereinigung, ÖBB und das Start-up **Female**."*[279]

Respekt! Man schafft es nicht nur, zweimal das Zauberwort „Nachhaltigkeit" einzubringen, sondern diese Worthülse auch noch mit den emotional belegten Begriffen „Sicherheit" und „Chancengleichheit" zu verknüpfen, und all das auch noch sehr weiblich. Aber es wird noch besser, denn man gibt deutlich zu verstehen, dass Bill Gates' Firma Microsoft jetzt auch bei der österreichischen Wirtschaftskammer, der Industriellenvereinigung und der Staatsbahn die Fäden in der Hand hat. Und weil das auch noch nicht genug ist, beschrieb Microsoft-Österreich-Chef *Hermann Erlach* das Ganze so:

*„**Digitalisierung** ist die beste **Schutzimpfung** gegen die Krise. Die Krise hat die Digitalisierung **geboostert**, und dieses Momentum gehört genutzt."*

Mit anderen Worten könnte man das frei in etwa so übersetzen: Die Corona-Inszenierung und die dazugehörige Impfung dienten nur dazu, den Menschen nachhaltig zu digitalisieren und eher heute als morgen der KI zu unterwerfen. Mit Sicherheit hätten dann alle die gleichen Chancen, nämlich keine. Wie gesagt: Bei Affen hatte es ja auch gut funktioniert. Österreich schreitet ohne Zweifel einer glorreichen Zukunft entgegen.

„Die Digitalisierung wird die Mittelklasse vernichten... von 10 Personen in der Mittelschicht wird einer aufsteigen, neun werden absteigen... Und ich garantiere Ihnen: Wenn es eines gibt, was die Digitalisierung stoppen kann, dann sind das soziale Unruhen!"[281]

Siemens-Vorstandschef *Joe Kaeser* am 16. Juni 2016

3. Impfzwang

In Kanada, Frankreich, Italien, Großbritannien, Kasachstan, Pakistan, Griechenland, den Philippinen und einigen anderen Ländern gab es Anfang 2022 eine Covid-Impfpflicht für bestimmte Personen-, Alters- bzw. Berufsgruppen, jedoch keine allgemeine Pflicht, sich mit einem der experimentellen Stoffe impfen zu lassen.

Hingegen hatte **Österreich**, das Covid-Versuchslabor der westlichen Welt, im Februar 2022 die Impfpflicht für alle in Österreich lebenden Personen im Alter von über 14 Jahren beschlossen. Eine Weigerung, der „Impf-Aufforderung" nachzukommen, soll laut den Plänen der zu dem Zeitpunkt aktuellen österreichischen Regierung eine Geldstrafe von 3.600 Euro nach sich ziehen. Mehrmaliges Ignorieren einer „Einladung" zur Impfung soll demnach sogar eine Gefängnisstrafe nach sich ziehen. Nichtsdestotrotz gingen die flächendeckenden Demonstrationen in allen Teilen des Landes weiter und machten den Regierenden das Leben schwer. (Stand 4.2.2022) Zudem gab es nicht nur Widerstand bei Menschen in essentiellen Berufen, also einem Teil der Ärzteschaft, Krankenschwestern, Pflegern, Lehrern, Erzieherinnen sowie Hebammen, die sich dem Diktat nicht beugen wollten. Sondern auch Gruppen von Soldaten, Polizisten, Beamten, Rechtsanwälten sowie Mitarbeitern in der Energieversorgung missfiel die Impfpflicht. Es wird sich zeigen, ob die zahlreichen Rechtsanwälte, die Klagen und Verfassungsbeschwerden eingereicht haben, Erfolg damit haben werden. Es ist davon auszugehen, dass die Gerichte auf Grund dessen heillos überlastet sein werden.(282)

Bereits am 13. Januar 2022 waren 84.200 „Stellungnahmen" zum umstrittenen österreichischen Impfpflichtgesetz eingegangen. Ein Dokument mit besonderer Sprengkraft wurde am 10. Januar vom Dachverband der Verwaltungsrichter (DVVR) eingereicht: In einer Stellungnahme kamen die Verwaltungsrichter zu dem Schluss, dass eine zeitnahe Vollstreckung der Covid-Impfpflicht auf Grund des gewaltigen Mehraufwands für die Verwaltungsgerichte schlicht und ergreifend nicht möglich sei.(283)

Nur zwei Wochen später legte der österreichische Verfassungsgerichtshof nach und stellte dem grünen österreichischen Gesundheitsminister Wolfgang Mückstein ein Konvolut voller heikler Fragen zur Pandemie und den Impfstoffen zu, die er bis zum 18. Februar 2022 schlüssig beantworten und mit Zahlen belegen sollte, andernfalls würde dies das „Ende der Pandemie" bedeuten. Der Druck der nicht enden wollenden Demonstrationen in Österreichs Städten, zusammen mit dem Druck der Verfassungsorgane, zeigte Wirkung.[284] Nur wenige Tage später beendete die Regierung in Wien die seit November 2021 geltende „2-G-Regel" (geimpft & genesen), die Ungeimpften die Teilnahme am öffentlichen Leben untersagte. Gleichzeitig ließ man aber vorerst die Impfpflicht ab Mitte März 2022 bestehen. All das machte keinen Sinn mehr und war Ausdruck scheinbarer Verzweiflung und Planlosigkeit der Regierenden im kleinen Alpenland, und es war zum Zeitpunkt der Fertigstellung dieses Buches nicht vorhersehbar, wie sich dieser Konflikt entwickeln würde, weil sich die Ereignisse weltweit überschlugen und kein Plan länger brauchbar zu sein schien als für einige wenige Stunden.

So hatte etwa die WHO erst wenige Tage zuvor davon gesprochen, dass mit dem absehbaren Ende der Omikron-Welle in den kommenden Wochen auch das Ende der Pandemie einhergehen könnte. England, Irland und Schottland hatten in der vierten Januar-Woche alle Covid-Beschränkungen inklusive Maskenzwang aufgehoben, und **Dänemark** hatte nachgezogen und das Ende aller Corona-Beschränkungen im Lauf des Februars angekündigt.

Und während in Europa mehr und mehr Stimmen laut wurden, die im Falle einer tatsächlich durchgesetzten Impfpflicht in Österreich den Ausschluss des Landes aus der Union forderten, wollte die neue Hardliner-Bundesregierung in **Deutschland** ebenfalls eine Impfpflicht für die BRD durchsetzen, und der neue eiserne Kanzler, *Olaf Scholz,* von den angeblichen Sozialisten verlautete:

„Wir werden es uns nicht gefallen lassen, dass eine winzige Minderheit von enthemmten Extremisten versucht, unserer gesamten Gesellschaft ihren Willen aufzuzwingen. (...) Die Bundesregierung ist die Regie-

rung [der] überwältigenden Mehrheit (...) und sie ist ausdrücklich auch die Regierung derjenigen Bürgerinnen und Bürger, die noch Zweifel haben oder vielleicht ganz einfach noch nicht dazu gekommen sind, sich impfen zu lassen."[285]

Es ist zwar unwahrscheinlich, dass 30% der Deutschen das ganze Jahr 2021 über „*nicht dazu gekommen sind, sich impfen zu lassen*", da sie als Ungeimpfte kaum etwas anderes tun durften, aber zumindest gab Scholz zu, dass „*eine winzige Minderheit von enthemmten Extremisten versuchte, der gesamten Gesellschaft ihren Willen aufzuzwingen*". Selbsterkenntnis ist der erste Weg zur Besserung![286]

Zudem schätzte *Martin Braun*, Präsident der Landesapothekerkammer Baden-Württemberg, dass in Deutschland Anfang 2022 rund 12 bis 15% der Impfpässe gefälscht waren, was bedeutet, dass die Zahl der Impfgegner vermutlich nicht nur rund 30% beträgt, sondern vielleicht sogar 42 bis 45%, was eindeutig keine „kleine Minderheit" mehr ist. Es dürfte also auch in Deutschland nicht ganz einfach werden, allen Menschen die Giftspritze zu verabreichen.

Einen interessanten Weg gingen die Impfgegner in der **Schweiz**. Am 28. November 2021 hatte sich in einem Referendum zwar eine Mehrheit der Schweizer nach massiver Desinformations-Kampagne für härtere Covid-Maßnahmen ausgesprochen, was der Regierung auch den Weg für eine Impfpflicht ebnen sollte, es gab jedoch nicht nur mehr als ein Dutzend einzelner gut organisierter Gruppen von Impfgegnern und Kritikern der Covid-Maßnahmen, die sich unter dem Dachverband „Aufrecht Schweiz" zusammengetan hatten, sondern auch eine Gruppe sehr reicher Eidgenossen, die das nicht hinnahmen. In kürzester Zeit steckten sie sehr viel privates Geld in Projekte, wie zum Beispiel neue Privatschulen ohne Maskenzwang und neue private Krankenhäuser, die auch Ungeimpfte behandelten. Das führte zumindest bis zum Januar 2022 dazu, dass die Schweizer Regierung mit einem Mal sehr kleinlaut wurde und eine Impfpflicht plötzlich nicht mehr im Raum stand.

Am 16. Januar 2022 verkündete die britische Regierung das Ende des Maskenzwangs in Schulen, öffentlichen Verkehrsmitteln und geschlossenen Räumen sowie das Ende des geplanten „Grünen Covid-Passes". Am 20. Januar gab die neue tschechische Regierung bekannt, dass sie die Pläne der Vorgängerregierung zu einer Impfpflicht für Menschen ab 60 Jahren, medizinisches Personal, Polizisten, Feuerwehrleute und Medizinstudenten streichen würde, um nicht noch mehr Spaltung in der Gesellschaft herbeizuführen. Doch auch wenn einzelne Länder wie auch Portugal, Spanien oder Kroatien zur selben Zeit damit begannen, die Covid-Einschränkungen zurückzufahren, so war doch absehbar, dass die Mächte hinter der Plandemie nicht so einfach aufgeben würden. Manche Politiker mit diktatorischen Fantasien würden vermutlich weiterhin versuchen, möglichst vielen Menschen einen experimentellen Pseudo-Impfstoff zu verpassen, wenn nötig auch mit Gewalt – so beispielweise das kleinste Land der Welt, der **Vatikan**, der eine Impfpflicht für alle Bewohner und dort beschäftigten Angestellten ab dem 8. Februar 2022 einführte, was zu zahlreichen Kündigungen und Entlassungen führte.

Es wird von der Hartnäckigkeit der Impfgegner in der EU abhängen, ob dieser Kontinent nach 80 Jahren wieder in den Totalitarismus abgleitet oder ob die Tod-Esser den Kürzeren ziehen. Um das zu erreichen, sind mutige und aufrechte Rechtsanwälte vonnöten, die, wie in der Schweiz, auf sauberem juristischem Wege die vermeintlich „winzige Minderheit" unterstützen. Hartnäckigkeit kann sich bezahlt machen – vor allem, wenn diese aufrechten Kämpfer für Freiheit und Selbstbestimmung auch noch die Unterstützung namhafter Wissenschaftler bekommen, was zunehmend der Fall ist.

> *„Es sind die Ungeimpften, die in der Lage sein werden, die Menschheit zu retten."*[(287)]
>
> Der französische Virologe und Nobelpreisträger *Luc Antoine Montagnier* am 16. Januar 2022 bei einer Rede im Rahmen einer Demonstration in Mailand

In den **USA** war Präsident *Joe Biden* Anfang des Jahres 2022 mit seinen Plänen für eine Impfpflicht, selbst für einzelne Berufsgruppen, auf ganzer Linie gescheitert, nachdem ihm ein Gericht nach dem nächsten einen Strich durch die Rechnung machte. Ich denke zwar, dass uns das Thema „Impfpflicht“ noch eine Zeit lang begleiten wird, aber im Moment, bei der Fertigstellung dieses Buches, spricht vieles dafür, dass es (zumindest in den meisten Ländern) nicht dazu kommt, weil viele Regierende die Entschlossenheit vieler Bürger unterschätzt haben. Voraussetzung dafür ist jedoch, dass die mutigen und streitbaren Menschen, die dies nicht wollen, ihren Druck aufrechterhalten.

Einen Versuch in diese Richtung unternahmen Anfang Februar tausende kanadische Trucker (LKW-Fahrer), als sie in einem mehr als 100 km langen Konvoi auf die Hauptstadt Ottawa zufuhren, um der geplanten Impfpflicht ihres Präsidenten Trudeau ein Ende zu setzen. Der war davon zumindest so beeindruckt, dass er sich an einen geheimen Ort evakuieren ließ. Ob diese eindrucksvolle Demonstration zivilen Ungehorsams Früchte tragen wird, kann ich zur Zeit der Fertigstellung dieses Buches noch nicht einschätzen, aber zumindest fand diese Aktion auch Nachahmer in Australien und Europa, und ich hoffe inständig, dass ihr Mut eine Wendung zum Positiven mit unterstützen kann.

4. Konzentrationslager

Solange es noch ein paar Menschen mit eigenem Willen und eigenem Verstand gibt, wird die dunkle Seite aber versuchen, sie mit allen Mitteln der Kriegskunst zu brechen. Sie könnte versuchen, sie mittels einer „Impfpflicht“ auch gegen ihren Willen zu chippen. Und sollten sie sich dennoch widersetzen, scheint man auch dafür bereits vorgesorgt zu haben.

Hatten wir zuvor bereits die Analogien zum Dritten Reich, so drängen die sich Anfang des Jahres 2022 immer häufiger auf, etwa wenn man die neuen Konzentrations- oder Internierungslager betrachtet, die zuletzt rund um den Globus entstanden. Da sind nicht nur die FEMA-Camps in den USA, die bereits seit mehr als zehn Jahren darauf warten, in Betrieb genommen zu werden, es gibt auch neue Lager, die während der Covid-Inszenierung rund um den Globus entstanden sind. Vor allem aus England und Australien sind solche Lager bekannt. Bereits im Jahr 2021 wurden tausende vermeintlich Covid-19-positive Australier

Abb. 19: Das Howard Springs Covid-Internierungslager in Australien im Jahr 2021

in neu gebaute Internierungslager gesperrt, um dort ihre „Quarantäne" abzusitzen. Dort waren aber auch Touristen sowie zahlreiche Aborigines, also australische Ureinwohner, die aus ihren Dörfern in den *Northern Territories* geholt und gewaltsam in die Lager verbracht wurden, wie beispielsweise ins Quarantänelager *Howard Springs* in *Darwin* (Abb. 19) Es war schwer, Genaueres über die Zustände und die Dauer der Internierung zu erfahren, aber das war es im Jahr 1940 in Europa vermutlich auch. Angenehm dürfte es dort jedenfalls nicht gewesen sein, denn es gab immer wieder Berichte über Ausbrüche und anschließende Treibjagden nach den geflohenen „Infizierten".

Im Jahr 2021 entstanden mit Hochdruck immer mehr solcher Internierungslager in Australien, auch nahe der Großstädte *Brisbane* und *Perth*. Das Flaggschiff unter ihnen aber wurde im Dezember 2021 eröffnet, das *Melbourne Centre for National Resilience*, also das *„Zentrum für nationale Widerstandsfähigkeit"* – das klingt doch wesentlich besser als „Konzentrationslager", oder? Auch in England entstanden während der Covid-Inszenierung in Rekordzeit neue Mega-Gefängnisse, etwa in *Wellingborough* und in *Glen Parva*. In den Medien wurden die privat geführten Haftanstalten als Luxusgefängnisse angepriesen, wahrscheinlich um zu zeigen, wie human die Tod-Esser doch waren, da sie selbst jenen „Schwerstkriminellen", die gegen Covid-Auflagen verstoßen hatten, noch eine anständige Behandlung im Lager zukommen ließen. Echte Philanthropen eben... Covid-Pandemie, Lockdowns und Quarantänen werden uns also mit sehr großer Wahrscheinlichkeit noch länger erhalten bleiben. Und falls Sie in Deutschland oder Österreich zuhause sind und sich nun sagen, dass es so etwas bei Ihnen nicht gibt, dann muss ich Sie daran erinnern, dass die CIA in vermutlich allen europäischen Ländern geheime Lager betreibt, sogenannte „Black Sites". Aber vergessen wir auch nicht, dass es seit 2015 in vielen europäischen Ländern große Flüchtlingslager gibt, die mittlerweile seit einigen Jahren weitestgehend leer stehen. Deren Betreiber würden sich sicher über eine Neubelebung dieses lukrativen Geschäftszweiges freuen – das wäre quasi eine Win-Win-Situation für (fast) alle Beteiligten.

5. Hybride Kriegsführung

Auch wenn ich zuvor von den zwei Seiten gesprochen habe, die wir zur Wahl haben, so sind die Fronten in diesem Krieg letztlich doch komplexer und vielschichtiger, was mit zunehmender Dauer immer deutlicher werden wird. Hier wird nicht nur mit konventionellen und sichtbaren Waffen gekämpft, hier kommen so viele unterschiedliche Werkzeuge gleichzeitig zum Einsatz, dass es manchmal wirklich fast unmöglich ist, den Überblick zu behalten und zwischen „Gut" und „Böse" zu unterscheiden. Was wir erleben, nennt man einen „Hybridkrieg".

> *„Der **Hybridkrieg** oder die **hybride Kriegführung** beschreibt eine flexible Mischform der offen und verdeckt zur Anwendung gebrachten regulären und irregulären, symmetrischen und asymmetrischen, militärischen und nicht-militärischen Konfliktmittel mit dem Zweck, die Schwelle zwischen den völkerrechtlich angelegten binären Zuständen Krieg und Frieden zu verwischen. Die Grenze zu der nach den Genfer Konventionen verbotenen Heimtücke ist fließend.*"[288]
>
> Wikipedia

Die NATO wirft Russland seit Jahren vor, einen hybriden Krieg gegen das westliche Militärbündnis und seine Mitglieder zu führen. Gleichzeitig gab die NATO aber im Jahr 2016 selbst zu, ihrerseits ebenfalls hybride Kriegstaktiken anzuwenden. Mittlerweile können wir jeden Tag miterleben, wie solche verdeckte Operationen in nahezu jedem Land gegen die eigene Bevölkerung angewendet werden. Typische Mittel hybrider Kriegsführung sind Biowaffen ebenso wie Propaganda und Zensur, heute vorwiegend über das Internet. Aber es kommen auch viele unsichtbare Waffen zum Einsatz, die dazu in der Lage sind, nicht nur die Emotionen, sondern auch die Gedanken von Menschen zu beeinflussen. Solche Waffen gibt es nachweislich seit den 1950er-Jahren, und sie wurden über die Jahrzehnte hinweg immer weiter verfeinert. Es scheint klare Hinweise darauf zu geben, dass die Covid-Impfungen, neben allem, was ich bislang beschrieben habe, auch magnetische Eisen-Graphen-Verbindungen enthalten, die man mittels Funkwellen, wie die der neuen 5G-Handytechnologie, ansteuern kann und die bestimmte emotionale Prozesse im menschlichen Körper auslösen können. Ich denke, dass wir darüber in den kommenden Jahren noch sehr viel mehr erfahren und lernen werden – hoffentlich auch, wie wir uns all diesen unsichtbaren Manipulationen entziehen können, denn es ist nicht gesagt, dass eine erfolgreiche Verweigerung der Impfung automatisch bedeutet, dass wir nicht auf diesem Wege ferngesteuert werden können. Im Jahr 2021 gab es zahlreiche Berichte über Graphenoxid-Verbindungen in Nahrungsmitteln. Wer kann also sagen, ob sie dies den Ungeimpften nicht auch ins Essen mischen? Wir müssen da dranbleiben, selbst forschen, uns austauschen und äußerst kritisch und wachsam sein.

Es gibt in Hybridkriegen keine Regeln und demnach auch keine juristischen Konsequenzen. Die Fronten sind unklar und verschwimmen ständig. Keiner weiß so genau, wer hier wer ist, da man es nur selten mit Uniformierten zu tun hat, die ihre Landes- und Rangabzeichen tragen. Im Grunde dient ein Hybridkrieg dazu, einen Gegner zu schwächen, ohne ein militärisches Blutbad anzurichten und ohne sich klar zu erkennen zu geben. Es ist also ein bösartiger Akt der Feigheit.

6. Ein militärischer Weltkrieg

Selbst ein offener militärischer Krieg scheint mittlerweile nicht mehr ausgeschlossen. Im Dezember 2021 tat der Westen tatsächlich alles, um Russland noch weiter zu provozieren und einen offenen militärischen Krieg mit Russland vom Zaun zu brechen. Ein solcher militärischer Dritter Weltkrieg wäre ein Gemetzel, das sich kaum jemand vorstellen könnte, weil er nicht wie früher nur an bestimmten Frontlinien geführt würde. Ein solcher großer Krieg würde unter Umständen nicht nur Nuklearwaffen beinhalten, sondern auch EMP-Waffen, also Bomben, die (wie zuvor im Kapitel *Blackout* beschrieben) in großer Höhe einen starken elektromagnetischen Impuls verursachen, der darauf abzielt, sämtliche Elektronik des Gegners lahmzulegen, also auch seine gesamte kritische Infrastruktur und Stromversorgung zu zerstören, was die bereits beschriebenen weitreichenden Folgen für die Bevölkerung hätte.

Ende November 2021 hat sich die Situation zwischen den westlichen Konfliktparteien USA, NATO und EU auf der einen und Russland auf der anderen Seite gefährlich zugespitzt. Es gehen Gerüchte um, wonach der Westen die Ukraine nun doch in die NATO holen will, was Russland unter allen Umständen verhindern wird. Man könnte angesichts der angespannten Lage Anfang 2022 natürlich fragen, wer mit dem Aufschaukeln der aktuellen Lage begonnen hat, aber wenn man die Situation nüchtern betrachtet, dann begann dieser Konflikt mit der deutschen Wiedervereinigung im Jahr 1990.

In einem gemeinsamen Interview mit US-Außenminister *James Baker* hatte der damalige deutsche Außenminister *Hans-Dietrich Genscher* vor laufenden Kameras in Washington versprochen: „*Wir waren uns einig, dass nicht die Absicht besteht, das NATO-Verteidigungsgebiet auszudehnen nach Osten. Das gilt übrigens nicht nur in Bezug auf die DDR, die wir da nicht einverleiben wollen, sondern das gilt ganz generell!*“[(289)] Der Westen hat Russland 1990 mehrfach versprochen, dass es keine NATO-Osterweiterung geben würde! Diese Beteuerungen stellten sich wenig später als glatte Lügen heraus. Seitdem hat das westliche Militärbündnis eine Ex-Sowjet-Republik nach der anderen einkassiert und seine Raketen immer näher an die russischen Großstädte herangebracht. Russland hat immer wieder betont, dass es eine NATO-Mitgliedschaft der Ukraine und Weißrusslands nicht hinnehmen werde.

> *„Russlands Präsident Wladimir Putin hat der Nato eine massive Erweiterung nach Osten ohne Rücksicht auf die Sicherheitsinteressen seines Landes vorgeworfen. Es habe bereits ‚fünf Erweiterungswellen' gegeben, obwohl zugesichert worden sei, dass das westliche Militärbündnis die russische Sicherheit nicht gefährde, sagte Putin am Donnerstag bei seiner Jahrespressekonferenz in Moskau. Besonders kritisierte er eine mögliche Aufnahme der Ukraine in die Nato. ‚Eine weitere Nato-Osterweiterung ist nicht zu akzeptieren. Was ist daran nicht zu verstehen?'"*[290]
>
> Russlands Präsident *Wladimir Putin* bei seiner jährlichen Pressekonferenz zu nationalen und internationalen Themen am 23. Dezember 2021

Es ist müßig, die einzelnen Eskalationsschritte des Jahres 2021 aufzuzählen, aber es ist wichtig, im Auge zu behalten, dass es nicht Russland war, das ursprünglich sein Wort gebrochen hatte, sondern dass die westlichen Alliierten (als Marionetten der Geheimen Weltregierung) Russland mit ihren nun bereits seit Jahren andauernden Sanktionen unentwegt ausgrenzen, schädigen und provozieren. Dabei ist es aus meiner Sicht enorm, wie ruhig und besonnen die russische Führung bislang auf all diese Provokationen reagierte. Der Westen sollte jedoch nicht den Fehler machen, die Geduld der Russen über Gebühr zu strapazieren, denn keine westliche Macht, auch kein noch so großes westliches Militärbündnis wäre in der Lage, einen Krieg gegen Russland zu gewinnen! Vielleicht geht es ja aber auch gar nicht darum. Vielleicht geht es darum, möglichst viele Menschen zu töten, sollte das mit der Corona-Inszenierung allein nicht klappen. Gleichzeitig könnte man alles in Schutt und Asche legen und, so wie geplant, neu und völlig verändert wieder aufbauen. Ich halte nicht für ausgeschlossen, dass die Geheime Weltregierung im äußersten Fall auch vor einem militärischen Dritten Weltkrieg nicht zurückschrecken würde, falls es ihr helfen könnte, die Spuren des eigenen Versagens zu verwischen.

Mit der neuen Bundesregierung ist Deutschland bereits im Dezember 2021 in die nächste Eskalationsstufe eingetreten, als die neue Außenministerin des einstmals wirtschaftlich mächtigen Landes Deutschland, *Annalena Baerbock*, klarstellte, dass es keine Genehmigung für die *Nordstream-2*-Pipeline geben werde. Doch auch die US-Regierung setzte immer wieder nach und drohte Russland mit neuen Sanktionen und notfalls auch mit einer militärischen Auseinandersetzung. Daraufhin suchte Putin den Schulterschluss mit China und der Türkei. Es wirkte, als würde der Westen verbissen versuchen, einen Grund zu finden, um gegen Russland in den Krieg ziehen zu können. Wenn es also in naher Zukunft heißen sollte, dass die russische Führung für die Energie-Probleme Europas verantwortlich sei oder russische Hacker für Schäden an westlichen Stromnetzen verantwortlich seien, dann sollte man sich immer in Erinnerung rufen, wer die wahren Feinde der Bevölkerung sind und wer tatsächlich hinter dem Krieg gegen die Menschheit steht. Wenn es heißen sollte, dass die Russen daran schuld sind, dass die Europäer frieren, dann sollte man daran denken, wer all das wirklich zu verantworten hat und warum dies alles in Wahrheit geschieht.

Der Gasstreit zwischen Europa und den USA auf der einen und Russland auf der anderen Seite war ganz klar Teil des stattfindenden Hybridkrieges, aber er hatte auch das Potential dazu, als Auslöser für einen militärischen Krieg herzuhalten.

> *„Am Dienstagmorgen gab der deutsche Betreiber der Erdgasleitung Jamal-Europa, Gascade, bekannt, dass Gazprom die Lieferungen von Erdgas aus Russland über seine Pipeline nach Deutschland gestoppt hat. Die Aussetzung der Lieferungen erfolgte, nachdem die durch das Netz geleiteten Mengen des Rohstoffes bereits am Wochenende deutlich reduziert worden waren, als die Nachfrage sowohl in Russland als auch in Europa ihren Winterhöhepunkt erreicht hatte... Die Energielieferungen über die Leitung richten sich auch nach dem Verbrauch innerhalb Russlands, dem Gazprom Vorrang vor der Lieferung von Brennstoff ins Ausland einräumt. In Moskau und anderen russischen Großstädten sind die Temperaturen in dieser Woche stark gesunken.“*(291)
>
> „*Russia Today*“ (RT) am 21. Dezember 2021

Jeder Krieg beginnt mit einer „False Flag", also einem meist inszenierten Ereignis, das dann mit Hilfe der Medien zu einer so großen Sache aufgeblasen wird, dass es als Eintritt in einen militärischen Krieg genutzt werden kann. Ich kann daher nur an alle Vertreter der Medien, aber auch des Militärs appellieren, sich nicht weiter für etwas instrumentalisieren zu lassen, das erneut immenses Leid über die Menschheit bringen würde!

Astrologisch betrachtet wird das erste Quartal 2023 eine Konstellation aufweisen wie wir sie zuletzt bei den beiden Weltkriegen hatten. Das wird also die Zeit sein, in der ein möglicher neuer Weltkrieg am wahrscheinlichsten sein dürfte. Doch während der Endkorrekturen zu diesem Buch, im Januar 2022, scheint es leider so, als sei ein solcher Krieg auch schon früher möglich, wenn nicht gar wahrscheinlich. Deshalb möchte ich alle Leser eindringlich darum bitten, ihre direkten Vertreter in der Politik daran zu erinnern, dass ein solcher Dritter Weltkrieg erneut auf europäischem Boden ausgetragen und auch hier den größten Schaden anrichten und das größte Leid verursachen würde.

7. Falsche Heilsbringer

Viele Gurus und spirituelle Lehrer raten an dieser Stelle oft zu „Neutralität", was aus meiner Sicht nicht möglich ist, weil sich jeder in der gegenwärtigen Situation für eine Seite entscheiden muss. Damit meine ich nicht Russland oder den Westen, sondern die Wahrheit oder die Lüge, die Dunkelheit oder das Licht. Sich immer neutral zu verhalten, ist nichts anderes als Feigheit und Realitätsverweigerung. Man muss sich nicht emotional involvieren und darüber verrückt machen lassen, aber man muss die Dinge so sehen wie sie sind, ohne immer alles schönzureden. Denn nur durch diese passive Haltung der „Neutralität" war es möglich, dass es überhaupt so weit gekommen ist.

Und da wir gerade bei Gurus sind, möchte ich auch darauf hinweisen, dass ich davon ausgehe, dass man der Welt im Moment des größten

Chaos einen oder mehrere neue „Heilsbringer" präsentieren wird, neue vermeintliche „Lichtgestalten", die in Wahrheit aber nur getarnte Vertreter der dunklen Seite sein werden. Einen Vorgeschmack hatten wir bereits vor einigen Jahren mit der „Lichtgestalt" Barack Obama bekommen, jenem Scharlatan, der mit dem Friedensnobelpreis ausgezeichnet wurde, während er mehr Kriege gleichzeitig führte als je ein US-Präsident vor ihm. Das bedeutet im Klartext: *Passen Sie künftig sehr gut auf, wem Sie glauben, wem Sie vertrauen! Lassen Sie sich nicht leichtfertig durch bloße Behauptungen blenden*! An ihren Taten sollt Ihr sie messen!

Chaos und die Verwirrung werden in den kommenden Jahren vermutlich noch zunehmen. Das wird bei vielen Mitbürgern noch mehr Angst auslösen. Wir sehen jetzt schon, dass mehr und mehr Politiker sich immer resoluterer Sprache bedienen und zunehmend mit eiserner Faust regieren. Doch wenn dies nicht ausreichen sollte, wenn selbst eine neue Lichtgestalt versagen sollte, werden die Machthaber im Hintergrund etwas präsentieren, das alle Menschen gleichermaßen beeindrucken wird. Dann werden sie ganz tief in die Trickkiste greifen.

Wir haben in den letzten Jahren auffällig viel über „unbekannte Flugobjekte", kurz „UFOs" gehört. Selbst das US-Militär hat im Jahr 2021 „geheime Berichte" über sogenannte „*Unidentified Aerial Phenomena*" (UAP), also „*Unidentifizierte Luftphänomene*" veröffentlicht, was Anlass zu zahlreichen Spekulationen gab. Auch wenn es heute noch absurd klingen mag: Es würde mich nicht wundern, wenn die Geheime Weltregierung sogar so weit ginge, eine vermeintliche Ankunft Außerirdischer zu inszenieren, die dann eine neue Weltregierung legitimieren würde. Ich weiß, das klingt für viele Menschen völlig abstrus und weit hergeholt, aber wer hätte das, was wir derzeit erleben, vor wenigen Jahren noch für möglich gehalten? Ich halte eine inszenierte Alien-Invasion jedenfalls für wahrscheinlicher als eine echte.

8. Hyperinflation und Währungsreform

Das folgende Thema ist weder abstrus noch schwer vorstellbar. Es ist absolut realistisch. Ich habe bereits seit Jahren darüber geschrieben, dass die westlichen Währungen *Euro* und *US-Dollar* dem Untergang geweiht sind und dass ihr Ende naht. In den Jahren zwischen 2022 und 2025 werden wir mit hoher Wahrscheinlichkeit den endgültigen Zusammenbruch dieser Währungen erleben. Der Weg dahin wird für die Bevölkerungen ein steiniger werden, denn er wird mit einer Hyperinflation einhergehen, was gerade den ärmeren Teil der Bevölkerung sehr hart treffen wird.

Hyperinflation entsteht, wenn die Inflation auf Grund des Geldmengenwachstums ausufert und nicht mehr zu stoppen ist. Um die Zinsen für bestehende Kredite zu bezahlen, nimmt man neue Kredite auf. Dadurch entsteht immer mehr Geld. Genau das haben wir seit Beginn des neuen Jahrtausends erlebt, als die meisten Staaten sich in unvorstellbarem Ausmaß verschuldeten und die Notenbanken immer mehr neues Geld auf den Markt warfen, um die Liquidität aufrechtzuerhalten. In den letzten zehn Jahren sind die Inflationsraten konstant gestiegen, aber noch in einem Maße, das man von offizieller Seite mit viel Mühe einigermaßen kaschieren konnte. (Mehr dazu finden Sie in meinem Buch „*Was Sie nicht wissen sollen!*“ aus dem Jahr 2011.)

Nun waren wir im Jahr 2021 aber in die nächste Phase eingetreten, in der die rasche Geldentwertung nicht mehr zu verstecken war. In einer Situation, in der es weltweit auf Anordnung von ganz oben in vielen Industrien zum Stillstand kam und die weltweiten Logistikketten zum Erliegen kamen, traf zu viel Geld auf zu wenig Ware. Dadurch stiegen die Preise. Dazu kam eine gewollte Eskalation im Energiebereich, was die Energiekosten massiv ansteigen ließ. Ernteausfälle und die Sanktionen gegen Russland trieben seit einigen Jahren die Nahrungsmittelpreise in die Höhe. Experten sprechen in einer solchen Situation gerne von **„Stagflation“**, also dem gleichzeitigen Auftreten von wirtschaftlicher Stagnation (inklusive zunehmender Arbeitslosigkeit und Armut) und Inflation.

Anfang des Jahres 2022 gaben beispielsweise die ersten Energieversorger in Österreich bekannt, dass die Strompreise im Jahr 2022 um mehr als 100% steigen, sich also mehr als verdoppeln werden, nachdem bereits mehrere kleine Stromversorger in Deutschland den Betrieb eingestellt hatten. Sie waren nicht mehr in der Lage, die zugesicherten Preise der bestehenden Verträge einzuhalten, und es wird vermutlich auch in 2022 zu weiteren Insolvenzen kommen, was weitere Probleme im Bereich der Stromversorgung nach sich ziehen wird.

Wenn man miteinbezieht, dass die Lager der großen Lebensmittelhändler Ende 2021 im Vergleich zum Vorjahr nur noch zu 30% gefüllt waren, dann lässt sich abschätzen, dass es auch im Bereich der Nahrungsmittel zu einer Preissteigerung von 50% oder mehr kommen könnte. Das Jahr 2022 verspricht also neben der Energiekrise auch noch **Nahrungsmittelknappheit** und daraus resultierend **explodierende Preise bei Lebensmitteln.** Ich kann daher nur nochmals jeden dazu aufrufen vorzusorgen, Vorräte anzulegen und sich so weit wie möglich autonom zu machen, indem man selbst Obst und Gemüse anbaut. Ebenso wichtig wird es sein, sich mit Gleichgesinnten zu vernetzen, vor allem mit Bauern und Jägern, die auch in schwierigen Zeiten immer Zugang zu Obst, Gemüse und Fleisch haben.

Wenn eine Hyperinflation erst einmal in Gang gekommen ist, dann lässt sie sich nicht mehr stoppen. Versuche der Notenbanken, die Geldmenge wieder zu reduzieren, führen dann zu Liquiditätsengpässen und zu noch stärkeren Verwerfungen auf den Märkten. Anders ausgedrückt: Alles, was die Notenbanken jetzt noch machen können, ist das, was sie ohnehin schon seit zehn Jahren machen, nämlich den Zeitpunkt des Zusammenbruchs hinauszuzögern. Doch nun sind auch ihnen die Hände gebunden. Sie haben all ihr Pulver längst verschossen, und ich gehe davon aus, dass unser bisheriges „Geld" innerhalb der kommenden Jahre komplett wertlos werden wird, wir also eine Hyperinflation erleben werden, die dann zwangsläufig mit einer Währungsreform endet. Die Tatsache, dass mittlerweile weltweit ganz offiziell die Vorkehrungen für den Finanzkollaps getroffen werden, unterstreicht meine Vermutung:

„Israel führte eine ‚10-Länder-Simulation eines großen Cyberangriffs auf das globale Finanzsystem durch, um die Zusammenarbeit zu verstärken, die dazu beitragen könnte, mögliche Schäden an Finanzmärkten und Banken zu minimieren'. Es konzentrierte sich auf ein katastrophales Szenario, in dem ‚Hacker uns 10 Schritte voraus waren', so ein Beamter, der daran teilnahm. Die Übung mit dem Titel ‚Collective Strength' (Kollektive Stärke) fand in Jerusalem statt... und umfasste auch die Teilnahme der Vereinigten Staaten, Großbritanniens, der Vereinigten Arabischen Emirate, Österreichs, der Schweiz, Deutschlands, Italiens, der Niederlande und Thailands. Beamte des Internationalen Währungsfonds (IWF), der Weltbank und der Bank für Internationalen Zahlungsausgleich waren ebenfalls beteiligt."[(292)]

„Zerohedge" am 21. Dezember 2021

Natürlich wird der Zusammenbruch des weltweiten Währungssystems, das an die Leitwährung US-Dollar gekoppelt ist, offiziell Schuldige brauchen, die von den wahren Verantwortlichen ablenken sollen. Hacker, am besten russische, wären da sicher ein guter Sündenbock – und im Notfall natürlich auch ein geeigneter Kriegsgrund.

Im Zuge einer Währungsreform wird die Geheime Weltregierung versuchen, ihre Weltleitwährung US-Dollar durch **eine neue Weltwährung** zu ersetzen, was den Russen und Chinesen sicher nicht gefallen wird. Das wird zu noch mehr Konflikten und Spannungen führen. Sollte es den Besitzern der US-Notenbank FED nicht gelingen, eine einzige Weltwährung zu etablieren, werden sie sicher versuchen, zumindest eine einzige Währung für die gesamte westliche Welt einzuführen. Eine solche neue Währung wäre unter Garantie rein digital, weil das die Möglichkeit bietet, jeden einzelnen Zahlungsfluss lückenlos zu kontrollieren, und wenn gewollt, auch zu verbieten.

9. Abschaffung des Bargeldes

Die Abschaffung des Bargeldes ist seit langem geplant, konnte aber bislang nicht umgesetzt werden, da glücklicherweise zahlreiche Menschen weiterhin auf Cash bestehen und digitale Bezahlsysteme weitgehend meiden. Eine Bargeld-Abschaffung hatte zwar in Schweden weitgehend funktioniert, war aber in anderen Ländern bislang nicht durchsetzbar gewesen. Eine neue Weltwährung oder eine neue gesamt-westliche Währung würde aber garantiert mit der Abschaffung des Bargeldes einhergehen. Die Vorbereitungen dafür sind längst getroffen.

Die Abschaffung des Bargeldes wäre der absolute Supergau, das schlimmst-mögliche Szenario für die Menschheit! Es wäre schlimmer als alles, was wir bislang erlebt haben, aus dem einfachen Grund, weil es das Ende jeglicher individuellen Freiheit wäre – und zwar für immer. Während Regierungen bislang noch Mühe hatten, den Demonstrationen und persönlichen Meinungsäußerungen Herr zu werden, würde es all das bei einer rein bargeldlosen Währung nicht mehr geben. Das wäre der „Smart-Meter" in der Geldbörse. Mit einem einzigen Mausklick könnten staatliche oder private Stellen, die eine solche rein digitale Währung verwalten, bestimmen, wer was wann und wo tun darf. Es wäre dann ein Leichtes, jedem, der zu einer Demo möchte, den Kauf eines Fahrscheins oder das Auftanken des Autos zu verweigern, weil seine „Geldkarte" oder sein implantierter Chip nur noch bestimmte Zahlungen zulassen würde. Und wenn es hart auf hart käme – und das wird es –, dann könnten die zuständigen Stellen jedem ihrer „Feinde" im Sekundenbruchteil alle Zahlungen generell verbieten. Wenn westliche Staaten heute bereits ohne Probleme die Konten von führenden russischen oder iranischen Politikern sperren, dann ist es erst recht kein Problem für sie, die Konten widerspenstiger Bürger zu blockieren oder zu löschen.

Es ist wichtig, das zu verstehen! Ein rein bargeldloser Zahlungsverkehr ist das definitive Ende der Freiheit! Wer unter einem solchen Regime nicht mit den Regierenden einverstanden ist, wird keine andere Wahl mehr haben, als unter der Brücke zu schlafen. Er wird sich nicht einmal mehr ein Brötchen kaufen können, selbst wenn er theoretisch Millionen auf dem Konto hat. Die Abschaffung des Bargeldes wäre schlimmer als die Covid-Inszenierung und Energie- und Lebensmittelengpässe zusammen! Der Übergang vom derzeitigen teilweisen Bargeld-System auf rein digitale Währungen würde sicher nicht ganz reibungslos vonstattengehen. Ich gehe davon aus, dass es zu Beginn zu mehreren Parallelwährungen kommen würde. Damit meine ich nicht nur Kryptowährungen wie *Bitcoin*, *Etherium* und Co., sondern ich gehe davon aus, dass das bislang vorhandene Bargeld weiterhin in bestimmten Kreisen für bestimmte Transaktionen Verwendung finden würde. Es ist in den vergangenen Jahren von wohlhabenden Menschen sehr viel Cash physisch beiseitegelegt worden, um es vor dem direkten Zugriff des Staates zu schützen. Ich gehe davon aus, dass nicht alles davon offiziell deklariert und ordentlich versteuert wurde. Wenn es zur Abschaffung des Bargeldes käme, dann wäre es demnach schwierig, dieses alte, physische Geld in neues, digitales umzuwandeln. Das könnte also zu einer Art Parallelwährung führen, aber über kurz oder lang würden diese Banknoten vermutlich wertlos werden, da man sie im offiziellen Geldkreislauf nicht mehr verwenden könnte. Letztlich wäre der Tauschhandel die einzige „Parallelwährung“, die funktionieren könnte, so wie es auch in den Ländern der Sowjetunion über Jahrzehnte hinweg üblich war. Aber auch das wäre nur eine Nische neben der offiziellen digitalen Weltwährung, bestenfalls ein Zubrot für diejenigen, die das Spiel brav mitspielen.

Sicher wären auch Gold und Silber in einer solchen Situation Parallelwährungen, die in bestimmten Kreisen für bestimmte Transaktionen genutzt werden könnten. Da aber bei Währungsproblemen in der Vergangenheit immer wieder der Besitz und die Verwendung von Edelmetallen von staatlichen Seiten verboten wurden, dürfte uns dies auch in den 2020er-Jahren wieder blühen. Ein Bargeld-Verbot wäre also in jedem Fall eine Katastrophe für alle freiheitsliebenden Menschen.

10. Weltzentralbank und Weltregierung

Ich gehe auch davon aus, dass eine solche neue, rein digitale Währung nicht mehr staatlich kontrolliert wäre, sondern von den bereits etablierten Mitgliedern der Geheimen Weltregierung und deren neuen Zahlungsformen, wie *PayPal*, *Amazon Pay*, *Google Pay* oder *Apple Pay*, oder einer neuen Dachorganisation. Die könnte alle alten Bankenstrukturen mit den neuen Bezahlsystemen unter einen Hut bringen. Das brächte die Reichsten der Reichen ihrem Ziel einer Weltwährung und einer Weltregierung einen entscheidenden Schritt näher, denn das wäre nicht nur die Abschaffung des Bargeldes, sondern auch die Abschaffung der bisherigen Notenbanken (Zentralbanken). Damit würde sich das rein digitale „Geld" künftig auch noch den letzten staatlichen Kontrollen und den letzten demokratischen Prozessen entziehen.

Gleichzeitig könnte sich aber niemand von uns diesem Diktat entziehen. Eine digitale Weltwährung in rein privaten Händen wäre die absolute Versklavung. Wenn kein Land mehr eine eigene Währung hätte, dann gäbe es letztlich auch keine einzelnen Länder mehr. Das würde für Unzufriedene selbst das Auswandern in ein anderes Land unmöglich machen. Und weil viele Menschen immer noch glauben, dass sie solcher Knechtschaft mittels Kryptowährungen entkommen könnten, so habe ich auch für sie eine schlechte Nachricht. Denn selbst wenn die Zahlungen damit bislang teilweise anonym möglich waren, so kann jeder Kauf eines Kryptocoins nur über ein offizielles „Bankkonto" erfolgen, und das würde dann von genau den Firmen kontrolliert, die ohnehin bereits alle digitalen Daten jedes Bürgers speichern und verwalten.

Unsere bisherigen Währungen, wie der Euro und der Dollar, werden zusammenbrechen, und die Covid-Inszenierung hat durch den gesteigerten Online-Handel dafür gesorgt, dass selbst Bargeld-Liebhaber sich nach und nach daran gewöhnten, alle Zahlungen nur noch digital abzuwickeln, weil sie letztlich dazu gezwungen wurden. **Das Ende des Bargeldes wäre das Ende der freien Menschheit**, deshalb kann ich nur an alle denkenden Menschen appellieren, alles in ihrer Macht Stehende zu tun, um dies zu verhindern! Nutzen Sie Bargeld, wo es nur geht!

11. Militärherrschaft

Die Zeit bis zum totalen Kollaps des Finanzsystems wird bitter und entbehrungsreich. Das könnte zu noch mehr Protesten, Arbeitsniederlegungen und gelegentlichen Aufständen führen. Da man in den Regierungen wusste, dass es ab 2022 zu einer deutlichen Knappheit an Energie und Nahrungsmitteln kommen würde, war den Verantwortlichen auch klar, dass es zu vermehrten Unmutsbekundungen aus der Bevölkerung kommen konnte. Und sollten die Unzufriedenen sich nicht nur mehr an den Corona-Maßnahmen stören, sondern auch noch hungern und frieren, dann hatten die bislang friedlichen Proteste rasch das Potential, in Gewalt umzuschlagen. Wenn die Menschen nichts mehr zu verlieren haben, dann verlieren sie oft die Nerven.

In einer solchen Situation suchen die Machthaber immer den Schutz des Militärs. Die echten und die vermeintlichen Terroranschläge in den letzten zehn Jahren in Europa hatten scheibchenweise den Einsatz des Militärs im Inland vorbereitet. Waren ihm zuvor sehr enge Grenzen gesetzt gewesen, so wurden die Franzosen, Italiener, Deutschen und Österreicher nach und nach immer mehr daran gewöhnt, dass ihre Landesverteidiger plötzlich zunehmend polizeiliche Aufgaben übernahmen und letztlich auch bei der Durchsetzung der Corona-Maßnahmen tätig wurden.

So war es dann Ende des Jahres 2021 nur noch ein kleiner Schritt, alles so umzustrukturieren, dass die neu geschaffenen sogenannten „Krisenstäbe" der einzelnen Länder der Kontrolle des Militärs unterstellt wurden. Kannte man Soldaten an Flughäfen und in den Straßen bis vor kurzem nur aus totalitären Ländern der Dritten Welt, so waren sie ab dem Jahr 2021 für viele Europäer zur neuen Normalität geworden.

Ich hatte zuvor bereits berichtet, dass in Deutschland Generalmajor *Carsten Breuer* das Kommando über den organisatorischen Teil der Krisenlage übernommen hatte, und dasselbe geschah wenige Wochen später auch in Italien, Portugal und Österreich. Dort übernahm Generalmajor *Rudolf Striedinger* die Führung. In vielen europäischen Ländern war also nun das Militär für die Aufrechterhaltung der Ordnung zuständig, was für die nahe Zukunft nichts Gutes verhieß. Wenn das Militär de facto die Kontrolle über das eigene Land übernommen hat, kann man davon ausgehen, dass das spürbare Konsequenzen haben wird. Ich tippe daher darauf, dass es in mehreren europäischen Ländern ab 2022 zur Rationierung von Strom, Nahrungsmitteln und Medikamenten kommen wird, die dann vom Militär kontrolliert und exekutiert wird.

Angesichts der zunehmenden Massenproteste gegen die Covid-Maßnahmen gehe ich außerdem davon aus, dass es zu weiteren rigorosen Lockdowns kommen wird, um Demonstrationen und Verabredungen unterbinden zu können. Sollte dies nicht gelingen, könnten die Regierenden auch zu Mitteln der Gewalt greifen. Sie könnten nicht nur Polizei und Militär gegen die eigene Bevölkerung einsetzen, sondern auch verdeckte Organisationen und die Geheimdienste. Erst könnten sie die Demonstranten unterwandern und aus deren Reihen Gewalt gegen die Polizei lancieren, um danach noch brutaler gegen den „randalierenden Mob" und die „Staatsfeinde" vorgehen zu können – so wie wir das von der zuvor beschriebenen Geheimoperation „MKultra" bereits kennen.

Auch wenn von Seiten der Politik und der Medien oft das Gegenteil behauptet wurde, so waren es bis Ende 2021 die Polizeikräfte mehrerer europäischer Staaten, die unverhältnismäßig brutal gegen Demonstranten vorgingen und nicht umgekehrt. Vor allem die Polizei in Deutschland und in Holland stach dabei besonders negativ hervor.

Ich weiß, dass es in Teilen der Polizei und des Militärs in allen Ländern Vertreter gibt, die mit den staatlich verordneten Einschränkungen der Grundrechte nicht einverstanden sind, aber sie werden erst handeln, wenn sie das Gefühl haben, dass ein ausreichend großer Teil des Volkes das wirklich will. Denn jeder Mann und jede Frau in Uniform, die sich den Befehlen von ganz oben widersetzen und sich gegen ihre Kameraden und Kollegen stellen, nehmen ein enormes Risiko auf sich. Wenn dennoch Einzelne den Mut aufbringen sollten, das zu tun, brauchen sie unbedingt die Unterstützung des wachen Teils der Bevölkerung. **Zusammenhalt und Unterstützung sind das, was wir, neben einem kla-**

ren und ruhigen Verstand, derzeit am meisten benötigen! Wir dürfen uns nicht durch Falschmeldungen und Manipulationen von Seiten der Politik und der Medien auseinanderdividieren lassen. Wir müssen unter allen Umständen zusammenhalten! *Darum hören Sie nicht auf das, was von Seiten der Regierenden und den Massenmedien kommt, sondern vertrauen Sie Ihrem Verstand und Ihrem Instinkt.*

Die Wirtschaft und das Finanzwesen werden natürlich nicht die einzigen und vermutlich noch nicht einmal die größten Herausforderungen der kommenden Jahre werden, zumindest nicht auf der emotionalen Ebene. Auch wenn vieles, was ich beschreibe, nicht getrennt voneinander ablaufen wird, so muss ich es dennoch thematisch trennen, damit es leichter fällt, den Überblick zu behalten.

12. Das große Sterben

Das große Sterben hat begonnen, und es ist nicht mehr zu leugnen. Auch vermeintliche neue Virus-Varianten oder andere Ablenkungsmanöver werden ab 2022 nicht mehr verhindern können, dass mehr und mehr Menschen begreifen, dass die „Covid-Impfung“ tödlich ist. Mittlerweile kommen aus allen Ländern klare Hinweise darauf, dass es in 2021 zu einer deutlichen Übersterblichkeit kam und das große Sterben zusehends an Dynamik gewinnt. Vor allem im vierten Quartal 2021 haben die Sterberaten DEUTLICH zugelegt.

Der Vorstandsvorsitzende (CEO) des US-Versicherungsunternehmens *OneAmerica*, *Scott Davison*, erklärte am 30. Dezember 2021 in einer Online-Pressekonferenz, dass die Übersterblichkeit in den USA im dritten und vierten Quartal des Jahres bereits bei 40% im Vergleich zu den Jahren vor der Pandemie gelegen habe, bei weiter steigender Dynamik. Eine 10%ige Übersterblichkeit gelte bei Versicherern bereits als „Jahrhundert-Ereignis“, eine 40%ige aber ist etwas, das es noch nie zuvor in der Geschichte von Lebensversicherung gegeben hat. Dabei handelte es sich darüber hinaus nicht um alte Personen, sondern um Menschen im erwerbsfähigen Alter, also zwischen 18 und 64 Jahren. Bei den wenigsten davon wurde „Covid“ als Todesursache ausgewiesen. Außerdem sahen alle US-Versicherer einen dramatischen Anstieg an Anträgen für Berufsunfähigkeit auf Grund von dauerhaften Behinderungen.[293]

In den USA sollen im Vor-Pandemie-Jahr 2019 exakt 2.854.838 Menschen verstorben sein.[294] Wenn man also von einem vierzigprozentigen Plus für das zweite Halbjahr 2021 ausgeht, wären das rund 571.000 Tote MEHR im Jahr 2021. Für die Zukunft bedeutet das: Bei gleichbleibender Dynamik wären das im Jahr 2022 **zusätzliche 1,142 Millionen Tote** im besten Alter auf Grund der „Corona-Impfung“. Das wäre eine Gesamttodesrate für die USA von 4 Millionen Menschen – vorausgesetzt, es würde mit derselben Dynamik wie in 2021 weitergehen, was es aber vermutlich nicht wird, da sich diese Entwicklung sogar noch verstärken dürfte. Dazu kamen Millionen von dauerhaft behinderten Menschen.

Diese Zahlen bezogen sich auf die gesamten USA. Wenn man nun mit einbezog, dass es in mehreren großen republikanisch dominierten US-Bundesstaaten wie Texas und Florida nur sehr wenige Geimpfte gab, so war also die Übersterblichkeit in den Bundesstaaten mit hohen Durchimpfungsraten naturgemäß höher, also vermutlich bei (deutlich) über 50%, was bedeutet, dass all das in Regionen mit hohen Durchimpfungsraten sehr bald sehr deutlich sichtbar werden dürfte, zumal die Dynamik noch weiter zunehmen wird. Wenn man zudem bedenkt, dass die US-Bürger nur weniger als 5% der Weltbevölkerung ausmachen und weltweit in jedem „normalen“ Jahr bis 2020 rund 60 Millionen Menschen auf alle herkömmlichen Weisen starben[295], so würde eine Zunahme der Todesfälle von 50% weltweit zusätzliche 30 Millionen Impf-Tote im Jahr 2021 bedeuten. Und all das wäre erst der Anfang. Da sich alles, was ich zuvor in den Kapiteln „Die Impfung ist ‚Covid-19‘“ und „Impfschäden“ berichtete, zu bewahrheiten scheint, können wir davon ausgehen, dass die Zunahme exponentiell vonstattengehen wird, sich also die Sterbezahlen in Ländern oder Regionen mit sehr vielen Geimpften in 2022 verdoppeln könnten.

Für 2021 konnte ich noch keine gesicherten Zahlen finden, aber in Deutschland sollen im Jahr 2020 exakt 985.620 Menschen gestorben sein.[296] Wenn wir nur von einer Verdoppelung dieser Zahl in 2022 ausgehen, sollte das große Sterben dann doch für jedermann sichtbar werden, zumal es sich ja zu großen Teilen um junge, gesunde Menschen handelt, die plötzlich und unerwartet aus dem Leben scheiden werden.

Ich gehe davon aus, dass die Medien und die einschlägigen Wissenschaftler sich mit schwachsinnigen, fadenscheinigen Begründungen überbieten werden, aber da bereits Ende 2021 immer weniger Menschen den offiziellen Zahlen und Statistiken trauten, werden sie damit wohl nicht mehr durchkommen.

Sobald die einfache Formel:

2020 keine Impfung = keine Übersterblichkeit
2021 viel Impfung = hohe Übersterblichkeit

auch bei den im Geiste Schlichten angekommen ist, wird sich die Lage dramatisch verändern.

Am 12. Januar 2022 urteilte ein französisches Gericht, dass Ablebensversicherungen im Falle eines durch einen „Covid-Impfstoff" verursachten Todes nicht ausbezahlt werden müssen und begründete dies wie folgt: „*Die Nebenwirkungen des experimentellen Impfstoffs werden veröffentlicht, und der Verstorbene konnte nicht behaupten, nichts davon gewusst zu haben, als er freiwillig die Impfung nahm. Es gibt kein Gesetz oder Mandat in Frankreich, das ihn zu einer Impfung zwang. Daher ist sein Tod im Wesentlichen Selbstmord.*" Es ist zu erwarten, dass dieses bahnbrechende Urteil nicht nur in Frankreich Bestand haben wird, sondern auch Versicherungen in anderen Ländern vom Auszahlen von Lebensversicherungen befreit. Die „Covid-Impfungen" sind nicht zugelassen, sondern verfügen nur über eine Notzulassung. Nun haben wir es amtlich und schriftlich: **Sich eines der „Covid-Vakzine" spritzen zu lassen, ist Selbstmord!**[297]

Die Unfallversicherung des deutschen Automobilclubs ADAC schließt übrigens Zahlungen im Falle dauerhafter Gesundheitsschäden unter anderem bei Unfällen durch **„Kriegs- und Bürgerkriegsereignisse"** und **„Impfschäden auf Grund angeordneter Massenimpfungen"** aus.[298] Ich denke, diese Information spricht für sich.

13. Das große Trauma

Ich gehe davon aus, dass bereits im Jahr 2022, spätestens im Jahr 2023 die Übersterblichkeit nicht mehr zu verstecken sein wird. Ich denke auch, dass es sich in weiten Teilen der Bevölkerung herumsprechen wird, dass die zu befürchtenden hunderte Millionen zusätzlicher Toter weltweit nicht an der Mutation eines Erkältungsvirus gestorben sind, sondern an einer experimentellen Gentherapie, zu der man die meisten Menschen gedrängt oder gezwungen hatte und von der man wusste, dass sie ihnen schaden wird.

Sobald sich diese Erkenntnis großflächig durchsetzt und jeder in seinem Umfeld mehrere (auch junge) Menschen unerwartet verliert, wird etwas Großes passieren, das alle bisher gekannten Phänomene an Trauma, Verzweiflung und Massenhysterie in den Schatten stellen dürfte. Ich gehe davon aus, dass es dann, ganz grob eingeteilt, drei unterschiedliche Gruppen von überlebenden Menschen geben wird:

- Die einen werden völlig überrascht und überfordert sein. Da ihr Kartenhaus plötzlich und ohne Vorwarnung in sich zusammenstürzt und sie ohne jede Struktur oder Halt zurücklässt, dürften sie wohl implodieren. Die meisten von ihnen werden sich zurückziehen, weil das Erlebte für sie einfach zu groß war und sie es nicht verarbeiten können. Viele von ihnen werden freiwillig diese Erde verlassen, die anderen werden langsam aus Gram oder Verzweiflung sterben.
- Die zweite Gruppe sind jene, die mit Wut und Aggression reagieren werden, wenn sie mehrere geliebte Menschen verlieren und ihnen das wahre Ausmaß dieser Tragödie bewusst wird. Sie werden explodieren und Schuldige suchen, und sie werden sie unter den prominentesten Politikern, Wissenschaftlern und Medienvertretern finden. Das wird der Punkt sein, an dem bis dahin vermutlich friedliche Demonstrationen in Gewaltexzesse umschlagen werden.
- Und dann gibt es die Gruppe jener, die all das (zumindest in Ansätzen) kommen sahen und darauf vorbereitet waren. Sie

müssen harmonisieren. Ich hoffe, dass Sie hier dazugehören! Ich hoffe, dass diese Gruppe deutlich mehr als 10% der Bevölkerung ausmacht. Auf ihren Schultern wird sowohl die Last der Umgestaltung unserer Gesellschaft liegen als auch die Bestrafung der Schuldigen dieses Genozids. Und es besteht für mich kein Zweifel daran, dass die unerlässlich ist, um eine zukünftige Wiederholung von so etwas ein für alle Mal zu verhindern.

Wenn wir davon ausgehen, dass tatsächlich ganz grob geschätzt rund 30% der Europäer und Nordamerikaner nicht geimpft sind und auch künftig nicht sein werden, dann könnten innerhalb weniger Jahre unter Umständen nur noch ein Drittel der Bevölkerung übrig bleiben. Ich kann gar nicht anfangen, auch nur ansatzweise zu beleuchten, was das bedeuten würde, weil das ein eigenes Buch, wenn nicht gar mehrere füllen würde, aber stellen Sie sich vor, dass 2/3 aller Arbeitsplätze innerhalb kurzer Zeit unbesetzt wären, 2/3 aller Wohnungen leer stehen, 2/3 aller Autos in den Straßen vor sich hingammeln würden. Oder stellen Sie sich vor, 2/3 aller Leichenbestatter wären weg, während gleichzeitig Millionen von Menschen sterben. Ich halte dies für durchaus wahrscheinlich und realistisch, und ich bin froh, dass ich in keiner Großstadt lebe, wenn all das geschieht, ja noch nicht einmal in der Nähe.

14. Naturkatastrophen

Während ich dieses Kapitel Anfang Januar 2022 zu Ende bringe, gibt es neue, weitere Einschläge von starken Sonnenstürmen auf der Erde, die vermutlich für die derzeit zahlreichen Vulkanausbrüche und Erdbeben zuständig sind. Die Methanausgasungen aus den Ozeanen werden immer intensiver, und sie haben mittlerweile einen großen Teil der Ozonschicht über der Nordhalbkugel zerstört. Wenn es dabei bleibt, dürften kommende Energieeinschläge von Seiten der Sonne uns noch direkter und härter treffen als in den vergangenen Wochen.

Die obersten Schichten unserer Erdatmosphäre sind mittlerweile sehr stark aufgeladen, wobei die Messgeräte ungewöhnlich starke Schwankungen in den einzelnen Luftschichten zeigen und die hoch aufgeladenen Partikel in immer tiefere Luftschichten ausstrahlen. Anders ausgedrückt ist unsere Luft mittlerweile so stark aufgeladen, dass es schon regelrecht knistert, was die Wahrscheinlichkeit für einen Blackout erhöht, auch ohne einen heftigen Sonnensturm.

Die Schumann-Frequenz (die Schwingungsfrequenz an der Erdoberfläche) variiert auch deshalb von Tag zu Tag immer stärker und war zuletzt zweimal überhaupt nicht mehr messbar. Der CO_2-Gehalt in den oberen Luftschichten steigt konstant an, und die magnetischen Pole verschieben sich immer schneller, nicht nur auf Erden. Ein Polsprung, der für kurze Zeit das gesamte Magnetfeld der Erde außer Kraft setzen würde, scheint sich anzubahnen, und er hätte gravierende Auswirkungen auf alles Leben auf Erden. Forscher gehen davon aus, dass zum Beispiel das Aussterben der Neandertaler auf einen solchen Polsprung zurückzuführen ist. Was wir derzeit erleben, ist eine Verschiebung der tektonischen Platten im Erdinneren, die mit der Verschiebung der magnetischen Pole einhergeht. Das führt zu zahlreichen Erdbeben und Vulkanausbrüchen, aber es scheint auch zu einer Verschiebung der unterschiedlichen Klimazonen zu kommen. Das führt dazu, dass es in manchen Gegenden auf Erden offenbar wärmer und in anderen kälter wird.

In dem riesigen US-Bundesstaat Alaska führte das zuletzt zu Rekorden in beiden Richtungen. Im südwestlich gelegenen *Kodiak* verzeichnete man am 26. Dezember 2021 mit +19,4 °C die höchsten Dezember-Temperaturen, die dort je gemessen wurden, während in der Stadt *Ketchikan* im Südosten Alaskas am selben Tag mit -15 °C der bisherige Kälterekord gebrochen wurde.[(299)] Diese Anomalien werden vermutlich in den kommenden Jahre noch zunehmen, und es ist wichtig, immer im Hinterkopf zu behalten, dass das nicht unsere „Schuld“ ist. Dafür sind wir viel zu kleine Lichter. Was auch immer uns die dunkle Seite noch erzählen mag, diese Veränderungen sind größer als wir. Wir haben sie weder verursacht, noch können wir sie aufhalten.

Diese eben beschriebenen 14 Punkte, die aus meiner Sicht in den kommenden Jahren die Hauptthemen für uns alle sein werden, sind nicht voneinander zu trennen, auch wenn ich sie aus Gründen der Verständlichkeit so aufgeteilt habe. Vieles davon wird gleichzeitig passieren, sich überlagern und sich gegenseitig beeinflussen. Das wird kein Honiglecken, aber wir haben es kommen sehen und sind darauf vorbereitet. Alles, was wir tun können, ist wachsam zu sein und unserer inneren Führung zu vertrauen. Alles andere ist letztlich nicht mehr in unseren Händen.

Wenn Sie dieses Buch bis zu Ende gelesen haben, dann gehören Sie mit Sicherheit zu jener Gruppe von Menschen, die hier sind, um einen bewussten Wandel herbeizuführen. Ich weiß nicht, ob uns das gelingen wird, aber ich weiß, dass ich alles in meiner Macht Stehende dafür tun werde, dass dieser „Great Reset" nicht der wird, den sich die dunkle Seite der Macht vorgestellt hat. Wir müssen jetzt zusammenstehen, uns vernetzen und über uns hinauswachsen. Wir sind viele, und wir sind stark genug. Wir können das. Packen wir's an!

Anhang
Interview mit einem Testzentren-Betreiber

Am 31. Januar 2022, also mitten in den Schlusskorrekturen zu diesem Buch, hatte ich die Gelegenheit, mit dem Betreiber mehrerer Covid-Testzentren in Deutschland zu sprechen. Da wir zu diesem Zeitpunkt das Buch bereits für die Druckerei vorbereiteten, konnte ich seine Aussagen nicht mehr an den jeweils passenden Stellen in das Buch einarbeiten. Da die Aussagen dieses „Whistleblowers" aber durchaus interessant sind, entschloss ich mich dazu, das Interview kurz zusammenzufassen und in den Anhang zu packen, da es eine gute Ergänzung und Abrundung zu meinen Recherchen ist.

Mein Interviewpartner ist Geschäftsmann und kommt eigentlich aus einem völlig anderen Bereich. Aus verständlichen Gründen werde ich seinen richtigen Namen für mich behalten und ihn in den folgenden Absätzen „Mister X" nennen. Bis zur Corona-Inszenierung hatte er nichts mit dieser Materie zu tun, und ich möchte betonen, dass er bis zu unserem Gespräch auch nichts über die Hintergründe und die Hintermänner dieses Komplotts wusste. Er ist also kein „Verschwörungstheoretiker", sondern einfach ein Geschäftsmann, der sich sehr erfolgreich ein neues unternehmerisches Feld erschlossen hatte und nach und nach feststellte, dass hier einiges sehr seltsam war und es viele Ungereimtheiten gab – *„Halbwahrheiten"*, um es mit seinen Worten zu sagen.

Wie er selbst sagt, war er zu alldem gekommen *„wie die Jungfrau zum Kind"*. Er war völlig vorurteilsfrei und rein unternehmerisch an die Sache herangegangen, als er im Frühjahr 2020 erkannte, dass es von heute auf morgen weltweit einen enormen Bedarf an Masken gab, den außer den Chinesen niemand decken konnte. Ich mache es kurz: Er kaufte mit seiner Firma ein Gerät, mit dem sie Masken produzierten, die aus den uns allen bekannten Gründen weggingen wie die sprichwörtlichen „warmen Semmeln". Daraus wurde eine riesige Maskenproduktion. Da sie gute Arbeit leisteten, führte rasch eins zum anderen, und im Nu betrieb seine Firma in Deutschland auch mehrere Testzentren und erhielt die Zulassung zur Zertifizierung von allen nur erdenklichen Tests, die alles Mögliche feststellen können, von Viren und Antigenen bis hin zu T-Zellen. Es folgte im Anschluss die Beteiligung an einem Bio-Technologie-Unternehmen. Und da die Firmen von Mister X mit der sprichwörtlichen deutschen Gründlichkeit agierten (die es an manchen Orten offenbar glücklicherweise immer noch gab), wurden ihm mehr und mehr Geschäftsfelder und Kooperationen angeboten, darunter auch das Betreiben von Impfzentren, was er jedoch ablehnte.

Man kann mit Fug und Recht behaupten, dass Mister X einen wirklich guten Einblick in die technischen und geschäftlichen Aspekte der Covid-Thematik hat, zumal er unzählige Gespräche über Tests und Impfungen mit Ärzten und Beamten aus dem Gesundheitswesen führte und so auch deren Annäherung an die Materie versteht. Er hatte und hat also einen völlig anderen Zugang zu der Thematik als ich, was gerade das Spannende an unserem Gespräch war, wie wir letztlich beide feststellten.

Bevor ich nun ins Detail gehe, möchte ich festhalten, dass Mister X nicht geimpft ist und sich auch niemals impfen lassen wird, denn er weiß, was da abläuft, und damit sind wir auch schon mittendrin in unserem Gespräch, denn laut seiner Aussage waren in der dritten Januar-Woche 2022 **deutschlandweit 97% aller positiv getesteten Personen zweimal oder dreimal geimpft!** Das heißt im Klartext, dass es – in allen seinen Testzentren und unabhängig vom Standort – so gut wie keine Ungeimpften gab, die Corona-positiv waren! Das bestätigt somit das, was ich im Kapitel **„Die Impfung ist ‚Covid-19'"** beschrieben habe. Mister X bestätigt, dass der Anstieg an positiven Tests in den letzten Wochen mit der aktuellen Erkältungs- und Grippewelle korreliert. Das wiederum deutet darauf hin, dass geimpfte Personen, wie im Buch beschrieben, ein geschwächtes Immunsystem haben und anfälliger auf grippale Infekte reagieren.

Mister X betont zudem, dass alle beteiligten Personen in den Krankenhäusern und Gesundheitsämtern – und daher folglich vermutlich auch in der Politik – diese Zahlen ganz genau kennen und um die Situation wissen. Ich habe mir daraufhin die aktuellen offiziellen Zahlen angesehen und muss festhalten, dass im Bericht des Robert-Koch-Instituts (RKI) zur KW3/2022 genau das Gegenteil behauptet wird.[300] Laut RKI war die Mehrheit aller an „Covid“ erkrankten Personen nicht geimpft gewesen.

An dieser Stelle muss also jeder selbst entscheiden, wem er glaubt. Ich persönlich kann aus den Aussagen meines Informanten nur schließen, dass Anfang 2022 in Deutschland, und vermutlich in anderen Ländern auch, **in den Krankenhäusern fast nur Geimpfte behandelt wurden**. Anders sind diese Zahlen nicht zu deuten. Das deckt sich auch mit den Aussagen einzelner Ärzte und Krankenschwestern in diversen Krankenhäusern. Das, was jedoch nach außen hin kommuniziert wird, ist eindeutig eine komplett andere Geschichte.

Mister X sagt: „*Wenn ein Arzt die Aussage trifft, dass ein Patient an ‚Corona erkrankt‘ sei, also ‚Covid hat‘, dann basiert diese Aussage ausschließlich auf den Testverfahren, und nicht auf bestimmten Symptomen oder Krankheitsbildern. Ist einer positiv, dann hat er Corona.*“

Und laut Aussage meines Gesprächspartners, der über die bestmöglichen Testverfahren verfügt, kann man mit allen verwendeten Testmethoden im allerbesten Fall eine 60%ige Quote erreichen. Das heißt, dass ein positiver Test mit der modernsten und besten Technik im Idealfall nur mit 60%iger Sicherheit sagen kann, dass jemand „Corona“ haben könnte – alles immer im Konjunktiv. „*Im Grunde*“, sagt Mister X, der diese Tests durchführt, „*ist das also letztlich nichts anderes als Würfeln.*“ Damit sagt er klipp und klar, dass die gesamte Testerei völlig sinnlos ist und keinerlei Aussagekraft hat.

Da es bislang kein isoliertes SARS-CoV-2-Virus gibt, und auch Drosten seinen ursprünglichen „Test“ auf das SARS-Virus aus dem Jahr 2003 aufbaute, fragte ich ihn, was genau da denn eigentlich getestet wird. Wie testet man auf etwas, das man nicht kennt? Seine Antwort war erhellend: „***Alle verwendeten Verfahren testen auf ein künstlich erstelltes RNA-Fragment**, das die **Pharmaindustrie** herausgegeben hat.*“ Er bestätigt damit alles, was ich Ihnen bereits zuvor anhand von *Karry Mullis*’ Aussagen dargelegt habe. Hier wird nicht auf ein Virus getestet, sondern auf eine künstlich und willkürlich geschaffene Blaupause von einem Teil von etwas, das so in der realen Welt überhaupt nicht existiert. Anders ausgedrückt kann jeder Covid-Test nur belegen, dass der Getestete mit 60%iger Wahrscheinlichkeit etwas in sich hat, das einem künstlich erstellten RNA-Schnipsel gleicht, den es so aber in freier Wildbahn überhaupt nicht gibt. Nochmals zusammengefasst: Diese Tests können überhaupt nichts darüber aussagen, ob jemand mit etwas Realem infiziert ist und/oder daran erkranken könnte. Diese Tests haben den wissenschaftlichen Wert der Glaskugel einer Hellseherin auf dem Jahrmarkt. Mister X bestätigt zudem, dass diese Tests tatsächlich auf alles Mögliche anspringen, nicht nur auf alle Arten von Erkältungs- und Grippeviren (Influenza A & B, Rhinovirus), sondern auch noch auf dutzende andere Viren, wie etwa *Adeno-Viren* (die Erkrankungen der Atemwege hervorrufen) sowie beispielsweise MERS-, Mumps- und Tuberkulose-Viren (European Commission Covid-19 In Vitro Diagnostic Medical Device), und zudem auf andere Stoffe, die nichts mit einer Erkältungskrankheit im weitesten Sinne zu tun haben.

An dieser Stelle möchte ich einfügen, dass ich aus Frankreich erfuhr, dass Schüler, Studenten und Arbeitnehmer, die gerne zuhause bleiben wollen, sich vor einem Covid-Test Milch in die Nase träufeln, weil man damit angeblich immer positiv getestet wird. Auf diese Weise machen sich hunderttausende Franzosen seit geraumer Zeit einen lauen Lenz.

Zudem möchte ich an *John Magufuli*, den Staatschef von Tansania, erinnern, der am 8. Mai 2020 öffentlich kundgetan hatte, dass er Proben von Motoröl, Papayas und von Ziegen in ein Covid-Testlabor eingeschickt hatte, und das offizielle Testergebnis lautete, dass das Motoröl Covid-negativ und die eingeschickten Proben der Papaya und der Ziege Covid-positiv gewesen waren.

Zurück zu Mister X: Wir kamen von den Tests zu den Impfungen. Wie ich im Buch beschrieben habe, gibt es Behauptungen, wonach bei den Impfstoffen unterschiedliche Chargen unterschiedlich gefährlich sein sollen, also voneinander abweichende Inhaltsstoffe beziehungsweise Informationen enthalten sollen. Zudem hatten John O'Looney und andere Insider behauptet, dass zu Beginn der Impfkampagne vorwiegend Placebos verspritzt worden sind. Es gab auch Stimmen in Expertenkreisen, die spekulierten, dass die Nebenwirkungen der Impfungen auch mit der Blutgruppe zu tun haben könnten. Die Antwort von Mister X auf diese Fragen war nur zum Teil erhellend. Er bestätigte, dass alle mRNA- und Vektor-Impfstoffe „codiert" sind. Trotz seiner zahlreichen Kontakte zu Experten in Bio-Technologie-Unternehmen, Forschungseinrichtungen und Laboren konnte ihm jedoch bislang keiner sagen, was genau diese Codierungen bedeuteten oder bewirkten, weil es schlicht und ergreifend selbst die meisten Experten nicht wussten. Es war klar, dass unterschiedliche Codes Hinweise darauf gaben, dass die verschiedenen Chargen unterschiedliche Wirkungen hervorriefen, aber außer den Herstellern dieser Impfstoffe kannte keiner die Formeln, um diese Codes zu entschlüsseln.

Er erklärte mir, dass Experten aus dem Medizinbereich ihm in einem vertraulichen Gespräch gesagt hatten, dass sie selbst nicht wüssten, welche Chargen der Impfstoffe welche Inhaltsstoffe enthielten oder wie sie codiert waren. Sie sollen gesagt haben, dass es ihnen so vorkommt, als würden sie für die Pharmaunternehmen Humanstudien durchführen, ähnlich wie bei der Zulassung zur Einführung eines neuen Medikaments. Einen Zusammenhang zwischen Blutgruppen und Impfnebenwirkungen konnte Mister X also nicht bestätigen. Seiner Einschätzung nach waren aber alle oder zumindest die meisten Chargen vor August 2021 in Deutschland Placebos. Erst ab Herbst 2021 sind demnach die echten codierten Impfstoffe unters Volk gebracht worden. Seitdem war auch die Zahl der positiv Getesteten sehr deutlich angestiegen.

Wenn ich all das in einen Kontext mit den Aussagen von John O'Looney stelle, dann ergibt sich ein sehr interessantes Bild, das in sich stimmig ist. Denn der englische Bestattungsunternehmer hatte von der ersten Sterbewelle im Zuge der Impfkampagne in England zwischen Mitte Februar und Mitte Mai 2021 gesprochen. Danach war für mehrere Monate Ruhe. Er sagte, dass bis zum Sommer seines Wissens nach 85% aller Impfdosen Placebos waren und erst im September das wirklich große Sterben einsetzte. Es wäre also durchaus schlüssig, dass man etwa in England im Februar 2021 als Experiment eine bestimmte Charge in Umlauf brachte, die viele Impfnebenwirkungen, inklusive vieler Todesfälle, mit sich brachte. In anderen Ländern wie Deutschland wartete man hingegen vielleicht noch ab, um zu sehen, was in England passieren würde – vielleicht weil selbst die Macher dieser Gentechnik-Spritzen nicht sicher waren, was sie bewirken würden. Schließlich mussten sie vermeiden, dass das große Sterben zu rasch einsetzte, weil die Mehrheit der Menschen die Impfung sonst verweigert hätte.

Alle Zahlen belegen, dass die Sterberaten nach der Impfung in der westlichen Welt im Herbst 2021 dramatisch anstiegen, also mit den Zweit- und Drittimpfungen. Wenn ich alle bisherigen Informationen zusammennehme, dann scheint es nicht ein einziger Faktor zu sein, wie etwa nur die Chargennummer oder die Blutgruppe, der darüber entscheidet, ob ein Geimpfter erkrankt oder stirbt oder auch nicht. Es scheint auch nicht allein seine Konstitution und der Zustand seines Immunsystems entscheidend zu sein. Vielmehr dürfte ein Zusammenspiel zahlreicher Faktoren darüber entscheiden, ob ein Geimpfter Impfschäden davonträgt oder nicht. In Bezug auf diese Faktoren und ihr Zusammenwirken wissen wir bislang offenbar nur sehr wenig, da die Hersteller der Impfstoffe nötige Informationen zurückhalten. Es wäre also dringend notwendig, dass die Hersteller dieses Gentechnik-Experiments von Seiten der Staaten und deren Gesundheitsbehörden dazu gezwungen werden, die Karten auf den Tisch zu legen.

Ein weiterer Faktor in dem Zusammenhang ist laut Mister X die Tatsache, dass in einigen von ihm aus beruflichen Gründen besuchten Impfzentren sehr ungenau gearbeitet wurde. So beschreibt er, dass dort oftmals unerfahrenes Personal zu Gange war, das gar nicht in der Lage war, die vorgegebenen Mengenangaben beim Verspritzen des Impfstoffs einzuhalten. Demnach bekamen die einen Versuchskaninchen weniger Impfstoff, als vom Hersteller empfohlen, und die anderen wiederum mehr – das waren dann meist diejenigen, die an Ort und Stelle direkt nach dem „Piks“ kollabierten.

Das war die grobe Zusammenfassung meines Gesprächs mit einem Insider aus dem Bereich der Corona-Testverfahren und allem, was damit zusammenhängt. Mehr konnte und durfte er mir zu diesem Zeitpunkt übers Telefon nicht sagen. Ein persönliches Treffen haben wir zwar zeitnah ins Auge gefasst, es kann jedoch erst nach Fertigstellung dieses Buches stattfinden. Ich wollte aber die aktuellen Informationen unbedingt noch mit unterbringen.

Ich würde es abschließend so zusammenfassen: Mein Gesprächspartner steht vermutlich exemplarisch für eine Vielzahl von Menschen, die – anders als ich – zu Beginn der Corona-Inszenierung tatsächlich an das Virus und seine Gefährlichkeit glaubten. Als Geschäftsmann reagierte er geschickt und versuchte, auf die sich veränderten Marktgegebenheiten zu reagieren, um weiterhin arbeiten und Geld verdienen zu können. Wie er werden vermutlich viele Menschen versucht haben, von der veränderten Situation zu profitieren, was grundsätzlich nicht verwerflich ist. Und wie er werden viele dieser Menschen, die nach und nach Einblicke in das tatsächliche Geschehen erhielten, langsam aber sicher begriffen haben, dass hier einiges extrem faul ist. Deshalb hoffe ich auch, dass ich gerade diese Menschen mit meinem Buch erreichen kann, weil wir nur dann dazu in der Lage sein werden, diesen Krieg gegen die Menschheit zu stoppen, wenn wir all unser Wissen, all unsere Informationen und unsere Kräfte bündeln.

Ich danke Mister X für seinen Mut und seine Offenheit, und ich danke allen anderen Menschen, die dabei mithelfen, diesen groß angelegten Irrsinn zu beenden. Ich hoffe, dass noch viele von ihnen die Courage finden, aus der Deckung zu gehen, und Anstand und Menschlichkeit über persönliche finanzielle Interessen stellen. Wir alle tragen Verantwortung, und zwar nicht nur für uns selbst, sondern auch für das Kollektiv, für die gesamte Menschheit. Wir sollten dringend damit anfangen, uns dementsprechend zu verhalten.

Literatur- und Quellenverzeichnis

1. www.theguardian.com/us-news/video/2020/nov/09/joe-biden-us-still-facing-very-dark-winter-despite-promising-coronavirus-vaccine-news-video
2. www.forbes.com/sites/amymorin/2016/06/15/this-is-how-your-thoughts-become-your-reality/
3. www.economist.com/international/2020/08/18/the-covid-19-pandemic-will-be-over-by-the-end-of-2021-says-bill-gates
4. www.ted.com/talks/bill_gates_innovating_to_zero/transcript
5. www.statnews.com/2020/03/17/a-fiasco-in-the-making-as-the-coronavirus-pandemic-takes-hold-we-are-making-decisions-without-reliable-data/
6. www.myzitate.de/gefuhle/
7. www.youtube.com/watch?v=1bumPyvzCyo
8. www.forschung-und-wissen.de/nachrichten/medizin/untersterblichkeit-in-deutschland-trotz-covid-19-pandemie-13375462
9. Report sulle caratteristiche dei pazienti deceduti positivi a COVID-19 in Italia Il presente report è basato sui dati aggiornati al 17 Marzo 2020
10. www.iltempo.it/attualita/2021/10/21/news/rapporto-iss-morti-covid-malattie-patologie-come-influenza-pandemia-disastro-mortalita-bechis-29134543/).
11. www.epochtimes.de/politik/deutschland/rki-chef-deutschland-ein-einziger-grosser-ausbruch-a3647962.html
12. www.youtube.com/watch?v=iWOJKuSKw5c
13. www.bitchute.com/video/16TMd42VcJUH/
14. https://principia-scientific.com/irish-government-admits-covid-19-does-not-exist/
15. www.zerohedge.com/covid-19/chinese-military-discussed-weaponizing-covid-2015-cause-enemys-medical-system-collapse)
16. www.armstrongeconomics.com/world-news/corruption/did-bill-gates-buy-the-cdc/
17. https://childrenshealthdefense.org/news/the-truth-about-fauci-featuring-dr-judy-mikovits/?eType=EmailBlastContent&eId=86cad761-a1ac-4464-914f-e2548d6f9050
18. „Research on Highly Pathogenic H5N1 Influenza Virus: The Way Forward", 2012 Oct 9
19. www.ncbi.nlm.nih.gov/pmc/articles/PMC3484390/
20. www.youtube.com/watch?v=DNXGAxGJgQI&feature=emb_logo
21. www.newswars.com/fda-announces-that-cdcs-pcr-test-failed-review-will-have-emergency-use-authorization-revoked/
22. www.bostonglobe.com/2020/03/17/opinion/we-need-manhattan-project-fight-coronavirus-pandemic/
23. www.independent.co.uk/news/world/americas/us-politics/fauci-trump-covid-vaccine-b1823979.html
24. www.thelastamericanvagabond.com/operation-warp-speed-is-using-a-cia-linked-contractor-to-keep-covid-19-vaccine-contracts-secret/
25. www.naturalblaze.com/2020/10/operation-warp-speed-is-using-a-cia-linked-contractor-to-keep-covid-19-vaccine-contracts-secret.html
26. www.forsmarshgroup.com/
27. www.govconwire.com/2021/08/fmg-to-continue-supporting-covid-19-vaccine-awareness-effort-under-hhs-contract/

28. www.govconwire.com/2021/08/fmg-to-continue-supporting-covid-19-vaccine-awareness-effort-under-hhs-contract/
29. www.merriam-webster.com/legal/syndicator
30. www.forsmarshgroup.com/capabilities/behavior-change/
31. https://t3n.de/news/datenfirma-palantir-verbucht-hohe-1316001/
32. www.wiwo.de/technologie/forschung/boersengang-wie-die-cia-palantir-gross-gemacht-hat/26219472.html
33. www.theguardian.com/world/2021/apr/02/seeing-stones-pandemic-reveals-palantirs-troubling-reach-in-europe
34. https://en.wikipedia.org/wiki/In-Q-Tel
35. www.epochtimes.de/meinung/gastkommentar/kommt-die-dritte-diktatur-a3640055.html
36. https://doctors4covidethics.org/members-of-the-european-parliament-take-a-historic-stand-against-vaccine-mandates-medical-coercion-and-tyranny/
37. https://en.wikipedia.org/wiki/Margaret_Hamburg
38. https://biodefensecommission.org/teams/margaret-a-hamburg/
39. www.spektrum.de/lexikon/biologie/genozid/27391
40. You Don't Say, by Fred Gielow, 1999, page 189
41. www.lifesitenews.com/news/video-ted-turner-reduce-population-by-five-billion-people/
42. www.epochtimes.de/politik/deutschland/gruene-wollen-ungeimpfte-identifizieren-a3638292.html
43. https://de.rt.com/inland/126781-leiter-berliner-krisenstabs-seibert-fordert/
44. www.bbc.com/news/uk-england-beds-bucks-herts-52193244
45. https://en.wikipedia.org/wiki/Midazolam#Procedural_sedation
46. www.bitchute.com/video/oxBDi0tJteHC/
47. www.msn.com/de-ch/nachrichten/international/w%C3%A4hrend-t%C3%A4glich-tausende-starben-indische-%C3%A4rzte-spritzten-in-fake-impfzentren-kochsalzl%C3%B6sung/ar-AALOtvx
48. https://dailytelegraph.co.nz/covid-19/crisis-in-slovenia-whistleblower-nurse-says-politicians-receive-saline-instead-of-mrna-jab/
49. https://archiv.ub.uni-marburg.de/diss/z2006/0081/)
50. https://endpts.com/biontech-partners-with-bill-and-melinda-gates-foundation-scoring-55m-equity-investment-novartis-sells-china-unit/
51. www.kleinezeitung.at/international/corona/5947609/Impfungen_AstraZenecaCharge-nach-Todesfall-eingezogen
52. www.gatesnotes.com/health/what-you-need-to-know-about-the-covid-19-vaccine
53. www.zentrum-der-gesundheit.de/grippeimpfung-nebenwirkungen-ia.html
54. https://pubmed.ncbi.nlm.nih.gov/12725690/
55. https://corona-ausschuss.de/wp-content/uploads/2020/11/AdE_Deu-1.pdf
56. https://corona-transition.org/professor-dolores-cahill-menschen-werden-nach-einer-mrna-impfung-sterben
57. https://corona-transition.org/professor-dolores-cahill-menschen-werden-nach-einer-mrna-impfung-sterben
58. www.br.de/nachrichten/wissen/stiko-impfung-gegen-corona-und-grippe-parallel-moeglich,SjwEupR

59. www.presse.online/2020/11/14/virologin-brinkmann-erklaert-warum-sars-cov-2-so-gefaehrlich-ist/
60. www.welt.de/politik/deutschland/article206939831/Nach-Corona-Erkrankung-Karl-Lauterbach-warnt-vor-bleibenden-Schaeden.html
61. www.newscientist.com/article/2268379-two-coronavirus-variants-have-merged-heres-what-you-need-to-know/
62. https://visionlaunch.com/planned-demic-patents-prove-covid-fraud-and-illegal-dealings/
63. www.ncbi.nlm.nih.gov/books/NBK349040/
64. https://nypost.com/2021/07/01/pentagon-gave-millions-to-ecohealth-alliance-for-wuhan-lab/
65. https://de.wikipedia.org/wiki/Peter_Daszak
66. https://de.wikipedia.org/wiki/Europ%C3%A4ische_Arzneimittel-Agentur
67. www.ots.at/presseaussendung/OTS_20210401_OTS0032/fpoe-hauser-ema-direktorin-hat-ihr-ganzes-arbeitsleben-mit-lobbying-fuer-die-pharmaindustrie-verbracht
68. www.kekstcnc.com/media/2793/kekstcnc_research_covid-19_opinion_tracker_wave-4.pdf)
69. https://orf.at/stories/3194733/)
70. www.bmjv.de/SharedDocs/Zitate/DE/2020/111220_Corona-Schutzimpfungen.html
71. www.youtube.com/watch?v=2KXZU1vfD1g
72. www.pbs.org/wgbh/nova/doctors/oath_modern.htm
73. www.youtube.com/watch?v=2KXZU1vfD1g
74. www.aerzteblatt.de/archiv/194127/Weltaerztebund-Hippokratischer-Eid-fuer-Aerzte-modernisiert
75. www.zaronews.world/zaronews-presseberichte/unsere-zahlen-sind-unsinn-deutscher-chef-des-weltaerztebundes-ueber-corona-krise/
76. www.deutschlandfunk.de/weltaerztebund-zur-corona-pandemie-wir-sind-in-einer-dauer-100.html
77. https://de.rt.com/nordamerika/126637-covid-19-top-us-worterbuch/
78. https://gibtsdochblog.wordpress.com/2020/11/05/andersdenkende-physisch-beseitigen
79. https://unser-mitteleuropa.com/wp-content/uploads/2021/12/icc-complaint-7.pdf
80. https://unser-mitteleuropa.com/wp-content/uploads/2021/12/icc-complaint-7.pdf)
81. https://de.wikipedia.org/wiki/N%C3%BCrnberger_Kodex
82. https://thepostmillennial.com/eu-chief-nuremberg-code
83. https://omny.fm/shows/on-point-with-alex-pierson/new-peer-reviewed-study-on-covid-19-vaccines-sugge
84. www.youtube.com/watch?v=VyE5b-i3oak
85. https://cleverjourneys.com/2021/06/25/vaccinated-cases-of-anaphylaxis-bells-palsy-guillain-barre-rapidly-rising/https://cleverjourneys.com/2021/06/25/vaccinated-cases-of-anaphylaxis-bells-palsy-guillain-barre-rapidly-rising/
86. COVID Vaccines May Bring Avalanche of Neurological Disease – Special Interview by Dr. Mercola With Stephanie Seneff, Ph.D. May 25, 2021
87. www.swr.de/wissen/corona-biontech-impfstoff-einfluss-auf-angeborene-immunantwort-100.html
88. www.ahajournals.org/doi/10.1161/CIRCRESAHA.121.318902

89. Experten zu Impfkampagne in Israel: Noch nie hat ein Impfstoff so viele Menschen geschädigt, Epoch Times 10. Mai 2021
90. Experten zu Impfkampagne in Israel: Noch nie hat ein Impfstoff so viele Menschen geschädigt, Epoch Times 10. Mai 2021
91. https://thehill.com/news-by-subject/healthcare/528619-pfizer-chairman-were-not-sure-if-someone-can-transmit-virus-after
92. Department of Molecular Biosciences, The Wenner–Gren Institute, Stockholm University, SE-10691 Stockholm, Sweden, SARS–CoV–2 Spike Impairs DNA Damage Repair and Inhibits V(D)J Recombination In Vitro
93. www.mdpi.com/1999-4915/13/10/2056)
94. https://twnews.co.uk/de-news/novavax-ist-kein-corona-totimpfstoff-experte-fleht-kann-man-bitte-aufhoren
95. https://dailyexpose.uk/wp-content/uploads/2021/09/FOI-21-907-Response-1.pdf
96. https://dailyexpose.uk/2021/09/25/uk-medicine-regulator-confirms-there-have-been-four-times-as-many-deaths-due-to-the-covid-19-vaccines-in-8-months-than-deaths-due-to-all-other-vaccines-combined-in-20-years/
97. www.archyde.com/what-is-pfizergate/
98. www.medindia.net/news/study-gives-details-on-cause-of-anaphylaxis-after-covid-19-vaccination-200698-1.htm
99. www.cureus.com/articles/82331-covid-19-vaccine-induced-pneumonitis-myositis-and-myopericarditis
100. https://aktuelles.uni-frankfurt.de/forschung/erhoehtes-thromboserisiko-nach-corona-impfung/
101. https://reitschuster.de/post/ema-datenbank-liefert-irrsinnige-zahlen-zu-impfschaeden/)
102. https://tkp.at/2021/10/15/erhoehte-krebsgefahr-durch-covid-impfungen/
103. www.epochtimes.de/gesundheit/bis-zu-90-prozent-fehlgeburten-forscher-fordern-impfstopp-fuer-schwangere-a3644984.html
104. www.berliner-zeitung.de/news/impfdurchbrueche-zahl-der-patienten-auf-intensivstationen-nimmt-sprunghaft-zu-li.194251
105. www.wiwo.de/politik/deutschland/impfdurchbrueche-koennen-vollstaendig-geimpfte-das-coronavirus-uebertragen/27801188.html
106. https://jhsphcenterforhealthsecurity.s3.amazonaws.com/181009-gcbr-tech-report.pdf
107. https://pflegefueraufklaerung.de/johns-hopkins-universitaet-und-pfizer-warnen-vor-sich-selbst-ausbreitenden-impfstoffen/
108. www.wochenblick.at/corona/geimpfte-werden-super-verbreiter-und-sondern-spike-protein-ab/
109. https://report24.news/dr-wodarg-antwortet-gentechnik-bei-novavax-und-valneva-shedding-und-mehr/?feed_id=7423
110. https://lichtnahrung2015.wordpress.com/2021/02/09/johns-hopkins-university-bestatigt-impfverweigerer-konnen-mittels-pcr-test-geimpft-werden/
111. www.bz-berlin.de/welt/als-merkel-wuhan-besuchte-war-die-corona-seuche-schon-im-anflug
112. www.buzer.de/24_SGB_14.htm
113. www.mayoclinic.org/drugs-supplements-vitamin-c/art-20363932
114. www.mayoclinic.org/drugs-supplements-vitamin-c/art-20363932

115. www.netdoktor.de/ernaehrung/vitamin-c/
116. www.askdrray.com/adequate-vitamin-d-level-strengthens-the-immune-system/
117. The role of vitamin D in the prevention of coronavirus disease 2019 infection and mortality, Ilie, Stefanescu, Smith
118. Structural stability of SARS-CoV-2 3CLpro and identification of quercetin as an inhibitor by experimental screening, Olga Abian et.al., 1. Dezember 2020
119. www.internetchemie.info/news/2020/mar20/struktur_der_hauptprotease_des_coronavirus.php
120. https://drjacobsinstitut.de/wp-content/uploads/2021/11/Die-zentrale-Rolle-der-Mastzellaktivierung_211123.pdf
121. https://drjacobsinstitut.de/downloads-presse/
122. The therapeutic efficacy of quercetin in combination with antiviral drugs in hospitalized COVID-19 patients: A randomized controlled trial, MojtabaShohan et.al.)
123. Potential Clinical Benefits of Quercetin in the Early Stage of COVID-19: Results of a Second, Pilot, Randomized, Controlled and Open-Label Clinical Trial, Di Pierro F et.al, 11. Juni 2021
124. www.naturstoff-medizin.de/artikel/swiss-policy-research-empfiehlt-quercetin-und-zink-gegen-covid-19/
125. www.ncbi.nlm.nih.gov/pmc/articles/PMC8264737/
126. https://regenerationinternational.org/2021/04/05/vandana-shiva-bill-gates-empires-must-be-dismantled/
127. www.nakedcapitalism.com/2021/05/i-dont-know-of-a-bigger-story-in-the-world-right-now-than-ivermectin-ny-times-best-selling-author.html
128. www.spektrum.de/news/ein-medizinnobelpreis-fuer-medizin/1369470
129. https://thedialogue.co.in/article/xUzw6XHHop9nYzFt8Crf/as-cases-spike-up-govt-prescribes-ivermectin-to-general-public-for-protection-from-corona-
130. https://ivmmeta.com/
131. https://c19ivermectin.com/
132. https://metabolicmanagement.com/wp-content/uploads/2022/01/Covid-Nutrient-Considerations.pdf
133. https://faculty.utrgv.edu/eleftherios.gkioulekas/zelenko/ZelenkoProtocol.pdf
134. https://internetprotocol.co/hype-news/2020/07/03/studies-confirm-that-dr-zelenko-protocol-is-effective-against-covid-19/
135. https://covid19criticalcare.com/covid-19-protocols/
136. www.naturstoff-medizin.de/artikel/swiss-policy-research-empfiehlt-quercetin-und-zink-gegen-covid-19/
137. www.reuters.com/world/asia-pacific/vaccinated-singapore-shows-zero-covid-countries-cost-reopening-2021-10-22/
138. https://de.statista.com/statistik/daten/studie/1203308/umfrage/impfstoffabdeckung-der-bevoelkerung-gegen-das-coronavirus-nach-laendern/#professional
139. http://themostimportantnews.com/archives/something-really-strange-is-happening-at-hospitals-all-over-america
140. www.focus.de/gesundheit/news/nur-zum-teil-durch-corona-erklaerbar-uebersterblichkeit-in-deutschland-ist-viel-hoeher-als-sie-nach-berechnung-sein-sollte_id_24502908.html

141. https://praxistipps.focus.de/uebersterblichkeit-in-deutschland-statistiken-zu-2020-und-2021_128473
142. https://ansage.org/kein-wunder-uebersterblichkeit-in-deutschland-steigt-rasant/
143. www.krone.at/2304793
144. www.epochtimes.de/politik/ausland/experten-zu-impfkampagne-in-israel-noch-nie-hat-ein-impfstoff-so-viele-menschen-geschaedigt-a3508760.html
145. https://openvaers.com/openvaers/openvaers-deaths
146. https://vaersanalysis.info/2021/12/03/vaers-summary-for-covid-19-vaccines-through-11-26-2021/
147. www.medalerts.org/vaersdb/findfield.php?TABLE=ON&GROUP1=AGE&EVENTS=ON&VAX=COVID19&DIED=Yes
148. https://citizenfreepress.com/column-3/whistleblower-50000-medicare-patients-died-soon-after-getting-vaccine/
149. www.vienna.at/todefaelle-durch-corona-impfungen-mit-oder-an-der-impfung-gestorben/7068181
150. https://de.rt.com/inland/129778-statistisches-bundesamt-meldet-hoechste-uebersterblichkeit-seit-1946/
151. https://kurier.at/chronik/oesterreich/mehr-als-die-haelfte-der-covid-patienten-in-oberoesterreich-geimpft/401789111
152. https://newsrescue.com/controversy-as-israeli-stats-report-appears-to-suggest-40-times-higher-deaths-in-elderly-after-1st-but-before-2nd-pfizer-dose-than-from-covid/
153. https://publichealth.jhu.edu/2021/what-is-herd-immunity-and-how-can-we-achieve-it-with-covid-19
154. https://de.rt.com/afrika/128987-nach-auftreten-omikron-variante-sudafrika/
155. www.europereloaded.com/president-of-croatia-exposes-media-for-spreading-panic-about-covid-19-says-no-more-vaccination-allowed-in-his-country
156. www.1000dokumente.de/index.html?c=dokument_de&dokument=0200_goe&object=translation
157. www.epochtimes.de/politik/deutschland/rki-chef-deutschland-ein-einziger-grosser-ausbruch-a3647962.html
158. www.foxnews.com/story/2010/11/12/glenn-beck-making-puppet-master/
159. www.livemint.com/Opinion/vMhn5F3UZO8miWQ86TnXmK/George-Soros--Europe-at-war.html
160. www.project-syndicate.org/commentary/finance-european-union-recovery-with-perpetual-bonds-by-george-soros-2020-04/german
161. www.bbc.com/news/av/51917380
162. https://summit.news/2020/11/12/uk-pm-meets-with-bill-gates-to-discuss-implementing-global-vaccine-program/
163. www.krone.at/2304793
164. www.1000dokumente.de/index.html?c=dokument_de&dokument=0200_goe&object=translation
165. www.spiegel.de/politik/deutschland/corona-in-deutschland-grosse-mehrheit-laut-spiegel-umfrage-fuer-impfpflicht-a-efa74ee2-1229-44f9-b07a-a113ad547088

166. www.bundeskanzleramt.gv.at/bundeskanzleramt/nachrichten-der-bundesregierung/2021/11/bundeskanzler-alexander-schallenberg-zu-neuerlichen-einschraenkungen-wir-muessen-der-realitaet-ins-auge-sehen.html
167. www.israel-nachrichten.org/archive/8096
168. www.youtube.com/watch?v=asrNEhgH09Q
169. www.1000dokumente.de/index.html?c=dokument_de&dokument=0200_goe&object=translation
170. www.bundeskanzleramt.gv.at/bundeskanzleramt/nachrichten-der-bundesregierung/2021/10/bundeskanzler-schallenberg-die-impfung-ist-das-einzige-exit-ticket-aus-dieser-pandemie.html
171. www.1000dokumente.de/index.html?c=dokument_de&dokument=0200_goe&object=translation
172. www.1000dokumente.de/index.html?c=dokument_de&dokument=0200_goe&object=translation
173. www.gmx.net/magazine/news/coronavirus/einigkeit-schaerfere-corona-massnahmen-streit-fahrplan-36386410
174. www.1000dokumente.de/index.html?c=dokument_de&dokument=0200_goe&object=translation
175. www.1000dokumente.de/index.html?c=dokument_de&dokument=0200_goe&object=translation
176. https://twitter.com/DustinJohan/status/1474500479027716099
177. https://twitter.com/spdbt/status/1466320902191255553
178. https://twitter.com/sarahbosetti/status/1466829037645582341
179. www.tichyseinblick.de/feuilleton/medien/zdf-komikerin-spaltung-blinddarm/
180. www.spd-rhaunen.de/meldungen/49003-gegen-das-vergessen-nie-wieder/
181. https://corona-transition.org/in-schottland-waren-89-prozent-der-covid-19-toten-geimpft
182. https://multipolar-magazin.de/artikel/ich-kann-nicht-mehr
183. www.spiegel.de/wirtschaft/soziales/fernsehauftritt-aerzte-lobbyist-verteidigt-schmiergeld-fuer-mediziner-a-649617.html
184. www.businessinsider.de/politik/deutschland/bis-zu-24-000-euro-extra-im-monat-so-viel-verdienen-aerzte-in-der-corona-pandemie-c/
185. www.zerohedge.com/political/sens-cruz-paul-blast-astounding-authoritarian-fauci-i-am-science-claim
186. www.elks.org/magazinescans/1956-08C.pdf
187. www.nytimes.com/2020/12/04/business/melinda-gates-interview-corner-office.html
188. www.theglobeandmail.com/amp/news/world/scientists-deaths-are-under-the-microscope/article4134797/?__twitter_impression=true
189. https://summit.news/2021/11/11/bolsonaro-confronts-who-chief-people-are-dying-after-the-second-dose/
190. www.zerohedge.com/covid-19/bolsonaro-confronts-who-chief-people-are-dying-after-second-dose
191. www.dailymail.co.uk/news/article-9052247/WHO-chief-Tedros-Ghebreyseus-accused-aiding-genocide-Ethiopia-nobel-peace-prize-nominee.html
192. www.reuters.com/article/us-health-who-idUSKBN18J278)

193. www.aerztefueraufklaerung.de/thema/kinder-corona-und-eine-kurskorrektur/index.php
194. www.uke.de/allgemein/presse/pressemitteilungen/detailseite_104081.html
195. https://axelkra.us/mehr-covid-selbstmorde-als-covid-todesfaelle-bei-kindern-aier/
196. www.presse-lexikon.de/2021/04/09/kinderpsychiatrien-sind-masslos-ueberfuellt/
197. https://strom-report.de/strompreise/strompreisentwicklung/
198. www.tagesschau.de/wirtschaft/verbraucher/strompreise-deutschland-vergleich-rekordhoch-eeg-101.html
199. www.achgut.com/artikel/woher_kommt_der_strom_kw_46_es_ist_erschuetternd
200. www.buergerdialog-stromnetz.de/artikel/netzstabilitaet-als-wirtschaftsfaktor/
201. https://fortune.com/2021/09/16/the-u-k-went-all-in-on-wind-power-never-imaging-it-would-one-day-stop-blowing/
202. www.bloomberg.com/news/articles/2021-09-13/u-k-power-prices-hit-record-as-outages-low-winds-cut-supply
203. www.boersennews.de/nachrichten/artikel/f-nf-tage-nach-sturm-tausende-britische-haushalte-weiter-ohne-strom/3349086/
204. www.epochtimes.de/umwelt/klima/energiewende-zerstoert-die-umwelt-teil-2-naturwissenschaftler-windkraftanlagen-foerdern-duerre-a3516840.html
205. „Institute of Atmospheric Physics, Chinese Academy of Sciences“ / Huang et al.
206. Standortgebunden abgeschöpfter Wind verursacht „Windsterben“ – Windflaute stürzt Europa und die Welt in eine Dürre-Katastrophe
207. Standortgebunden abgeschöpfter Wind verursacht „Windsterben“ – Windflaute stürzt Europa und die Welt in eine Dürre-Katastrophe
208. www.vi-rettet-brandenburg.de/intern/dokumente/Windsterben.pdf
209. www.anti-spiegel.ru/2021/eu-verbraucht-gas-im-rekordtempo-weissrussland-droht-mit-blockade-des-gastransits/
210. www.zerohedge.com/geopolitical/nato-takes-another-beating-eu-adopts-controversial-paper-which-undermines-it
211. www.gruene-bundestag.de/themen/mobilitaet
212. https://en.wikipedia.org/wiki/Electric_vehicle
213. www.morgenpost.de/berlin/article206746493/Neue-Probleme-E-Busse-muessen-wieder-in-der-Werkstatt.html
214. www.welt.de/vermischtes/article226089311/Elektrobusse-der-Berliner-BVG-haben-ein-Kaelteproblem.html
215. www.bbc.co.uk/news/health-53409521?at_custom1=%5Bpost+type%5D&at_custom4=373A8206-C667-11EA-B9A4-24203A982C1E&at_medium=%20custom7&at_campaign=64&at_custom3=BBC+News&at_custom2=facebook_page
216. https://de.statista.com/statistik/daten/studie/163405/umfrage/pkw-bestand-in-ausgewaehlten-europaeischen-laendern/
217. www.epochtimes.de/panorama/tech/brennende-e-autos-loeschen-nur-mit-sepzialausruestung-viel-zeit-a3026474.html
218. www.zerohedge.com/markets/after-two-recalls-gm-finally-just-tells-bolt-ev-owners-dont-park-your-car-within-50-feet
219. www.tatsachen-ueber-deutschland.de/de/nachhaltigkeit-und-umwelt/elektromobilitaet-als-wichtiges-zukunftsthema-der-umweltbranche

220. www.tatsachen-ueber-deutschland.de/de/nachhaltigkeit-und-umwelt/elektromobilitaet-als-wichtiges-zukunftsthema-der-umweltbranche
221. www.epochtimes.de/umwelt/elektroautos-belasten-das-klima-mehr-als-ein-dieselauto-hans-werner-sinn-verteidigt-studie-zur-klimabilanz-von-e-autos-a2867265.html
222. http://blog.gorozen.com/blog/exploring-lithium-ion-electric-vehicles-carbon-footprint
223. www.gmx.net/magazine/gesundheit/diesel-verbot-loesung-feinstaub-problem-32744564
224. www.autozeitung.de/schadstoffe-feinstaub-CO□-klimasuender-189741.html#
225. https://de.wikipedia.org/wiki/Reifenverschlei%C3%9F
226. www.realclearenergy.org/articles/2021/11/21/joe_bidens_war_against_alaska_benefits_russia_804480.html?mc_cid=3a288051f9&mc_eid=891d8cfdc0
227. https://climatism.wordpress.com/2013/09/17/the-creator-fabricator-and-proponent-of-global-warming-maurice-strong/
228. www.climatemonitor.it/wp-content/uploads/2009/12/1974.pdf
229. www.berggruen.org/work/21st-century-council/
230. www.dnb.com/business-directory.html
231. https://a.plant-for-the-planet.org/de/imprint
232. https://juergenfritz.com/2019/04/18/fridays-for-future-wer-dahinter-steckt/
233. www.cicero.de/kultur/fridays-for-future-clemens-traub-streitschrift-elite-klimawandel
234. www.cbc.ca/news/canada/north/too-many-polar-bears-1.4901910
235. www.theguardian.com/world/2018/nov/13/polar-bear-numbers-canadian-arctic-inuit-controversial-report
236. www.scinexx.de/news/geowissen/raetsel-um-wachsende-karakorum-gletscher-geloest/
237. www.diepresse.com/5628441/der-mega-gletscher-der-wieder-wachst
238. www.dailymail.co.uk/sciencetech/article-5371535/Sinking-Pacific-nation-getting-bigger-study.html
239. https://eike-klima-energie.eu/2015/01/11/waermstes-jahr-jemals-riesenmuschel-enthuellt-im-mittelalter-war-es-waermer-als-heute/
240. https://de.wikipedia.org/wiki/Friesland-Phase
241. https://wiki.bildungsserver.de/klimawandel/index.php/Meeresspiegelanstieg_in_Europa
242. www.zamg.ac.at/cms/de/klima/informationsportal-klimawandel/klimafolgen/meeresspiegel/vergangenheit
243. www.express.co.uk/news/nature/526191/Climate-change-is-a-lie-global-warming-not-real-claims-weather-channel-founder
244. https://watchers.news/2021/12/15/annual-rainfall-and-snowfall-records-broken-greece/
245. www.vulkane.net/blogmobil/category/nachrichten-ueber-vulkanausbrueche/
246. https://de.wikipedia.org/wiki/Liste_der_gr%C3%B6%C3%9Ften_Kohlenstoffdioxidemittenten
247. www.morgenpost.de/vermischtes/article233705057/vulkanausbruch-klima-effekt-abkuehlung-CO2-ausstoss.html
248. www.transportenvironment.org/discover/zunehmende-nutzung-von-privatjets-sorgt-fur-drastischen-anstieg-der-CO2-emissionen/
249. https://de.wikipedia.org/wiki/Dirk_Messner
250. www.ifw-kiel.de/de/institut/veranstaltungen/konferenzen/global-solutions-summit/think-20-summit/
251. www.globalgovernanceproject.org/about-us/

252. https://revistaidees.cat/en/media/dirk-messner-there-is-a-new-global-green-consensus/
253. wie 250
254. https://mobile.twitter.com/BARMER_Presse/status/1461689474300141572
255. www.vice.com/en/article/wxqmey/neo-nazis-eco-fascism-climate-change-recruit-young-people
256. https://suspicious0bservers.org/
257. www.zerohedge.com/energy/dont-panic-entire-nation-pakistan-lost-power-massive-blackout?utm_source=dlvr.it&utm_medium=facebook
258. www.bloomberg.com/news/articles/2021-02-16/texas-grid-official-expects-power-back-tonight-energy-update
259. www.shtfplan.com/headline-news/solar-storm-will-strike-earth-tonight-weak-power-grid-fluctuations-possible
260. www.powermag.com/expect-death-if-pulse-event-hits-power-grid/
261. https://reitschuster.de/post/interview-blackout/
262. www.ludwig-neidhart.de/Downloads/Apokalypse.pdf
263. www.crimelibrary.com/criminal_mind/forensics/americas_missing/2.html
264. Seite3.ch, Montag 26. Januar 2015
265. www.euronews.com/2012/10/01/has-anyone-seen-my-child/
266. www.spiegel.de/spiegel/print/d-89470560.html
267. www.stern.de/lifestyle/leute/jeffrey-epstein-und-ghislaine-maxwell-waren-in-der-landhuette-der-queen-31403614.html
268. www.mohr-mohr-and-more.org/downloads/dmitriev.pdf
269. www.tichyseinblick.de/daili-es-sentials/lauterbach-boostern-impfen-pandemie/
270. https://cacm.acm.org/careers/115120-minority-rules-scientists-discover-tipping-point-for-the-spread-of-ideas/fulltext
271. https://twitter.com/believethehype/status/1470714052246650883?ref_src=twsrc%5Etfw%7Ctwcamp%5Etweetembed%7Ctwterm%5E1470714052246650883%7Ctwgr%5E%7Ctwcon%5Es1_&ref_url=https%3A%2F%2Fde.rt.com%2Finland%2F128511-marktgerechte-demokratie-pfizer-microsoft-und%2F
272. www.youtube.com/watch?v=xxU_PnWBMYo
273. www.anti-spiegel.ru/2022/gekaufte-komiker-wofuer-eckard-von-hirschhausen-14-mio-dollar-von-bill-gates-bekommen-hat/
274. https://stiftung-gegm.de/ueber-uns/
275. www.homopoliticus.at/2021/04/11/tuerkise-konvertikelbildung-fuehrt-zu-dickpicgate/
276. www.zerohedge.com/geopolitical/head-who-suggests-covid-restrictions-will-continue-even-after-vaccine
277. www.news.de/panorama/855977003/bill-gates-warnt-vor-pocken-als-biologische-waffe-von-terroristen-milliardaer-mit-warnung-an-politiker-fuer-zukunft-der-menschheit/1/
278. www.epochtimes.de/panorama/tech/mikrochip-implantat-covidpass-geht-unter-die-haut-a3671402.html
279. www.vienna.at/mach-heute-morgen-moeglich-initiative-will-digitalisierung-pushen/7262601
280. https://deutsche-wirtschafts-nachrichten.de/515117/Australien-baut-Quarantaene-Camps-fuer-tausende-Menschen

281. www.focus.de/digital/internet/dld-2016/dldsummer-2016-siemens-chef-joe-kaeser-die-digitalisierung-wird-die-mittelklasse-vernichten_id_5640629.html
282. www.focus.de/politik/ausland/ab-dem-1-februar-kurz-vor-inkrafttreten-der-impfpflicht-stoesst-oesterreichs-kanzler-ungewohnte-toene-an_id_34366117.html
283. www.freethewords.com/2022/01/13/dachverband-der-verwaltungsrichter-politik-unterschaetzt-widerstand-gegen-impfpflicht/
284. www.tichyseinblick.de/kolumnen/aus-aller-welt/oesterreich-verfassungsgerichtshof/
285. https://reitschuster.de/post/trotz-massivem-impfdruck-nur-geringer-anstieg-bei-erstimpfungen/
286. www.heise.de/news/Apothekenkammer-Hunderttausende-falsche-Impfzertifikate-hierzulande-im-Umlauf-6325633.html
287. https://uncutnews.ch/rede-von-nobelpreistraeger-luc-montagnier-auf-der-demonstration-in-italien-gegen-die-impfpflicht
288. https://de.wikipedia.org/wiki/Hybridkrieg
289. www.youtube.com/watch?v=3kkreO8FajI
290. www.welt.de/politik/ausland/article235840684/Putin-zur-Nato-Russland-wird-Osterweiterung-nicht-akzeptieren.html
291. https://de.rt.com/europa/128778-gazprom-stoppt-gaslieferungen-nach-deutschland/
292. www.zerohedge.com/markets/imf-world-bank-10-countries-hold-alarming-simulation-global-financial-system-collapse
293. www.thecentersquare.com/indiana/indiana-life-insurance-ceo-says-deaths-are-up-40-among-people-ages-18-64/article_71473b12-6b1e-11ec-8641-5b2c06725e2c.html
294. www.prb.org/usdata/indicator/deaths/table/
295. www.theworldcounts.com/populations/world/deaths
296. www.statista.com/statistics/1127989/deaths-number-germany/
297. https://ploetzlichundunerwartet.eu/2022/01/12/corona-hammer-lebensversicherung-steigt-nach-impftod-aus-da-freiwillige-impfung-mit-experimentellem-impfstoff-wie-selbstmord-zaehlt/
298. https://de.rt.com/inland/130250-adac-sichert-sich-ab-unfallversicherung/
299. https://watchers.news/2021/12/29/temperature-records-alaska-december-2021/
300. www.rki.de/DE/Content/InfAZ/N/Neuartiges_Coronavirus/Situationsberichte/Wochenbericht/Wochenbericht_2022-01-27.pdf?__blob=publicationFile

Bildquellenverzeichnis

1. https://de.wikipedia.org/wiki/Datei:ANO_8804.jpg
2. https://nypost.com/wp-content/uploads/sites/2/2021/09/fauci-1.jpg?quality=90&strip=all
3. www.kekstcnc.com/media/2793/kekstcnc_research_covid-19_opinion_tracker_wave-4.pdf
4. https://wartaekonomi.co.id/read383241/anthony-fauci-bilang-covid-19-terus-meluas-di-seluruh-dunia-karena-varian-omicron, www.businessinsider.com/neil-ferguson-transformed-uk-covid-response-oxford-challenge-imperial-model-2020-4?r=US&IR=T, www.gn-online.de/deutschland-und-welt/drosten-befuerchtet-omikron-problem-in-deutschland-422289.html
5. https://de.3dexport.com/3dmodel-coronavirus-sars-cov-2-283568.htm
6. www.medalerts.org/vaersdb/findfield.php?TABLE=ON&GROUP1=AGE&EVENTS=ON&VAX=COVID19&DIED=Yes%20)%20(https://citizenfreepress.com/column-3/whistleblower-50000-medicare-patients-died-soon-after-getting-vaccine/
7. https://openvaers.com/covid-data/mortality
8. https://madmimi.com/s/7bace11?fbclid=IwAR1sbmtpAkI1iQU-2su1wiq0bExZoOxkopI9J2005UZLRuVZXxM5m3r2aD4
9. https://antirasistisk.no/barneransaken-politiet-mener-foreldrene-har-sviktet/plakat-im-fenster-eines-franzosischen-restaurants/
10. www.youtube.com/watch?v=SSLdCXoW1CE, Screenshot
11. selbst abfotografiert
12. www.t-online.de/nachrichten/panorama/buntes-kurioses/id_91209240/us-moderator-verhoehnt-jens-spahn-wegen-eigenartiger-motivationsrede-.html
13. www.epochtimes.de/assets/uploads/2021/05/ET_Energiewende-Doehler_Windkraft-Enercon-WKA.png
14. www.epochtimes.de/assets/uploads/2021/05/ET_Energiewende-Doehler_WKA-Horns-Rev_CC-2-0-640x480.jpg
15. www.climatechangecommunication.org/portfolio-view/john-cook/
16. www.topagrar.com/imgs/3/7/0/0/4/8/9/Unbenannt-c1660b8e72c9df62.JPG
17. https://upload.wikimedia.org/wikipedia/commons/f/f3/Magnetosphere_rendition.jpg
18. https://en.wikipedia.org/wiki/Project_MKUltra#mediaviewer/File:Mkultra-lsd-doc.jpg www.abc.net.au/news/2021-11-27/nt-police-find-howard-springs-quarantine-escapee-on-mitchell-st/100655796

Namenregister

Sachregister

WENN DAS DIE PATIENTEN WÜSSTEN

Jan van Helsing Vera Wagner

Geld oder Gesundheit? Mensch oder Fallpauschale? Worum geht es in unserem Gesundheits-System? Warum sterben immer noch unendlich viele Menschen elend an Krebs, der Krankheit, deren konventionelle Behandlung horrende Summen verschlingt? Weil die wahren Ursachen das medizinische Establishment nur selten interessieren. Weil es bei der konventionellen Krebstherapie nicht um Heilung, sondern ums Geld geht, das ist die perfide Regel, nach der dieses System funktioniert. Bestimmte Dinge laufen nach dem immer gleichen Prinzip ab: Jemand entdeckt eine Krankheitsursache oder entwickelt eine vielversprechende Heilmethode, das Wissenschafts-Establishment will nichts davon wissen. Den Patienten bleibt nichts anderes übrig, als sich selbst auf die Suche zu machen nach wahren Ursachen und wahren Heilern. Sie finden sie oft in einer Welt jenseits des medizinischen Mainstreams, einer Welt, in der von Schulmedizinern aufgegebene Patienten die Chance auf ein zweites Leben bekommen.

Jan van Helsing: *„Es ist an der Zeit, dass wir die Macht über unseren Körper zurückerobern – vor allem, was die Impfthematik angeht. Ich bin alt genug, selbst zu entscheiden, was in meinen Körper reinkommt und was nicht. Und die Anordnungen der Regierung interessieren mich nicht, denn ich habe diese Regierung nicht gewählt."*

ISBN 978-3-938656-75-4 • 25,00 Euro

DIE RÜCKKEHR DER DRITTEN MACHT

Gilbert Sternhoff

Seit dem Ende des Zweiten Weltkrieges mehren sich die Anzeichen dafür, dass auf der Erde im Verborgenen eine Dritte Macht existiert. Entstanden in den letzten Tagen des großen Völkerringens hat sie sich in den folgenden Jahrzehnten mittels einer Absetzbewegung und fortschrittlicher Technologien, die den unseren weit überlegen sind, etabliert. Ihr Ziel besteht unverhüllt in der Übernahme der Welt. Der Zeitpunkt scheint nicht mehr fern, da für ihr „Projekt Zeitenwende" die letzte Phase eingeleitet wird. Seit dem Jahr 2017 ist auch das UFO-Phänomen aus seinem Schattendasein getreten und hat sich vor allem in den USA durch veröffentlichte und vom Militär für echt erklärte Sichtungen offizielle Anerkennung verschafft. Sogar eine UFO-Task-Force wurde von der US-Regierung eingerichtet. Die alles entscheidende Frage ist: Wer sind SIE? Der im Juni 2021 von den US-Geheimdiensten vorgelegte Bericht verschweigt der Öffentlichkeit die schockierende Wahrheit.

ISBN 978-3938656716 • 14,80 Euro

MEIN VATER WAR EIN MiB – Band 5

Jason Mason

Wir nähern uns dem Kern der größten Mysterien unserer Zeit! Band 5 der MiB-Reihe reiht sich nahtlos in die Serie ein und es gibt eine Unmenge an neuen Informationen zu entdecken. Jason Mason berichtet wieder von den Bucegi-Bergen in Rumänien und die dortigen Tunnelsysteme, die ins Zentrum der Erde führen. Die Botschafter innerirdischer Zivilisationen hüten Aufzeichnungen der wahren historischen Geschichte der Menschheit. Wieso versucht die Weltelite, das zu verhindern? Erfahren Sie die aufregendsten Geheimnisse deutscher Wissenschaftler, die für das frühe amerikanische Weltraumprogramm aktiv waren. Wer steuert die unbekannten Flugobjekte, und wird die Welt gerade auf die Bekanntgabe von UFOs und Außerirdischen auf der Erde vorbereitet? Jason Mason präsentiert neue Whistleblower, die weitere Details über die Alien-Präsenz auf der Erde enthüllen. Weitere Themen: Enthüllungen von militärischen Whistleblowern über UFOs, unheimliche Begegnungen mit Reptiloiden, geheime Untergrundbasen und das Geheime Weltraumprogramm sowie die Rückkehr der Anunnaki.

ISBN 978-3938656860 • 14,80 Euro

CORONA – DER GROSSE INTELLIGENZTEST

Valentino Bonsanto

SIND WIR ALLE VERRÜCKT GEWORDEN? Alles begann im Winter 2019/20 mit einem völlig „neuartigen" Virus. Die Welt, wie wir sie kannten, war mit einem Schlag auf den Kopf gestellt. Die Menschheit befand sich in kürzester Zeit in einer Pandemie, die so schrecklich eingestuft wurde, dass sie Millionen von Menschen ins Grab bringen sollte. Doch entspricht das wirklich der Wahrheit? Ist das Virus tatsächlich so tödlich, oder könnte es sein, dass all die Veränderungen schon viel früher begannen, von uns unbemerkt und von einer Elite von langer Hand geplant? Valentino Bonsanto hat in den tiefsten Tiefen gegraben, recherchiert und Informationen zusammengetragen, die selbst ihn an manchen Tagen an ein Limit brachten. Direkt und mit einer ordentlichen Prise Sarkasmus spricht er in diesem Buch Klartext: „Wenn wir heute nicht für unsere Freiheit einstehen, dann werden wir und die nächsten Generationen für lange Zeit keine mehr haben. Es wird kein Morgen mehr geben, so wie wir es uns wünschen und wie wir es einst geliebt haben, denn sie werden versuchen, uns alles zu nehmen." Es ist höchste Zeit, die Augen mutig zu öffnen und der Wahrheit ins Gesicht zu schauen. Denn es liegt an uns - den Menschen, dem Volk, den Bürgern -, wie unsere zukünftige Welt aussehen wird.

ISBN 978-3-938656-78-5 • 21,00 Euro

ISS RICHTIG ODER STIRB!

Vera Wagner

Von der Wiege bis zum Pflegebett, von der Babymilch bis zum Menü im Heim: Big Food konditioniert unseren Geschmack. Macht uns krank mit Zucker, Salz und Fett. Vergiftet uns mit toxischen Zusätzen und in High-Tech-Laboren zusammengebrauten Aromen. Und bringt damit viele Menschen ins Grab. Die Nahrung ist für die meisten Todesopfer weltweit verantwortlich, sagt die WHO – und kollaboriert hinter den Kulissen mit den Food-Konzernen. Diejenigen, die Ernährung kontrollieren müssten, haben die Kontrolle abgegeben. Früher wäre es strafbar gewesen, Erdbeergeschmack aus Sägespänen herzustellen. Heute ist es legal.
Die Zeit des Umbruchs ist gekommen, auch beim Thema Ernährung. Ernährungswissenschaftler fordern: Der Grad der industriellen Verarbeitung sollte auf Produkten angegeben werden. Doch wie lange wird es dauern, bis das umgesetzt ist? **Sie haben nur eine Chance: Sie müssen die Sache selbst in die Hand nehmen!**

ISBN 978-3-938656-57-3 • 24,00 Euro

LOCKDOWN

Michael Morris

Der Ausnahmezustand ist die neue Norm!

- Wie kann man den längst überfälligen systemischen Crash der Weltwirtschaft organisieren, ohne dass es einen Schuldigen gibt?
- Wie kann man die Nutzung von Bargeld abschaffen, ohne Widerstand aus der Bevölkerung zu erzeugen?
- Wie kann man problemlos die flächendeckende und lückenlose Überwachung aller Menschen etablieren?
- Wie kann man Versammlungs- und Demonstrationsverbote ohne Widerstand durchsetzen?
- Wie kann man die Menschen dazu bewegen, sich freiwillig impfen und chippen zu lassen?
- Wie kann man die Weltbevölkerung reduzieren, ohne dass irgendjemand Verdacht schöpft?

Dafür bräuchte es ein Ereignis, das so einschüchternd wirkt, dass die Menschen freiwillig auf ihre verfassungsmäßig garantierten Rechte verzichten und alle bisherigen Überzeugungen, Gewohnheiten und Ideale aufgeben. Dafür bräuchte es einen unsichtbaren Feind, der nie besiegt werden kann, weil er sich immer wieder verändert und immer wieder hinterhältig und erbarmungslos zuschlägt. Es bräuchte etwas, das uns alle betrifft, das niemand versteht, und das dennoch alle Menschen in Angst und Schrecken versetzt. Und genau das erleben wir jetzt!

ISBN 978-3-938656-19-8 • 21,00 Euro

HANDBUCH FÜR GÖTTER

Jan van Helsing

Egal, was die Illuminaten vorhaben, was ist DEIN Plan?

In diesem Buch spricht Jan van Helsing, der bereits im August 2019 über den Corona-Plan informiert war, mit Johannes, einem Hellsichtigen, der sozusagen einen guten „Draht nach oben" hat. Beide gehen der Frage nach, wieso die Mächtigen dieser Welt – die Illuminaten –, die hinter all diesen Szenarien stecken, eine solche Angst haben, dass ihre Machenschaften auffliegen, dass sie deswegen Videos, Bücher sowie Menschen auf dem gesamten Globus zensieren. Wovor haben sie Angst? Die Illuminaten kennen ein Geheimnis, das sie ganz schnell ihrer eigenen Macht berauben würde – hätten die Menschen Kenntnis davon. Es ist etwas, das in jedem von uns verborgen ist, weshalb man uns durch eine gigantische Ablenkungsindustrie davon abhält, uns auf die Suche nach diesem Geheimnis zu machen. Das „Handbuch für Götter" zeigt Möglichkeiten auf, wie jeder Einzelne diese Kraft entdecken und im täglichen Leben zum Einsatz bringen kann.

ISBN 978-3-938656-64-8 • 21,00 Euro

LÜGENMÄULER

Renato Stiefenhofer

Es wird Zeit, die Mäuler zu stopfen!

Der Schweizer Jumbo-Kapitän Renato Stiefenhofer (geb. 1963) fliegt seit Jahrzehnten hauptsächlich für asiatische Airlines. Als ehemaliger Airforce-One-Pilot der Vereinigten Arabischen Emirate und Privatjet-Chauffeur für europäische Milliardäre tanzt er auf verschiedenen Hochzeiten und auf verschiedenen Kontinenten. Die ihm anvertraute Informationsvielfalt – vom Scheich Sultan über David Beckham bis hin zum Uno-Generalsekretär – versucht er in diesem Buch einzuordnen. Im Laufe der Zeit erkannte er, dass es mindestens zwei Parallelwelten geben muss: Die eine kennen wir alle, die andere ist ein sehr gefährliches Pflaster. Spätestens seit einem intensiven, privaten Gespräch mit einem US-Vier-Sterne-General in der First Class weiß er: Die brutale Realität und die Meinung, welche durch die tendenziöse Berichterstattung unserer Mainstream-Medien verbreitet wird, klaffen weit auseinander. Der US-General stellte infrage, ob 9/11 so passiert ist, wie es uns die Geschichtsbücher und die Politik vorbeten. Dieses Gespräch wurde zum Beginn einer Odyssee, die Captain Stiefenhofer ein gigantisches Lügengebilde von Politik und Presse offenbarte. Gleichzeitig werden die EU, der deutsche Staat und die verwirrenden Covid-19-Maßnahmen akribisch untersucht und entlarvt.

ISBN 978-3-938656-68-6 • 21,00 Euro

DEINE SEELE GEHÖRT UNS!

Alexander Kohlhaas Anna-Maria Valeton

Zeugen Jehovas und Klimaretter – dasselbe Prinzip!

Glauben Sie, dass Religionen als überwunden anzusehen sind? Religionen, die seit Jahrhunderten Menschen spalten, verurteilen, abwerten und Andersdenkende diffamieren? Oder leben wir heute nicht in einer Zeit, in der solche teuflischen Methoden wieder zur vollen Wirkung kommen? Mit Insiderwissen eines Aussteigers einer Extremgruppe und einer Aussteigerin aus der Medienbranche beleuchten die Autoren:

- Welche Mechanismen in Extremgruppen wie Scientology oder den Zeugen Jehovas wirken und mit welchen Methoden sie Menschen an sich binden.
- Wie Klimaretter gleiche Methoden und religiöse Sprache verwenden!
- Welche Mechanismen in Greta Thunbergs Familie wirken, damit sie Erlösung erfährt!
- Wie der Öffentliche Rundfunk Framing als Waffe verwendet, um Menschen zu spalten

ISBN 978-3-938656-59-4 • 19,00 Euro

WIR TÖTEN DIE HALBE MENSCHHEIT!

Eileen DeRolf Jan van Helsing

Jetzt machen sie Ernst. Corona ist erst der Anfang!

„China wird eine Erkältung bekommen.' Diese Epidemie soll sich dann über die ganze Welt ausbreiten – entweder als Rache der Chinesen oder weil der Virus mutiert ist – und die Menschen generell dezimieren, um zirka 50 Prozent!" Das sagte ein britischer Hochgradfreimaurer im Gespräch mit Bill Ryan (Project Camelot) im Jahr 2010.

Über die Jahrzehnte haben verschiedene Autoren über die kommende Neue Weltordnung geschrieben und darüber, dass eine kleine Elite die Welt an sich reißen und alles privatisieren will. Die Corona-Epidemie ist ein geschickt genutztes Werkzeug, einen Finanzcrash zu tarnen, Bargeld zu entziehen, Zwangsimpfungen und möglicherweise auch ein Chippen von Menschen zu erwirken. Und es gibt einen Plan: Zum einen gibt es den für die Menschheit der Zukunft, die auf mindestens die Hälfte reduziert werden soll. Wie sie das machen werden und wen sie als erstes im Visier haben, erfahren Sie in diesem Buch. Die Neue Weltordnung selbst wird u.a. über die Agenda 21 und Agenda 2030 im links-grünen Gewand eingeführt. Dies schildert die Aktivistin Eileen DeRolf am Beispiel der USA in aller Ausführlichkeit. Um die 'Privatisierung der Welt' und die historischen Hintergründe derselben besser verstehen zu können, hat Jan van Helsing mit dem Insider Hannes Berger und dem Climate-Engineering-Spezialisten Andreas Ungerer im Anhang ein langes Interview geführt.

ISBN 978-3-938656-53-2 • 21,00 Euro

DIE KENNEDY-VERSCHWÖRUNG

Dan Davis

War es eine Freimaurer-Hinrichtung?

Etwa 2.800 bislang geheime Dokumente zum Mord an John F. Kennedy wurden von Präsident Donald Trump zur Veröffentlichung freigegeben. In diesem Buch werden die neusten Erkenntnisse über den Mord an JFK am 22. November 1963 in Dallas, Texas, thematisiert und aufgelistet. Neben den brandaktuellen Fakten werden weitere offene Fragen erstmals beantwortet: Warum waren alle Entscheidungsträger, die mit der „Aufklärung" des Mordes zu tun hatten, Freimaurer? Welche von JFK geplanten Gesetzesänderungen verschwanden nach dem Attentat umgehend wieder? Warum kam es zu einem Massensterben von Augenzeugen? War es reiner „Zufall", dass Kennedys Sohn 1999 mit seinem Flugzeug abstürzte, wenige Tage vor einer geplanten Kandidatur zum US-Präsidenten? Und was weiß Donald Trump darüber? Wussten Sie, dass John F. Kennedys Grabstätte die Form eines Q aufweist? Wer ist der Whistleblower QAnon? Gibt es einen großen Rachefeldzug?

ISBN 978-3-938656-52-5 • 21,00 Euro

SKLAVENPLANET ERDE

Gabriele Schuster-Haslinger

Es ist Zeit, aufzuwachen!

Die Völker der Erde werden ganz bewusst belogen, und das in allen Bereichen: Seien es unterdrückte Verfahren zur Stromerzeugung, Krebs-Therapien, die nur bestimmten Kreisen zugänglich sind, die wahre Abstammung des Menschen oder die geheime Besiedelung unserer Nachbarplaneten – aber auch Themen wie Massenmigration, Gender-Ideologie oder Klimaschwindel. Wir werden durch ein Konstrukt aus Konsumgesellschaft, Zinssystem und bewusster Irreführung durch die Massenmedien derart beschäftigt, dass wir gar nicht mitbekommen, in welchem Stadium der Kontrolle und Überwachung wir uns bereits befinden. Doch nicht nur von staatlichen und Geheimdienstorganen, sondern mehr und mehr durch Künstliche Intelligenz. Und diese ist nicht nur dabei, unsere Gehirnleistung zu übernehmen, sondern sie auch zu steuern – uns allen droht ein vollkommen manipuliertes Sklavendasein. Doch neben diesen gibt es auch noch andere besorgniserregende Entwicklungen auf der Erde, von denen der Bürger nichts mitbekommt – aus gutem Grund!

ISBN 978-3-938656-51-8 • 26,00 Euro

WENN DAS DIE MENSCHHEIT WÜSSTE...

Daniel Prinz

Wir stehen vor den größten Enthüllungen aller Zeiten!

Der neue Blockbuster von Daniel Prinz – 720 Seiten! Der Inhalt dieses Buches wird Sie aus den Schuhen hauen! Im Folgeband des Bestsellers „Wenn das die Deutschen wüssten..." hat Daniel Prinz im ersten Teil in aufwendiger Recherchearbeit brisante Hintergründe zu den beiden Weltkriegen aufgedeckt, die mit dem gefälschten Geschichtsbild der letzten 100 Jahre mit eisernem Besen gründlich aufräumen. In Teil 2 geht es um Chemtrails, die Dezimierung der Menschheit, Zensur und Gedankenpolizei, Impfungen und das Krebsgeschäft, und in Teil kommt die kosmische Variante mit ins Spiel: das geheime Weltraumprogramm!

ISBN 978-3-938656-89-1 • 33,00 Euro

GEHEIMSACHE „STAATSANGEHÖRIGKEITSAUSWEIS"

Max von Frei

Wussten Sie, dass ein Reisepass oder ein Personalausweis nicht dazu ausreicht, Ihre deutsche Staatsangehörigkeit nachzuweisen? Wenn Sie beispielsweise als Deutscher in den USA oder Russland eine Firma gründen wollen, verlangen die dortigen Behörden Ihren "Staatsangehörigkeitsausweis" als Nachweis, dass Sie Deutscher sind. Noch nie davon gehört? Diesen Ausweis erhalten Sie beim Landratsamt, und er kostet nur 25 Euro. War Ihnen bekannt, dass Sie nur mit dem "Staatsangehörigkeitsausweis" die Bürgerrechte – laut Grundgesetz die sog. „Deutschenrechte" – beanspruchen können? Aber wieso wissen wir das nicht, und wieso erhält man dieses Dokument nicht ganz automatisch mit der Geburt ausgehändigt? Wieso macht die BRD den Staatsangehörigkeitsausweis zur Geheimsache? Könnte die Offenbarung dieses Geheimnisses über die Zukunft Ihres Vermögens entscheiden? Könnte diese neue Erkenntnis darüber hinaus vielleicht sogar zu einem von Deutschland ausgehenden, weltweiten Frieden führen?
Max von Frei beantwortet diese Fragen im Detail – belegt durch geltende und gültige Gesetze sowie zahlreiche Dokumente – und erklärt darüber hinaus, wieso die BRD nicht wirklich souverän ist und weshalb die „Menschenrechte" in „Handelsrecht" und „Staaten" in „Firmen" umgewandelt werden.

ISBN 978-3938656-61-7 • 21,00 Euro

WAS SIE NICHT WISSEN SOLLEN!

Michael Morris

Einigen wenigen Familien gehört die gesamte westliche Welt – und nun wollen sie den Rest!

Eine kleine Gruppe von Privatbankiers regiert im Geheimen unsere Welt. Das Ziel dieser Geldelite ist kein Geringeres als die Weltherrschaft, genannt die *Neue Weltordnung*!
Michael Morris erklärt über die Zukunft der Finanz- und Wirtschaftswelt: *„Die Ländergrenzen werden bleiben, aber die Währungsgrenzen fallen! Ich habe in diesem Buch den Fokus auf die Wirtschaft, auf Geld und das Bankwesen gelegt, denn die Mechanismen des Geldes sind der Schlüssel zur Macht dieser Bankier-Clans. Seit fast zweihundert Jahren sind wir immer wieder auf dieselben Tricks hereingefallen... Jeder Börsencrash war geplant und so ist es auch der nächste – und der kommt sehr bald!"*

ISBN 978-3-938656-13-6 • 21,00 Euro

WENN DAS DIE DEUTSCHEN WÜSSTEN...

Daniel Prinz

...dann hätten wir morgen eine (R)evolution!

Wussten Sie, dass Ihr Personalausweis oder Ihr Reisepass nicht Ihre deutsche Staatsangehörigkeit bestätigt und fast alle Deutschen in ihrem eigenen Land staatenlos sind? Nein? Es gibt tatsächlich ein Dokument, welches die rechtmäßige Staatsangehörigkeit bescheinigt, aber es ist keines der beiden zuvor genannten. Nur wenige Deutsche sind im Besitz dieser speziellen Urkunde, z.B. viele Staatsanwälte, Notare, Bundespolizisten oder Politiker. Wussten Sie zudem, dass Gerichtsvollzieher in der BRD seit 2012 keine Beamten mehr sind oder dass die BRD selbst gar kein Staat ist – und auch nie war –, sondern eine von den Alliierten installierte Verwaltung, die großteils innerhalb einer „Firmenstruktur" operiert? War Ihnen geläufig, dass wir bald in die „Vereinigten Staaten von Europa" übergehen und die Menschen in „handelbare Waren" umfunktioniert werden? Haben Sie sich nicht auch schon gewundert, wieso aus dem Arbeitsamt eine „Agentur für Arbeit" geworden ist oder warum Sie vor Gericht als „Sache" behandelt werden und nicht als Mann oder Frau? Der Autor beantwortet nicht nur diese Fragen ausführlich, sondern zeigt zudem auf, welche höchst raffinierten und hinterhältigen Mechanismen eingesetzt werden, die uns alle versklavt haben und dafür sorgen sollen, dass wir aus dem gegenwärtigen, riesigen Hamsterrad nie ausbrechen.

ISBN 978-3938656-27-3 • 21,00 Euro

WELTVERSCHWÖRUNG

Thomas A. Anderson

Wer sind die wahren Herrscher der Erde?

Immer mehr Menschen stellen fest, dass sie von den Regierenden belogen und betrogen werden und dass die Volksvertreter nicht das Volk vertreten, sondern die Interessen von Großkonzernen, von Militär und Wirtschaft. Große, weltumspannende Firmen und Organisationen leiten unsere Welt. Diese Familienclans nennen die Rohstoffe auf Erden ihr Eigen, bestimmen den Goldpreis und verleihen astronomische Summen an kriegführende Länder. Aber geht es diesen wirklich nur um wirtschaftliche Interessen, oder steckt etwas ganz anderes dahinter?

ISBN 978-3-938656-35-8 • 23,30 Euro

WHISTLEBLOWER

Jan van Helsing

Insider aus Politik, Wirtschaft, Medizin und Geheimdienst packen aus!

Der Whistleblower Edward Snowden und der Sprecher der Whistleblower-Plattform *Wikileaks*, Julian Assange, haben im Ausland Asyl beantragt, weil sie geheime Regierungsdokumente veröffentlicht hatte. Man will sie jedoch nicht bestrafen, weil sie Unwahrheiten oder Lügen verbreitet haben – nein: Man will sie bestrafen, weil sie den Menschen die Wahrheit gesagt haben, die Wahrheit darüber, dass wir alle von unseren Regierungen und deren Geheimdiensten überwacht und ausspioniert werden. Ist es das, wofür wir unsere Volksvertreter gewählt haben? Ist es nicht viel eher so, dass sie inzwischen ganz anderen Interessen dienen? Für dieses Buch haben *Jan van Helsing* und *Stefan Erdmann* 16 Whistleblower interviewt, die u.a. zu folgenden Themen auspacken:

- Wie geht es in deutschen Asylantenheimen wirklich zu?
- Ist Deutschland souverän? Ist die BRD ein Staat oder eine Firma?
- Was ist *Geomantische Kriegsführung*?
- Es werden viele alternative sowie schulmedizinische Therapieformen unterdrückt!
- Gibt es das „Geheime Bankentrading" wirklich? Wie sparen Großunternehmen und soziale Einrichtungen über Stiftungen Steuern?
- Der Ruanda-Kongo-Krieg war wegen Rohstoffen angezettelt worden!
- Warum es bei Film und Radio nur „Linke" geben darf...
- Ein Schottenritus-Hochgradfreimaurer spricht über UFOs und Zeitreisen.

ISBN: 978-3-938656-90-7 • 23,30 Euro

HÄNDE WEG VON DIESEM BUCH!

Schon 200.000 ma
verkauft in Deutschlan

Jan van Helsing

Sie werden sich sicherlich fragen, wieso Sie dieses Buch nicht in die Hand nehmen sollen. Handelt es sich hierbei nur um eine clevere Werbestrategie? Nein, der Rat: **„Hände weg von diesem Buch!"** ist ernst gemeint. Denn nach diesem Buch wird es nicht leicht für Sie sein, so weiterzuleben wie bisher. Heute könnten Sie möglicherweise noch denken: *„Das hatte mir ja keiner gesagt, woher hätte ich denn das auch wissen sollen?"* Heute können Sie vielleicht auch noch meinen, dass Sie als Einzelperson sowieso nichts zu melden haben und nichts verändern können. Nach diesem Buch ist es mit dieser Sichtweise jedoch vorbei! Sollten Sie ein Mensch sein, den Geheimnisse nicht interessieren, der nie den Wunsch nach innerem und äußerem Reichtum verspürt hat, der sich um Erfolg und Gesundheit keine Gedanken macht, dann ist es besser, wenn Sie den gut gemeinten Rat befolgen und Ihre Finger von diesem Buch lassen.

ISBN 978-3-9807106-8-8 • 21,00 Euro

DIE KINDER DES NEUEN JAHRTAUSENDS

Jan van Helsing

Mediale Kinder verändern die Welt!

Der dreizehnjährige Lorenz sieht seinen verstorbenen Großvater, spricht mit ihm und gibt dessen Hinweise aus dem Jenseits an andere weiter. Kevin kommt ins Bett der Eltern gekrochen und erzählt, dass „der große Engel wieder am Bett stand". Peter ist neun und kann nicht nur die Aura um Lebewesen sehen, sondern auch die Gedanken anderer Menschen lesen. Vladimir liest aus verschlossenen Büchern und sein Bruder Sergej verbiegt Löffel durch Gedankenkraft.

Ausnahmen, meinen Sie, ein Kind unter tausend, das solche Begabungen hat? Nein, keinesfalls! Wie der Autor in diesem, durch viele Fallbeispiele belebten Buch aufzeigt, schlummern in allen Kindern solche und viele andere Talente, die jedoch überwiegend durch falsche Religions- und Erziehungssysteme, aber auch durch Unachtsamkeit oder fehlende Kenntnis der Eltern übersehen oder gar verdrängt werden. Und das spannendste an dieser Tatsache ist, dass nicht nur die Anzahl der medial geborenen Kinder enorm steigt, sondern sich auch ihre Fähigkeiten verstärken. Was hat es damit auf sich?

Lauschen wir den spannenden und faszinierenden Berichten medialer Kinder aus aller Welt.

ISBN 978-3-9807106-4-0 • 23,30 Euro

FAKE NEWS

Michael Morris

Wer einmal lügt, dem glaubt man nicht...

Das politische, wirtschaftliche und gesellschaftliche System des 20. Jahrhunderts ist gescheitert, doch die alten Eliten in Politik und Medien versuchen alles, um weiter daran festzuhalten und ein neues Konzept zu verhindern. Sie versuchen, jegliche Kritik an ihrem eigenen Fehlverhalten als „Fake News" oder als „rechte Propaganda" zu diskreditieren. Obwohl die Geheime Weltregierung und ihre Handlanger immer brutaler gegen ihre Kritiker vorgehen, schwindet ihre Macht, weil immer mehr Menschen erwachen und ihr schmutziges Spiel durchschauen, was die alten Eliten schier in den Wahnsinn treibt. Erfahren Sie die Wahrheit über die Entstehung der „Fake News"-Hysterie, und lesen Sie alles über jene Enthüllungen der NASA und des Vatikans, die Ihnen die Massenmedien verschweigen!

ISBN 978-3-938656-21-9 • 21,00 Euro

VERRATEN – VERKAUFT – VERLOREN?

Gabriele Schuster-Haslinger

Der Krieg gegen die eigene Bevölkerung

Wir Menschen werden – speziell in der westlichen Welt – gezielt manipuliert. Wir wissen, dass die Politiker unfrei sind und selten zum Wohle des Volkes entscheiden. Medien werden für Propaganda genutzt. Es ist mittlerweile auch bekannt, dass Konzerne politische Entscheidungen diktieren. Dass wir jedoch in sämtlichen Alltagsbereichen absichtlich verraten, belogen und betrogen werden, ist der Bevölkerung meist nicht bekannt. Wussten Sie beispielsweise, dass Ex-Papst Benedikt vom *Internationalen Tribunal für die Aufklärung der Verbrechen von Kirche und Staat* (ITCCS) wegen angeblichem rituellen Kindesmord angezeigt wurde? Oder dass Fluorid bereits vor 75 Jahren eingesetzt wurde, damit die Menschen stumpfsinnig wurden und nicht auf die Idee kamen, zu rebellieren? Es ist ein unvorstellbar großes Netzwerk, das alle Lebensbereiche durchdringt und beeinflusst. Wer sind die Drahtzieher?

ISBN 978-3-938656-32-7 • 26,00 Euro

Alle hier aufgeführten Bücher erhalten Sie im Buchhandel oder bei:

ALDEBARAN-VERSAND

Tel: 0221 – 737 000 • Fax: 0221 – 737 001

Email: bestellung@buchversand-aldebaran.de

www.amadeus-verlag.de